사회복지시설운영론

조승석 · 맹두열 · 김학재

KNOWLEDGE COMMUNITY 공동체

사회복지학은 인간을 대상으로 하는 실천 학문이며 그 실천의 장(場)은 단연코 사회복지시설일 것이다. 사회복지시설이란 「사회복지사업법」 제3조에 의거, 사회복지사업을 할 목적으로 설치된 시설로, 사회문제를 가지고 있거나 그러한 위험에 처해 있는 사람들에게 사회복지서비스를 제공하는 시설을 말한다.

사회복지시설은 이용 대상에 따라 노인복지시설, 아동복지시설, 장애인복지시설 등으로, 이용 방법에 따라 거주시설과 이용시설로 분류되며, 사회복지생활시설은 가정 내에서 욕구가 충족될 수 없는 사람들을 대상으로 주거와 함께 돌봄서비스를 제공하는 시설이다. 사회복지 이용시설은 각 대상자별 지역사회를 기반으로 일정한 시설과 전문 인력을 갖추고 지역주민의 참여와 협력을 통하여 문제를 예방하고 해결하기 위하여 복지서비스를 제공하는 시설을 말한다.

인간이 존재하는 한 사회복지는 존재할 것이고 사회복지가 존재하는 한 시설도 함께 존재할 것이다. 다만, 그 기능이 바뀔 뿐이며, 그 시대 상황에 적합한 시설보호를 필요로 하는 사람들에게 삶의 질을 유지·향상시킴으로써 보다 나은 삶을 살 수 있도록 전문 기술이 제공되어야 한다. 급변하는 사회복지 실천 현장 속에서 사회복지시설 또한 효율적인 운영과 전문적 경영을 통한 발전과 도약을 시도하려는 방안을 지속적으로 강구해 오고 있다.

이에 본 서는 사회복지시설의 기초적 지식을 구축할 수 있도록 도와주고 아울러 날로 체계화되어 가고 있는 시설평가에도 도움을 주는 안내서의 역할을 할 수 있으리라 본다. 4차 산업혁업 시대 도래에 맞추어 사회복지시설도 획일적인 집단서비스에서 개인의 욕구에 부응하는 패러다임 전환을 학문적 시도를 통한 새로운 시각으로 사회복지시설을 다루어 보고자 하였다. 이러한 차원의 접근을 통해 사회복지시설 설치·운영에 관한 이론과 실제를 다루었고, 보다 효과적이고 효율적인 사회복지시설운영을 제시하려 하였다.

저자들은 그동안 사회복지를 강의해 오면서 그리고 사회복지실천현장에서 경험하고 쌓아온 노하우를 바탕으로 사회복지를 공부하는 학생이나 사회복지인들에게 사회복지시설을 좀 더 쉽게 이해할 수 있도록 도움을 주고자 이 책을 집필하였다.

이 책은 크게 4부로 구성되어 있으며, 제1부는 사회복지법인에 대한 이해, 사회복지법인 설립의 실제, 사회복지 법인과 시설에 대한 이해, 사회복지시설의 인권 및 운영 철학을, 제2부는 법인 및 시설의 재무・회계, 인적자원 및 조직 관리, 문서 및 정보 관리, 자원개발과 관리, 마케팅 및 홍보를 다루었다. 제3부는 복지관(사회복지관, 장애인복지관, 노인복지관), 지역자활센터, 아동복지시설, 노인복지시설, 장애인복지시설, 정신보건시설을 소개하였다. 제4부는 사회복지시설의 평가와 과제로 구성하였다.

공저자는 모두 사회복지 전문인으로 사회복지학과 교수나 사회복지실천분야에 십수 년간 몸을 담고 있기 때문에 각 분야별 전문성을 살려 집필을 맡았다.

끝으로 이 책을 출판할 기회를 주신 공동체 김동훈 대표님과 김동근 전무님, 그리고 세심한 부분까지 교정과 보완을 해준 공동체 가족 여러분께도 진심으로 감사를 드린다. 집필하는 데 있어 여러모로 미흡하고 좀 더 다양하고 심도 있게 소개했으면 하는 아쉬움도 있다. 부족한 부분은 계속적으로 수정·보완해 나갈 수 있도록 노력할 것을 다짐하면서, 이 책을 통해 공부하는 모든 분들에게 조금이라도 도움이 되길 기대해 본다.

2019년 2월

저자 일동

CONTENTS

PART 02 사회복지시설 운영방법

CONTENTS

PART 03 사회복지시설 유형 및 운영

PART 01

사회복지법인 및 시설의 이해

CHAPTER 01

사회복지법인에 대한 이해

제1절 법인의 이해

1. 법인의 의의

법인(法人, Juristische Person)은 법률에 의하여 권리능력(법인격)이 인정된 사단(社團, Verein) 또는 재단(財團, Stiftung)을 말한다. 이러한 법인에는 일정한 목적하에 결합된 사람의 조직체로서 권리능력이 부여된 사단법인과 일정한 목적에 바쳐진 재산으로서 권리능력이 부여된 재단법인이 있다(박의근, 2015). 사단법인은 단체구성원에 대하여 독립된 법인격을 부여하여 그들의 법률관계를 간편히 취급하기 위한 법 기술이다. 재단법인은 동일한 목적으로 제공된 재산의 집단에 독립된 인격을 부여한 것이다.

법인은 개인보다도 훨씬 강대한 힘이 있어 사회적으로 부작용이 발생할 수도 있으므로 법인의 생성과정에 대하여 엄격하게 통제해야 한다. 따라서 법인은 법률의 규정에 의해서만 설립할 수 있다. 「민법」은 법인의 설립 등과 관련된 내용을 규정한 가장 기본적이고 대표적인 법률이다.[1)]

법인은 구성원과는 별개로 단체 그 자체에 법인격(권리능력)이 인정된다. 때문에 권리와 의무를 법인에게 귀속시킴으로써 법률관계를 단순화시킬 수 있다.

1) 총칙(민법 제31조~제39조), 설립(민법 제40조~제49조), 기관(민법 제56조~제57조), 해산(제77조~제96조), 벌칙(제97조) 등에 관하여 상세히 규정을 두고 있다. 기타 상법과 사회복지사업 등 많은 특별법도 있다.

또한 법인은 단체에 귀속하는 재산과 구성원 개인에게 귀속하는 재산을 구별할 수 있어 법인의 재산과 구성원 개인의 재산이 엄격히 구분된다. 이에 따라 법인이 부담하는 채무에 대해서는 법인재산이 책임재산이 될 뿐 구성원 개인은 책임을 지지 않는다. 개인의 자유가 강조되는 시기에는 법인에 대해 부정적인 태도를 취하였으나, 오늘날에는 법인설립의 자유가 사적자치의 내용으로 인정되고 있다(백태승, 2014).

1) 법인의 존재이유 및 기능

법인의 존재이유는 무엇인가? 사람이 사회생활을 하는 데 있어서 개인의 활동만으로는 목표를 달성하는 데 한계가 있다. 그리하여 단체에게도 사람과 같은 권리와 의무를 부과하여 개인이 달성하지 못하는 목적을 달성하기 위해서 법인제도가 존재하는 것이다. 구체적인 법인의 존재이유는 다음과 같다(박종팔, 2016).

첫째, 자연인의 유한성 탈피다. 자연인은 생명 또는 능력에 한계를 가진다. 그 결과 개개인의 자연인은 방대하고 영속적인 법률관계의 실현이 불가능하다. 그러나 사회적 법률관계는 개인의 유한성과 관계없이 무한성・연속성을 갖는다. 따라서 법인은 인간의 시간적 능력의 유한성을 탈피하여 법률관계의 영속성・무한성을 실현하는 데 있다.

둘째, 법률관계 처리의 편의성이다. 거래의 명확성을 기하기 위해서는 거래당사자가 누구인지를 명확히 해야 한다. 또 그것이 계속성을 가질 필요가 있기 때문에, 단체의 구성원과는 독립하여 단체 자체가 그 주체가 되어야 한다.

셋째, 책임의 분리다. 법인격이 인정되는 경우에는 구성원의 개인재산과는 구별되는 단체 자체의 재산이 인정된다. 단체의 이름으로 재산을 가지고, 부동산의 경우에는 등기를 할 수 있다. 단체에 대한 채권자는 단체의 재산에 대해서만 집행할 수 없다. 구성원은 출자 등의 한도에서만 유한책임을 지는 점에서 단체의 결성에 참여하는 것이 유도된다. 단체는 단체의 이름으로 거래한 것에 대해서만 단체의 재산으로 책임을 지고 활동을 보장한다는 점이 고려된 것이다.

법인은 자연인의 한계를 극복할 수 있다. 즉, 자연인은 영구히 생존할 수 없어 그 권리능력이 인정되는 기간에 한계가 있다. 일반적으로 자연인은 자금과 정보의 규모 등에 있어서도 한계를 가진다. 그러나 법인은 인류가 존속하는 한 영구히 존재할 수 있고, 자금과 정보 및 활동영역 등에 있어서도 자연인을 크게 능가할 수 있다. 따라서 법인은 자연인이 이룩할 수 없는 것들을 이룩할 수 있어 자연인의 한계를 극복할 수 있다(강태성, 2013).

2. 법인의 능력

법인도 권리의 주체이므로 자연인과 같이 권리능력과 행위능력 및 불법행위능력을 가진다. 그러나 법인은 행위제한능력자나 책임무능력자 제도가 없다. 법인의 경우 첫째, 법인에게 어떠한 범위의 권리와 의무를 인정할 것인가(권리능력)를 전제로, 둘째, 그것을 향유하기 위하여 어떠한 종류의 행위를 누가 어떠한 형식으로 하는가(행위능력), 셋째, 누구의 어떠한 불법행위에 대하여 법인 자신이 배상책임을 부담하는가(불법행위능력)에 대한 관점으로 논하여진다.

법인의 능력에 관한 「민법」 규정은 강행규정이며, 비영리법인 이외의 다른 법인(영리법인 기타 특별법상의 법인)에도 적용된다. 다만, 회사의 불법행위능력은 「상법」 제210조가 적용된다.

1) 법인의 권리능력

법인은 권리능력을 갖는다. 다만, 가족법상의 법률관계와 자연인의 고유적 성질을 전제로 하는 권리나 의무는 누릴 수 없다. 즉, 「민법」 제34조에 비추어 법인의 권리능력은 법률의 규정과 그에 좇아 정관이 정한 범위 내에서 권리, 의무의 주체가 된다고 할 수 있다.

(1) 권리능력의 범위

① 성질에 의한 제한

법인은 관념상의 존재로서 남녀의 성이나 가족관계와 같은 자연인의 고유적 성질을 전제로 하는 권리, 의무의 주체가 될 수 없다. 예컨대 생명권, 상속권, 친권, 정조권, 육체상의 자유권 등을 향유할 수 없다. 그러나 재산권, 명예권, 성명권, 신용권, 정신적 자유권은 인정되고 유증도 가능하다. 그리고 파산관재인, 청산인, 유언집행인이 될 수 있으나 후견인은 될 수 없다. 일반적으로 이사는 그 성질상 자연인이어야 하며 법인은 이사가 될 수 없다.

② 법률에 의한 제한

법률로는 법인의 권리능력을 제한할 수 있으나(「민법」 제34조) 명령으로는 제한할 수 없다. 법인의 권리능력을 일반적으로 제한하는 법률은 없다. 그러나 「민법」 제81조(청산법인의 청산 목적 범위 내), 「상법」 제173조, 「파산법」 제4조 등은 법인의 권리능력을 일부 제한한다.

③ 목적에 의한 제한

일반적으로 「민법」 제34조를 근거로 법인은 '정관으로 정한 목적의 범위 내'에서 권리능력을 가진다고 한다. 목적의 범위 내를 어느 정도 인정할 것인가에 대하여 다수설은 소극적으로 목적을 위반하지 않는 범위 내에서 권리능력을 누릴 수 있다고 넓게 해석하는 반면에, 소수설은 목적을 달성하는 데 필요한 범위 내라고 보아 좁게 해석하고 있다. 한편 판례는 "그 목적 범위 내의 행위라 함은 정관에 명시된 목적 자체에 국한하는 것이 아니고 그 목적을 수행하는 데 있어 직접 또는 간접으로 필요한 행위는 모두 포함되며, 목적 수행에 필요한지 여부도 행위의 객관적 성질에 따라 추상적으로 판단할 것이지 행위자의 주관적, 구체적 의사에 따라 판단할 것이 아니다(대판 1987.9.8. 86다카1349)"라고 한다.

2) 법인의 행위능력

법인의 행위는 현실적으로 자연인의 행위에 의할 수밖에 없다. 이때 자연인을 대표기관이라 한다. 명문의 규정은 없으나 법인의 권리능력의 범위 내에서 행위능력을 가진다는 것이 통설의 입장이다. 따라서 법인의 행위능력이라고 할 경우에 그것은 자연인의 행위능력과는 다른 의미이다. 그런데 누구의 어떤 행위가 법인의 행위로 되는가에 대한 것이 법인의 행위능력의 문제이다. 법인에서의 행위능력은 대표기관 내지 대표권에 관한 것이다.

(1) 법인의 대표기관의 행위

① 대표기관

통설, 판례에 의하면 법인의 경우에 대리인이라 하지 않고 '대표기관'이라 하여 대표기관의 행위가 곧 법인 자신의 행위라고 한다. 즉, 법인을 대표할 수 있는 지위에서 법인을 위하여 권리를 취득하고 의무를 부담할 수 있는 자연인을 대표기관이라 한다.

② 대표기관의 종류

법인의 대표기관으로 누가 되는지는 법인의 내부조직에 관한 것이다. 비영리법인에서 대표기관은 원칙적으로 이사(「민법」 제57조)이며, 법인이 청산한 경우에는 청산인이 된다(「민법」 제82조). 이사의 직무대행자(「민법」 제60조의2), 임시이사(「민법」 제63조), 특별대리인(「민법」 제64조), 업무집행사원(「상법」 제207조), 대표이사(「상법」 제389조)가 대표기관이다.

(2) 행위능력의 범위

제34조가 법인의 권리능력을 제한하고 있는데 통설은 이를 행위능력의 제한으로 보고 있다. 즉, 법인의 권리능력에 속하는 권리 취득이나 의무부담 행위만이 법인의 행위로 되고, 그러한 제한을 넘는 행위는 대표기관 개인의 행위로 본다.

(3) 대표권의 남용

대표권의 남용이란 법인의 대표기관이 외형적 · 형식적으로 대표권의 범위 내에서 행위를 하나 실질적으로는 자기 또는 제3자의 이익을 위하여 대표행위를 하는 것을 말한다. 법인의 대표기관이 대표권을 남용한 경우라 하더라도 법인의 권리능력의 범위 내인 경우에는 원칙적으로 법인의 행위로 되어 법인이 의무를 부담하여야 한다.

(4) 대표행위의 형식

법인의 대표행위는 대리행위가 아니며 대리의 규정을 준용할 뿐이다(「민법」 제59조 제2항). 그러나 대표행위에서도 대리행위와 마찬가지로 법인을 위한 것임을 표시하여야 한다(「민법」 제114조 제1항). 따라서 일정한 형식은 없으나 일반적으로 '사단법인 A 또는 대표이사 B'라고 표시한다.

3) 법인의 불법행위능력

법인은 그 대표기관이 그 직무에 관하여 타인에게 가한 손해를 배상할 책임이 있다고(「민법」 제35조 제1항) 규정하고 있는데, 법인실재설을 취하고 있는 통설에 따르면 이러한 규정은 불법행위능력을 인정한 규정이라고 한다.

(1) 불법행위 요건

① 대표기관의 행위일 것

법인의 대표기관을 의미하기 때문에 대표권 없는 이사는 법인의 기관이기는 하지만 대표기관은 아니다. 따라서 지배인(「상법」 제11조), 임의대리인(「민법」 제62조)의 불법행위는 「민법」 제35조의 책임이 아니라 「민법」 제756조의 사용자 배상책임을 부담한다.

② 직무에 관한 행위

직무에 관하여 대표기관이 직무에 관하여 타인에게 손해를 끼친 경우에만 법인의 불법행위로 된다. 직무에 관한 행위가 아니면 법인의 불법행위가 되지 않는다. 대표기관의 행위가 직무행위에 해당하는지 여부에 대하여 통설과 판례는 외형이론에 의하여 판단한다. 즉, 외부에서 객관적으로 볼 때 대표기관의 직무라고 판단되면 충분하다고 한다.

③ 대표권의 남용의 경우

대표기관이 대표권을 남용한 경우에 학설은 「민법」 제35조 제1항에 의한 법인의 불법행위책임을 인정하자는 견해와 「민법」 제126조에 의한 표현대리 법리를 적용하자는 견해 및 당사자의 선택에 따라 「민법」 제35조 제1항의 불법행위책임 또는 「민법」 제126조의 표현대리책임을 인정하자는 견해로 나뉜다.

(2) 불법행위의 일반요건

「민법」 제35조 제1항은 「민법」 제750조의 특별규정이므로, 「민법」 제750조에서 정한 불법행위의 일반적 성립요건을 갖추어야 한다. 우선, 대표기관의 고의 또는 과실이 있을 것, 둘째, 가해행위가 위법할 것, 셋째, 가해와 손해의 사이에 인과관계가 있을 것, 넷째, 통설은 대표기관이 책임능력자이어야 한다고 한다. 다만, 「민법」 제117조의 유추적용으로 대표기관이 책임능력자일 필요는 없다는 견해도 있다.

(3) 불법행위의 효과

① 법인의 책임

법인의 불법행위가 성립하면 법인은 피해자에 대하여 손해배상책임을 부담한다(「민법」 제35조 제1항 전단).

② 기관 개인의 책임

법인의 불법행위가 성립하는 경우에 가해행위를 한 대표기관은 법인과 경합하여 손해배상책임을 진다. 이 경우 법인의 대표기관의 책임과 기관 개인의 책임은 부진정연대책임이다.

③ 법인의 구상권

법인이 피해자에게 배상하면 법인은 기관 개인에 대하여 구상권을 행사할 수 있다(「민법」 제65조, 제61조).

④ 법인의 불법행위가 성립하지 않는 경우

원칙적으로 행위를 한 대표기관만이 「민법」 제75조에 의한 손해배상책임을 진다. 그러나 피해자를 보호하기 위하여 민법은 그 의결에 찬성하거나 그 의결을 집행한 사원과 이사 및 대표자가 연대하여 배상하도록 하고 있다(「민법」 제35조 제2항).

3. 법인의 구분

법인의 구분은 다음 **┃그림 1-1┃**과 같다.

- 법인(法人)
  - 공법인 — 국가, 지방자치단체, 공공기관 등 ▷ 공법적용
  - 사법인
    - 영리법인 : 영리를 목적으로 하는 사단법인(합명회사, 합자회사, 유한책임회사, 주식회사, 유한회사 등) ▷ 상법적용
    - 비영리법인 : 학술, 종교, 자선, 기예, 사교 기타 영리 아닌 사업을 목적으로 하는 법인 ▷ 민법적용
      - 사단법인 : 일정한 목적을 위하여 결합한 사람의 단체, 즉 사단을 실체로 하는 법인[대한변호사협회, 지방변호사회, 대한의사(협)회 등]
        - ※ 권리능력〈법인격〉 없는 사단 : 단체의 실질이 사단임에도 불구하고 주무관청의 허가를 얻지 않아서 법인격이 없는 사단[종중, 자연부락, 설립 중의 회사, 아파트 입주자 대표회의, 재건축조합, 일정한 지역에서 신앙활동을 하는 개개의 지교회(개별교회), 대한불교조계종 등]
      - 재단법인 : 일정한 목적에 바쳐진 재산, 즉 재단을 실체로 하는 법인(사회복지법인, 사립학교법인 등)
        - ※ 권리능력〈법인격〉 없는 재단 : 단체의 실질이 재단임에도 불구하고 아직 법인격을 취득하지 못한 재단(유치원 등)

┃그림 1-1┃ 법인의 종류

1) 공법인과 사법인

공법인과 사법인은 법률관계가 복잡해져 획일적 기준으로 구별하기가 어려우나 국가, 지방자치단체, 영조물 법인, 한국은행 등 공공의 목적을 위해 공법으로 설립된 법인은 공법인이고, 「민법」과 「상법」 등에 의하여 설립되는 회사, 사단법인, 재단법인, 사회복지법인 등은 사법인에 해당한다.

(1) 공통점과 차이점

공법인과 사법인의 차이점은 다음과 같다.

첫째, 공법인과 사법인은 독립된 권리의 주체라는 점에서 동일하나, 공법인이 특정한 목적을 위하여 설립된 법인인 데 반하여 사법인은 사적 목적을 위하여 설립된 법인이다.

따라서 공법인은 사법인과 달리 그 목적이 법률로 정해져 있고, 목적달성에 필요한 한도 내에서 행정권 등 권한이 부여되고, 또한 사용료의 면제 등 다양한 특혜가 인정될 뿐만 아니라 국가의 특별한 감독을 받는다.

둘째, 공법인은 법인의 설립이나 가입이 강제되고 법인의 임원은 국가가 임명하거나 임원이 국가공무원이 되는 것 등 법인의 설립이나 관리에 국가공무원이 관여하며, 그 밖의 법인은 사법인이라고 한다.

그러나 이와 같은 공·사법인의 구별을 위한 노력에도 불구하고 공·사법의 중간적 법인이 출현하면서 오늘날에는 그 구별이 곤란해졌다. 공·사법의 중간적 법인으로 한국은행, 대한주택공사 등 특수법인이 있다.

(2) 구별의 이익

공법인과 사법인 구별의 이익은 다음과 같다.

첫째, 법인의 쟁송에서 공법인은 행정소송이며, 사법인은 민사소송이다.

둘째, 부담금 징수에서 공법인은 세법상 강제징수가 가능하며, 사법인은 민사소송법상 강제집행절차에 의한다.

셋째, 불법행위의 적용에서 공법인은 「국가배상법」의 적용을 받아 배상책임을 지고, 사법인은 「민법」상의 적용을 받아 불법행위책임을 진다.

넷째, 문서위조·변조에서 공법인은 공문서 위조·변조죄가 적용되며, 사법인은 사문서 위조·변조죄가 적용된다.

2) 영리법인과 비영리법인

사단법인은 그 설립목적이 영리추구의 여부에 따라 영리법인과 비영리법인으로 구분된다. 영리법인은 주로 구성원의 사익을 꾀하고 법인의 기업이익을 구성원 개인에게 분배하여 경제적 이익을 주는 법인을 말한다. 이들 영리법인은 경제원리에 따라 최대의 이윤을 창출하는 것이 그 설립목적이며, 여기서 가장 전형적인 영리법인은 상법상 각종 회사이다(「상법」 제169조). 비영리법인은 학술, 종교, 자선, 기예, 사교 기타 영리가 아닌 사업을 목적으로 하는 사단법인 또는 재단법인을 말한다. 즉, 법인의 목적이 비영리목적이면 족하므로 수단의 영리성은 인정되나 어떠한 이유로도 구성원에게 이익의 분배가 불가능한 법이어야 한다.

영리법인은 영리를 목적으로 하는 모든 법인을 말하고, 비영리법인은 영리가 아닌 목적, 즉 비영리목적의 법인을 말한다. 그러므로 영리법인과 비영리법인은 법인의 설립절차, 법인의 대내·외 관계, 감독기관에 차이가 있다. 따라서 영리법인은 상법의 규율을 받고 비영리법인은 민법의 규율을 받는다. 비영리법인 중에서 공익적 사업을 목적으로 하는 법인을 위하여 특별법인 「공익법인의 설립·운영에 관한 법률」이 있다.

3) 사단법인과 재단법인

「민법」상 법인은 사단법인과 재단법인으로 구분된다. 사단법인은 사람의 집단에 인격을 부여하는 것이어서 단체의 의사에 의하여 자율적으로 활동한다. 재단법인은 재산에 인격을 부여하는 것이어서 설립자의 의사에 따라 타율적으로 구속되는 성격이 강하다. 즉, 사단법인은 단체의사에 따라 자율적으로 활동하는 데 비하여, 재단법인은 설립자의 의사에 의하여 타율적으로 구속된다. 이것은 전자가 인적 결합을 본체로 하는 자율적 법인인 데 비하여, 후자는 일정한 목적에 바쳐진 재산을 본체로 하는 타율적 법인이기 때문이다. 특히 사단법인에는 회사와 같이 「상법」의 적용을 받는 영리법인과 학술, 종교, 사교 등 비영리사업을 목적으로 하고, 「민법」의 적용을 받는 비영리법인이 있다. 이 중 비영리 사단법인은 비영리를 목적으로 수익사업을 하여도 좋으나 이익을 관계자에게 배분할 수 없다. 법인은 사단법인, 재단법인 두 가지 중 하나로 설립되어야만 하며, 중간형태의 법인은 인정하지 않는다.

4) 특별법인

특별법인에는 사회복지법인, 학교법인, 종교법인 등이 있다.

5) 권리능력이 없는 단체

권리능력이 없는 단체에는 권리능력이 없는 사단과 권리능력이 없는 재단이 있다. 이러한 단체들은 법인으로 인정하는 데 적합한 실체가 존재하지만 법인격이 인정되지 아니한 단체를 말한다.

(1) 권리능력이 없는 재단(비법인 재단)

권리능력이 없는 재단이란 재단의 실질을 갖추어 목적재산과 조직은 존재하나 법인격을 갖추지 못한 것을 말한다. 권리능력이 없는 재단의 성립은 그 목적 재산이 출연자의 재산으로부터 분리, 독립하여야 하고 일정한 목적을 위한 독립기구가 있어야 한다. 재단의 근본은 그의 목적재산을 이용하여 육영회, 유치원, 장학회, 자선기금 등 목적사업을 수행하는 일이다.

(2) 권리능력이 없는 사단(법인격 없는 사단 또는 비법인 사단)

권리능력이 없는 사단은 사단의 실체를 갖추고 있으나, 권리능력을 취득하지 못한 단체를 말한다. 권리능력이 없는 사단이 생기는 이유는 법인으로서 설립 중에 있거나, 주무관청의 허가를 얻지 못하였거나 또는 처음부터 설립자가 법인설립을 원하지 않았거나, 행정관청의 감독이나 기타 규제를 피하기 위해서이다.

제2절 사회복지법인

1. 사회복지법인의 법적 정의

사회복지법인이란 「사회복지사업법」 제2조[2]의 "사회복지사업"을 행할 목적으로 설립된 법인을 의미한다. 따라서 사회복지법인이 수행할 수 있는 목적사업은 "사회복지사업"에 한정되므로 사회복지사업 이외의 사업을 목적사업으로 수행할 수 없음에 유의하여야 한다.

법인은 법률의 규정에 의해서만 성립되므로(「민법」 제31조), 사회복지법인도 반드시 「사회복지사업법」에 의해서만 성립된다.

2) ① 「국민기초생활보장법」, ② 「아동복지법」, ③ 「노인복지법」, ④ 「장애인복지법」, ⑤ 「한부모가족지원법」, ⑥ 「영유아보육법」, ⑦ 「성매매방지 및 피해자보호 등에 관한 법률」, ⑧ 「정신건강증진 및 정신질환자 복지서비스 지원에 관한 법률」, ⑨ 「성폭력 방지 및 피해자 보호 등에 관한 법률」, ⑩ 「입양특례법」, ⑪ 「일제하 일본군위안부 피해자에 대한 생활안정지원 및 기념사업 등에 관한 법률」, ⑫ 「사회복지공동모금회법」, ⑬ 「장애인 · 노인 · 임산부 등의 편의증진보장에 관한 법률」, ⑭ 「가정폭력방지 및 피해자보호 등에 관한 법률」, ⑮ 「농어촌주민의 보건복지 증진을 위한 특별법」, ⑯ 「식품등 기부 활성화에 관한 법률」, ⑰ 「의료급여법」, ⑱ 「기초연금법」, ⑲ 「긴급복지지원법」, ⑳ 「다문화가족지원법」, ㉑ 「장애인연금법」, ㉒ 「장애인활동 지원에 관한 법률」, ㉓ 「노숙인 등의 복지 및 자립지원에 관한 법률」, ㉔ 「보호관찰 등에 관한 법률」, ㉕ 「장애아동복지지원법」, ㉖ 「발달장애인 권리보장 및 지원에 관한 법률」, ㉗ 「청소년복지 지원법」, ㉘ 그 밖에 대통령령으로 정하는 법률

2. 사회복지법인의 구분

사회복지법인은 시설법인과 지원법인 두 종류가 있다. 즉, 사회복지법인은 「사회복지사업법」 제2조의 사회복지시설을 설치·운영할 목적으로 설립된 시설법인과 사회복지사업을 지원하는 것을 목적으로 하는 지원법인으로 구분된다. 이를 정리해서 나타내면 <표 1-1>과 같다.

〈표 1-1〉 사회복지법인의 종류와 기본재산 기준

사회복지 법인종류	용어 기준	기본재산 기준
시설법인	「사회복지사업법」제2조 제4호의 사회복지시설을 설치하여 운영할 목적으로 설립된 사회복지법인	법인이 설치·운영하고자 하는 시설을 갖출 수 있는 목적사업용 기본재산
지원법인	「사회복지사업법」 제2조 제1호의 사회복지사업을 지원하는 것을 목적으로 설립된 사회복지법인	법인의 운영경비 전액을 충당할 수 있는 기본재산

3. 사회복지법인의 특성

사회복지법인의 특성은 다음과 같다.

첫째, 운영목적이 사회복지서비스를 제공하는 데 있다. 사회복지법인은 서비스를 무료나 실비로 제공하므로 자원의 지속적 조달이 중요한 문제가 된다. 따라서 지속적으로 자원조달을 위한 제반의 노력을 해야 한다. 예컨대 개인 및 기업의 기부나 기증에 대한 사업계획 및 사용에 대한 보고를 해야 한다.

둘째, 사회복지법인의 특성은 자원조달방법에 있다. 사회복지법인의 자원조달은 정부지원과 개인 및 단체의 기부, 프로그램의 실비이용료, 수익사업이 있는 경우에 이의 전입금 등에 의한다. 대부분을 정부지원으로 충당하지만 부족한 자원은 일반적으로 사회복지 이용시설 프로그램의 실비이용료 수납과 수익사업을 통해 조달하고 있다. 사회복지시설은 기업이나 복지재단 등의 기부나 기증에 크게 의존한다. 또한 사회복지법인의 자원조달에 있어서 특이한 사항은 재무적 기부나 기증뿐만 아니라 인적자원을 무료 또는 시장가치에 훨씬 못 미치는 가격으로 제공받는다는 것이다. 이러한 자원봉사자의 활동은 사회복지법인의 운영에 있어서 매우 중요한 요소이다.

셋째, 이윤추구를 목적으로 하지 않는다. 사회복지법인에 출연하거나 기증, 기부한 자원에 대한 소유권은 법인에 있으며, 법인은 청산 시에 국가에 귀속하게 되어 있다. 사적 소유권의 부재로 지분의 매매, 교환, 상속 등이 이루어질 수 없으며, 배당, 잔여재산 분배, 기타 재산상의 편익을 어느 누구에게도 기대할 수가 없다.

넷째, 사회복지법인은 성과측정이 어렵다. 사회복지법인의 운영성과는 재무적으로 수지균형이 이루어졌다고 해서 사회복지법인의 성과가 높다고는 판단할 수 없다. 사회복지서비스의 성과는 단기간에 파악하기 어려우며, 서비스 수혜자에 따라서 달라지기 때문이다. 이러한 성과측정의 어려움으로 인하여 일부 사회복지법인에서는 재무적 요소와 마찬가지로 클라이언트의 만족도를 평가하는 욕구만족도 등을 통해 사업실적을 더 적절히 평가하고자 노력하고 있다.

다섯째, 사회복지법인의 공공적·사회적 성격을 들 수 있다. 물론 이는 대부분의 비영리조직이 가지는 공통적 성격이지만, 특히 사회복지법인은 존재 목적 외에도 자원조달방법으로 인하여 이러한 특성이 강조된다. 따라서 사회복지법인은 운영에 있어 각종 법규의 규제뿐만 아니라 법인세 감면 등의 법적 특혜를 받기도 한다. 또한 사회복지법인의 공공적 특성은 회계실무를 규제하게 된다.

여섯째, 법인해산 시 잔여재산을 임의로 처분하지 못한다. 해산한 법인의 재산은 정관으로 지정한 자에게 귀속한다. 정관으로 귀속 권리자를 지정하지 아니하거나 이를 지정하는 방법을 정하지 아니한 때에는 이사 또는 청산인이 주무관청의 허가를 얻어 그 법인의 목적과 유사한 목적을 위하여 그 재산을 처분할 수 있다(「민법」 제80조).

4. 사회복지법인의 역사

한국 사회복지사업의 출발점은 한국전쟁을 시작으로 외원단체를 중심으로 한 시설구호를 중심으로 시작되었다. 광복과 한국전쟁 이후에 한국의 빈곤문제해결은 회원단체가 사회복지시설에 지원함으로써 이루어졌다(강영숙, 2005).

사회복지시설의 법인화 작업은 1952년 사회사업을 목적으로 하는 법인설립 허가신청에 관한 사회부 장관의 훈령에 의해 사회복지시설을 재단법인으로 설립하도록 규정화하면서부터이다. 이후 「사회복지사업법」이 1970년에 개정되면서 사회복지시설의 법인화가 이루어졌다. 따라서 한국의 사회복지는 시설이 먼저 생기고 법인설립을 나중에 한 경우로 사회복지서비스가 먼저 시행되고 나중에 정부의 관리가 이루어졌다.

사회복지법인의 성장과 역사를 「사회복지사업법」의 제·개정의 입법과정을 통해서 살펴보고자 한다. 그 이유는 사회복지법인을 갖춤으로써 민간이 경영하고 있는 사회복지사업의 공공성이 확보되었고, 사회복지서비스 전달체계의 독특한 민·관 관계가 제도화 되었으며, 사회복지법인이 권리의무의 주체가 되었다고 볼 수 있기 때문이다.

1) 설치·운영 법적 근거 최초 마련

보건사회부에서 「사회복지사업법」을 제정(1970. 1. 1. 제정, 1970. 4. 2. 시행)하여 사회복지시설의 설치·운영에 대한 법률적 근거를 처음으로 마련하였다. 「사회복지사업법」 제22조 제1항에 국가 또는 지방자치단체는 시설을 설치·운영할 수 있다. 다만, 시·군이 이를 설치하고자 할 때에는 관할도지사의 승인을 얻어야 한다.

제2항에 법인으로서 서울특별시장·부산시장 또는 도지사의 허가를 받은 자가 아니면 시설을 설치 운영할 수 없다. 다만, 이 법에 의한 법인 이외의 법인이 보건사회부장관의 허가를 받은 때에는 그러하지 아니하다. 제3항에 시설의 설치기준과 허가에 관하여 필요한 사항은 보건사회부령으로 정한다고

각각 규정하였다.

따라서 사회복지시설 설치·운영 주체는 ① 국가 또는 지방자치단체, ② 관할 도지사의 승인을 얻은 시·군, ③ 서울특별시장·부산시장 또는 도지사의 허가를 받은 사회복지법인이다.

2) 설치·운영 주체 비영리법인 확대

「사회복지사업법」을 일부개정(1983. 5. 21. 개정·시행)하여 사회복지시설 설치·운영 주체를 비영리법인으로 확대하였다. 「사회복지사업법」 제22조 제2항에 사회복지법인 기타 비영리법인으로서 도지사의 허가를 받은 자가 아니면 시설을 설치 운영할 수 없도록 하였으며, 제3항에서 지역주민의 이용의 편의를 위하여 필요한 시설별·종류별 설정과 그 설치기준 및 허가에 관하여 필요한 사항은 보건사회부령으로 정하도록 하였다.

따라서 사회복지시설 설치·운영 주체는 ① 국가 또는 지방자치단체, ② 관할 도지사의 승인을 얻은 시·군, ③ 시·도지사의 허가의 받은 사회복지법인 기타 비영리법인이며, 사회복지시설 설치 시 지역주민 이용의 편의를 고려하도록 한 것이다.

3) 설치·운영 허가권자 시장·군수·구청장으로 변경

「사회복지사업법」을 전부개정(1992. 12. 8. 개정, 1993. 6. 9. 시행)하여 사회복지법인 기타 비영리법인 외의 자의 경우에도 허가를 받은 경우에 사회복지시설을 설치·운영할 수 있도록 하였다. 또한 사회복지시설 설치·운영의 허가권자를 시·도지사에서 시장·구청장·군수로 변경하였다.

「사회복지사업법」 제28조 제2항에 사회복지법인 기타 비영리법인으로서 시장·군수·구청장(자치구)의 허가를 받은 자가 아니면 시설을 설치·운영할 수 없다. 다만, 보건사회부령이 정하는 사회복지사업의 경우에는 법인 기타 비영리법인이 아닌 자도 시장·군수·구청장의 허가를 받아 시설을 설치·운영할 수 있다고 규정하였다.

따라서 사회복지시설 설치 · 운영 주체는 ① 국가 또는 지방자치단체, ② 관할 도지사의 승인을 얻은 시 · 군, ③ 시장 · 구청장 · 군수의 허가를 받은 사회복지법인 기타 비영리법인, ④ 「영유아보육법」에 의한 시설로 시장 · 구청장 · 군수의 허가를 받은 자이며, 사회복지시설 설치 · 운영의 허가권자는 시장 · 구청장 · 군수이다.

4) 설치 · 운영 시 신고제 전환, 민간위탁 및 평가제도 처음 도입

보건복지부에서 「사회복지사업법」을 전부개정(1997. 8. 22. 개정, 1998. 7. 1. 시행)하여 사회복지법인 기타 비영리법인과 개인이 사회복지시설을 설치 · 운영할 수 있으며, 이 경우 시장 · 군수 · 구청장 허가를 받도록 하던 것을 신고제로 전환하였다. 즉, 시 · 군 · 구가 사회복지시설을 설치하고자 할 때 관할 시 · 도지사 승인 제도가 폐지되었다. 또한 국가 또는 지방자치단체가 설치한 시설은 필요한 경우 보건복지부령이 정하는 바에 따라 사회복지법인 또는 비영리법인에게 위탁하여 운영하게 할 수 있도록 하였으며 평가 제도를 처음으로 도입하였다.

「사회복지사업법」 제34조 제1항에 국가 또는 지방자치단체는 사회복지시설을 설치 · 운영할 수 있도록 규정하고 개정전 법의 단서조항인 "단, 시 · 군 · 구가 이를 설치하고자 할 때에는 관할 시 · 도지사의 승인을 얻어야 한다."는 조문은 삭제되었다. 「사회복지사업법」 제2항에 국가 또는 지방자치단체외의 자가 시설을 설치 · 운영하고자 하는 때에는 시장 · 군수 · 구청장에게 신고하여야 한다. 신고한 사항 중 보건복지부령이 정하는 중요한 사항을 변경하는 때에도 또한 같다. 「사회복지사업법」 제5항에 국가 또는 지방자치단체가 설치한 시설은 필요한 경우 보건복지부령이 정하는 바에 따라 사회복지법인 또는 비영리법인에게 위탁하여 운영하게 할 수 있도록 각각 규정하고 있으며, 「사회복지사업법 시행규칙」 제23조 제1항에 법 제34조 제5항의 규정에 의하여 국가 또는 지방자치단체가 시설을 위탁하여 운영하고자 하는 때에는 ① 수탁자의 성명 및 주소, ② 위탁계약기간, ③ 위탁대상시설 및 업무내용, ④ 수탁자의 의무 및 준수 사항, ⑤ 시설의 안전관리에 관한 사항, ⑥ 계약의 해지에 관한 사항, ⑦ 기타 시설의 운영에 필요하다고 인정되는 사항의 내용이 포함된 계약을 체결하여야 한다. 제2항에 위탁계약기간은 5년 이내로 한다. 다만, 위탁자가 필요하다고 인정하는 때에는 그 계약기간을 갱신할 수 있다고 각각 규정하였다.

또한 법 제43조에 보건복지부장관 및 시・도지사는 보건복지부령이 정하는 바에 따라 시설을 정기적으로 평가할 수 있으며, 이를 시설의 감독 또는 지원 등에 반영할 수 있다. 「사회복지사업법 시행규칙」 제27조 제1항에 주무관청은 법 제43조의 규정에 의하여 3년마다 1회 이상 시설에 대한 평가를 실시하여야 한다고 각각 규정하였다.

5) 위탁기준 및 방법 제도 도입

「사회복지사업법」을 일부개정(2003. 7. 30. 개정, 2004. 7. 31. 시행)하여 위탁 운영의 기준・기간 및 방법 등에 관한 사항을 추가하였다. 「사회복지사업법」 제34조 제6항에 위탁운영의 기준・기간 및 방법 등에 관하여 필요한 사항은 보건복지부령으로 정한다는 조문을 신설하였으며, 개정(2004. 9. 6) 「사회복지사업법 시행규칙」 제22조의2 제1항에 법 제34조 제5항의 규정에 의하여 국가 또는 지방자치단체가 설치한 시설을 위탁하여 운영하고자 하는 경우에는 공개모집에 의하여 수탁자를 선정하되, 수탁자의 재정적 능력, 공신력, 사업수행능력, 지역 간 균형분포 및 「사회복지사업법」 제27조의 규정에 의한 평가결과(평가를 한 경우에 한함) 등을 종합적으로 고려하여 선정하여야 한다. 「사회복지사업법」 제2항에 제1항의 규정에 의한 시설의 수탁자 선정을 위하여 당해 시설을 설치한 국가 또는 지방자치단체에 수탁자선정심의위원회를 둔다. 제3항에 국가 또는 지방자치단체는 제1항의 규정에 의하여 수탁자를 선정하고자 하는 경우에는 제2항의 규정에 의한 선정위원회의 심의를 거쳐야 한다. 제4항에 선정위원회는 위원장 1인을 포함한 9인 이내의 위원으로 구성하고, 위원은

① 사회복지업무를 담당하는 공무원, ② 사회복지에 관한 학식과 경험이 풍부한 자, ③ 공익단체(비영리민간단체지원법 제2조의 규정에 의한 비영리민간단체를 말함)에서 추천한 자, ④ 기타 법률전문가 등 선정위원회 참여가 필요하다고 위탁기관의 장이 인정하는 자 중에서 위탁기관의 장이 임명 또는 위촉하며, 위원장은 위원 중에서 위탁기관의 장이 지명한다. 제5항에 선정위원회는 재적위원 과반수의 출석으로 개의하고 출석위원 과반수의 찬성으로 의결한다. 제6항에 이 규칙에 정한 것 외에 선정위원회의 운영에 관하여 필요한 사항은 위탁기관의 장이 정한다고 각각 규정하였다.

6) 시설종사자 고용승계와 계약기간 갱신 시 수탁자선정심의위원회 심의 제도 도입

「사회복지사업법 시행규칙」 일부개정(2004. 9. 6. 개정 · 시행)을 통하여 민간위탁 계약 체결 시 시설종사자의 고용승계에 관한 사항을 포함하도록 하고, 계약기간 갱신 시 수탁자선정심의위원회의 심의를 거치도록 하였다.

7) 사회복지시설 평가결과 공표제도 도입

「사회복지사업법 시행규칙」 개정(2011. 8. 4. 개정, 2012. 8. 5. 시행)을 통하여 평가 결과를 공표할 수 있도록 하였다. 「사회복지사업법 시행규칙」 제43조의2 제1항에 보건복지부장관과 시 · 도지사는 보건복지부령으로 정하는 바에 따라 시설을 정기적으로 평가하고, 그 결과를 공표하거나 시설의 감독 · 지원 등에 반영할 수 있으며 시설 거주자를 다른 시설로 보내는 등의 조치를 할 수 있다고 규정하였다.

8) 사회복지시설 운영비 지원 및 보조금 집행의 투명성 확보

「사회복지사업법」을 개정(2016. 2. 3. 개정, 2016. 8. 4. 시행)하여 ① “사회복지사업”의 정의에 「청소년복지 지원법」을 추가하도록 하여 청소년 쉼터에서 근무하는 종사자의 처우를 개선하고, 청소년쉼터 등이 사회복지시설 기준에 충족할 수 있도록 해당 개정규정의 시행시기를 공포 후 1년이 경과한 후(2017. 2. 4. 시행)로 하고(「사회복지사업법」 제2조 제1호 퍼목 신설, 부칙), ② 사회복지사 자격의 정지 및 취소요건에 대한 법적 근거를 마련함으로써 자격제도의 공공성과 투명성을 제고하고(「사회복지사업법」 제11조의3 신설), ③ 이 법에 따른 사회복지사가 아니면 사회복지사 또는 이와 유사한 명칭을 사용하지 못하도록 하고, 위반 시 과태료 규정을 마련하고(「사회복지사업법」 제11조의4 신설 및 제58조 제1항), ④ 사회복지법인 및 사회복지시설을 설치 · 운영하려는 자가 사회복지사를 임면할 경우 이를 시 · 도지사 또는 시장 · 군수 · 구청장에게 보고하도록 하고(「사회복지사업법」 제13조 제1항), ⑤ 개인 또는 법인에 속한 임원이 미성년자, 파산선고를 받고 복권되지 아니한 사람 등 결격사유가 있는 경우 사회복지시설의 설치 · 운영신고를 할 수 없도록 함으로써 사회복지시설을 투명하게 운영하도록 함(「사회복지사업법」 제34조 제2항), ⑥ 국가나 지방자치단체가 사회복지사업을 하는 자에게 운영비를 보조할 수 있도록 법적 근거를 마련함으로써 사회복지사업이 안정적으로 실시되도록 하고(「사회복지사업법」 제42조 제1항), ⑦ 보조금의 부정수급 또는 목적 외 사용에 대하여 환수명령을 의무화하도록 명시적으로 규정하여 보조금 처리 업무의 효율성과 투명성을 제고함으로써 사회복지법인 및 사회복지시설의 보조금 부정 등에 대한 제재조치의 실효성과 재무회계의 투명성을 확보(「사회복지사업법」 제42조 제3항 및 제4항)하도록 하였다.

5. 사회복지법인의 적용법령

사회복지법인은 「사회복지사업법」에 의하여 설립되고 사업이 수행되기 때문에 「사회복지사업법」은 매우 중요하다. 법인은 「민법」 제31조 규정에 의하지 아니하고는 성립될 수 없으므로, 사회복지법인은 「사회복지사업법」 등 제 규정을 근거로 성립되어야 한다. 사회복지법인 적용법령은 비영리법인 일반사항, 사회복지법인 일반사항, 사회복지사업 관련사항(목적사업), 기타 사항 순으로 적용되며, 구체적인 비영리법인의 적용법령 순위는 <표 1−2>와 같다.

〈표 1−2〉 **사회복지법인 적용법령**

분 류	세부내용	적용법령
비영리법인 일반사항	법인관련 기본사항	민법
	공익법인 관련사항	공익법인의 설립·운영에 관한 법률
사회복지법인 일반사항	설립운영 관련사항	사회복지사업법
	재산회계 관련사항	사회복지법인 및 사회복지시설 재무·회계 규칙
사회복지사업 관련사항 (목적사업)	사회복지일반	사회복지사업법 국민기초생활보장법 의료급여법 사회복지공동모금회법 식품 등 기부 활성화에 관한 법률
	노인복지	노인복지법, 기초연금법
	아동복지	아동복지법, 입양특례법
	장애인복지	장애인복지법 장애인·노인·임산부 등의 편의증진 보장에 관한 법률
	노숙인복지 결핵·한센복지	사회복지사업법, 노숙인 등의 복지 및 자립지원에 관한 법률
	정신보건	정신건강증진 및 정신질환자 복지서비스 지원에 관한 법률
	농어촌보건복지	농어촌주민의 보건복지증진을 위한 특별법
	모부자복지	한부모가족지원법
	영유아복지	영유아보육법

사회복지사업 관련사항 (목적사업)	다문화복지	다문화가족지원법
	특수폭력 피해자복지	성매매방지 및 피해자보호 등에 관한 법률 성폭력방지 및 피해자보호 등에 관한 법률 가정폭력방지 및 피해자보호 등에 관한 법률 일제하 일본군위안부 피해자에 대한 생활안정지원 및 기념사업 등에 관한 법률
	기 타	긴급복지지원법
기타 사항	조세특례 관련	법인세법, 소득세법, 관세법, 지방세법, 상속세 및 증여세법, 조세특례제한법 등
	부담금특례 관련	사방사업법 등
	재산 및 계약특례 관련	지방재정법, 도시개발법, 폐교재산의 활용촉진을 위한 특별법, 지방자치단체를 당사자로 하는 계약에 관한 법률 등
	기타 적용사항	건축법, 개발제한구역의 지정 및 관리에 관한 특별조치법, 산림기본법, 산지관리법, 화재예방, 소방시설 설치·유지 및 안전관리에 관한 법률, 전기사업법, 공공기관의 정보공개에 관한 법률 등

출처 : 보건복지부(2018). 2018 사회복지법인 관리안내.

사회복지법인은 「사회복지사업법」의 적용을 받는다. 「사회복지사업법」에 적용할 규정이 없는 경우에는 「공익법인의 설립·운영에 관한 법률」을 준용하고, 「공익법인의 설립·운영에 관한 법률」에도 준용할 규정이 없을 경우에는 「민법」의 규정을 준용한다(「사회복지사업법」 제32조). 즉, 「사회복지사업법」은 법인에 관한 일반법인 「민법」에 대하여 특별법이 되고, 「공익법인의 설립·운영에 관한 법률」에 대하여도 특별법의 지위에 있다.

따라서 사회복지법인과 관련된 법적용의 우선순위는 다음과 같다.

① 특정 개별 사회복지법(「아동복지법」 등)
② 「사회복지사업법」
③ 「공익법인의 설립·운영에 관한 법률」
④ 「민법」

CHAPTER 02

사회복지법인 설립의 실제 Ⅰ - 사회복지법인 설립절차의 개요 및 설립요건

보건복지부의 업무편람은 사회복지법인 업무편람(1995년 폐지), 사회복지법인 업무지침(1998년), 사회복지업무 편람(2004년 개정), 사회복지법인 업무편람(2005년 제정, 현재 활용)이 있다. 사회복지법인 설립의 실제 Ⅰ과 Ⅱ는 2018년 사회복지법인 관리안내의 내용에서 발췌한 것이며, 여기에 근거하여 사회복지법인의 설립과 관리를 할 수 있으므로 매우 중요한 자료이다.

제1절 사회복지법인 설립절차의 개요

1. 1단계 : 신청인의 법인설립 신청(신청인 → 시 · 군 · 구)

1) 조치사항

사회복지법인을 설립하고자 하는 자는 「사회복지사업법 시행규칙」 제7조에 규정되어 있는 사회복지법인 설립허가 신청서와 기타 구비서류를 완비하여 시 · 군 · 구에 제출한다.

2) 참고사항

시・도 및 시・군・구는 신청인이 신청서 제출전 법인 주사무소가 소재할 시・도 및 시・군・구와 법인설립 필요성 등에 대해 충분하게 협의하여 추후 절차가 원만하게 수행되도록 지도한다. 또한 시・도 및 시・군・구는 사회복지법인 설립에 대한 문의가 있을 경우 신속하고 정확하게 안내한다.

2. 2단계 : 검토의견 등 첨부하여 시・도 제출 (시・군・구 → 시・도)

1) 조치사항

시・군・구는 설립허가를 신청한 법인에 대한 기초자료(㉥ 자산에 관한 실지조사 결과, 법인설립 필요성에 관한 검토의견서 등)를 첨부하여 시・도에 신청서를 제출한다.

2) 참고사항

신청서를 접수한 시・군・구는 해당 법인이 소재할 사무소 및 기본재산 등을 직접 엄격하게 확인한다(필요시 방문). 또한 시・도에서 조례 및 규칙 등으로 법인업무와 관련한 시・군・구의 권한 및 위임사항을 정하였을 경우 그에 따르되 법인의 허가 등 법인관리 업무의 중요사항은 반드시 시・도지사가 행하여야 한다.

3. 3단계 : 시 · 도에서 최종 허가 여부 결정

1) 조치사항

시 · 도는 법인설립 신청서와 시 · 군 · 구의 기초자료, 시 · 도의 복지여건 등을 종합적으로 검토하여 법인설립허가를 최종 결정한다(설립허가 신청서 처리기한 : 17일. 단, 주무관청에서 신청서의 보완을 요청한 경우 보완기간은 처리기한에 산입하지 않으며, 신청서를 반려한 경우 처리기한은 종료되고 재접수 시점부터 다시 기산하는 것을 원칙[1]으로 함).

2) 참고사항

법인허가 시 법인의 목적사업에 해당하는 기본재산을 갖추었는지 여부를 엄격하게 심사한다. 또한 목적사업이 2 이상의 시 · 도에 걸쳐있는 법인에 대해서는 관련 시 · 도의 의견을 충분히 수렴한 후 결정한다.

상기의 내용을 표로 정리하면 <표 2–1>과 같다.

〈표 2–1〉 사회복지법인 설립절차의 개요

1단계	신청인의 법인설립 신청(신청인 → 시 · 군 · 구)
조치사항	▸ 사회복지법인을 설립하고자 하는 자는 「사회복지사업법 시행규칙」 제7조에 규정되어 있는 사회복지법인 설립허가 신청서와 기타 구비서류를 완비하여 시 · 군 · 구에 제출
참고사항	• 시 · 도 및 시 · 군 · 구는 신청인이 신청서 제출 전 법인 주사무소가 소재할 시 · 도 및 시 · 군 · 구와 법인설립 필요성 등에 대해 충분하게 협의하여 추후 절차가 원만하게 수행되도록 지도 • 시 · 도 및 시 · 군 · 구는 사회복지법인 설립에 대한 문의가 있을 경우 신속하고 정확하게 안내할 것

1) 행정절차법 시행령. 제11조 제1호.

2단계	검토의견 등 첨부하여 시·도 제출(시·군·구 → 시·도)
조치사항	▶ 시·군·구는 설립허가를 신청한 법인에 대한 기초자료(예 자산에 관한 실지조사 결과, 법인설립 필요성에 관한 검토의견서 등)를 첨부하여 시·도에 신청서를 제출
참고사항	• 신청서를 접수한 시·군·구는 해당 법인이 소재할 사무소 및 기본재산 등을 직접 엄격하게 확인할 것(필요시 방문) • 시·도에서 조례 및 규칙 등으로 법인업무와 관련한 시·군·구의 권한 및 위임사항을 정하였을 경우 그에 따르되 법인의 허가 등 법인관리 업무의 중요사항은 반드시 시·도지사가 행할 것
3단계	시·도에서 최종 허가 여부 결정
조치사항	▶ 시·도는 법인설립 신청서와 시·군·구의 기초자료, 시·도의 복지여건 등을 종합적으로 검토하여 법인설립허가 최종 결정 ▶ 설립허가 신청서 처리기한 : 17일 ※ 주무관청에서 신청서의 보완을 요청한 경우 보완기간은 처리기한에 산입하지 않으며, 신청서를 반려한 경우 처리기한은 종료되고 재접수 시점부터 다시 기산하는 것을 원칙으로 함(「행정절차법 시행령」 제11조 제1호)
참고사항	• 법인허가 시 법인의 목적사업에 해당하는 기본재산을 갖추었는지 여부를 엄격하게 심사할 것 • 목적사업이 2 이상의 시·도에 걸쳐 있는 법인에 대해서는 관련 시·도의 의견을 충분히 수렴한 후 결정

제2절 사회복지법인의 설립요건

1. 설립자의 설립허가 신청(「사회복지사업법」 제16조, 「사회복지사업법 시행령」 제8조, 「사회복지사업법 시행규칙」 제7조)

사회복지법인을 설립하고자 하는 자는 사회복지법인 설립허가신청서(붙임 자료 中 붙임 2) 등 관련서류를 주된 사무소를 관할하는 시·군·구청장을 거쳐 시·도지사에게 제출하여야 한다. 구비서류는 <표 2–2>와 같다.

〈표 2–2〉 사회복지법인 설립 구비서류

양 식	내 용	비 고
설립허가신청서		서식 1
설립취지서	• 법인설립 취지를 6하원칙에 의해 기재	서식 2
발기인총회회의록	• 회의록에는 재산출연사항, 임원선출, 정관의 심의의결, 사업계획 및 수지예산 등에 관한 의결사항을 포함하며, 발기인 전원이 인감날인	서식 3
설립발기인명단	• 직위, 성명, 주민등록번호, 주소 및 약력 등을 간략하게 기재	서식 4
정 관	• 법 제17조 정관기재사항은 반드시 기재하고 관련법규에 어긋남이 없도록 하고 발기인 전원 기명 인감날인	서식 5
기본재산목록		서식 6
임원명단		서식 7
법인이 사용할 인장		서식 8
재산출연증서	• 출연재산의 구체적 내용과(소재지, 지목, 지적, 평가가액 등) 출연인의 인적사항, 출연일자 기재 후 인감날인 • 주식, 예금 등의 출연행위에 대하여는 공증인의 공증 필요	서식 9

재산소유증명서류	• 부동산 등기부등본, 주식의 주주명부사본, 현금의 경우 예금잔고증명, 유가증권의 사본, 각종 무체재산권의 등록필증 사본 등 첨부 • 「전자정부법」 제36조 제1항에 따른 행정정보의 공동이용을 통하여 소유권에 대한 정보를 확인할 수 있는 경우에는 그 확인으로 첨부서류를 갈음	
재산의 평가조서	• 기본재산과 보통재산으로 구분 • 기본재산은 목적사업용과 수익용으로 구분하여 평가 가액을 일목요연하게 파악할 수 있도록 작성 • 부동산은 「부동산 가격공시 및 감정평가에 관한 법률」에 의한 감정평가법인의 감정평가서 또는 표준지의 공시지가를 기준으로 산정한 지가확인서 첨부 • 예금 등은 그 현재액을 증명할 수 있는 잔고증명서 기타 각종 재산을 평가할 수 있는 증빙서류 첨부 • 개별공시지가 확인서로 첨부서류에 대한 정보를 확인할 수 있는 경우에는 그 확인으로 첨부서류를 갈음	
재산의 수익조서	• 수익용 기본재산을 갖춘 경우에 한하며 수익을 파악할 수 있도록 작성하고 수익산출 근거를 명시 • 수익을 증명할 수 있는 기관이 발행하는 증빙서류(수익확인서, 배당이익증명서, 이자수익확인서, 납세필증 등) 첨부	
임원의 취임승낙서 및 이력서	• 임원취임자의 취임승낙의사 표시와 인적사항(주소, 성명, 주민등록번호, 주요 경력 등) 기재 • 이사 및 감사 등의 직위와 취임기간을 명시하고 인감날인 • 이력서 첨부	서식 10 서식 11
이사추천서	• 법 제18조 제2항 각 호의 어느 하나에 해당하는 기관으로부터 받은 이사추천서 1부 ※ 위 기관이 법인이 성립되지 않았음을 사유로 추천을 하지 않을 경우 외부추천이사 추천요청공문으로 갈음 가능 ※ 이 경우 지자체가 법인설립을 허가할 때 "법인설립허가 후 법인설립등기 전 기간에 반드시 추천을 받아, 이사를 선임하고 그 결과를 지체 없이 보고할 것" 이라는 취지의 부관을 붙일 것	
특수관계 부존재 각서	• 법 제18조 제2항의 규정(특별한 관계에 있는 자)에 저촉되지 아니함을 입증하는 각서 1부	서식 12
사업계획서 및 예산서		

2. 목적의 비영리성

사회복지법인은 반드시 「사회복지사업법」 제2조의 "사회복지사업"을 수행할 목적으로 설립되어야 한다. 사회복지사업을 수행함에 있어 이윤추구를 위한 영리목적이 아닌 사회복지라는 비영리목적을 위해 존재해야 한다. 비영리사업의 목적을 달성하기 위해 필요한 한도에서 비영리사업의 본질에 반하지 않을 정도의 수익사업을 하는 것은 가능하나, 수익사업으로 인한 수익은 언제나 사업목적의 수행에 충당되어야 한다. 예를 들어, 유료시설에서 생활비를 받는 경우, 운영비 보조를 위해 일정 수익사업을 하는 경우 등은 가능하나 이로 인한 수익은 시설기능보강, 운영비보조, 입소자 복지수준 향상 등을 위해 사용해야 한다.

「사회복지사업법」 제28조에서는 "법인은 목적사업의 경비에 충당하기 위하여 필요한 때에는 법인의 설립목적 수행에 지장이 없는 범위 안에서 수익사업을 할 수 있다"고 규정하고 있다. 그러므로 수익사업의 범위 및 종류에 대해서는 주무관청에서 개별사안별로 비영리법인 본질 위배 여부, 법인 설립목적 달성을 위한 법인 내 인적·물적 상황 등 제반여건을 충분히 고려하여 판단하여야 한다.

사회복지법인을 설립하고자 하는 자는 수행하고자 하는 목적사업을 구체적으로 확정하여 신청해야 한다. 「사회복지사업법」 제2조의 사회복지사업 수행과 같은 형태의 추상적인 목적사업은 불가능하므로 수행하고자 하는 목적사업을 세부적이고 구체적으로 규정해야 한다. 예를 들어, "「국민기초생활보장법」 제○○조의 ○○사업, 「노인복지법」 제○○조의 노인의료복지시설 중 무료노인요양시설운영"이라고 명시해야 한다.

주무관청은 허가심사 시 설립자의 재정능력 및 의도, 목적사업의 비영리성, 수익사업의 성격 등을 엄격하게 심사하여, 조세회피의 의도 등 순수하지 않은 목적의 법인설립을 미연에 방지한다.

3. 설립행위(재산의 출연과 정관작성)

사회복지법인의 설립행위는 크게 두 가지로 구분할 수 있다. 첫째, 설립자가 기본재산 등을 출연하는 재산출연, 둘째, 설립자의 법인설립의도를 정관에 기재하는 정관의 작성이다.

1) 재산의 출연

(1) 출연재산의 종류

법인의 설립자는 목적사업에 필요한 재산을 출연하여야 한다. 재산의 종류는 동산, 부동산 등 다양한 형태가 가능하며 일정 신용평가등급 이상의 채권도 가능하다. 다만, 출연하고자 하는 재산에 제한물권(지상권, 근저당권, 가등기)이 설정되어 있거나, 가압류 가처분 등이 되어 있어 법인이 채무를 부담하거나 재산권 행사가 제한되어서는 안 된다. 기본재산이 현금일 경우에는 「예금자보호법」에 의한 보호 등을 확인하여 기본재산 잠식 위험성이 있는 보관방법은 지양한다.

(2) 출연재산의 귀속

생전처분으로 법인을 설립하는 때에는 출연재산은 법인이 성립된 때로부터 법인의 재산이 된다(「민법」 제48조 제1항). 단, 법인이 성립된 때는 설립등기가 완료된 때이다(「민법」 제33조).

유언(遺言)으로 법인을 설립할 때, 출연재산은 유언의 효력이 발생한 때로부터 법인에 귀속한 것으로 본다(「민법」 제48조 제2항). 단, 유언의 효력이 발생하는 시기는 유언자가 사망한 때(「민법」 제1073조)이므로 유언으로 법인을 설립하는 때에는 법인의 설립등기가 완료된 때가 아닌 유언자가 사망한 때에 소급하여 법인에게 귀속한다.

(3) 법인재산의 구분(「사회복지사업법」 제23조, 「사회복지사업법」 시행규칙 제12조)

① 기본재산

기본재산은 목적사업 및 수익사업의 수행을 위해 기본적으로 필요한 재산으로 부동산, 정관에서 기본재산으로 정한 재산, 이사회의 결의에 의하여 기본재산으로 편입된 재산이다. 또한 기본재산은 그 목록과 가액을 정관에 기재해야 한다.

기본재산의 종류에는 목적사업용 기본재산과 수익용 기본재산이 있다. 목적사업용 기본재산은 법인이 시설 등을 설치하는 데 직접 사용하는 기본재산을 말한다. 수익용 기본재산은 법인이 그 수익으로 목적사업의 수행에 필요한 경비를 충당하기 위한 재산을 의미한다. 단, 지원법인은 구분하지 않을 수 있다.

② 보통재산

기본재산 이외의 재산을 의미한다. 예를 들어, 자동차, 컴퓨터, 집기, 비품 등 감가상각 하는 재산은 보통재산에 해당한다.

(4) 기본재산의 기준(「사회복지사업법」 시행규칙 제13조)

① 시설법인

시설종류별 설치기준에 적합한 시설(건축물)과 부지를 갖추거나 갖출 수 있는 목적사업용 기본재산 및 시설 운영을 위한 보통재산을 갖춰야 한다. 그리고 시설설치 부지는 시설설치가 가능한 지역이어야 한다. 그린벨트, 군사구역, 환경규제구역, 절대농지 여부 등을 파악해야 한다. 목적사업용 기본재산의 규모는 다음과 같다.

- **시설**(건축물) : 총소요면적 × 정부건축공사비 기준단가
- **부지** : 총소요면적 × 시가 등 매매적정가
- 이 외에도 개별공시지가, 감정평가서 등 사용 가능

시설운영을 위한 보통재산의 규모는 시설의 종류 및 규모, 기본재산의 과실금, 보조금 확보방안 등을 종합적으로 검토하여 판단한다.

가. 거주시설

거주시설은 상시 10인 이상 시설거주자를 보호할 수 있는 목적사업용 기본재산을 갖추되, 개별법령에서 10인 미만의 소규모시설을 따로 정하고 있는 경우에는 당해 법령에 의한 시설의 설치기준에 해당하는 목적사업용 기본재산을 갖추어야 한다.

구 분	10인 미만 가능	상시 5인 이상	상시 10인 이상
시 설	아동복지시설 노숙인복지시설	노인복지시설	장애인복지시설 정신요양시설

※ 여성가족부 소관시설 : 개별법령 참조

단, 「사회복지사업법」 제2조 제1호 각목의 법률에 따른 시설 및 「사회복지사업법」 제34조 제4항의 규정에 의한 시설은 각 개별법령의 시설의 설치기준에 해당하는 목적사업용 기본재산을 갖추어야 하며, 결핵 및 한센병 요양시설은 입소정원에 13.2㎡를 곱한 시설면적 이상에 해당하는 목적사업용 기본재산을 갖추어야 한다(「사회복지사업법」 시행규칙 제13조 제1항 제1호 나목).

나. 이용시설

당해 법인이 설치·운영하고자 하는 시설을 갖출 수 있는 목적사업용 기본재산을 갖추어야 한다.

② 지원법인

지원법인은 출연된 기본재산으로부터 발생하는 수익으로 인건비, 사업비 등 법인 운영경비의 전액을 충당할 수 있는 기본재산을 갖추어야 한다.

2) 정관(定款)의 작성(「사회복지사업법」 제17조)

설립자는 법인의 기본규칙을 정하여 이를 서면에 기재하고 기명·인감날인 하여야 한다(「민법」 제43조). 단, 유언으로 설립행위를 하는 경우에는 유증(遺贈)에 관한 규정을 준용한다(「민법」 제47조 제2항). 정관의 기재사항(필요적 기재사항)은 다음과 같다.

① 목적
② 명칭
③ 주된 사무소의 소재지
④ 사업의 종류(목적사업을 구체적으로 기재)
⑤ 자산 및 회계에 관한 사항
⑥ 임원의 임면 등에 관한 사항
⑦ 회의에 관한 사항
⑧ 수익을 목적으로 하는 사업이 있는 경우 그에 관한 사항
⑨ 정관의 변경에 관한 사항
⑩ 존립시기와 해산사유를 정한 때에는 그 시기와 사유 및 잔여재산의 처리방법
⑪ 공고 및 그 방법에 관한 사항

참고사항으로 정관은 「사회복지사업법」 제17조 정한 사항을 모두 기재하고 있는 때에만 유효하며, 그 가운데 하나라도 빠지면 정관으로서의 효력이 생기지 않는다. 단, 설립자가 정관에서 가장 중요한 목적과 자산만을 정하고 그 명칭, 사무소 주소지, 이사 임면의 방법과 같은 가벼운 사항을 정하지 않고서 사망한 경우에 이해관계인 또는 검사의 청구에 의하여 법원이 이들 사항을 정할 수 있다(「민법」 제44조).

4. 시 · 도지사의 설립허가(「사회복지사업법」 제16조)

법인을 설립하고자 하는 자는 시 · 도지사의 허가를 받아야 한다.

1) 시 · 군 · 구 검토의견 작성(「사회복지사업법」 시행령 제8조)

시 · 군 · 구가 법인설립허가신청서 접수 시 (1) 자산에 관한 실지조사의 결과와 (2) 법인설립의 필요성에 관한 검토의견을 첨부하여 시 · 도지사에 송부하여야 한다.

(1) 자산에 관한 실지조사결과서

자산에 관한 실지조사결과서의 내용은 주무관청이 출연재산의 소유권 및 사용권이 확실한지 여부를 파악하는 것이다. 구체적으로 출연하는 부동산의 용도지역구분, 그린벨트 여부, 기타 건축 관련법, 군사, 환경 관련법 등에 규제를 받고 있는지의 여부를 파악한다. 또한 시설법인의 경우 시설설치가 가능한지 여부, 시설이 지역사회와 너무 괴리된 곳에 위치하여 관리가 어려운지 여부 등도 검토한다.

그리고 자산에 관한 실지조사결과서 작성 시 출연재산에 제한물권(지상권, 근저당권 등)의 설정, 가압류, 가처분 등이 되어 있어 법인이 채무를 부담하게 되거나 재산권행사가 제한되는 경우에는 타인(채권자)의 의사에 의하여 법인의 목적사업이 중단 또는 변경될 수 있으므로 기본재산으로 인정하지 않는 것을 원칙으로 한다. 단, 주무관청은 과도한 규제가 되지 않도록 법인의 부채현황, 채무이행능력 등을 종합적으로 검토하여 출연재산의 제한물권 범위를 합리적으로 판단한다.

(2) 법인설립의 필요성에 관한 검토의견

법인설립의 필요성에 관한 검토의견의 내용은 사업계획서 및 예산서 등의 적정여부, 설립자의 자질 및 재정능력 등에 대한 객관적 의견, 법인 목적사업에 대한 실현 가능성 등에 대한 것이다.

2) 시 · 도지사의 설립허가

(1) 허가기준(「공익법인의 설립 운영에 관한 법률」 제4조, 「공익법인의 설립 운영에 관한 법률 시행령」 제5조)

시 · 도지사는 법인설립허가 신청내용이 다음의 기준에 적합한 경우에 한하여 허가한다.

- 목적사업이 구체적이며 실현 가능하다고 인정되는 경우
- 출연재산의 수입으로 목적사업을 원활히 달성할 수 있다고 인정되는 경우
- 목적사업이 적극적으로 사회복지를 유지 · 증진하는 것이라고 인정되는 경우

시 · 도지사는 상기내용에 적합하다고 해서 반드시 허가할 의무는 없으나(재량행위), 상기내용을 충족하지 못하였을 경우에는 허가하여서는 안 된다. 또한 타 사업(의료, 교육, 수익목적의 사업 등)을 위한 법인 설립 등 사회복지사업의 범위를 벗어난 법인설립은 미연에 방지한다.

(2) 허가조건(「공익법인의 설립 운영에 관한 법률」 제4조, 「공익법인의 설립 운영에 관한 법률 시행령」 제6조)

시 · 도지사는 법인설립 허가 시 다음의 조건을 붙일 수 있다.

- 수혜자의 출생지, 출신학교, 직업, 근무처 기타 사회적 지위나 당해 법인과 특수관계 등에 의해 수혜자의 범위를 제한할 수 없다는 뜻(반드시 붙여야 함)이다. 단, 시 · 도지사가 수혜자의 범위를 특히 한정할 필요가 있다고 인정되는 때에는 그 한정할 범위에 관하여 미리 법인의 주된 사무소의 소재지를 관할하는 세무서장과 합의하여야 함
- 목적사업의 무상성 기타 목적사업의 운영에 관한 사항
- 기타 목적사업 원활한 달성을 위하여 필요한 사항

(3) 타 시 · 도와 협의(「공익법인의 설립 운영에 관한 법률」 제4조, 「공익법인의 설립 운영에 관한 법률 시행령」 제5조)

목적사업이 2 이상의 시 · 도의 소관에 속하는 경우에는 법인의 주된 사무소가 위치하는 시 · 도에서 설립허가 여부를 결정하되, 관련 시 · 도 간 협의하여야 한다. 또한 목적사업이 2 이상 시 · 도의 소관에 속할 경우 정관변경절차를 거쳐 정관상 분사무소조항을 두어야 하며, 주무관청은 분사무소를 설치하고자 하는 시 · 도지사와 반드시 협의하여야 한다.

5. 법인설립등기

시 · 도지사의 허가를 받은 법인은 주된 사무소 소재지(등기소)에서 설립등기를 함으로써 성립된다(「민법」 제33조).

1) 설립등기(「민법」 제49조, 「공익법인의 설립 운영에 관한 법률 시행령」 제9조)

법인설립의 허가가 있는 때에는 3주 내에 주된 사무소의 소재지(등기소)에서 설립등기를 한 후, 7일 이내 시 · 도지사에 보고한다. 등기사항은 다음과 같다.

① 목적
② 명칭
③ 사무소
④ 설립허가의 연월일
⑤ 존립 시기나 해산사유를 정한 때에는 그 시기 또는 사유
⑥ 자산의 총액
⑦ 출자의 방법을 정한 때에는 그 방법
⑧ 이사의 성명, 주소
⑨ 이사의 대표권을 제한한 때에는 그 제한

정해진 기간 안에 등기하지 않으면 제3자에 대항하지 못하며, 등기의무를 해태할 경우 과태료의 처벌을 받는다(「민법」 제97조). 또한 주무관청은 설립허가 후 설립등기 및 기본재산출연 여부 등을 반드시 확인한다(기본재산 미출연 시 필요적 법인설립허가 취소 사유, 법개정 2012. 8. 5. 시행).

제3절 사회복지법인의 기관

사회복지법인은 임원으로서 이사(理事)와 감사(監事)를 두고, 법인의 의사결정기관인 이사회(理事會)를 반드시 두어야 한다.

1. 이사회(理事會)

1) 이사회의 구성(「사회복지사업법」 제18조, 「사회복지사업법」 시행령 제8조의2 및 제9조, 「공익법인의 설립 운영에 관한 법률」 제6조)

이사회는 이사로써 구성되며(감사는 제외), 이사장은 정관이 정하는 바에 따라 이사 중에서 호선한다(「공익법인의 설립 운영에 관한 법률」 제6조). 이사는 7인 이상 두어야 하며(외국인 이사는 이사 현원의 1/2 미만이어야 함), 이사회의 구성에 있어 시행령 제9조에 의한 "특별한 관계에 있는 자"[2]는 이사 현원의 1/5을 초과할 수 없다.

2) 1. 출연자
2. 출연자 또는 이사와의 관계가 다음 각목의 어느 하나에 해당하는 사람
   1) 6촌 이내의 혈족
   2) 4촌 이내의 인척
   3) 배우자(사실상 혼인관계에 있는 사람을 포함한다)
   4) 친생자(親生子)로서 다른 사람에게 친양자(親養子)로 입양된 사람 및 그 배우자와 직계비속
3. 출연자 또는 이사의 사용인 그 밖에 고용관계에 있는 자(출연자 또는 이사가 "출자에 의하여 사실상 지배하고 있는 법인"의 사용인 그 밖에 고용관계에 있는 자를 포함)
4. 출연자 또는 이사의 금전 그 밖의 재산에 의하여 생계를 유지하는 자 및 그와 생계를 함께하는 자

이사 정수의 1/3(소수점 이하는 버림) 이상을 추천기관에서 추천한 사람 중에서 선임하여야 한다. 이때에는 설립허가 후 법인등기 이전까지 외부추천이사의 선임을 완료해야 하며, 각 지방자치단체의 사회복지법인 관리 담당자는 사회복지법인 이사가 교체될 때 외부추천이사제의 적용 여부를 반드시 확인해야 한다.

「사회복지사업법」 개정법률 시행일에 따른 추천기관은 <표 2−3>과 같다.

〈표 2-3〉「사회복지사업법」 개정법률 시행일에 따른 추천기관

구 분	~ 2018. 4. 24.	2018. 4. 25.~
추천기관	사회복지위원회	시·도 사회보장위원회
	지역사회복지협의체	지역사회보장협의체
	지역사회보장협의체*	

* 기존「사회복지사업법」 제18조 제2항에서는 사회복지위원회 및 지역사회복지협의체만을 추천기관으로 규정하고, 지역사회보장협의체를 추천기관으로 두고 있지 않았으나, 법제처 해석[법제처16-0179, 2016. 7. 27., 복지부]에 따라 지역사회보장협의체도 추천기관에 추가

「사회복지사업법」 개정법률 시행일에 따른 추천 배수(倍數)는 시행일('18. 4. 25) 이전까지는 종전 규정에 따라 이사 정수의 1/3(소수점 이하는 버림) 이상을 추천기관에서 2배수 추천한 사람 중에서 선임한다. 그러나 시행일('18. 4. 25) 이후부터는 3배수로 추천하여야 하며, 주의할 사항으로는 사회복지법인의 추천 요청 시점이 시행일('18. 4. 25) 이전이라도, 실제 추천일이 시행일 이후라면 반드시 3배수로 추천하여야 한다.

5. 출연자 또는 이사가 재산을 출연한 다른 법인의 이사

* 3의 "출자에 의하여 사실상 지배하고 있는 법인"의 의미

가. 법인의 발행주식 총액 또는 출자총액의 100분의 30 이상을 출자자 1인과 그와 상기 "2", "4" 및 사용인 그 밖에 고용관계에 있는 자(이하 "지배주주")가 소유하고 있는 경우

나. 법인의 발행주식총액 또는 출자총액의 100분의 50 이상을 "가"의 법인과 그의 지배주주가 소유하고 있는 경우

다. 법인의 발행주식총액 또는 출자총액의 100분의 50 이상을 "가"의 법인과 그의 지배주주 및 "나"의 법인이 소유하고 있는 경우

2) 외부추천이사의 구성

(1) 추천기관의 후보군 구성(「사회복지사업법」 제18조 제8항, 2018. 4. 25. 시행)

추천기관인 시·도 사회보장위원회 또는 지역사회보장협의체는 이사를 추천하기 위하여 매년 다음 중 어느 하나에 해당하는 사람으로 이사 후보군을 구성하여 공고하여야 한다.

- 사회복지 또는 보건의료에 관한 학식과 경험이 풍부한 사람
- 사회복지를 필요로 하는 사람의 이익 등을 대표하는 사람
- 「비영리민간단체 지원법」 제2조에 따른 비영리민간단체에서 추천한 사람
- 「사회복지공동모금회법」 제14조에 따른 사회복지공동모금지회에서 추천한 사람

단, 사회복지법인의 대표자, 사회복지사업을 하는 비영리법인 또는 단체의 대표자, 「사회보장급여의 이용·제공 및 수급권자 발굴에 관한 법률」 제41조에 따른 지역사회보장협의체의 대표자는 후보군에서 제외한다(최종추천자에도 포함될 수 없다).

(2) 추천기관의 후보군 공고(「사회복지사업법」 제18조 제8항)

사회복지법인을 관리·감독하는 시·도 및 시·군·구에서는 사회복지법인 법령을 벗어나지 않는 범위 내에서 외부추천이사 후보군 공고방법에 대한 자체적인 세부지침을 정해야 한다.

(3) 법인의 추천 요청

법인은 추천 이사 선임 사유가 발생한 날부터 15일 이내에 법인의 주사무소가 소재하는 지역의 사회복지위원회, 지역사회복지협의체 또는 지역사회보장협의체['18. 4. 25.부터는 시·도 사회보장위원회 또는 지역사회보장협의체(이하 동일)] 중 한 기관에 이사 추천을 요청하는 것을 원칙으로 한다. 선임 사유란 전임 이사의 임기 만료, 전임 이사의 사임, 전임 이사의 해임, 이사 증원에 따른 신

규 선임 등 법인이 외부추천이사를 선임해야 하는 모든 경우를 의미한다. 단, 선임 사유가 사전에 예측할 수 있는 경우(전임 이사의 임기 만료)에는 원활한 추천을 위해 임기 만료 3개월 전부터 추천을 요청할 수 있도록 한다(「사회복지사업법」 시행령 제8조의2 제1항 단서).

추천기관 중 어느 기관에 추천을 요청할 것인지는 법인이 자체적으로 결정할 사항이나, 법인을 지도·감독하는 지방자치단체에서는 행정업무 분담 차원에서 일정한 기준을 정할 수 있다.

법인이 이사 추천을 요청할 때는 서면(공문)으로 하되 공문에는 법인명, 주요사업, 선임 대상 이사 수 등을 반드시 명기하고 법인의 설립 취지, 목적 사업의 내용, 이사가 갖추어야 할 사항 등 추천에 참고할 수 있는 자료를 첨부하도록 한다(「사회복지사업법」 시행령 제8조의2 제1항).

법인이 추천을 요청하는 단계에서 이사회 의결을 거쳐 요청할 것인지는 법인의 정관에서 자율적으로 정하도록 한다. 단, 추천받은 사람 중 이사를 선임할 때는 반드시 이사회 의결을 거쳐야 한다.

(4) 추천 이사의 선임

법인은 그 배수로 추천받은 자 중에서 법인의 이사로 선임한다. 다만, 추천받은 이사가 「사회복지사업법」 제19조의 결격사유에 해당하거나, 취임 승낙을 하지 않는 경우 등 선임이 불가능한 경우에 한하여 추천 재요청을 허용하되, 이 경우에는 추천기관과 협의하여야 한다.

관련 분야의 전문가가 아니라는 사유 등 법인이 원하지 않은 후보라는 사유로 재추천을 요청할 수 없으며, 추천기관도 이를 허용해서는 안 되며, 추천이사 선임 절차는 다른 이사 선임 절차와 동일하다(취임승낙서, 이력서, 특수관계부존재각서 등을 받고 이사회 의결을 통해 선임).

법 제20조에 따라 결원 이사는 2개월 이내에 보충하여야 하므로, 기간 내 추천 이사를 선임할 수 있도록 조치하여야 하며, 추천 이사를 선임한 후에는 시·도지사에 법인 임원 임면보고를 해야 하고, 보고 시에는 다음의 서류를 반드시 첨부해야 한다.

– 선임을 결의한 이사회 회의록 사본
– 임원의 취임승낙서
– 이력서
– 특수관계 부존재각서
– 추천기관으로부터 받은 추천서(규칙 제10조)

〈추천 요청 공문 양식(예시)〉

※ 다음 양식은 법령 사항이 아니며, 지자체별·법인별 특성에 맞게 변경하여 사용 가능

수신자 ○○○ 지역사회보장협의체 (또는 △△△ 사회보장위원회)

제목 : △△△법인 이사 추천 요청

「사회복지사업법」 제18조제2항 및 동법 시행령 제8조의2 등에 따라 다음과 같이 이사의 추천을 요청하오니, 적임자를 추천하여 주시기 바랍니다.

1. 법 인 명 : 사회복지법인 ○○○
2. 주요사업 : 아동복지시설(○○○, △△, □□□) 운영 등
3. 선임 이사 수 : 2명 (2배수이므로 4명 추천 요청)
4. 기타 : ○○○

붙임 : 법인의 설립취지 설명서 1부
법인의 목적사업 설명서 1부
추천 요청 이사의 자격요건 설명서 1부. 끝.

사회복지법인 ○○○ 대표이사 (직인)

담당자 : 결재자 :
연락처 :

(5) 추천 이사의 임기만료

임기가 만료된 외부추천이사가 해당 법인의 선임이사로 추천절차 없이 연임하는 경우에는 더 이상 외부추천이사가 아니므로 새로운 외부추천이사를 선임하여야 한다. 또한 임기가 만료된 외부추천이사가 외부추천이사로 연임하기 위해서는 반드시 최초 선임 시와 동일한 추천절차를 거쳐야 한다. 추천절차 없이 외부추천이사를 연임시키는 경우에는 「사회복지사업법」 제18조 제2항에 위반한다.

3) 이사회의 기능(「공익법인의 설립 운영에 관한 법률」 제7조)

① 법인의 예산, 결산, 차입금 및 재산의 취득·처분과 관리에 관한 사항
② 정관의 변경에 관한 사항
③ 법인의 합병·해산에 관한 사항
④ 임원의 임면에 관한 사항
⑤ 수익사업에 관한 사항
⑥ 기타 법령이나 정관에 의하여 그 권한에 속하는 사항

사회복지법인은 재단법인의 성격을 띠어 사단법인의 사원총회와 같은 의사결정기관이 없으므로 이사회가 의사결정기관의 역할을 수행한다.

4) 이사회의 소집(「공익법인의 설립 운영에 관한 법률」 제8조)

(1) 이사회의 소집권자

이사회는 이사장이 소집하고 그 의장이 되는 것이 원칙이며, 예외적으로 이사장이 궐위되거나 이를 기피함으로써 7일 이상 이사회의 소집이 불가능한 때에는 재적이사 과반수의 찬동으로 시·도지사의 승인을 받아 이를 소집할 수 있다. 궐위 또는 기피 시에는 정관이 정하는 이사가 이사회를 주재한다.

(2) 이사회 소집이 가능한 경우

① 이사장이 필요하다고 인정한 때(직권소집), ② 재적이사 과반수 이상이 회의의 목적을 제시하여 소집을 요구할 때, ③ 법인의 감사가 법인의 업무와 재산상황을 감사한 결과, 불법 또는 부당한 점이 있음을 발견하여 이를 이사회에 보고하기 위해 이사회의 소집을 요구할 때 이사회를 소집할 수 있다. 단, ②, ③의 경우 소집요구일로부터 20일 이내에 이사회를 소집하여야 한다.

이사회를 소집할 때에는 적어도 회의 7일 전에 회의의 목적을 명시하여 각 이사에게 통지하여야 하며, 이사 전원이 집회하고 또 그 전원이 이사회의 소집을 요구할 때에는 그러하지 아니하다.

(3) 궐위, 사임, 해임 등으로 인해 이사의 정원이 7명 미만일 경우

「사회복지사업법」 제18조 제1항을 위반하는 이사회가 되므로 이사회 개최나 의결의 효력이 없다.

5) 의결정족수(「공익법인의 설립 운영에 관한 법률」 제9조)

이사회의 의사는 정관에 특별한 규정이 없는 한 재적이사 과반수의 찬성으로 의결하며, 표결 및 발언권 등에 있어 각 이사는 평등한 의결권을 가지며, 이사회의 의사는 서면결의에 의할 수 없다. 이사회의 의결은 대한국민 국민인 이사가 출석이사의 과반수가 되어야 하며, 이사의 의결권은 대리하여 행사할 수 없다.

6) 이사회 회의록 작성 및 공개(「사회복지사업법」 제25조, 「사회복지사업법」 시행령 제10조의3, 제10조의4)

이사회는 개의, 회의 중지 및 산회 일시, 안건, 의사, 출석한 임원의 성명, 표결수, 그 밖에 대표이사가 작성할 필요가 있다고 인정하는 사항의 사항을 회의록에 기재한다.

회의록 작성이 어려운 경우, 우선 안건별로 회의조서를 작성하고 조속한 시일 내에 회의록을 작성할 수 있다. 출석임원 전원이 회의록 및 회의조서 마지막 장에 인감날인하며, 회의록 및 회의조서가 2매 이상인 경우에는 출석임원 전원이 간인(間印)한다. 자필서명으로 대체하는 경우에는 「본인서명사실확인 등에 관한 법률」 제2조 제3호 또는 제4호의 확인서를 제출하여야 한다(제13조제2항 관련).

회의록의 공개기간은 회의일부터 10일 이내에 게시하여 게시일로부터 3개월간 공개한다. 공개장소는 사회복지법인의 인터넷 홈페이지(전부 공개되는 카페나 블로그도 가능)와 관할 시·도지사가 지정하는 인터넷 홈페이지(예 시·도 홈페이지 또는 관련 협의회, 단체 홈페이지 등)에 각각 공개한다. 공개기간 이후에도 회의록 공개를 청구할 수 있는 자는 다음과 같다.

- 해당 사회복지법인의 종사자
- 해당 사회복지법인이 설치·운영하는 시설의 종사자
- 해당 사회복지법인의 서비스 이용자 또는 법인이 설치·운영하는 시설의 이용자
- 해당 사회복지법인이 설치·운영하는 시설의 거주자 또는 거주자의 보호자

단, 보조금을 받는 사회복지법인은 「공공기관의 정보공개에 관한 법률」상 공공기관에 해당하므로, 위 규정과 관계없이 누구든 정보(회의록)공개를 청구할 수 있다(「공공기관의 정보공개에 관한 법률」 제2조, 제5조, 같은 법 시행령 제2조 제5호). 공개청구를 받은 경우, 비공개 사항에 해당하지 않으면 10일 이내에 공개한다. 단, 공개청구의 내용이 공개 사항과 비공개 사항이 섞여 있는 경우에는 분리하여 공개가 가능한 사항만 공개한다.

(1) **회의록의 비공개 사항**(「공공기관의 정보공개에 관한 법률」 제9조 제1항 제4호부터 제8호 준용)

– 진행 중인 재판에 관련된 정보와 범죄의 예방, 수사, 공소의 제기 및 유지, 형의 집행, 교정, 보안처분에 관한 사항으로서 공개될 경우 그 직무수행을 현저히 곤란하게 하거나 형사피고인의 공정한 재판을 받을 권리를 침해한다고 인정할 만한 상당한 이유가 있는 정보

– 감사 · 감독 · 검사 · 시험 · 규제 · 입찰계약 · 기술개발 · 인사관리 · 의사결정과정 또는 내부 검토과정에 있는 사항 등으로서 공개될 경우 업무의 공정한 수행이나 연구 · 개발에 현저한 지장을 초래한다고 인정할 만한 상당한 이유가 있는 정보

– 당해 정보에 포함되어 있는 이름 · 주민등록번호 등 개인에 관한 사항으로서 공개될 경우 개인의 사생활의 비밀 또는 자유를 침해할 우려가 있다고 인정되는 정보. 다만, 다음에 열거한 개인에 관한 정보[3]는 제외

– 법인 · 단체 또는 개인(이하 "법인등"이라 한다)의 경영 · 영업상 비밀에 관한 사항으로서 공개될 경우 법인등의 정당한 이익을 현저히 해할 우려가 있다고 인정되는 정보. 다만, 다음에 열거한 정보[4]는 제외

– 공개될 경우 부동산 투기 · 매점매석 등으로 특정인에게 이익 또는 불이익을 줄 우려가 있다고 인정되는 정보

---

3) 1. 법령이 정하는 바에 따라 열람할 수 있는 정보
2. 사회복지법인이 공표를 목적으로 작성하거나 취득한 정보로서 개인의 사생활의 비밀과 자유를 부당하게 침해하지 않는 정보
3. 사회복지법인이 작성하거나 취득한 정보로서 공개하는 것이 공익 또는 개인의 권리구제를 위하여 필요하다고 인정되는 정보
4. 직무를 수행한 사회복지법인 임직원의 성명 · 직위
5. 공개하는 것이 공익을 위하여 필요한 경우로써 법령에 의하여 국가 또는 지방자치단체가 업무의 일부를 위탁 또는 위촉한 개인의 성명 · 직업

4) 1. 사업활동에 의하여 발생하는 위해로부터 사람의 생명 · 신체 또는 건강을 보호하기 위하여 공개할 필요가 있는 정보
2. 위법 · 부당한 사업활동으로부터 국민의 재산 또는 생활을 보호하기 위하여 공개할 필요가 있는 정보

2. 이사(理事)

1) 이사의 의의

이사는 대외적으로 법인을 대표하고 대내적으로 법인의 업무를 집행하는 필수 기관이다(「민법」 제58조, 제59조). 이사의 정수는 대표이사를 포함한 7인 이상이어야 하며, 그 임기는 3년으로 연임할 수 있다(「사회복지사업법」 제18조). 이사의 수는 정관으로 정하며, 상한은 없으나 의사결정의 효율성 등을 감안하여 15인 이하(「공익법인의 설립 운영에 관한 법률」 제5조 참조)로 규정하도록 지도하고 있다.

2) 이사의 직무

이사는 선량한 관리자의 주의로 충실하게 그 직무를 행해야 하며, 이사가 그 임무를 해태한 때에는 법인에 대하여 연대하여 손해배상의 책임이 있다(「민법」 제61조, 제65조).

(1) 법인의 대표(대외적 권한)

이사는 법인의 사무에 관하여 각자 법인을 대표하므로(「민법」 제59조) 이사의 행위는 대외적으로 법인의 행위로서 인정된다(대표하는 사무에는 제한이 없음). 이사의 대표권에 대한 제한은 가능하나(「민법」 제59조) 그 제한은 반드시 정관에 기재하여야 하며 정관에 기재하지 않은 대표권의 제한은 무효이다(「민법」 제41조).

법인과 이사의 이익이 상반하는 사항에 관하여는 이사는 대표권이 없으며 이 경우 이해관계인 또는 검사의 청구에 의하여 법원이 선임하는 특별대리인이 법인을 대표한다(「민법」 제64조). 단, 이 경우 일정 사항에 대해 일부 이사와 법인의 이익이 상반되는 경우에는 동 사항의 결정에 있어 해당 이사를 의사결정과정에서 배제한 후 나머지 이사들이 법인을 대표하도록 하고 특별대리인의 선임은 해당 이사를 배제하였을 경우 정족수 부족 등으로 이사회 성립이 불가능할 경우에만 예외적으로 실시한다.

(2) 법인의 업무집행(대내적 권한)

이사는 법인의 모든 내부적 사무를 집행할 권한이 있으며, 정관에 다른 규정이 없으면 법인의 사무집행은 이사의 과반수로써 결정한다(「민법」 제58조).

3. 감사(監事)

1) 감사의 의의 및 자격

감사는 법인의 재산이나 업무집행상태의 적정 여부를 조사・감독하는 기관으로 필수기관이다. 감사의 정수는 2인 이상이어야 하며 그 임기는 2년으로 연임할 수 있다(「사회복지사업법」 제18조). 감사는 이사와 시행령 제9조의 "특별한 관계에 있는 자"가 아니어야 하며 감사 중 1명은 법률 또는 회계에 관한 지식이 있는 사람 중에서 선임하여야 한다.

감사 선임 당시 법인(법인이 설치・운영하는 사회복지시설을 포함함)의 직전 3회계연도의 세입 금액(기본재산 및 출연금 제외) 평균이 30억 원 이상인 법인은 감사 중 1명을 시・도지사의 추천을 받아 「주식회사의 외부감사에 관한 법률」에 따른 감사인에 속한 사람(이하 '전문가 감사')으로 선임해야 한다(「사회복지사업법」 제18조 제7항, 「사회복지사업법」 시행령 제10조).

세입 금액은 「사회복지법인 및 사회복지시설 재무・회계규칙」에 따른 세입 결산서상 세입 총액(기본재산 및 출연금 제외)을 기준으로 한다. 또한 「공인회계사법」 제23조에 따른 회계법인에 속한 공인회계사 또는 「공인회계사법」 제41조에 따라 설립된 한국공인회계사회에 총리령으로 정하는 바에 따라 등록을 한 감사반에 속한 공인회계사를 감사로 선임하여야 한다.

법인은 전문가 감사를 선임해야 하는 경우 법인의 주사무소가 소재하는 시・도지사에 추천을 요청하고, 요청을 받은 시・도지사는 감사를 추천하도록 한다.

2) 감사의 직무(「공익법인의 설립 운영에 관한 법률」 제10조)

(1) 대내적 직무

감사의 대내적 직무는 다음과 같다.

- 법인의 업무와 재산상황을 감사하는 일 및 이사에 대하여 이에 필요한 자료의 제출 또는 의견을 요구하고 이사회에서 발언하는 일
- 이사회의 회의록에 기명 날인하는 일
- 법인의 업무와 재산상황에 대하여 이사에게 의견을 진술하는 일
- 법인의 업무와 재산상황을 감사한 결과 불법 또는 부당한 점이 있음을 발견한 때 이를 이사회에 보고하는 일과 이를 보고 하기 위하여 필요한 때에 이사회의 소집을 요구하는 일

(2) 대외적 직무

감사의 대외적 직무는 다음과 같다.

- 법인의 직무와 재산상황을 감사한 결과 불법 또는 부당한 점이 있음을 발견한 때에는 지체 없이 시·도지사에 이를 보고하여야 함
- 이사가 법인의 목적범위 외의 행위를 하거나 기타 이 법 또는 이 법에 의한 명령이나 정관에 위반하는 행위를 하여 법인에게 현저한 손해를 발생하게 할 우려가 있는 때에는 그 이사에 대하여 직무행위를 유지(留止)할 것을 법원에 청구할 수 있음

4. 임원의 임면(任免)

이사의 임면방법은 정관의 필요적 기재사항이며(「사회복지사업법」 제17조) 따라서 정관에 의하여 정해진다.

1) 임원의 임면보고(「사회복지사업법」 제18조, 「사회복지사업법」 시행규칙 제10조)

「공익법인의 설립 운영에 관한 법률」 제5조는 임원 취임 시 주무관청의 승인을 받도록 되어 있으나 「사회복지사업법」에서는 이를 보고로 갈음하고 있다. 법인은 임원을 임면하는 경우 법인임원임면보고서(붙임 15)에 다음과 같은 서류를 첨부하여 관할 시・도지사에게 제출하여야 한다.

– 당해 임원의 선임(연임) 또는 해임을 결의한 이사회 회의록 사본 1부
– 취임승낙서, 이력서 각 1부
– 기관으로부터 받은 이사추천서 1부(외부추천이사에 한함)
– 특수관계부존재 각서 1부

이사의 성명・주소는 등기사항이며(민법 제49조), 이를 등기하지 않으면 이사의 선임・해임・퇴임을 가지고 제3자에게 대항할 수 없다(「민법」 제54조).

2) 임원선임 관련 금품 등 수수 금지(「사회복지사업법」 제18조의2, 법 제54조 제1호의2, 2018. 4. 25. 시행)

임원의 선임과 관련하여 금품, 향응 또는 그 밖의 재산상 이익을 주고받거나 주고받을 것을 약속하는 경우, 「사회복지사업법」 제54조 제1호의2에 따라 1년 이하의 징역 또는 1천만 원 이하의 벌금에 해당한다.

임원의 결격사유 (법 제19조)

1. 미성년자

1의2. 피성년후견인 또는 피한정후견인

1의3. 파산선고를 받고 복권되지 아니한 사람

1의4. 법원의 판결에 따라 자격이 상실되거나 정지된 사람

1의5. 금고 이상의 실형을 선고받고 그 집행이 끝나거나(집행이 끝난 것으로 보는 경우를 포함한다) 집행이 면제된 날부터 3년이 지나지 아니한 사람

1의6. 금고 이상의 형의 집행유예를 선고받고 그 유예기간 중에 있는 사람

1의7. 제1호의5 및 제1호의6에도 불구하고 사회복지사업 또는 그 직무와 관련하여 「아동복지법」 제71조, 「보조금 관리에 관한 법률」 제40조부터 제42조까지 또는 「형법」 제28장 · 제40장(제360조는 제외한다)의 죄를 범하거나 이 법을 위반하여 다음 각 목의 어느 하나에 해당하는 사람
   가. 100만원 이상의 벌금형을 선고받고 그 형이 확정된 후 5년이 지나지 아니한 사람
   나. 형의 집행유예를 선고받고 그 형이 확정된 후 7년이 지나지 아니한 사람
   다. 징역형을 선고받고 그 집행이 끝나거나(집행이 끝난 것으로 보는 경우를 포함한다) 집행이 면제된 날부터 7년이 지나지 아니한 사람

1의8. 제1호의5부터 제1호의7까지의 규정에도 불구하고 「성폭력범죄의 처벌 등에 관한 특례법」 제2조의 성폭력범죄(「성폭력범죄의 처벌 등에 관한 특례법」 제2조 제1항 제1호는 제외한다) 또는 「아동 · 청소년의 성보호에 관한 법률」 제2조 제2호의 아동 · 청소년대상 성범죄를 저지른 사람으로서 형 또는 치료감호를 선고받고 확정된 후 그 형 또는 치료 감호의 전부 또는 일부의 집행이 끝나거나(집행이 끝난 것으로 보는 경우를 포함한다) 집행이 유예 · 면제된 날부터 10년이 지나지 아니한 사람

2. 제22조에 따른 해임명령에 따라 해임된 날부터 5년이 지나지 아니한 사람

2의2. 제26조에 따라 설립허가가 취소된 사회복지법인의 임원이었던 사람(그 허가의 취소사유 발생에 관하여 직접적인 또는 이에 상응하는 책임이 있는 자로서 대통령령으로 정하는 사람으로 한정한다)으로서 그 설립허가가 취소된 날부터 5년이 지나지 아니한 사람('18. 10. 25. 시행)

2의3. 제40조에 따라 시설의 장에서 해임된 사람으로서 해임된 날부터 5년이 지나지 아니한 사람('18. 10. 25. 시행)

2의4. 제40조에 따라 폐쇄명령을 받고 3년이 지나지 아니한 사람('18. 10. 25. 시행)

3. 사회복지분야의 6급 이상 공무원으로 재직하다 퇴직한 지 3년이 경과하지 아니한 사람 중에서 퇴직 전 5년 동안 소속하였던 기초자치단체가 관할하는 법인의 임원이 되고자 하는 사람

주의

「사회복지사업법」 제19조 제1항 제3호의 적용대상은 퇴직일을 기준으로 과거 5년(공로연수기간 포함)의 기간 내에 기초자치단체에서 사회복지분야 6급 이상 공무원으로 재직한 사람을 의미하는바, 5년이라는 기간 내에서 직위와 관계없이 직제 · 직무상 사회복지분야가 포함된 경우라 한다면 적용대상임

3) 임원의 보충(「사회복지사업법」 제20조, 「사회복지사업법」 시행규칙 제11조)

임원중 결원이 생긴 때에는 2월 이내에 이를 보충하여야 하고 법인이 기간 내 보충하지 않을시 시・도지사는 지체 없이 이해관계인의 청구 또는 직권으로 임시이사를 선임해야 한다. 이해관계인이 임시이사 선임을 청구하고자 하는 때에는 청구사유와 이해관계인임을 증명하는 서류를 관할 시・도지사에게 제출하여야 한다.

4) 임원의 겸직금지(「사회복지사업법」 제22조)

시・도지사는 아래의 경우 법인에 대하여 그 임원의 해임을 명할 수 있다.

- 시・도지사의 명령을 정당한 이유 없이 이행하지 아니한 때
- 회계부정이나 현저한 불법행위 기타 부당행위 등이 발견되었을 때
- 법인의 업무에 관하여 시・도지사에게 보고할 사항에 대해 고의로 보고를 지연하거나 허위보고를 한 때
- 외부추천이사 선임과 관련된 사항을 위반하거나, 특별한 관계에 있는 사람을 규정을 초과하여 선임하거나, 감사의 선임과 관련된 사항을 위반하여 선임된 사람
- 임원의 겸직근무 의무를 위반한 사람
- 직무집행 정지명령을 이행하지 아니한 사람
- 기타 「사회복지사업법」 또는 「사회복지사업법」에 의한 명령을 위반하였을 때

CHAPTER 03 사회복지법인 설립의 실제 Ⅱ – 사회복지법인의 관리(등기관리/정관변경 등)

보건복지부의 업무편람은 사회복지법인 업무편람(1995년 폐지), 사회복지법인 업무지침(1998년), 사회복지업무 편람(2004년 개정), 사회복지법인 업무편람(2005년 제정, 현재 활용)이 있다. 사회복지법인 설립의 실제 Ⅰ과 Ⅱ는 2018년 사회복지법인 관리안내의 내용에서 발췌한 것이며, 여기에 근거하여 사회복지법인의 설립과 관리를 할 수 있으므로 매우 중요한 자료이다.

제1절 법인의 등기 관리

1. 설립등기

제2장 사회복지법인 설립의 실제 Ⅰ – 사회복지법인 설립절차의 개요 및 설립요건 참조

2. 사무소 관련 등기

1) 분사무소 설치의 등기(「민법」 제50조)

새로운 분사무소 설치 시 주사무소 소재지에 3주내에 분사무소를 설치한 것을 등기하고, 새로운 분사무소 소재지에서는 동 기간 내에 「민법」 제49조의 설립등기사항을 등기한다. 기존에 존재하던 분사무소 소재지에도 법인이 새로운 분사무소를 설치하였음을 등기하여야 한다.

주사무소 또는 기존 분사무소 소재지를 관할하는 등기소의 관할구역 내에 분사무소 신설 시에는 3주 내에 그 분사무소 설치만을 등기하면 되고 설립등기사항은 등기할 필요는 없다.

2) 사무소 이전의 등기(「민법」 제51조)

사무소 이전 시 구주소지에서는 3주 내에 이전등기를 하고, 신주소지에서는 같은 기간 내에 설립등기사항을 등기해야 한다. 동일한 등기소의 관할구역 내에 사무소 이전 시 3주 내에 그 이전한 것을 등기하면 되고 설립등기사항은 등기할 필요는 없다.

3. 변경등기(「민법」 제52조)

설립등기의 등기사항에 변경이 있는 때에는 3주 내에 소재지 등기소에 변경등기를 해야 한다.

4. 직무집행정지 등 가처분 등기(「민법」 제52조의2)

이사의 직무집행을 정지하거나 직무대행자를 선임하는 가처분을 하거나 그 가처분을 변경·취소하는 경우에는 주사무소와 분사무소가 있는 곳의 등기소에서 이를 등기하여야 한다.

5. 해산등기(「민법」 제85조)

청산인은 파산의 경우를 제외하고는 그 취임 후 3주 내에

- 해산의 사유
- 해산 연월일
- 청산인의 성명 및 주소
- 청산인의 대표권을 제한한 때

그 제한을 주된 사무소 및 분사무소 소재지에 등기하여야 하며, 상기 등기사항에 변경이 생긴 경우에도 3주 내에 변경등기를 해야 한다.

6. 등기의 효력

설립등기는 법인의 성립요건이며(「민법」 제33조), 설립등기 이외의 등기사항은 제3자에 대한 대항요건이다(「민법」 제54조).

7. 등기기간의 계산

시·도지사의 허가를 요하는 등기사항은 그 허가서가 도착한 날로부터 등기의 기간을 기산한다(「민법」 제53조).

8. 설립등기 등의 보고

법인은 설립등기, 분사무소설치의 등기 사모소이전의 등기, 변경등기 등을 한 때에는 등기를 완료한 날로부터 7일 이내에 등기보고서에 등기부등본 1부를 첨부하여 시ㆍ도지사에게 제출하여야 한다.

「전자정부법」 제38조 제1항의 규정에 의한 행정정보공동이용을 통하여 첨부서류에 대한 정보를 확인할 수 있는 경우에는 그 확인으로 첨부서류를 갈음한다.

제2절 정관변경의 인가

1. 정관변경인가신청(「사회복지사업법」 제17조, 「사회복지사업법 시행규칙」 제8조)

법인이 정관을 변경하고자 하는 때에는 정관변경인가신청서(붙임 16)에 다음의 서류를 첨부하여 시ㆍ도지사(시ㆍ군ㆍ구)에 제출한 후 정관변경에 대한 인가를 받아야 한다. 단, 정관 중 공고 및 그 방법에 관한 사항을 변경하고자 하는 경우에는 시ㆍ도지사의 인가를 받지 않아도 된다(「사회복지사업법 시행규칙」 제9조).

- 정관의 변경을 결의한 이사회 회의록 사본 1부
- 정관변경안 1부
- 사업변경계획서, 예산서 및 재산의 소유를 증명할 수 있는 서류(사업의 변동이 있는 경우에 한함) 각 1부
- 재산의 평가조서 및 재산수익조서(사업의 변동이 있는 경우에 한함) 각 1부

2. 정관변경 인가 시 검토사항

1) 정관변경의 적법성과 타당성

정관변경절차가 관계법령, 정관 등에 적합한지 여부 등을 검토하고 이사회 회의록에 정관변경의 구체적 내용이 논의되었는지 여부와 참석자 전원의 인감날인 여부를 확인한다.

사업변경 시, 변경된 사업이 설립자의 법인설립의도, 정관상 법인목적, 비영리 사회복지사업의 특성 등과 부합되는지 여부도 중요하다.

2) 정관변경에 따른 재원확보

정관변경으로 사업의 변경이 있을 때에는 확실한 재원조달방법이 있는지를 확인한다(先 재원확보, 後 정관변경 인가).

제3절 기본재산 처분허가 등

1. 기본재산 처분허가(「사회복지사업법」 제23조, 「사회복지사업법 시행규칙」 제14조)

1) 기본재산 처분허가 신청

기본재산의 매도, 증여, 교환, 임대, 담보제공 또는 용도변경하고자 할 때에는 반드시 시도지사의 처분허가를 받아야 한다. 처분허가 신청 시 기본재산 처분허가신청서(붙임 17)에 다음의 서류를 첨부하여 시·도지사에게 제출한다.

- 기본재산 처분이유서 1부
- 기본재산의 처분을 결의한 이사회회의록 사본 1부(집합건물의 개별 호실 임대의 경우 전체 건물의 임대에 관해 결의한 이사회 회의록으로 갈음)
- 처분하는 기본재산의 명세서 1부
- 처분하는 기본재산의 감정평가서(교환의 경우에는 취득하는 재산의 감정평가서를 포함) 1부(공인감정평가법인이 작성한 것에 한함)

시·도지사의 기본재산 처분허가를 받은 이후 기본재산을 처분하고, 처분이 완료되면 즉시 정관을 변경하고 인가를 받아야 한다.

2) 기본재산 처분허가 시 검토사항

(1) 처분의 적정성 검토

사회복지법인에 출연된 재산, 즉 기본재산은 바로 법인의 실체인 동시에 법인의 목적을 수행하기 위한 가장 기본적인 수단이므로 이를 처분한다는 것은 법인의 실체가 없어진다는 것을 의미한다. 나아가서 법인이 그 목적을 수행할 수 없게 된다는 것을 의미한다.

기본재산 처분신청 시 해당 기본재산의 성격, 총 기본재산에서 차지하는 비중, 처분 시 목적사업 수행 가능성, 처분의 의도, 처분 후 사용용도 등에 대해 종합적이고 엄격한 심사를 수행한 후 신중하게 허가 여부를 결정해야 한다.

(2) 처분재산의 구체적 내용 확인

처분재산목록은 2월 이내 발행된 등기부등본 등 관련 증빙서로 확인하고 처분 재산의 현재 소유권 등을 확인한다. 등기부등본의 경우, 표제부(재산의 표시), 갑구(소유권, 가압류, 가처분 등 사항), 을구(저당권, 지상권, 전세권 등의 제한물건 설정사항)의 내용을 정밀하게 확인한다. 처분허가 전에 기본재산을 기처분했는지 여부도 검토해야 하며, 「지방자치단체를 당사자로 하는 계약에 관한 법률」에 따른 절차를 준수해야 한다.

(3) 이사회 결의의 적법성 검토 등

이사회 소집의 적법성 확인(통보 여부 등)과 이사회 회의록에 처분의 구체적 내용이 포함되고 참석이사 전원의 기명 인감날인 등 결의의 성립 등에 흠이 없는지 등을 확인한다.

2. 장기차입허가(법 제23조, 규칙 제15조)

1) 장기차입허가 신청

장기차입하고자 하는 금액을 포함한 장기차입금의 총액이 기본재산 총액에서 차입 당시의 부채총액을 공제한 금액의 100분의 5에 상당하는 금액 이상을 장기차입하고자 할 때에는 시·도지사의 허가를 받아야 한다. 장기차입금이란 1년 이상 차입하는 부채를 의미하며, 1년 이내 단기차입금의 만기를 연장하여 1년 이상 차입하는 경우에도 연장시점부터 장기차입금으로 간주하여 허가를 받아야 한다.

상기의 금액 이상을 장기차입하고자 할 때에는 장기차입허가신청서(붙임 18)에 다음의 서류를 첨부하여 시·도지사에 제출하여야 함

- 이사회회의록 사본 1부
- 차입목적 또는 사유서(차입용도 포함) 1부
- 상환계획서 1부

2) 장기차입 허가 시 참고사항

차입허가 시 차입의 의도, 차입 후 법인의 정상운영 여부, 차입금의 사용처 등을 면밀히 검토하고, 특히 차입금의 상환이 가능한지가 중요하다.

3. 재산의 취득과 정관변경(「사회복지사업법」 제24조, 「사회복지사업법」 시행규칙 제16조)

1) 재산의 취득

법인이 매수, 기부채납, 후원 등의 방법으로 재산을 취득한 때에는 지체 없이 이를 법인의 재산에 편입조치하고, 매년 1월 말까지 전년도의 재산취득상황을 다음의 서류와 함께 시도지사에게 보고한다.

- 재산 취득사유서 1부
- 취득한 재산의 종류, 수량 및 금액을 기재한 서류 1부
- 취득한 재산의 등기부등본 또는 금융기관의 증명서 등 증빙서류 1부

2) 정관의 변경

상기의 사유 등으로 법인의 재산이 증가하는 경우에도 재산이 감소했을 경우와 마찬가지로 지체 없이 정관을 변경하여 시도지사의 인가를 받아야 한다.

4. 수익사업(「사회복지사업법」 제28조)

법인은 목적사업의 경비에 충당하기 위하여 수익사업을 할 수 있다. 수익사업은 법인의 설립목적 수행에 지장이 없어야 하며, 수익사업의 범위 및 종류는 비영리법인의 본질을 위배할 수 없다. 또한 설립목적 달성을 위한 법인 내 인적·물적 상황 등 제반 여건을 충분히 고려하여 판단하여야 한다. 수익사업에서 발생한 수익은 법인 또는 법인이 설치한 사회복지시설의 운영에 한하여 사용하여야 한다. 그리고 수익사업에 관한 회계는 법인회계나 시설의 시설회계와 구분하여야 한다.

수익사업은 정관에 명시하여야 하며(「사회복지사업법」 제17조 제1항 제8호), 수익사업의 수행을 위한 정관변경인가 요청이 있을 시에는 다음의 서류 등을 종합 검토하여 인가 여부가 결정된다.

- 사업계획서 1부
- 추정손익계산서 및 부속명세서 1부
- 사업에 종사할 임원명부 1부
- 해당 수익사업에 대한 허가사실증명원 1부(행정관청의 허가를 요하는 사업인 경우)

제4절 법인의 소멸(합병포함)

1. 법인소멸의 의의

법인의 소멸은 해산과 청산의 절차로 행해지는데 주의해야 할 점은 해산으로 법인의 권리능력이 곧 전적으로 소멸하지 않으며 청산의 종결로 법인은 완전히 소멸한다(先 해산, 後 청산).

해산 후 법인의 권리능력이 곧바로 소멸되는 것이 아니라 청산이 종결될 때까지 법인은 제한된 범위에서 권리능력을 가지며, 해산 후 청산종결까지 존속하는 법인을 청산법인(淸算法人)이라고 한다.

2. 법인해산(解散)의 사유(「민법」 제77조)

1) 존재기간의 만료 기타 정관에 정한 해산사유의 발생

2) 파산(「민법」 제79조)

법인이 채무를 변제할 수 없는 상태, 즉 채무초과(부채 > 자산)가 된 때에는 이사는 지체 없이 파산을 신청해야 한다. 법인의 파산원인은 단순한 채무초과로써 충분(「채무자회생 및 파산에 관한 법률」 제306조)하며, 자연인과 같이 채무변재능력 등은 고려하지 않는다.

3) 설립허가의 취소(「사회복지사업법」 제26조)

필요적 설립허가 취소사유(반드시 취소해야 함)는 다음과 같다.

- 법인 설립 후 기본재산을 출연하지 아니한 때
- 거짓이나 그 밖의 부정한 방법으로 설립허가를 받았을 때

임의적 설립허가 취소사유는 다음과 같다.

- 설립허가 조건에 위반한 때
- 목적달성이 불가능하게 된 때
- 목적사업외의 사업을 한 때
- 정당한 사유 없이 설립허가를 받은 날부터 6월 이내에 목적사업을 개시하지 아니하거나 1년 이상 사업실적이 없을 때
- 법인이 운영하는 시설에서 반복적 또는 집단적 성폭력 범죄가 발생한 때
- 대표이사를 포함한 이사 7명과 감사 2명 이상을 선임하지 아니한 때
- 외부추천이사 선임과 관련된 사항을 위반하여 이사를 선임한 때
- 임원의 해임명령을 이행하지 아니한 때

– 기타 「사회복지사업법」 또는 「사회복지사업법」에 의한 명령이나 정관에 위반한 때

「사회복지사업법」 제26조에 따르면 동법 제1항 각 호에 따른 허가취소 사유가 발생한 경우, 다른 방법으로 감독목적을 달성할 수 없거나 시정을 명한 후 6월 이내에 법인이 이를 이행하지 아니한 경우에 한하도록 규정하고 있으나, 거짓 등으로 설립허가를 받았거나 및 기본재산을 미출연한 경우는 시정명령 없이 설립허가를 취소한다.

3. 청산(淸算)

1) 청산의 의의

청산이란 해산한 법인이 처리되지 않고 남은 사무를 처리하고 재산을 정리하여 완전히 소멸할 때까지의 절차를 의미한다.

청산은 크게 두 가지로 구분할 수 있는데, 첫째, 파산으로 해산하는 경우의 청산과, 둘째, 파산 이외의 원인에 의해 해산하는 경우의 청산이 있다. 파산으로 해산하는 경우는 「채무자회생 및 파산에 관한 법률」이 정하는 절차에 따라 청산을 진행하며, 파산 이외의 원인에 의한 해산의 경우에는 「민법」이 규정하는 청산절차에 따라 이루어진다.

청산절차는 그 어느 것이나 모두 제3자의 이해관계에 중대한 영향을 미치기 때문에 이에 관한 규정은 강행규정이며, 따라서 정관에서 다른 규정을 하고 있더라도 그것은 효력이 없다.

2) 청산법인

(1) 청산법인은 청산의 목적범위 내에서만 권리를 행사하고, 의무를 부담한다 (「민법」 제81조).

(2) 청산법인의 기관

법인이 해산하면 이사는 그 지위를 당연히 상실하며 이사에 갈음하여 청산인이 청산법인의 집행기관이 된다. 청산인은 청산법인의 능력의 범위 내에서 내부의 사무를 집행하고 외부에 대하여 청산법인을 대표한다. 또한 이사를 제외한 기타의 기관에는 변동이 없으며, 계속하여 청산법인의 기관으로서 종전과 마찬가지의 권한을 가진다.

(3) 청산인

청산인의 자격(「민법」 제82조, 제83조)은 다음과 같다.

- 정관에서 정한 자
- 정관에서 정하지 않으면 이사회의 의결로 선임
- 이사회가 선임하지 않은 경우에는 대표이사
- 위에 해당하는 자가 없거나 청산인의 결원으로 인하여 손해가 생길 염려가 있는 때에는 법원이 직권 또는 이해관계인이나 검사의 청구에 의해 청산인을 선임

청산인의 직무는 다음과 같이 구분할 수 있다.

첫째, 해산의 등기와 신고(「민법」 제85조, 제86조)이다. 청산인은 파산의 경우를 제외하고는 취임 후 3주 내에 해산의 사유 및 년·월·일, 청산인의 성명 및 주소와 청산인의 대표권을 제한한 때에는 그 제한을 주된 사무소 및 분사무소 소재지에 등기하여야 한다. 또한 해산등기사항에 변경이 생기면 기존 정관변경절차와 동일하게(「민법」 제52조) 3주 내 변경등기를 해야 하며, 청산인은 취임 후 3주 내에 상기사항 시·도지사에 신고하고, 해산등기사항에 변경이

생겨 변경등기를 한 경우에도 3주 내에 시·도지사에 신고해야 한다.

둘째, 현존사무의 종결(「민법」 제87조)이다.

셋째, 채권의 추심(「민법」 제87조)이다. 회수할 수 있는 채권은 적극적으로 추심하여 회수하고, 변제기가 아직 닥쳐오지 않은 채권이나, 조건부 채권과 같이 즉시로 추심할 수 없는 채권은 적당한 방법으로 환가해야 한다.

넷째, 채무의 변제(「민법」 제87조)이다. 청산인은 취임한 날로부터 2개월 내에 3회 이상 공고로 일반채권자에 대해 일정한 기간 내에 그의 채권을 신고할 것을 최고하여야 한다(단 신고기간은 2개월 이상으로 정함). 상기 공고에는 채권자가 기간 내에 신고하지 않으면 청산으로부터 제외된다는 것을 표시하여야 하며 공고는 법원의 등기사항의 공고와 동일한 방법으로 행하야 한다. 또한 청산인이 알고 있는 채권자에 대하여는 개별적으로 채권을 신고할 것을 최고하여야 한다.

청산인은 상기 채권신고 기간 내에는 채권자에게 변제하지 못하나 이로 인해 채권자에 대한 지연손해배상책임 의무를 면하지 못한다. 청산 중의 법인은 아직 변제기가 닥쳐오지 않은 채권에 대해서도 변제할 수 있다. 단, 조건 있는 채권, 존속기간의 명확하지 않은 채권 기타 가액이 명확하지 않은 채권에 관하여는 법원이 선임한 감정인의 평가에 의하여 변제한다.

채권신고기간 내에 신고하지 않은 채권자는 청산에서 제외되고 법인의 채무를 완제한 후 귀속권리자에게 인도하지 않은 재산에 대해서만 변제를 청구할 수 있다. 그리고 청산인이 알고 있는 채권자에 대해서는 신고하지 않았더라도 청산에서 제외 하지 못하며 꼭 변제해야 한다. 만일, 채권자가 변제를 수령하지 않으면 공탁한다(「민법」 제487조).

다섯째, 잔여재산의 처리이다(「사회복지사업법」 제27조, 「사회복지사업법」 시행령 제10조의2). 해산한 법인의 잔여재산은 정관이 정하는 바에 의하여 국가 또는 지방자치단체에 귀속되며, 국가 또는 지방자치단체에 귀속된 재산은 사회복지사업에 사용하거나 유사한 목적을 가진 법인에게 무상으로 대부하거나 무상으로 사용·수익하게 할 수 있다. 단, 해산한 법인의 이사 본인 및 그와 "특별한 관계에 있는 자"가 이사로 있는 법인에 대하여는 무상으로 대부·사용·수익하게 할 수 없다.

여섯째, 파산신청(「민법」 제93조)이다. 청산절차를 밟고 있는 도중에 법인의 재산이 그 채무를 완제하기에 부족하다는 것이 분명하게 된 때(즉, 채무초과 상태)에는 청산인이 지체 없이 파산신고를 신청하고 이를 공고해야 한다. 또한 법인의 파산으로 파산관재인이 정해지면 청산인은 파산관재인에게 사무를 인계하여야 하며, 인계함으로써 그 임무가 종료된다.

일곱째, 청산종결의 등기와 신고(「민법」 제94조)이다. 청산이 종결한 때에는 청산인은 3주 내 이를 등기하고 주무관청에 신고하여야 한다. 청산·파산절차 진행 중, 채무변제를 위한 기본재산처분 시에도 반드시 기본재산처분허가를 받아야 한다.

4. 법인의 합병(「사회복지사업법」 제30조, 「사회복지사업법」 시행령 제11조, 「사회복지사업법」 시행규칙 제19조)

2개 이상 법인이 합병하고자 할 때에는 합병되는 형태에 따라 법인합병허가신청서(붙임 19)에 아래의 서류를 첨부하여 시·도지사의 허가를 받아야 한다(시·도가 다른 경우에는 보건복지부장관 허가). 법인 합병 시 합병 후 존속하는 법인 또는 합병에 의해 설립된 법인은 합병에 의해 소멸된 법인의 지위를 승계하고, 합병 후 신설법인 설립 시에는 관계 법인이 각각 5인씩 지명하는 설립위원이 정관을 작성하는 등 법인설립업무를 공동처리 한다.

1) 합병 후 존속(A+B=A)

① A법인이 B법인을 흡수하는 형태의 합병 시 다음과 같은 서류를 구비하여 A법인의 주사무소가 위치하는 시·도지사의 허가를 받아야 한다.

- 관계법인의 합병결의서, 정관, 재산목록 및 대차대조표 각 1부
- 정관변경안 1부
- 사업계획서, 예산서 및 재산의 소유를 증명할 수 있는 서류 각 1부
- 재산의 평가조서 및 재산수익 조서 각 1부

② B법인의 사무소를 존속하고자 하는 경우에는 분사무소 설치절차와 동일하게 처리한다.

③ B법인이 시설법인일 경우 크게 두 가지로 구분할 수 있는데, 첫째, B법인을 흡수한 A법인이 더 이상 시설운영이 불가능할 경우, A법인은 「사회복지사업법」 제38조 및 「사회복지사업법」 시행규칙 제26조에 의거 시설폐지 3개월 전까지 시설 폐지신고서를 관할 시 · 군 · 구청장에게 제출하고 시설거주자에 대한 전원 및 귀가조치를 관할 시 · 군 · 구청장과 협의하여 시행해야 한다. 둘째, B법인을 흡수한 A법인이 계속 시설을 운영하고자 하는 경우, 시설운영자가 B법인에서 A법인으로 바뀌었기 때문에 운영자변경에 대해 관한 시 · 군 · 구청에 변경신고를 하고 계속 운영한다.

2) 합병 후 신설법인 설립(A+B=C)

A법인과 B법인이 합병하여 신규 C법인을 설립하는 경우에는 다음과 같은 서류를 완비하여 C법인의 주사무소가 위치할 시 · 도지사의 허가를 받아야 한다. 나머지 사항은 "1) 합병 후 존속"과 동일하다.

- 합병취지서, 재산목록 및 대차대조표 1부
- 합병 당해 연도 및 다음 연도의 사업계획서 및 예산서 각 1부
- 규칙 제7조 제2항 제2호부터 제9호까지의 서류 각 1부

A법인과 B법인의 주사무소가 다른 시도일 경우 보건복지부장관에게 허가를 받고, 보건복지부장관은 허가 후 C법인의 주사무소가 위치할 시 · 도지사에게 통보한다.

제5절 법인의 관리 · 감독

1. 법원(法院)

법인의 해산과 청산의 감독은 법원이 담당한다(「민법」 제84조, 제95조).

2. 시 · 도지사(「사회복지사업법」 제51조 등)

법인설립허가, 법인정관변경인가, 기본재산 처분허가 등 법인 업무 전반에 대한 모든 사항은 시 · 도지사 권한사항이며, 시 · 도지사는 법인 업무 전반에 대하여 시군구에 검토의견을 요청할 수 있다.

시 · 도지사는 자체지도 · 감사계획에 의거하여 사회복지사업을 운영하는 법인(법인운영시설 포함)에 대한 소관업무에 관하여 지도 · 감독을 실시하며, 필요한 경우 그 업무에 관하여 보고 또는 관계서류의 제출을 명하거나 소속 공무원으로 하여금 법인의 사무소 또는 시설에 출입하여 검사 또는 질문하게 할 수 있다.

지도 · 감독기관은 지도 · 감독에 전문적 지식이나 자문이 필요한 경우 관계자에게 촉탁할 수 있으며, 촉탁받은 자는 출입권한증명서를 소지하고 관계 공무원과 동행한다.

법인의 주된 사무소의 소재지와 시설의 소재지가 동일한 시 · 도 또는 시 · 군 · 구에 있지 아니한 경우 당해 시설의 업무는 시설 소재지의 시 · 도지사 또는 시 · 군 · 구청장이 지도 · 감독하되, 별도의 행정협약을 체결한 경우 협약에 따른다. 필요한 경우 법인의 업무에 대하여 법인의 주된 사무소 소재지의 시 · 도지사 또는 시 · 군 · 구청장에게 협조를 요청한다.

3. 시 · 군 · 구청장(위임기관)

시·도지사는 법인 관련 업무의 일부를 조례·규칙 등 자치법규로 시·군·구청장에게 위임 가능하다. 단, 포괄적 위임, 법인설립허가·취소(「사회복지사업법」 시행령 제8조 참고), 해산법인의 청산사무는 위임대상사무가 아니며, 중요기본재산처분허가, 임원의 해임명령, 주사무소이전 등 중요사항에 대한 정관 변경인가 등의 중요사항에 대해서는 위임하지 않는 것을 원칙으로 한다.

시·군·구청장의 감사 및 지도감독에 대한 내용을 정리하면 <표 3−1>과 같다.

〈표 3−1〉 감사 및 지도감독

종 류	대상	주 기	실시기관
• 정기지도감독 – 조직운영 전반 – 회계감사(보조금)	법인	최소 매 3년마다 1회	시·도지사(위임기관) 또는 시·군·구청장
	시설	연 1회 이상	
• 수시지도점검	시설	필요시(입퇴소 실태, 생활실태)	시·군·구청장
• 특별지도감독	법인 시설	진정, 투서, 언론보도, 비리발생, 인권침해, 행정처분이나 지적사항 미이행 등 주무관청이 지도감독 필요성이 있다고 판단한 경우	보건복지부장관 시·도지사 시·군·구청장

1) 처분 관련 정보의 공표(「사회복지사업법」 제51조, 「사회복지사업법」 시행령 제24조의2)

① 다음의 사항에 따라 법인의 설립허가를 취소한 경우

– 거짓이나 그 밖의 부정한 방법으로 설립허가를 받은 경우

– 목적사업 외의 사업을 한 경우

– 법인 운영시설에서 반복적 또는 집단적 성폭력범죄가 발생한 경우

② 다음의 사항에 따라 시설의 장의 교체를 명하거나 시설의 폐쇄를 명령한 경우
- 회계부정이나 불법행위 또는 그 밖의 부당행위 등이 발견된 경우
- 신고를 하지 아니하고 시설을 설치·운영한 경우
- 지도·감독에 필요한 보고나 자료제출을 하지 않거나 거짓으로 한 경우
- 시설에서 성폭력범죄가 발생한 경우

해당 관청의 인터넷 홈페이지(6개월 이내)와 신문(필요한 경우)에 게재한다. 그 예시는 다음 【그림 3-1】과 같다.

〈예시〉

공 고

「사회복지사업법」 제 조제 항에 따라 사회복지법인 ○○○(또는 □□원)의 행정처분 사항을 다음과 같이 공고합니다.

1. **법인명** : 사회복지법인 ○○○(소재지 :)
2. **처분의 내용** : 법인설립허가 취소
3. **처분일** : 2013. . .
4. **처분의 사유** : 거짓이나 그 밖의 부정한 방법으로 설립허가를 받음
5. **근거법령** : 「사회복지사업법」 제26조 제1항 제1호

【그림 3-1】 **공고 예시**

2) 법인설립허가 취소통보

법인설립허가 취소 처분과 동시에 법인은 해산되고 청산절차에 들어가게 되므로, 사회복지법인의 설립허가를 취소한 경우 관할 등기소에 취소사실을 통보한다.

4. 법인의 비치서류

사회복지법인의 비치서류는 다음과 같다.

- 정관
- 임원명부(임원의 성명, 약력, 주소 등 기재)
- 재산목록(기본재산과 보통재산 구분)
- 회의록(총회, 임시이사회 등)
- 당해 회계연도 사업계획서, 직전 회계연도의 사업실적서 : 예산서, 결산서(추정손익계산서 및 추정대차대조표와 그 부속명세서 첨부)
- 현금 및 물품의 출납대장
- 보조금을 받는 경우 보조금관리대장
- 자산 및 회계에 관한 증빙서류

5. 벌칙규정

벌칙규정은 크게 「사회복지사업법」과 「민법」 관련하여 구분할 수 있다. 이를 표로 정리하면 <표 3-2>와 같다.

〈표 3-2〉 **벌칙규정**

• 사회복지사업법 관련

위반 내용	벌칙
기본재산 처분 또는 장기차입 허가를 받지 않고 행한 경우 (법 제23조 제3항 위반)	5년 이하의 징역 또는 1천500만 원 이하의 벌금
보조금을 목적 외의 용도로 사용하였을 경우 벌금(법 제42조 제2항 위반)	
임원의 선임과 관련하여 금품, 향응 또는 그 밖의 재산상 이익을 주고받거나 주고받을 것을 약속한 사람(법 제18조의2 위반)(시행일 : 2018. 4. 25)	1년 이하의 징역 또는 1천만 원 이하의 벌금
수익사업에서 생긴 수익을 법인 또는 법인이 설치한 사회복지시설의 운영 외의 목적에 사용하였을 경우(법 제28조 제2항 위반)	

위반행위	벌칙
사회복지시설을 시장 · 군수 · 구청장에게 신고하지 아니하고 설치 · 운영하는 경우(법 제34조 제2항 위반)	1년 이하의 징역 또는 1천만 원 이하의 벌금
사회복지시설의 운영을 휴지 · 중단할 시 시설거주자의 권익을 보호하기 위한 조치를 하지 아니한 경(법 제38조 제3항 · 제40조 제2항 위반)	
사회복지시설에 대한 개선, 사업정지, 시설장 교체, 시설폐쇄의 명령을 이행하지 아니할 경우(법 제40조 제1항 위반)	
업무수행과정에서 알게 된 다른 사람의 비밀을 누설한 경우(법 제47조 위반)	
정당한 이유 없이 행정기관에 보고를 하지 않거나 허위보고를 한 자, 자료를 제출하지 않거나 허위자료를 제출한 자, 검사질문을 거부 방해 또는 기피한 자(법 제51조 제1항 위반)	
사회복지사 채용을 회피한 자(법 제13조 위반)	300만 원 이하의 벌금
사회복지사 보수교육 이수를 이유로 사회복지사에게 불리한 처분을 한 경우(법 제13조 제2항 단서 및 제3항 위반)	100만 원 과태료
임원의 임면보고를 하지 아니한 경우(법 제18조 제6항 위반)	
매수, 기부채납, 후원 등의 방법으로 취득한 재산의 취득사유, 취득재산의 종류 · 수량 및 가액을 (매년) 시 · 도지사에게 보고하지 아니한 경우(법 제24조 위반)	
사회복지시설 설치 · 운영 신고가 완료되었음에도 시설운영을 시작하지 아니한 경우(법 제38조 제1항 위반)	
사회복지시설의 운영 재개신고를 시장 · 군수 · 구청장에게 하지 아니한 경우(법 제38조 제2항 위반)	
사회복지법인이 아님에도 사회복지법인이라는 명칭을 사용한 경우(법 제31조 위반)	200만 원 과태료
사회복지시설 운영의 휴지, 폐지신고를 시장 · 군수 · 구청장에게 하지 아니한 경우(법 제38조 제2항 위반)	
운영 중인 사회복지시설에 대하여 책임보험 또는 책임공제에 가입하지 아니한 경우(법 제34조의3 위반)	300만 원 과태료
후원금의 수입 · 지출 내용을 공개하지 아니한 경우(법 제45조 위반)	
법인의 대표자 또는 법인의 대리인, 사용인, 기타 종업원이 그 법인 업무에 관하여 위반행위를 한 때에는 행위자를 벌하는 외에 그 법인 또는 개인에 대하여도 각각에 해당하는 벌금형을 과함	

• **민법 관련**

위반행위	벌칙
법인 설립 등기(변경등기를 포함함)를 하지 아니한 경우(「민법」 제49조 제1항 및 제52조 위반, 제97조 제1호)	500만 원 이하 과태료

〈서식 1 : 사회복지법인 설립허가신청서〉

■ 사회복지사업법 시행규칙 〔별지 제7호 서식〕

사회복지법인 설립허가 신청서

(앞쪽)

접수번호	접수일	허가일	처리기간 17일

<table>
<tr><td rowspan="2">신청인
(대표자)</td><td>성명</td><td>생년월일</td></tr>
<tr><td>주소</td><td>전화번호</td></tr>
</table>

<table>
<tr><td rowspan="4">법인</td><td colspan="2">법인의 명칭</td></tr>
<tr><td>주된 사무소의 소재지</td><td>전화번호</td></tr>
<tr><td colspan="2">설립 목적</td></tr>
<tr><td colspan="2">사업의 종별</td></tr>
</table>

<table>
<tr><td rowspan="11">자산</td><td rowspan="9">기본
재산</td><td rowspan="5">목적
사업용</td><td>종류</td><td>규모</td><td>평가액
(천원)</td><td>연간수익액
(천원)</td><td>출연자</td></tr>
<tr><td></td><td></td><td></td><td></td><td></td></tr>
<tr><td></td><td></td><td></td><td></td><td></td></tr>
<tr><td></td><td></td><td></td><td></td><td></td></tr>
<tr><td>계</td><td></td><td></td><td></td><td></td></tr>
<tr><td rowspan="4">수익용</td><td></td><td></td><td></td><td></td><td></td></tr>
<tr><td></td><td></td><td></td><td></td><td></td></tr>
<tr><td></td><td></td><td></td><td></td><td></td></tr>
<tr><td>계</td><td></td><td></td><td></td><td></td></tr>
<tr><td rowspan="2">보통
재산</td><td colspan="2">종류</td><td colspan="2">수량</td><td colspan="2">가액(천원)</td></tr>
<tr><td colspan="2"></td><td colspan="2"></td><td colspan="2"></td></tr>
</table>

<table>
<tr><td rowspan="6">임직원</td><td rowspan="5">임원</td><td>직위</td><td>임기</td><td>성명</td><td>생년월일</td><td>주소</td></tr>
<tr><td></td><td></td><td></td><td></td><td></td></tr>
<tr><td></td><td></td><td></td><td></td><td></td></tr>
<tr><td></td><td></td><td></td><td></td><td></td></tr>
<tr><td></td><td></td><td></td><td></td><td></td></tr>
<tr><td>직원</td><td colspan="3">총 인원 명</td><td colspan="2">사회복지사자격증 소지자 수 명</td></tr>
</table>

「사회복지사업법」 제16조, 같은 법 시행령 제8조 및 같은 법 시행규칙 제7조제1항에 따라 사회복지법인 설립허가를 신청합니다.

년 월 일

신청인 (서명 또는 인)

시 · 도지사 귀하

210㎜×297㎜[백상지 80g/㎡]

(뒤쪽)

신청인 (대표자) 제출서류	1. 설립취지서 1부 2. 정관 1부 3. 재산출연증서 1부 4. 재산의 소유를 증명할 수 있는 서류 1부(「전자정부법」 제36조제1항에 따른 행정정보의 공동이용을 통하여 소유권에 대한 정보를 확인할 수 있는 경우에는 그 확인으로 첨부서류를 갈음합니다) 5. 재산의 평가조서 1부(「부동산 가격공시 및 감정평가에 관한 법률」에 따른 감정평가업자의 감정평가서를 첨부하되, 개별공시지가 확인서로 첨부서류에 대한 정보를 확인할 수 있는 경우에는 그 확인으로 첨부서류를 갈음합니다) 6. 재산의 수익조서 1부(수익용 기본재산을 갖춘 경우만 첨부하며, 공인된 감정평가기관의 수익증명 또는 수익을 증명할 수 있는 기관의 증빙서류를 첨부하여야 합니다) 7. 임원의 취임승낙서 및 이력서 각 1부 8. 「사회복지사업법」 제18조제2항 각 호의 어느 하나에 해당하는 기관으로부터 받은 이사 추천서 1부 9. 임원 상호간의 관계에 있어 「사회복지사업법」 제18조제3항에 저촉되지 아니함을 입증하는 각서 1부 10. 설립 해당 연도 및 다음 연도의 사업계획서 및 예산서 각 1부	수수료 없음
담당 공무원 확인사항	1. 건물등기부 등본 2. 토지등기부 등본 3. 개별공시지가 확인서	

처리 절차

이 신청서는 아래와 같이 처리됩니다.

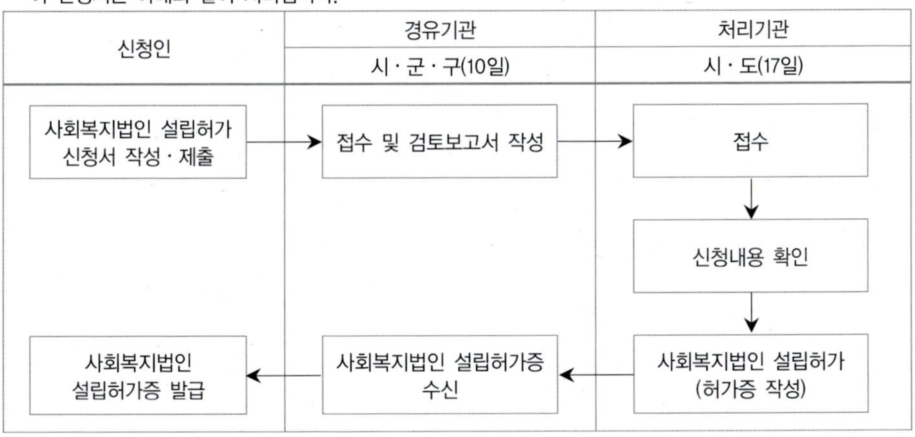

〈서식 2 : 설립취지서〉

설 립 취 지 서(예시)

1. 법인설립취지

  ○

  ○

2. 사업내용

  ○

  ○

  ○

※ 작성요령

  - 설립취지를 간략 명료하게 정리하여 기재

  - 설립취지에 따른 목적사업을 개조식으로 기재함

  - 설립취지서 작성이 어려울 때는 발기인 회의록으로 대체하여도 무방함

첨부서류 : 1. 발기인 총회 회의록 1부

2. 설립발기인명단 1부.

〈서식 3 : 발기인 총회 회의록〉

발기인 총회 회의록 (예시)

○ 회의일시 : ○○년 ○○월 ○○일 ○○시 ~ ○○시
○ 회의장소 : ○○시 · 도 ○○구 ○○동 ○○빌딩 ○○층
○ 참 석 자 : 발기인 ○○명
○ 의 제 : 1. 정관의 심의·의결
2. 임원선출
3. 재산출연사항
4. 사업계획 등

- 발기인 대표선출 : ○○○을 만장일치로 선출함
- 200○년 ○○월 ○○일 ○○시 가칭 “사회복지법인 ○○○ 복지재단” 설립을 위한 발기인 총회를 개최, 발기인 전원이 참석하여 발기인대표 ○○○의 사회로 개회를 선언하다.
- 발기인대표
  법인설립취지와 목적사업을 설명하고 정관 안건 상정
- ○○○

※ 의제별로 구체적인 토의사항을 발표자 순서대로 기록정리함.

- 이상으로 가칭 “사회복지법인 ○○○○”의 설립 발기인총회를 모두 마치겠습니다.

위 결의를 명확히 하기 위하여 회의록을 작성하여 발기인 전원이 다음에 기명하고 인 감날인 한다.

200○년 ○○ 월 ○○ 일

가칭 사회복지법인 ○○○○○○
발 기 인 ○○○ 인
발 기 인 ○○○ 인
발 기 인 ○○○ 인

〈서식 4 : 설립 발기인명단〉

설립 발기인 명단(예시)

연번	직위	성명	주민번호	주소	약력 (간략히)	비고

〈서식 5 : 사회복지법인 정관〉

사회복지법인 정관 (예시)

제1장 총 칙

제1조(목적) 이 법인은 …… 법의 규정에 의한 ……을 수행함으로써 …… 함을 목적으로 한다.

(비고) 1) 당해 법인의 특성에 따라 목적을 개괄적으로 기재한다.

제2조(명칭) 이 법인의 명칭은 "사회복지법인" ○○○회 · 원 · 단(이하 "법인 회 · 원 · 단" 이라 한다) 이라 칭한다.

(비고) 1) 다른 법인과의 명칭상의 혼동을 피하기 위하여 다른 법인과 유사하거나 동일한 명칭은 가급적 사용하지 않도록 한다.
※ 이하 "법인" 이라 칭한다.

제3조(사무소 등의 소재지) ① 이 법인의 주된 사무소는 ○○시 · 도 ○○○시 · 군 · 구 ○○○로 ○○(○○동, ○○○)에 둔다.

② 이 법인은 민법 제50조의 규정에 의하여 다음과 같은 분사무소(지부)를 둔다.

1. ○○○분사무소 : ○○시 · 도 ○○○시 · 군 · 구 ○○○로 ○○(○○동, ○○○)
2. ○○(사회복지시설) : ○○시 · 도 ○○○시 · 군 · 구 ○○로 ○○(○○동, ○○○)

(비고) 1) 분 사무소가 없는 경우에는 제2항은 필요하지 않다.
2) 사무소의 소재지는 도로명 주소까지 구체적으로 기입한다.

제4조(사업의 종류) ① 이 법인은 제1조의 목적을 달성하기 위하여 다음의 사업을 수행한다.

1. 「국민기초생활보장법」 제○○조의 ○○사업
2. 「노인복지법」 제○○조의 노인의료복지지설 중 무료노인요양시설 운영
3. 「아동복지법」 제○○조의 아동양육시설

(비고) 1) 각종 시설 운영사업은 사회복지관계 법령에서 정하는 시설명칭을 사용한다.

제2장 자산 및 회계

제1절 자 산

제5조(자산구분) ① 이 법인의 자산은 기본재산과 보통재산으로 구분하되, 기본재산은 목적사업용 기본재산과 수익용 기본재산으로 구분하여 관리한다.

② 기본재산은 다음 각 호의 재산으로 하며, 평가가액에 변동이 있을 때에는 지체 없이 정관 변경의 절차를 밟아야 한다.

1. 설립 당시 기본재산으로 출연한 재산
2. 부동산
3. 이사회의 결의에 의하여 기본재산으로 편입된 재산

③ 기본재산의 목록과 평가가액은 '별지 1'과 같다.

④ 기본재산 이외의 모든 재산은 보통재산으로 한다.

(비고) 1) 설립 당초의 기본재산은 반드시 별표의 기본재산 목록에 등재되어야 한다.

2) 시설운영을 목적으로 하지 않고 일정한 출연재산에서 얻어지는 과실로서 보호대상자에 대한 단순한 지원 등 사회복지사업을 지원하는 것을 목적으로 하는 경우에는 목적사업용 기본재산과 수익용 기본재산으로 구분하지 아니한다.

3) 기본재산의 목록은 정관의 일부로서 간인 필요

제6조(자산의 관리) ① 기본재산을 매도·증여·교환·임대·담보제공 또는 용도변경하거나 그 밖의 권리의 포기, 의무의 부담 등의 처분을 하고자 하는 때에는 이사회의 의결을 거쳐 주무관청의 사전허가를 얻어야 한다.

② 법인이 매수·기부채납·후원 등의 방법으로 재산을 취득한 때에는 지체 없이 이를 법인의 재산으로 편입조치 하여야 한다.

③ 제2항의 재산을 취득한 경우 법인은 그 취득사유, 취득재산의 종류·수량 및 가액을 매년 1월 말까지 전년도의 재산취득상황을 주무관청에게 보고하여야 한다.

④ 법인이 보건복지부령이 정하는 금액이상을 장기차입 하고자 하는 때에는 주무관청의 허가를 받아야 한다.

⑤ 기본재산과 보통재산의 운영과 관리에 관하여는 법령과 이 정관에 따로 정한 경우를 제외하고는 별도의 규정이 정하는 바에 의한다.

제7조(경비와 유지방법) 이 법인의 운영비는 기본재산에서 발생하는 과실, 수익사업의 수익금, 기부금과 그 밖의 수입으로 충당한다.

제2절 회 계

제8조(회계의 구분 등) 이 법인의 회계는 법인에 속하는 법인 일반회계와 시설운영에 속하는 시설회계 수익사업에 속하는 수익사업회계로 구분한다.

제9조(회계의 처리) 이 법인의 회계처리는 「사회복지사업법」 및 관련 법령에서 따로 정한 경우를 제외하고는 별도의 규정이 정하는 바에 따른다.

제10조(회계연도) 이 법인의 회계연도는 정부의 회계연도에 따른다.

제11조(사업계획 및 예산) 이 법인의 매 회계연도의 사업계획 및 예산은 대표이사가 매 회계연도 개시 5일전 까지 이사회의 의결을 거쳐 확정한 후 「사회복지법인 및 사회복지시설 재무 · 회계규칙」(보건복지부령)이 정하는 서류를 첨부하여 주무관청에 제출하여야 한다.

제12조(사업실적 및 결산) 이 법인의 매 회계연도의 사업실적 및 결산은 회계연도가 끝난 후 1월 이내에 대표이사가 작성하여 감사의 감사를 거친 후 이사회의 의결을 거쳐 「사회복지법인 및 사회복지시설 재무 · 회계규칙」(보건복지부령)이 정하는 서류를 첨부하여 3월 31일까지 주무관청에 제출하여야 한다.

제13조(잉여금의 처리) 이 법인의 매회계년도 결산 잉여금은 차입금 상환 또는 다음 회계연도에 이월 사용하는 것을 원칙으로 하되, 이사회의 결의에 의하여 특정한 사업을 위한 기금으로 적립할 수 있다.

제14조(예산외의 채무부담) 수지예산으로서 정한 것 이외의 의무부담 또는 권리의 포기는 이사회의 의결을 거쳐야 한다.

제3장 임 원

제15조(임원의 종류와 정수) 이 법인은 다음의 임원을 둔다.

1. 대표이사 1인
2. 상임이사 1인
3. 이사 7인(대표이사 및 상임이사 포함)
4. 감사 2인

(비고) 1) 대표이사의 명칭은 회장 등의 명칭을 붙이는 것도 가능하다.
2) 상임이사의 직이 필요한 때에는 상임이사를 두되, 필요가 없는 때에는 두지 아니하여도 된다.
3) 이사의 정수는 7인 이상 감사는 2인 이상으로 하고, 업무의 심의에 적정한 수를 확정적으로 기재하되, 약간인 또는 7인 이상 10인 이하 등으로 표기하지 않아야 한다.

제16조(임원의 선임) ① 대표이사, 이사 및 감사는 이사회에서 선출한다.
② 상임이사는 대표이사가 선임된 이사 중에서 지명하여 이사회의 의결을 거쳐 선임한다.
③ 이사정수의 1/3(소수점 이하는 버림) 이상은 사회복지위원회 또는 지역사회복지협의체에서 추천을 받아 이사회의 의결을 거쳐 선임한다.

④ 이사를 임면하는 경우에는 보건복지부령이 정하는 바에 의하여 지체 없이 이를 주무관청에 보고하여야 한다.

(비고) 1) 대표이사는 선임된 이사 중에서 호선하여도 가능하다.

2) 상임이사가 없는 때에는 제2항은 필요없다.

3) 상임이사의 선임방법은 달리하여도 된다.

제17조(임원선임의 제한) ① 이 법인은 이사 상호간의 관계에 있어서 「사회복지사업법」 제18조 제3항의 규정에 의한 "특별한 관계에 있는 자"가 이사현원의 5분의 1을 초과할 수 없다.

② 감사는 감사 상호간 또는 이사와의 관계에 있어서 「사회복지사업법」 제18조제3항의 규정에 의한 "특별한 관계에 있는 자"가 아니어야 한다.

제18조(임원의 임기 등) ① 이 법인의 대표이사 및 이사의 임기는 3년으로 하고 감사의 임기는 2년으로 하되, 연임할 수 있다.

② 임원 중 결원이 생긴 때에는 2월 이내에 보충하여야 하며, 임기가 만료되는 임원의 후임자는 임기만료 1월 이전에 선임하여야 한다.

(비고) 1) 임원의 법정임기를 초과하여 종신직으로 하는 것 등은 불가하다.

제19조(임원의 결격사유) ① 「사회복지사업법」 제19조 각 호의 1에 해당하는 자는 법인의 임원이 될 수 없다.

② 법인의 임원이 제1항의 사유에 해당할 때에는 그 직을 상실한다.

제20조(임원의 해임) ① 이 법인은 그의 임원에 대하여 「사회복지사업법」 제22조의 규정에 의한 시·도지사의 해임명령을 받은 때에는 지체 없이 해임하여야 한다.

② 이 법인은 그의 임원이 다음 각 호의 1에 해당할 때에는 이사회의 의결을 거쳐 해임할 수 있다.

1. 법령, 법인의 정관 또는 규정에 위반한 때
2. 고의 또는 중대한 과실로 법인에 상당한 손해를 끼친 때
3. 직무태만·품위손상 기타 사유로 인하여 임원으로서 적당하지 아니하다고 인정되는 때
4. 기타 임원으로서의 능력이나 자질이 현저히 부족하다고 판단되는 때

제21조(임원의 직무) ① 대표이사는 이 법인을 대표하고, 제반 사무를 총괄하여 이사회의 의장이 된다.

② 상임이사는 대표이사를 보좌하고, 대표이사가 사고가 있는 때에는 그 직무를 대행한다.

③ 이사는 이사회를 구성하고, 이사회의 권한에 속하는 사항을 심의·의결한다.

④ 대표이사 유고 시에는 대표이사가 지명하는 이사가 대표이사의 직무를 대행한다. 다만, 대표이사가 직무대행자를 지명하지 못한 경우에는 나머지 이사 중에서 연장자 순으로 그 직무를 대행한다.

⑤ 감사는 다음의 직무를 행한다.

1. 이 법인의 재산상황과 회계를 감사하는 일
2. 이사회의 운영과 그 업무에 관한 사항을 감사하는 일
3. 제1호 및 제2호의 감사결과 부정 또는 불비한 점이 있음을 발견하는 때에는 이를 이사회와 주무관청에 보고하는 일
4. 제3호의 보고를 하기 위하여 필요한 때에는 이사회의 소집을 요구하는 일
5. 그 밖에 이사회 운영과 그 업무에 관한 사항에 대하여 이사회에 참석하여 의견을 진술하는 일

(비고) 1) 상임이사가 없는 경우에는 제2항은 불필요하나, 이 경우 직무대행자를 별도 규정하여야 한다.

제22조(대표권의 제한) 이 법인의 대표이사이외의 이사는 이 법인을 대표하지 않는다.

제23조(임원의 대우) 이 법인의 상임이사를 제외한 임원은 명예직으로 하되, 예산의 범위 안에서 임원의 활동에 필요한 실비를 지급할 수 있다.

제24조(겸직금지) ① 이사는 이 법인의 시설장을 제외한 직원을 겸할 수 없다.
② 감사는 이 법인의 이사, 시설장 또는 직원을 겸할 수 없다.

제4장 이 사 회

제25조(이사회 구성) ① 이 법인에 대표이사 및 이사로 구성되는 이사회를 둔다.
② 감사는 이사회에 출석하여 발언할 수 있다.

제26조(의결사항) 이사회는 다음 사항을 심의・의결한다.

1. 정관의 변경에 관한사항
2. 제 규정의 제정 및 개정에 관한 사항
3. 법인 합병 및 해산에 관한 사항
4. 임원임면에 관한 사항
5. 사업계획・실적 및 예산・결산에 관한 사항
6. 재산의 취득, 처분 및 관리에 관한 사항
7. 법인이 설치한 시설의 장의 임면에 관한 사항
8. 법인이 설치한 시설의 운영에 관한 사항
9. 수익사업에 관한 사항

10. 그밖에 법령이나 이 정관에 의하여 이사회의 권한에 속하는 사항

(비고) 1) 법인 특성에 따라서 의결사항의 변동이 있을 수 있다.

2) 지원법인의 경우에는 7, 8호는 해당되지 않는다.

제27조(이사회의 소집 등) ① 이사회는 정기이사회와 임시이사회로 구분한다.

② 정기이사회는 매년 1월중에 개최하고, 임시이사회는 대표이사가 필요하다고 인정하는 때 또는 재적이사의 과반수가 회의의 목적을 제시하여 소집을 요구할 때와 감사가 소집을 요구할 때에 소집한다.

③ 이사회를 소집하고자 하는 때에는 대표이사가 회의목적을 명시하여 회의개최 7일 이전까지 각 이사에게 통지하여야 한다.

④ 대표이사는 재적이사 과반수가 회의안건을 명시하여 소집을 요구한 때와 감사가 소집을 요구한 때로부터 20일 이내에 이사회를 소집하여야 한다.

제28조(이사회의 개의와 의결정족수) ① 이사회는 이 정관에서 따로 정한 바를 제외하고는 재적이사 과반수의 출석으로 개의하고, 출석이사 과반수의 찬성으로 의결한다.

② 이사회의 의사는 대리인이나 서면결의에 의할 수 없다.

제29조(의결제척사유) 대표이사 또는 이사가 다음 각 호의 1에 해당하는 때에는 그 의결에 참여하지 못한다.

1. 임원선임 및 해임에 있어서 자신에 관한 사항
2. 금전 및 재산의 수수를 수반하는 사항으로서 임원자신이 법인과 직접 관계되는 사항

제30조(이사회 회의록) ① 이사회의 의사에 관하여는 회의록을 작성하여야 한다.

② 회의록에는 의사의 경과, 요령 및 결과를 기재하고, 의장과 참석이사 전원이 기명·인감 날인하여야 한다.

③ 회의록은 회의일부터 10일 이내에 법인 홈페이지와 주무관청에서 지정하는 인터넷 홈페이지에 3개월간 공개하며, 법인 사무실에도 비치하여야 한다.

제 5 장 수익사업

제31조(수익사업의 종류) ① 이 법인은 「사회복지사업법」 제28조의 규정에 의하여 법인의 목적사업 수행에 지장이 없는 범위 안에서 각 사업마다 이사회의 의결 및 정관변경 인가를 거쳐 다음 각 호의 수익사업을 할 수 있다.

1. 부동산임대업
2. 간행물발행사업

② 제1항의 수익사업을 경영하기 위하여 대표이사는 이사회의 의결을 거쳐 관리자 또는 책임자를 임명한다.

제32조(수익의 처분 및 관리) 수익사업에서 얻어지는 순수익은 법인 목적사업에 충당하거나, 이사회의 결의에 의거 특정한 기금으로 적립할 수 있다.

제 6 장 사무조직 및 운영

제33조(사무국) ① 이 법인의 업무를 처리하기 위하여 법인사무국을 둔다.
② 사무국의 조직과 운영에 관하여는 별도의 규정으로 정한다.

제34조(상근임직원) ① 법인사무국 및 시설에는 필요한 상근임직원을 둔다.
② 상근임직원의 임용·복무·보수 등에 관하여는 별도의 규정으로 정한다.
③ 제2항의 규정에는 종사자의 정년을 규정한 인사규정이 반드시 포함되어야 한다.
④ 제2항의 규정은 주무관청에 보고하여야 한다.

제 7 장 정관변경 및 해산

제35조(정관변경) 이 법인의 정관을 변경하고자 하는 때에는 재적이사 3분의 2 이상의 의결을 거쳐 주무관청의 허가를 받아야 한다.

제36조(해산 및 합병) 이 법인을 해산하거나 다른 법인과 합병하고자 하는 때에는 재적이사 4분의 3 이상의 의결을 거쳐 주무관청의 허가를 받아야 한다.

제37조(잔여재산의 귀속) 이 법인이 해산하는 때의 청산 후 잔여재산은 주무관청의 허가를 받아 국가 또는 지방자치단체에 귀속한다.

제 8 장 공고방법

제38조(공고의 방법) ① 이 법인의 법령과 정관 및 이사회의 의결에 의하여 공고하여야 할 사항은 일간신문에 싣는다.
② 제1항의 공고기간은 7일 이상으로 한다.

제 9 장 보　칙

제39조(준용규정) 이 정관에 규정하지 아니한 사항에 대하여는 「사회복지사업법」, 「공익법인의 설립·운영에 관한 법률」 및 「민법」과 그 밖의 관계법규를 준용한다.

제40조(운영규정) 이 정관시행에 관하여 필요한 사항은 별도의 운영규정으로 정한다.

제41조(규정의 제·개정) ① 이 법인의 운영과 관련된 규정의 제·개정에 대하여는 이사회의 의결을 거쳐야 한다.
② 제1항의 내용 중 규정의 여부는 이사회에서 결정한다.

부　칙

① (시행일) 이 정관은 주무관청의 허가를 받은 날부터 시행한다.
② (설립당시의 임원선임에 대한 경과조치) 이 법인 설립 당시 발기인총회에서 선임된 임원은 이 정관에 의하여 선임된 것으로 본다.
③ (설립당시의 임원 등) 이 법인 설립당시의 임원 및 법인이 사용할 인장은 '별지 2' 또는 '별지 3'과 같다.
(비고) 부칙으로 정한 사항이 5개항 이상일 경에는 각각 조문으로 표기한다.

〈서식 6 : 기본재산목록〉

기본재산 목록 (예시)

구 분	소 재 지	규 모	평가가액	출연자	비 고

※ 목적사업용과 수익용으로 구분 작성

〈서식 7 : 임원명단〉

임 원 명 단(예시)

직 위	임 기	성 명	주민등록번호	주 소
대표이사	20 . . .~ 20 . . . (3년간)			
상임이사	〃			
이 사	〃			
.	〃			
.	〃			
.	〃			
감 사	20 . . . ~ 20 . . . (2년간)			
.	〃			
.	〃			
.				

〈서식 8 : 법인이 사용할 인장〉

법인이 사용할 인장 (예시)

1) 직 인　　　　2) 대표이사의 인　　　　3) 계 인 (선택)

이상과 같이 "사회복지법인 　　　가 사용할 인장을 날인하고 발기인 전원이 기명·인감 날인함으로써 이를 확인한다.

20 . . .

발기인대표 ○○○ 인

발 기 인 ○○○ 인

발 기 인 ○○○ 인

.
.
.
.
.

〈서식 9 : 재산출연증서(기부승낙서)〉

재산출연증서(기부승낙서) (예시)

사회복지법인

설립대표자 귀하

본인소유인 다음의 재산을 설립코자 하는 사회복지법인에 무상 출연(기부)합니다.

년 월 일

위 기부자 ○ ○ ○ (인감날인)

기 부 재 산 표 시

소 재 지	종 별	수 량	금 액	비 고

〈서식 10 : 임원 취임승낙서〉

임원 취임승낙서(예시)

주　　소 :

성　　명 :

생년월일 :

최종경력 :

직　　위 : (이사, 감사)

취임기간 :

본인은 사회복지법인 　　　　의 (이사, 감사)직에 취임할 것을 승낙합니다.

년　　월　　일

(이사, 감사)　　　　　　(인감날인)

사회복지법인 (　　　　　) 이사장 귀하

〈서식 11 : 임원의 이력서〉

임원의 이력서(예시)

1. 성 명		3. 현 주 소	
2. 생 년 월 일		4. 전화번호	

5. 학 력		
기 간		학 력
부터	까지	

6. 자격면허		7. 상 벌	
년 월 일	종 별	년 월 일	종 류

8. 훈 련		
기 간		훈 련 내 용
부터	까지	

9. 경 력						
기 간		부 서	직 위	직 명	발령청	비 고
부터	까지					

(뒷면)

10. 보 충 란

기 간		부 서	직 위	성 명	발령청	비 고

11. 비 고	

위에 기재한 사항은 사실과 틀림이 없음.

년 월 일

성 명 (인)

〈서식 12 : 특수관계 부존재 각서〉

특수관계 부존재 각서(예시)

주　　소 :

성　　명 :

생년월일 :

직　　위 : (이사, 감사)

취임기간 :

본인은 출연자 및 임원상호간의 관계에 있어서 「사회복지사업법 시행령」 제9조의 규정에 의한 "특별한 관계에 있는 자"가 아님을 확인합니다.

년　　월　　일

(이사, 감사)　　　　　　(인감날인)

사회복지법인 (　　　　　) 이사장 귀하

〈서식 13 : 사회복지법인 설립허가증〉

■ 사회복지사업법 시행규칙 〔별지 제8호 서식〕

(앞쪽)

제 호

사회복지법인 설립허가증

법인명 :

소재지 : 생년월일 :

대표자 성명 :

목적 :

사업의 종류 :

허가조건 :

「사회복지사업법」 제16조에 따라 사회복지법인의 설립을 위와 같이 허가합니다.

년 월 일

보건복지부장관
시 · 도지사 [인]

31313-01211일
98.7.20 승인

210mm×297mm
(보존용지(1종) 120g/㎡)

(뒤쪽)

1. 허가조건

2. 변경사항

번호	연월일	내 용	기재자 성명(인)

〈서식 14 : 사회복지법인 임원임면보고서〉

■ 사회복지사업법 시행규칙 〔별지 제10호 서식〕

법인임원 임면보고서

보고자	법인명	대표자 성명
	소재지	전화번호

임원선임 또는 해임내용	직위	임기	성명	생년월일	주소	출연자 등과의 특별한 관계 여부

「사회복지사업법」 제18조 및 같은 법 시행규칙 제10조에 따라 사회복지법인 임원의 선임(해임)을 보고합니다.

년 월 일

보고인 사회복지법인 대표이사 (서명 또는 인)

시 · 도지사 귀하

첨부서류	1. 해당 임원의 선임 또는 해임을 결의한 이사회의 회의록 사본 1부 2. 임원의 취임승낙서 및 이력서 각 1부 3. 「사회복지사업법」 제18조제2항 각 호의 어느 하나에 해당하는 기관으로부터 받은 이사추천서 1부 4. 임원 상호 간의 관계에 있어 법 제18조제3항에 저촉되지 아니함을 입증하는 각서 1부	수수료 없음

유의사항

※ 특별한 관계에 있는 사람의 범위

1. 특별한 관계에 있는 사람
   가. 출연자
   나. 출연자 또는 이사와의 관계가 다음 각 목의 어느 하나에 해당하는 사람
      1) 6촌 이내의 혈족
      2) 4촌 이내의 인척
      3) 배우자(사실상 혼인관계에 있는 사람을 포함한다)
      4) 친생자(親生子)로서 다른 사람에게 친양자(親養子) 입양된 사람 및 그 배우자와 직계비속
   다. 출연자 또는 이사의 사용인 그 밖에 고용관계에 있는 자(출연자 또는 이사가 출자에 의하여 사실상 지배하고 있는 법인의 사용인 그 밖에 고용관계에 있는 자를 포함한다)
   라. 출연자 또는 이사의 금전 그 밖의 재산에 의하여 생계를 유지하는 자 및 그와 생계를 함께하는 자
   마. 출연자 또는 이사가 재산을 출연한 다른 법인의 이사
2. 제1호다목의 출자에 의하여 사실상 지배하고 있는 법인
   가. 법인의 발행주식총액 또는 출자총액의 100분의 30 이상을 출자자 1인과 그와 제1호 나목 · 라목 및 사용인 그 밖에 고용관계에 있는 자(이하 이 호에서 "지배주주"라 한다)가 소유하고 있는 경우
   나. 법인의 발행주식총액 또는 출자총액의 100분의 50 이상을 가목의 법인과 그의 지배주주가 소유하고 있는 경우
   다. 법인의 발행주식총액 또는 출자총액의 100분의 50 이상을 가목의 법인과 그의 지배주주 및 나목의 법인이 소유하고 있는 경우

※ 출연자 등과의 특별관계 여부
임원이 특별한 관계에 있는 자의 범위에 해당하는 경우 그 관계를 기재합니다.

210㎜×297㎜[백상지 80g/㎡]

〈서식 15 : 사회복지법인 정관변경인가신청서〉

■ 사회복지사업법 시행규칙 〔별지 제9호 서식〕

사회복지법인 정관변경인가신청서

(앞쪽)

접수번호	접수일	인가일	처리기간 5일

신청인 (대표자)	법인명	대표자 성명
	주소	전화번호

변경내용 및 사유	변경 전의 정관 조문	변경 후의 정관 조문	변경사유

「사회복지사업법」 제17조 및 같은 법 시행규칙 제8조에 따라 사회복지법인 정관변경인가를 신청합니다.

년 월 일

신청인 (서명 또는 인)

시·도지사 귀하

신청인 제출서류	1. 정관의 변경을 결의한 이사회 회의록 사본 1부 2. 정관변경안 1부 3. 사업계획서 및 예산서 각 1부 4. 재산의 소유를 증명할 수 있는 서류 각 1부(사업변동이 있는 경우에만 해당하며, 행정정보의 공동이용을 통하여 소유권에 대한 정보를 확인할 수 있는 경우에는 그 확인으로 첨부서류를 갈음합니다) 5. 재산의 평가조서 1부(감정평가업자의 감정평가서를 첨부하되, 개별공시지가 확인서로 첨부서류에 대한 정보를 확인할 수 있는 경우에는 그 확인으로 첨부서류를 갈음합니다) 6. 재산의 수익조서 1부(사업의 변동이 있는 경우에만 해당하며, 수익용 기본재산을 갖춘 경우에 한하며, 공인된 감정평가기관의 수익증명 또는 수익을 증명할 수 있는 기관의 증빙서류를 첨부하여야 합니다)	수수료 없음
담당 공무원 확인사항	1. 건물 등기사항증명서 2. 토지 등기사항증명서 3. 개별공시지가 확인서	

210㎜×297㎜[백상지 80g/㎡]

(뒤쪽)

처리 절차

이 신청서는 아래와 같이 처리됩니다.

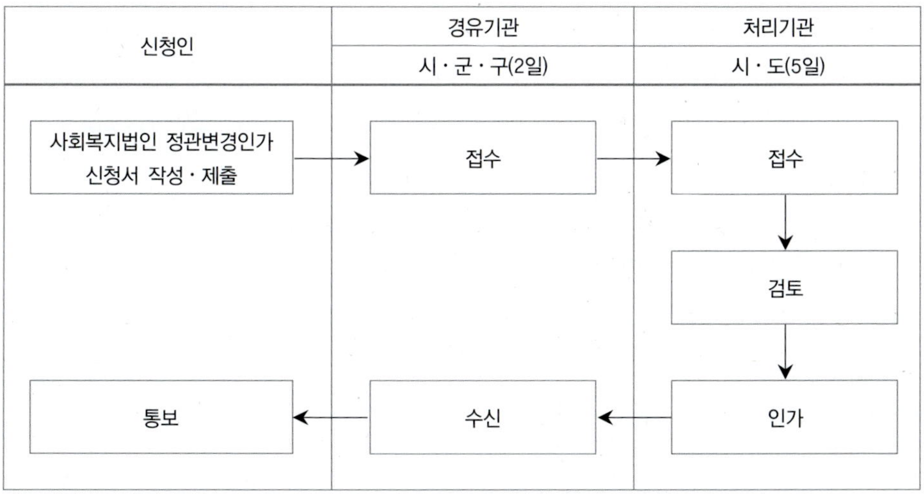

〈서식 16 : 기본재산처분허가신청서〉

■ 사회복지사업법 시행규칙 〔별지 제11호 서식〕

기본재산처분허가신청서

(앞쪽)

접수번호	접수일	허가일	처리기간 10일

신청인 (대표자)	법인명	대표자 성명
	소재지	전화번호

처분재산의 표시	종류	규모	평가가액	소재지

처분종류	[ ] 매도 [ ] 증여 [ ] 교환 [ ] 담보제공 [ ] 기타
처분사유 및 용도	
처분방법	
감소된 재산의 보충방법	

「사회복지사업법」 제23조 및 같은 법 시행규칙 제14조제1항에 따라 위와 같이 사회복지법인의 기본재산을 처분하고자 신청하오니 허가하여 주시기 바랍니다.

년 월 일

신청인 (서명 또는 인)

시 · 도지사 귀하

보고자 (대표자) 제출서류	1. 기본재산의 처분을 결의한 이사회 회의록 사본 1부 2. 처분하는 기본재산의 명세서 1부 3. 처분하는 기본재산의 감정평가서 1부(교환의 경우에는 취득하는 재산의 감정평가서를 포함하며, 개별공시지가 확인서로 첨부서류에 대한 정보를 확인할 수 있는 경우에는 그 확인으로 첨부서류를 갈음합니다.)	수수료 없음
담당 공무원 확인사항	개별공시지가 확인서	

210㎜×297㎜[백상지 80g/㎡]

(뒤쪽)

처리 절차

이 신청서는 아래와 같이 처리됩니다.

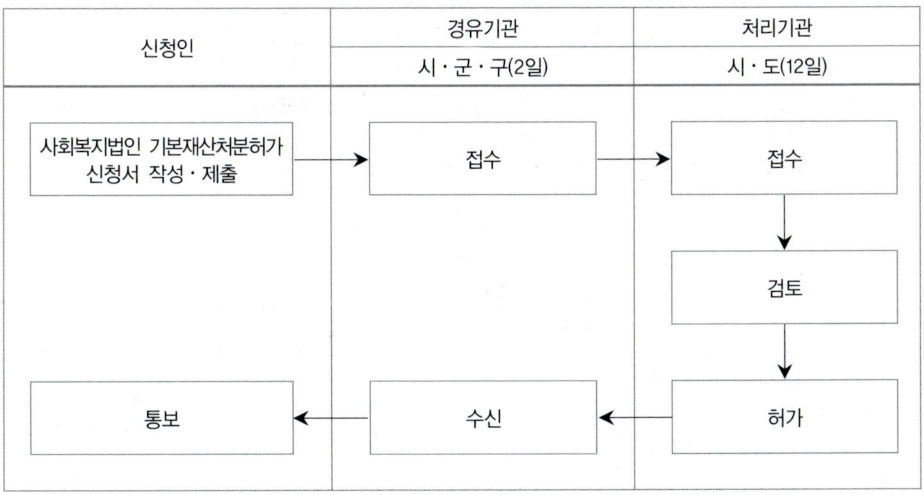

〈서식 17 : 장기차입허가신청서〉

■ 사회복지사업법 시행규칙 〔별지 제12호 서식〕

장기차입허가신청서

(앞쪽)

접수번호	접수일	허가일	처리기간 17일

신청인 (대표자)	법인명	대표자 성명
	소재지	전화번호

<table>
<tr><td>차입금액</td><td colspan="5"></td></tr>
<tr><td>차입사유 및 용도</td><td colspan="5"></td></tr>
<tr><td>상환계획 또는 방법</td><td colspan="5"></td></tr>
<tr><td rowspan="7">기본재산총액</td><td colspan="2">종류</td><td>규모</td><td>평가가액(천원)</td><td>연간수익액</td></tr>
<tr><td rowspan="3">목적
사업용</td><td></td><td></td><td></td><td></td></tr>
<tr><td></td><td></td><td></td><td></td></tr>
<tr><td>계</td><td></td><td></td><td></td></tr>
<tr><td rowspan="3">수익용</td><td></td><td></td><td></td><td></td></tr>
<tr><td></td><td></td><td></td><td></td></tr>
<tr><td>계</td><td></td><td></td><td></td></tr>
<tr><td rowspan="5">부채총액</td><td colspan="2">종류</td><td>규모</td><td>평가가액(천원)</td><td>연간이자액</td></tr>
<tr><td colspan="2"></td><td></td><td></td><td></td></tr>
<tr><td colspan="2"></td><td></td><td></td><td></td></tr>
<tr><td colspan="2"></td><td></td><td></td><td></td></tr>
<tr><td colspan="2">계</td><td></td><td></td><td></td></tr>
</table>

「사회복지사업법」 제23조 및 같은 법 시행규칙 제15조제2항에 따라 위와 같이 사회복지법인의 장기차입의 허가를 신청합니다.

년 월 일

신청인 (서명 또는 인)

시 · 도지사 귀하

첨부서류	1. 이사회 회의록 사본 1부 2. 차입목적 또는 사유서(차입용도를 포함합니다) 1부 3. 상환계획서 1부	수수료 없음

210㎜×297㎜[백상지 80g/㎡]

(뒤쪽)

처리 절차

이 신청서는 아래와 같이 처리됩니다.

신청인	경유기관	처리기관
	시 · 군 · 구(2일)	시 · 도(17일)
사회복지법인 장기차입허가 신청서 작성 · 제출 →	접수 →	접수
		↓
		검토
		↓
통보	← 수신	← 허가

〈서식 18 : 사회복지법인 합병허가신청서〉

■ 사회복지사업법 시행규칙 〔별지 제14호 서식〕

사회복지법인 합병허가신청서

(앞쪽)

<table>
<tr><td>접수번호</td><td>접수일</td><td>허가일</td><td>처리기간　보건복지부 : 22일
시·도 : 17일</td></tr>
</table>

<table>
<tr><td rowspan="2">신청인
(대표자)</td><td>성명</td><td>생년월일</td></tr>
<tr><td>주소</td><td>전화번호</td></tr>
</table>

<table>
<tr><td rowspan="4">법인</td><td colspan="2">법인의 명칭</td></tr>
<tr><td>주된 사무소의 소재지</td><td>전화번호</td></tr>
<tr><td colspan="2">합병 목적</td></tr>
<tr><td colspan="2">사업의 종별</td></tr>
</table>

<table>
<tr><td rowspan="12">자산</td><td rowspan="10">기본
재산</td><td rowspan="5">목적
사업용</td><td>종류</td><td>규모</td><td>평가액
(천원)</td><td>연간수익액
(천원)</td><td>출연자</td></tr>
<tr><td></td><td></td><td></td><td></td><td></td></tr>
<tr><td></td><td></td><td></td><td></td><td></td></tr>
<tr><td></td><td></td><td></td><td></td><td></td></tr>
<tr><td>계</td><td></td><td></td><td></td><td></td></tr>
<tr><td rowspan="4">수익용</td><td></td><td></td><td></td><td></td><td></td></tr>
<tr><td></td><td></td><td></td><td></td><td></td></tr>
<tr><td></td><td></td><td></td><td></td><td></td></tr>
<tr><td></td><td></td><td></td><td></td><td></td></tr>
<tr><td>계</td><td></td><td></td><td></td><td></td></tr>
<tr><td rowspan="2">보통
재산</td><td colspan="2">종류</td><td colspan="2">수량</td><td colspan="2">가액(천원)</td></tr>
<tr><td colspan="2"></td><td colspan="2"></td><td colspan="2"></td></tr>
</table>

<table>
<tr><td rowspan="6">임직원</td><td rowspan="5">임원</td><td>직위</td><td>임기</td><td>성명</td><td>생년월일</td><td>주소</td></tr>
<tr><td></td><td></td><td></td><td></td><td></td></tr>
<tr><td></td><td></td><td></td><td></td><td></td></tr>
<tr><td></td><td></td><td></td><td></td><td></td></tr>
<tr><td></td><td></td><td></td><td></td><td></td></tr>
<tr><td>직원</td><td colspan="3">총 인원　　　　명</td><td colspan="2">사회복지사자격증 소지자 수　　　　명</td></tr>
</table>

「사회복지사업법」 제30조, 같은 법 시행령 제11조 및 같은 법 시행규칙 제19조제1항에 따라 사회복지법인의 합병허가를 신청합니다.

년　월　일

신청인　(서명 또는 인)

보건복지부장관
시 · 도지사　귀하

210㎜×297㎜[백상지 80g/㎡]

(뒤쪽)

신청인 (대표자) 제출서류	1. 합병 후 존속하는 법인의 경우 가. 관계법인의 합병결의서 · 정관 · 재산목록 및 대차대조표 각 1부 나. 정관변경안 1부 다. 사업계획서 및 예산서 각 1부 라. 재산의 소유를 증명할 수 있는 서류 각 1부(행정정보의 공동이용을 통하여 소유권에 대한 정보를 확인할 수 있는 경우에는 그 확인으로 첨부서류를 갈음합니다) 마. 재산의 평가조서 1부(감정평가업자의 감정평가서를 첨부하되, 개별공시지가 확인서로 첨부서류에 대한 정보를 확인할 수 있는 경우에는 그 확인으로 첨부서류를 갈음합니다) 바. 재산의 수익조서 1부(수익용 기본재산을 갖춘 경우에만 첨부하며, 공인된 감정평가기관의 수익증명 또는 수익을 증명할 수 있는 기관의 증빙서류를 첨부하여야 합니다) 2. 합병에 의하여 새로이 설립되는 법인의 경우 가. 합병취지서 · 재산목록 및 대차대조표 각 1부 나. 합병 해당 연도 및 다음 연도의 사업계획서 및 예산서 각 1부 다. 「사회복지사업법 시행규칙」 제7조제2항제2호부터 제9호까지의 서류 각 1부	수수료 없음
담당 공무원 확인사항	1. 건물등기부 등본 2. 토지등기부 등본 3. 개별공시지가 확인서	

처리 절차

이 신청서는 아래와 같이 처리됩니다.

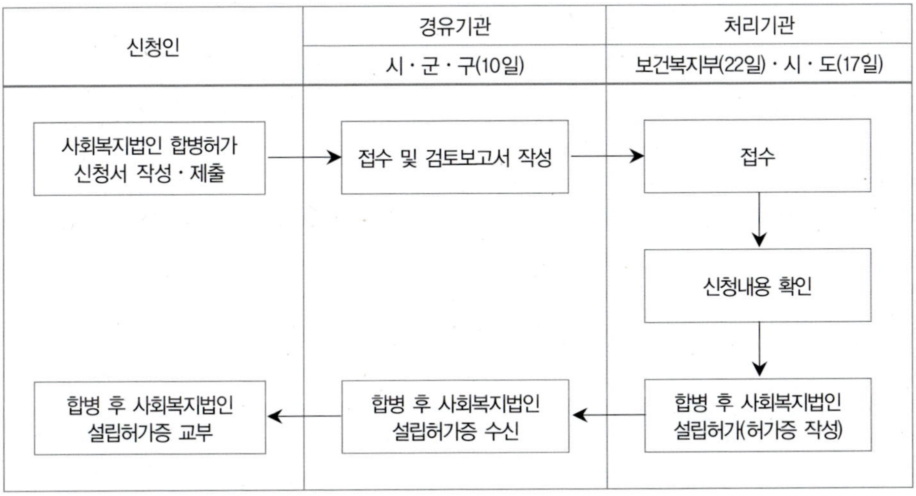

CHAPTER 04

사회복지시설에 대한 이해

제1절 사회복지시설의 의의

1. 사회복지시설의 정의

「사회복지사업법」 제2조 제3항에서 사회복지시설은 "사회복지사업을 행할 목적으로 설치된 시설"이라고 법으로 규정하고 있다. 여기서 말하는 사회복지사업은 동법 제2조 제1항에서 "재가복지, 사회복지관 운영 등 각종 복지사업과 이와 관련된 자원봉사활동 및 복지시설의 운영 또는 지원을 목적으로 하는 사업"을 뜻한다. 여기에서 사회복지시설 여부는 시설운영자의 주관적인 목적이 아니라 실질적으로 사회복지사업을 행하는 지에 따라 판단한다.

미국사회복지사협회(NASW, 1987)는 "특수한 사회문제를 가지고 있거나 그러한 사회문제를 갖게 될 위험이 있는 사람에게 일정한 범위 내의 사회복지서비스를 제공하여 사회복지사(전문사회복지사, 여타의 전문가, 준전문직 기능인 등)와 사무직원, 기타의 직원들로 구성되고 이사회에서 운영하는 조직이나 시설"로 정의하고 있다.

박태영(2000)은 사회복지시설을 "사회문제를 갖고 있거나 그러한 문제의 위험이 있는 사람에게 거주(생활), 통원, 기타의 방법으로 일정한 범위의 사회복지서비스를 제공하기 위한 물리적·기능적 자원의 총체"로 정의하고 있다.

사회복지시설은 영리를 추구하지 않는다는 점에서는 다른 비영리기관과 마찬가지이다. 하지만 사회복지서비스의 제공을 운영 목적으로 한다는 점과 정부, 기업, 개인들의 보조나, 기부, 기증에 의해 운영에 필요한 자원을 조달한다는 점에서 학교 등과 같은 다른 비영리기관에 비해 비영리적 성격이 보다 강하다.

또한 사회복지시설은 과거에 요보호대상자가 자신의 가정을 떠나서 사회복지시설에 일정 기간 동안 또는 평생 생활하는 방식이었다. 하지만 오늘날은 클라이언트가 가정에서 생활하면서 필요한 서비스를 사회복지시설로부터 제공받는 방식으로 점차 확대되고 있다. 또한 사회복지시설과 가정과 중간형태인 중간시설(half-way house)도 등장하고 있다.

사회복지시설은 단순히 건물, 설비, 기자재 등의 외형적인 것만을 의미하는 것은 아니다. 외형적인 것과 더불어 입소자에게 제공되는 각종 서비스, 즉 시설직원이나 자원봉사자, 지역사회 주민이나 각종 단체에 의해 제공되는 다양한 서비스와 지역사회 주민에게 제공되는 사회복지서비스, 즉 사회복지 교육, 상담, 각종 서비스까지 포함된 의미로 사용되고 있다.

제2절 사회복지시설의 역사

사회복지시설은 시대의 변화에 따라 시설의 형태와 보호의 내용이 변화되어 오고 있다. 사회복지시설의 변화는 요보호자의 유형과 발생 정도, 정부의 대응방식, 요보호자의 보호에 대한 주민의 정서 및 보호 이념 등에 의해 크게 영향을 받는다.

사회복지시설이 제도적으로 확립된 시기는 1961년 「생활보호법」, 「아동복리법」이 제정된 이후로 한국전쟁을 전후로 하여 1970년대 후반까지이다. 그 때까지 한국의 아동 및 부녀자, 장애인, 노인분야의 사회복지사업이 대부분

거주시설이었고, 운영관리는 응급구호적 서비스에 치중되었다. 1980년대 들어오면서 대상별 특성에 따른 운영관리의 합리화를 위하여 「아동복리법」을 대폭 개정한 데 이어 「노인복지법」 등의 사회복지 관련법의 제정으로 복지서비스 내용이 개선 및 변화되었다.

사회복지시설은 이론적으로 다음과 같은 변천과정을 거치게 된다. 첫째, 사회방위적 단계로서 사회복지시설이 억압과 격리의 원칙을 기초로 하여 운영되는 시기이다. 즉, 클라이언트가 사회복지시설에 들어가는 것을 가장 혐오스럽게 느끼도록 열악한 사회적 서비스를 제공함으로써 그들에게 수치심과 굴욕감을 주어서 시설보호를 받는 클라이언트를 줄이려고 하는 것이다. 그 일환으로 시설보호의 형태는 대규모의 혼합 수용방식을 취하고 있다.

시설보호의 방식을 혼합 수용방식과 격리주의에 둔 이유는 시설보호 비용의 감소, 요보호자의 효과적인 통제, 기득권층의 안정 도모, 클라이언트와 지역사회 주민의 동시 보호 등에 있다. 이러한 시설보호는 대량의 실업, 빈곤원인에 대한 사회조사의 결과 및 사회개혁가들의 비판 등으로 인하여 일대 변화를 맞이하게 된다.

둘째, 사회보장적 단계로서 시설보호는 최저생활의 보장수준으로 향상시키고, 시설생활자가 보다 가정적인 분위기에서 생활할 수 있기 위해 대규모의 집단시설에서 기숙사 형태의 사회복지시설로 전환하려는 노력을 기울이는 시기이다. 또한 요보호자의 가족이나 이웃, 자원봉사자 등 비공식적인 지지망을 시설보호에 활용하려는 시도가 전개되지만 그 기초가 되는 지역사회의 기반이 조성되어 있지 않아 이상과 현실의 괴리에 머물러 있는 단계이다.

이 단계의 시설보호는 일정한 수급권을 가진 자에 대한 사후 조치적인 수준으로 시설생활자가 자신의 문제해결에 자발적으로 참여하는 것을 기대할 수가 없다. 그리고 지역사회 주민과는 이질적인 존재로 구분되어 주민 공동의 연대감을 형성·강화하기에는 어려운 상태이다. 시설생활자는 소수의 독지가나 자원봉사자의 관심에 머물러 있는 '잊혀진 존재'이다.

셋째, 사회복지적 단계로서 사회복지시설은 '보호의 연속체(care continuum)'안에서 하나의 선택자료로 기능하게 된다. 정상화 이념의 확산으로 인하여 시설보호는 시설생활자의 인격적인 삶의 보장 수준으로 제공되며, 사회복지시설의 형태도 소규모의 다양한 구조를 취하게 된다. 시설생활자와 주민은 상호간에 적극적인 교류를 통해 사회적 관계를 형성·강화하게 된다.

또한 사회복지시설은 시설보호뿐만 아니라 지역사회의 사회복지 욕구에 적극적으로 대처하게 된다. 사회복지시설은 보유하고 있는 설비와 전문기능의 지역사회 제공과 시설운영에 있어서 지역사회 자원활용을 통하여 지역사회복지 센터적인 역할을 하게 되는 단계이다. 이는 궁극적으로 사회복지시설이 지역사회의 생활환경기반으로 자리 잡게 된다.

우리나라의 경우 사회복지시설 운영이 실제적으로 중요성을 인정받고 사회복지시설 운영에 관한 연구활동이 활성화된 시기는 1990년대 이후부터이다. 특히 사회복지시설에서 사회복지시설 운영에 관한 수요를 촉발시킨 계기는 다음과 같은 세 가지 요인에서 찾을 수 있다(황성철 외, 2016).

첫째, 민간복지재단이 사회복지사업에 관한 사업계획서를 엄격히 심사하여 재정적인 지원하기 시작한 것과 사회복지공동모금회의 본격적인 시행으로 사회복지서비스 프로그램 관리에 관한 중요성이 크게 부각되었다. 1995년부터 삼성복지재단은 전국 사회복지시설 및 기관을 대상으로 접수된 체계화된 사업계획서를 철저히 심사하여 지역적 특성에 부합하고 우수한 프로그램이라고 인정되는 사업을 선별하여 재정적인 지원을 함으로써 사회복지시설의 프로그램 기획 및 수행에 전문성을 향상시키는 계기를 마련하였다. 또한 1998년부터 본격적으로 민간 주도의 공동모금제도가 시행됨으로써 사회복지공동모금회의 재정자원을 받게 된 사회복지시설은 프로그램 관리와 재정관리에 보다 많은 노력과 관심을 기울이게 되었다.

둘째, 사회복지시설에 대한 평가제도의 시행이 사회복지시설의 조직관리, 인적자원관리, 프로그램 관리, 재정관리 등 사회복지시설 운영 전반에 대한 관심과 실천적 노력을 증대시켰다. 1997년 정부는 「사회복지사업법」을 개정하여 보건복지부 장관이나 시·도지사는 사회복지시설을 3년에 1회 이상 평가하도록 규정하였다. 이에 따라 1999년 보건복지부는 한국보건사회연구원으로 하여금 사회복지관을 비롯한 각종 사회복지시설에 대한 평가지표를 개발하게 되었다. 2000년 전국 사회복지시설에 대한 대대적인 평가를 실시하였다. 시설운영의 책임성, 효과성, 효율성을 높일 수 있다는 관점에서 사회복지시설 운영의 중요성을 더욱 증대시키는 데 큰 역할을 하였다.

셋째, 사회복지시설의 증대에 따른 지역사회에서 시설운영에 대한 경쟁적 분위기가 고조되고 이에 따른 자원확보의 중요성이 강조되었다. 사회복지관의 증가는 1990년대 후반 급증하였고 IMF 외환위기 이후 제정된 「국민기초생활보장법」의 시행에 따른 자활후견기관과 지역사회 각종 NGO 기관의 출현은 기존 사회복지시설로 하여금 한정된 지역사회의 자원을 놓고 서로 각축을 벌이는 상황이 되었다. 이에 사회복지시설을 운영하는 데 필요한 관리 및 경영기법이 요구되어 사회복지시설 운영에 대한 관심이 크게 고조되었다.

제3절 사회복지시설의 유형

사회복지시설은 설립 및 운영주체, 시설 이용형태, 이용자에 대한 이용료 부담, 이용대상에 따라 분류할 수 있다.

1. 설립 및 운영주체에 따른 분류

사회복지시설은 설립 및 운영주체에 따라 국·공립시설과 사립시설로 구분된다. 국·공립시설은 다시 운영주체에 따라 국가나 지방자치단체가 직접 설립·운영하는 국·공립 공영시설과 설립은 국가나 자치단체가 하고 운영은 법인이나 민간에게 위탁하는 국·공립 민영시설로 구분된다. 사립시설도 다시 설립·운영주체에 따라 민간이 설립하고 운영하는 사립 국·공영시설과 민간이 설립하고 민간이 국가 또는 자치단체의 지원을 받아 운영하는 사립 민영시설, 민간이 설립하고 민간의 비용으로 운영하는 개인운영시설 등으로 분류할 수 있다.

1) 국·공립 공영시설

국가 또는 지방자치단체가 설립하여 직접 운영하는, 민간이 설치·운영하기 어려운 시설이나 시범적인 복지시설이다.

2) 국·공립 민영시설

국가 또는 지방자치단체가 설립하고 민간법인에 위탁 운영하는 사회복지시설이다.

3) 사립 국·공영시설

민간이 설립하고 국가 또는 지방자치단체에 기증하여 운영하는 사회복지시설이다.

4) 사립 민영시설

민간이 설립하고 민간이 국가 또는 지방자치단체의 지원을 받아 직접 운영하는 시설이다.

5) 개인운영시설

개인이 설립하고 운영하는 사회복지시설이다.

2. 시설 이용형태에 따른 분류

사회복지시설은 크게 서비스 제공방식에 따라 거주(생활)시설과 이용시설로 구분한다. 거주(생활)시설은 주거서비스를 비롯하여 제반 사회복지서비스를 제공하는 시설을 말하며, 이용시설은 주거서비스 이외에 제반 사회복지서비스를 제공하는 시설을 말한다. 구체적으로 거주(생활)시설은 주거서비스를 필요로 하는 사람을 거주시켜 일상생활의 보호와 동시에 필요한 서비스를 제공하는 시설을 의미한다. 이용시설은 통원시설로서 전문적인 프로그램을 가지고 자신의 집에 거주하며 서비스를 이용할 수 있도록 하는 시설이다.

1) 거주(생활)시설

클라이언트를 거주하여 24시간 보호하는 생활시설이다.

2) 이용시설

재가 혹은 보호시설의 클라이언트를 통원토록 하여 대개 낮 동안 서비스를 제공하는 시설이다.

3. 이용자에 대한 이용료 부담에 따른 분류

시설이용 시 이용자가 비용을 부담하는 지 여부에 따라 유료시설과 무료시설로 나눌 수 있다. 유료시설은 이용자 또는 부양의무자로부터 비용을 받아 운영하는 시설이며, 무료시설은 이용자나 부양의무자로부터 비용을 받지 아니하고 법인이나 자치단체, 국가가 부담하는 비용으로 운영하는 시설이다. 실비시설은 이용자 또는 부양의무자로부터 비용을 받으나 프로그램에 직접 투여된 실비비용만을 받는 시설을 의미한다.

1) 유료시설

이용자 또는 부양의무자로부터 모든 요금을 수납하여 운영하는 사회복지시설이다. 수납액에는 시설을 유지하기 위한 생활비와 인건비, 기타의 모든 비용이 포함되며 정액제로 규정에 따라 징수된다.

2) 무료시설

이용자로부터 요금을 수납하지 않고 국가 또는 지방자치단체가 일정액을 지원함으로써 전액 무료로 서비스를 제공하는 시설이다.

3) 실비시설

실비의 요금을 수납하는 시설로, 시설 이용자에게 직접 투여된 비용이 포함될 뿐 기타의 비용은 포함되지 않는다.

4. 이용대상에 따른 분류

사회복지시설은 제공되는 사회복지서비스 이용대상에 따라 크게 아동복지시설, 노인복지시설, 장애인복지시설, 한부모가족복지시설, 기타 복지시설 등으로 유형화할 수 있는데 구체적인 사회복지시설의 종류는 <표 4−1>과 같다.

① 아동복지법에 따른 시설로는 아동양육시설, 아동일시보호시설, 아동보호치료시설, 자립지원시설, 공동생활가정, 아동상담소, 아동전용시설, 지역아동센터 등이 있다.

② 노인복지법에 따른 시설은 노인주거복지시설, 노인의료복지시설, 재가노인복지시설, 노인여가복지시설, 노인보호전문기관, 노인일자리지원기관 등으로 세분화된다.

③ 장애인복지법에 따른 장애인복지시설로는 장애유형별 거주시설, 중증장애인 거주시설, 장애영유아 거주시설, 장애인단기 거주시설, 장애인공동생활가정, 장애인지역사회재활시설, 장애인직업재활시설, 장애인의료재활시설, 장애인생산품판매시설 등이 있다.

④ 정신보건법에서 정한 정신보건시설로는 정신요양시설, 사회복귀시설 등이 있다.

⑤ 한부모가족지원법에 규정된 시설은 모자가족복지시설, 부자가족복지시설, 미혼모자가족복지시설, 일시지원복지시설 등으로 세분화할 수 있다.

⑥ 노숙인 등의 복지 및 자립지원에 관한 법률에 따른 시설로는 노숙인자활시설, 노숙인재활시설, 노숙인요양시설, 노숙인종합지원센터, 노숙인일시보호시설, 노숙인급식시설, 노숙인진료시설, 쪽방상담소 등이 있다.

⑦ 그 밖에 국민기초생활보장법에 규정된 시설로는 지역자활센터가 있고, 다문화가족지원법에 의한 시설로는 다문화가족지원센터가 있으며, 「사회복지사업법」에 따른 사회복지관 및 성폭력 관련법에 규정된 성매매지원시설, 성폭력피해보호시설, 가정폭력보호시설 등으로 세분화할 수 있다.

〈표 4-1〉 사회복지시설의 종류

<table>
<tr><th rowspan="2">소관 부처</th><th rowspan="2">시설종류</th><th colspan="2">세부종류</th><th rowspan="2">관련법</th></tr>
<tr><th>생활시설</th><th>이용시설</th></tr>
<tr><td rowspan="2">보건복지부</td><td>노인복지시설</td><td>• 노인주거복지시설
• 노인의료복지시설</td><td>• 재가노인복지시설
• 노인여가복지시설
• 노인보호전문기관
• 노인일자리지원기관</td><td>노인복지법</td></tr>
<tr><td>복합노인복지시설</td><td colspan="2">• 농어촌 지역에 한해 노인복지법 제31조 노인복지시설을 종합적으로 배치한 복합노인복지시설을 설치·운영 가능</td><td>농어촌주민의 보건복지증진을 위한 특별법</td></tr>
</table>

<table>
<tr><td rowspan="7">보건
복지부</td><td>아동복지시설</td><td>• 아동양육시설
• 아동일시보호시설
• 아동보호치료시설
• 자립지원시설
• 공동생활가정</td><td>• 아동상담소
• 아동전용시설
• 지역아동센터</td><td>아동복지법</td></tr>
<tr><td>장애인복지시설</td><td>• 장애유형별 거주시설
• 중증장애인 거주시설
• 장애영유아 거주시설
• 장애인단기 거주시설
• 장애인공동생활가정</td><td>• 장애인지역사회재활시설
• 장애인직업재활시설
• 장애인의료재활시설
• 장애인생산품판매시설</td><td>장애인복지법</td></tr>
<tr><td>어린이집</td><td></td><td>• 어린이집</td><td>영유아보육법</td></tr>
<tr><td>정신보건시설</td><td>• 정신요양시설
• 사회복귀시설 중 생활(주거)시설</td><td>• 사회복귀시설 중 이용시설</td><td>정신보건법</td></tr>
<tr><td>노숙인시설</td><td>• 노숙인자활시설
• 노숙인재활시설
• 노숙인요양시설</td><td>• 노숙인종합지원센터
• 노숙인일시보호시설
• 노숙인급식시설
• 노숙인진료시설
• 쪽방상담소</td><td>노숙인 등의 복지 및 자립지원에 관한 법률</td></tr>
<tr><td>사회복지관
결핵 · 한센시설</td><td>• 결핵 · 한센시설</td><td>• 사회복지관</td><td>사회복지사업법</td></tr>
<tr><td>지역자활센터</td><td></td><td>• 지역자활센터</td><td>국민기초생활보장법</td></tr>
<tr><td rowspan="3">여성
가족부</td><td>성매매피해지원시설</td><td>• 일반지원시설
• 청소년지원시설
• 외국인여성지원시설
• 자립지원공동생활시설</td><td>• 자활지원센터</td><td>성매매 방지 및 피해자 보호 등에 관한 법률</td></tr>
<tr><td>성폭력피해보호시설</td><td>• 성폭력피해자보호시설</td><td>• 성폭력피해상담소</td><td>성폭력 방지 및 피해자 보호 등에 관한 법률</td></tr>
<tr><td>가정폭력보호시설</td><td>• 가정폭력피해자보호시설</td><td>• 가정폭력상담소
• 긴급전화센터</td><td>가정폭력 방지 및 피해자 보호 등에 관한 법률</td></tr>
</table>

여성가족부	한부모가족복지시설	• 모자가족복지시설 (기본, 공동, 자립) • 부자가족복지시설 (기본, 공동, 자립) • 미혼모자가족복지시설 (기본, 공동) • 일시지원복지시설	• 한부모가족복지상담소	한부모가족지원법
	다문화가족지원센터		• 다문화가족지원센터	다문화가족지원법
	청소년복지시설	• 청소년쉼터 • 청소년자립지원관 • 청소년치료재활센터 • 청소년회복지원시설		청소년복지지원법

출처 : 보건복지부(2017).

〈표 4-2〉 보건복지부 소관 사회복지시설의 세부 분류

대상자별	형태	시설종류		소관부서	관련법령
노인	생활	주거	양로시설, 노인공동생활가정	요양보험 운영과	노인복지법 제31조
			노인복지주택		
		의료	노인요양시설		
			노인요양공동생활가정		
	이용	재가	재가노인복지시설(방문요양, 주・야간 보호, 단기보호, 방문목욕, 재가노인지원, 방문간호)		
		여가	노인복지관	노인정책과	
			경로당, 노인교실		
		노인보호전문기관			
		노인일자리지원기관		노인지원과	

<table>
<tr><td rowspan="7">**아동**</td><td rowspan="5">생활</td><td colspan="2">아동양육시설, 공동생활가정</td><td rowspan="4">아동복지
정책과</td><td rowspan="7">아동복지법
제52조</td></tr>
<tr><td colspan="2">아동일시보호시설</td></tr>
<tr><td colspan="2">아동보호치료시설</td></tr>
<tr><td colspan="2">자립지원시설</td></tr>
<tr><td colspan="2">공동생활가정(학대피해아동쉼터로 지정된 곳에 한함)</td><td>아동권리과</td></tr>
<tr><td rowspan="2">이용</td><td colspan="2">아동상담소, 아동전용시설, 가정위탁지원센터</td><td>아동복지
정책과</td></tr>
<tr><td colspan="2">지역아동센터, 아동보호전문기관</td><td>아동권리과</td></tr>
<tr><td rowspan="12">**장애인**</td><td rowspan="5">생활</td><td rowspan="5">생활시설</td><td>장애유형별 거주시설</td><td rowspan="10">장애인권익
지원과</td><td rowspan="12">장애인
복지법
제58조</td></tr>
<tr><td>중증장애인 거주시설</td></tr>
<tr><td>장애영유아 거주시설</td></tr>
<tr><td>장애인단기 거주시설</td></tr>
<tr><td>장애인공동생활가정</td></tr>
<tr><td rowspan="7">이용</td><td rowspan="4">지역사회
재활시설</td><td>장애인복지관</td></tr>
<tr><td>장애인주간보호시설</td></tr>
<tr><td>장애인체육시설, 장애인수련시설, 장애인생활이동지원센터</td></tr>
<tr><td>수화통역센터, 점자도서관, 점서 및 녹음서 출판시설</td></tr>
<tr><td colspan="2">장애인의료재활시설</td></tr>
<tr><td>직업재활
시설</td><td>장애인보호작업장, 장애인근로사업장, 장애인직업적응훈련시설</td><td rowspan="2">장애인자립
기반과</td></tr>
<tr><td colspan="2">장애인생산품판매시설</td></tr>
<tr><td>**영유아**</td><td>이용</td><td>어린이집</td><td>국공립, 법인, 직장, 가정, 부모협동, 민간</td><td>보육기반과</td><td>영유아보육법 제10조</td></tr>
<tr><td rowspan="2">**정신
질환자**</td><td>생활</td><td colspan="2">정신요양시설, 사회복귀시설[정신질환자생활시설(입소생활시설), 정신질환자지역사회재활시설(공동생활가정, 단기보호시설), 중독자재활시설, 정신질환자종합시설]</td><td rowspan="2">정신건강
정책과</td><td rowspan="2">정신보건법
제10조,
제15조 및
제16조</td></tr>
<tr><td>이용</td><td colspan="2">• 사회복귀시설[정신질환자지역사회재활시설(주간재활시설), 정신질환자직업재활시설, 정신질환자생산품판매시설, 정신질환자종합시설]</td></tr>
</table>

노숙인 등	생활	• 노숙인자활시설 • 노숙인재활시설 • 노숙인요양시설	자립지원과	노숙인 등의 복지 및 자립지원에 관한 이용 법률
	이용	• 노숙인종합지원센터 • 노숙인일시보호시설 • 노숙인급식시설 • 노숙인진료시설 • 쪽방상담소		
지역주민	이용	사회복지관	사회서비스 지원과	사회복지 사업법
기타시설	복합	결핵 · 한센시설	질병관리본부 (에이즈 · 결핵관리과)	사회복지 사업법
	이용	지역자활센터	자립지원과	국민기초생활 보장법

출처 : 보건복지부(2017).

제4절 사회복지시설의 기능

사회복지시설의 개념이 과거 거주 위주의 시설에서 지역주민의 다양한 욕구를 충족하기 위한 통원 또는 상시 이용할 수 있는 각종 사회복지시설을 포함하는 넓은 의미로 변화되면서 사회복지시설의 기능과 역할도 변화되고 있다. 그럼에도 시대를 초월한 사회복지시설의 보편적인 기능이 있는데, 이는 다음과 같다(엄미선 외, 2016).

1. 기초적 기능

사회복지시설의 기초적 기능은 인간의 생명유지를 위한 일상적 보호로, 이에 필요한 생활환경을 제공하는 보호적 기능과 입소자들이 각자의 발달과정에 도달할 수 있도록 지원하는 교육적 기능, 입소자가 해결하거나 도달해야 할 생활과제를 설정하고 이를 위한 치료·훈련·자립지원 등의 서비스 등을 제공하는 전문처우적 기능이 있다. 사회복지시설은 사회·경제적으로 생활의 저해를 받고 있는 사람, 심신의 여러 가지 장애로 인하여 자립생활이 곤란한 사람들의 생활의 장으로서 물리적·심리적인 안정 등 여러 환경조건을 갖추고 자립생활이 가능하도록 적절한 원조서비스를 제공한다. 즉, 단순한 생명의 안전이나 유지 차원에서부터 전문적인 서비스의 제공에 이르기까지 다양한 서비스가 필요하다.

2. 고유적 기능

고유적 기능에는 문화적 기능, 변호적 기능이 있는데 이는 시설보호대상자의 주체적인 자립생활을 위하여 정착되어야 하는 기능이다. 문화적 기능은 시설이 시설보호대상자의 문화활동, 사회참여, 가치 있는 삶을 추구하기 위한 문화적 생활기반을 확충해야 한다는 의미이다. 이와 더불어 지역사회 주민에게도 시설을 개방하여 시설과 지역의 상호교류를 촉진시키는 사회복지시설로서의 역할을 수행해야 한다. 즉, 사회복지시설은 지역사회에 고립된 성과 같은 곳이 아니라 지역사회의 복지인프라로 자리매김 되어야 한다. 지역사회의 욕구에 적극적으로 대응하여 지역사회 중심 프로그램을 개발하고, 지역사회 공동체와 연계를 실천함으로써 지역사회의 복지를 증진시킨다. 클라이언트와 지역사회 주민이 함께 어우러져 진정한 이웃으로 나눔의 삶을 살아갈 수 있도록 체험의 장이 되어야 한다. 또한 클라이언트에 대한 지역사회 주민과 관계기관의 차별·편견·소외 등에 대응하여 클라이언트의 권익을 보호하고 후견 등의 기능을 수행하는 변호적 기능도 중요하다.

3. 파생적 기능

파생적 기능에는 조정개발적 기능, 긴급단기지원 기능이 있는데 이는 기초적 기능과 고유적 기능이 상호관계를 가지면서 앞으로 시설이 확충·강화해 나가야 하는 기능이다. 단위시설로서는 대처하기 어려운 경우, 여러 사회자원의 개발과 연락, 조정, 네트워크를 통하여 입소자의 복잡 다양한 생활문제를 해결해 나가는 조정개발적 기능이 필요하다. 또한 긴급한 상황에 처한 요보호대상자에게 일시보호나 단기입소를 제공하여 긴급 상황을 잘 극복할 수 있도록 지원하는 긴급단기지원 기능도 필요하다.

CHAPTER 05 사회복지시설의 인권 및 운영 철학

제1절 인권의 개념, 내용 및 가치

1. 인권의 정의

사람은 누구나 소중하게 다뤄지고 대접받고 싶어 한다. 그것은 사람은 누구나 자유로운 존재로 세상에 태어났고, 어떤 상황에서도 어떤 힘에 의해서도 빼앗길 수 없는 인권을 가지고 있기 때문이다. 인권이란 무엇인가? 인권이란 한마디로 규정하기는 어렵다. 인권은 시대와 사회적 조건에 따라 늘 변화되고 풍부해지는 역동적인 개념이기 때문이다. 그러나 "사람이기 때문에 당연히 가지는 권리", "사람이 사람답게 살아가기 위해서라면 반드시 누구에게나 보장되어야 하는 권리"가 인권이라는 개념에는 변화가 없다.

인권의 정의에 대한 인류의 합의를 문서로 기록한 것을 보면,

"모든 인류는 타고난 존엄성과 평등하고 남에게 넘겨줄 수 없는 권리를 가지고 있다. 이 권리를 인정하는 것이야말로 세계의 자유와 정의와 평화의 기본이 되는 것이다. 인권에 대한 무시와 멸시는 인류의 양심을 짓밟는 만행을 저질러 왔다. 모든 인류가 최고로 바라는 것은 인간이 언론의 양심과 자유를 누리고 공포와 결핍으로부터 자유로울 수 있는 세상을 만드는 것이다"('세계인권선언' 머리말, 1948).

"인류사회의 모든 사람이 나면서부터 가지고 있는 존엄성과 평등하고 남에게 넘겨줄 수 없는 권리는 인간의 고유한 존엄성에서 나오는 것임을 인정한다"(유엔 '경제 · 사회 · 문화적 권리에 관한 국제조약' 머리말, 1966).

"모든 국민은 사람으로서 존엄함과 가치를 가지고 있으며, 행복을 추구할 권리를 가진다. 국가는 개인이 가지는 침해할 수 없는 기본 인권을 확인하고 이를 보장할 의무를 진다"('대한민국 헌법' 제2장 제10조, 1987).

그러나 인권은 법에 따라 보장되는 권리만으로 한정하지는 않는다. 현재의 법이 보장하고 있지는 않더라도 인간의 존엄성을 보장하는 데 반드시 필요한 권리라면 인권으로 인정될 수도 있다. 이것은 인권의 다음과 같은 성격에서도 나타나 있다. 첫째, 인권은 기본적이고 필수적인 권리이다. 둘째, 인권은 보편적이다. 셋째, 인권은 국가권력의 정당성을 판단하고 국가권력을 제한한다. 넷째, 인권은 법으로 보장되는 권리 이상의 것이다.

2. 인권의 내용

1) 1세대 인권 – 자유권 혹은 시민 · 정치적 권리

근대시민혁명을 통해 등장한 '자유권'은 정치권력의 남용과 오용으로부터 각 사람을 보호하기 위한 것이며, 자유권은 국가가 개인에게 간섭하지 말 것을 요구하는 성격을 갖는다. 세계인권선언에 포함된 권리들을 보면,

- 차별로부터의 자유(제2조)
- 인간의 생명과 자유 그리고 안전에 대한 권리(제3조)
- 노예나 기타 자발적인 아닌 예속상태로부터의 자유(제4조)
- 고문, 비인간적인 처우 또는 처벌로부터의 자유(제5조)
- 자의적인 체포 · 구금 또는 추방으로부터의 자유(제9조)
- 공정하고 공개적인 재판을 받을 권리(제10조)

- 사생활 및 통신에 간섭받지 않을 권리(제12조)
- 재산을 소유하고 자의적으로 박탈당하지 않을 자유(제17조)
- 사상 · 양심 · 종교의 자유(제17조)
- 의견 · 표현의 자유(제19조)
- 평화적인 집회와 결사의 자유(제20조)
- 자유로운 선거를 통해 정부에 참여할 권리(제21조) 등

2) 2세대 인권 – 사회권 혹은 경제 · 사회 · 문화적 권리

근대시민혁명은 모든 인간의 인권을 선언하며 찬란한 신기원을 열었지만, 사회 · 경제적 불평등을 적극적으로 고치려 들지는 않았다. 노동자, 여성에 대한 차별과 저임금 · 장시간 노동과 아동노동의 현실은 열악했다. 노동자들은 투쟁을 통해 사회 · 경제적 약자의 권리 보장과 노동조건의 개선 등 실질적인 평등을 요구했다. 노동자들의 투쟁과 지배세력의 수용을 통해 인권에 대해 등장한 권리가 '사회권'이다. 사회권에 해당하는 권리를 세계인권선언에서 살펴보면,

- 사회보장에 대한 권리(제22조)
- 일 할 수 있는 권리, 실업으로부터 보호받는 권리 등(제23조)
- 유급휴가 등 휴식과 여가를 가질 권리(제24조)
- 건강 및 행복에 필요한 생활수준을 누릴 수 있는 권리(제25조)
- 교육을 받을 권리(제26조)
- 문화생활에 참여하고 과학의 혜택을 누릴 권리(제27조) 등

3) 3세대 인권 – 집단권 혹은 연대의 권리

앞의 1, 2세대 권리가 국가와 개인 간의 관계를 중심으로 각 개인에게 보장되어야 할 권리라면, 3세대 인권은 집단의 권리라고 말할 수 있다. 오늘날 인류가 직면한 많은 인권문제들은 한 나라나 개별국가의 힘만으로는 대처할 수

없다. 국경을 초월한 단결과 연대를 필요로 한다. 이런 배경에서 제3세대 인권을 '집단권' 혹은 '연대의 권리'라고 부른다.

3. 인권이 추구하는 가치

인권이 추구하는 보편적 가치를 살펴보면 다음과 같다.

1) 생 명

인권이 생명에 관심을 갖는 것은 단순히 목숨과 연관된 소극적인 자세만을 뜻하지는 않는다. 육체적 생명을 건강하게 유지하는 것은 물론이고, 적극적이고 긍정적이며 발전적인 삶을 창조하고 유지할 수 있도록 하는 데 생명을 존중하는 참 의미가 있다.

2) 자 유

자유는 자기 삶의 주인이 되어 스스로 선택한다는 것을 의미하며, 인간다운 생존을 추구하기 위해서 존재한다는 것이다. 이를 위해서 인간은 자유롭게 생각하고 표현할 수 있어야 하고, 노예나 예속 상태로부터 자유로워야 하고, 비인도적인 처우나 처벌을 받지 말아야 하고, 사생활이나 통신에 간섭받지 않아야 하고, 이동과 거주의 자유 및 집회와 결사의 자유를 누릴 수 있어야 한다.

3) 평 등

모든 사람은 권리에 있어 평등하다. 그러나 성별, 나이, 출신지역, 종교, 피부색, 빈부 등의 차이를 이유로 갖가지 차별이 행해지고 있다. 또한 사회의 변화에 따라 새로운 차별이 등장할 수 있다. 인권은 이러한 차별이나 불평등 요소에 대해서 적극적으로 고치려는 자세를 요구한다.

4) 사회적 책임

연대 인권이 추구하는 사회적 책임은 피해자의 편에 서서 그들을 지지하고 그들을 위해 주장하고 그들을 돕는 연대로 표현된다. 이것은 권리를 침해당한 사람들의 고립을 막고 문제해결을 추구하기 위해서 필요한 행동이다. 사회적 책임을 실행하려는 사람이 없다면 인권을 제대로 보장할 수 있는 방법은 없을 것이다. 사회적 책임과 연대의 실천은 인권의 존재근거가 된다.

5) 평 화

관계에서 갈등은 피할 수 없지만 갈등을 해결하는 방식은 선택할 수 있다는 것이 인권의 입장이다. 평화를 사랑하는 인권은 차이에 대한 이해와 존중을 추구한다.

6) 자연과의 조화

인간은 수많은 동식물과 더불어 살아가는 존재이다. 따라서 인간의 권리만을 생각하고 지구상에 같이 존재하는 자연을 존중하지 않는다면 인간의 권리도 제대로 보장받을 수 없을 것이다. 자연과의 조화와 공존을 추구하는 일은 전 인류의 과제일 수밖에 없다.

제2절 인권 기반의 사회복지실천

1. 인권 기반의 접근

인도주의에 기반한 슬림과 공공정책에 기반한 너스봄의 인권 기반 접근의 중요성을 조효제(2008)는 다음과 같이 정리하였다.

첫째, 사회정책이 정치·경제의 잔여적 영역이 아니라 모든 정치·경제의 목적이 되는 핵심영역으로 격상한다.

둘째, 인권적 접근은 서비스를 받더라도 사람을 비굴하게 만드는 것이 아니라 존엄성을 유지할 수 있게 해주는 효과를 낳는다.

셋째, 인권은 인간을 자력화해 더욱 높은 수준의 복지정책을 요구할 수 있는 자신감 있는 존재로 만들어준다.

넷째, 인권의 목록이 인간에게 꼭 필요한 복리를 잘 규정하고 있으므로 어떤 정책을 시행해야 할지 정책 아이디어를 짜낼 고민을 하지 않아도 된다. 게다가 인권의 목록과 작동방식을 참고하면 정책을 시행·평가할 수 있는 객관적 기준을 마련할 수 있고 일정한 정책 프로그램을 개발하기도 쉽다.

다섯째, 어떤 문제의 선명한 의제화와 그 정책의 중요성, 우선순위, 실행방법에 대한 논란이 벌어질 때 교통정리를 해줄 수 있다.

여섯째, 보편적인 인권으로 정책에 접근하면 '결과론적 계산'이 먹혀들 여지가 줄어든다.

이러한 '전략적 접근으로서의 인권'뿐만이 아니라, 사회복지가 '서비스냐 운동이냐'의 문제와 함께 '욕구에 기반한 복지' Needs Based Approach와 '권리에 기반한 복지' Rights Based Approach를 고민할 필요가 있다. 서비스와 운동은 선택의 문제이기도 하지만 균형의 문제이기도 하다. 그간 사회복지서비스 활동이 서비스 쪽에 쏠렸다면 이제는 운동 쪽으로 관심이 이동하여 양자의

무게중심을 맞추어 나가야 한다. 서비스는 현재의 실천이지만 운동은 더 나은 복지사회로 나아가는 대안적 실천이기 때문이다. 이러한 연장선상에서 RBA를 상정하는 배경은 다음과 같다(이명묵, 2006).

1) 인권이라는 시대적 조류에서 사회복지가 주변인이 되어서는 안 된다

인권은 UN이 선포한 21세기 3대 목표의 하나로, 인류 공동의 핵심 가치가 되었다. 따라서 인권운동은 UN의 주력 사업이 되었고, 각국에 국가인권위원회가 설립되면서 인권은 각 사회의 주요 쟁점으로 부상하였다. 인류 가치의 조류, 지구화 주제 중의 하나인 인권의 큰 흐름에서 운동주체로서 사회복지는 최우선이다. 사회복지가 이러한 시대적 책임을 적극적으로 수행하지 않고, 회피하거나 무기력한 모습을 보인다면 사회복지는 또다시 우리 사회의 중심에 서지 못하고 주변인이나 피의자로 전락할 것이다.

2) 인권에 관한 사회적 합의는 사회복지에 대한 사회적 · 철학적 지지 배경이 된다

사회복지 정책과제나 현장의 과제를 해결하는 데 있어, 사회복지 방식의 접근과 주창보다는 인권운동 방식의 접근과 주창이 국민의 공감을 이끌어 내고 사회적 합의를 도출하는 데 효과적일 때도 있다. 또 신자유주의 시대에서 사회복지가 유지되고 발전하는 데 인권은 사회적 · 철학적 지지가 되기도 한다.

3) 인권은 사회복지서비스의 주객정치를 바로 세운다

사회복지실천현장에서 클라이언트 중심, 당사자 중심이라는 구호는 있으나 한편에서는 주객이 전도되는 현실도 있다. 사회복지사가 인권 개념을 수용함으로써 주객전도를 예방하거나 극복하면서 주객정치를 실현할 수 있다.

4) 인권은, 우리가 왜 이 일을 하는지를 우리 자신에게 설득할 수 있다

사회복지사는 실천현장에 근무하면서 내외의 여러 상황으로 수시로 상처와 좌절과 회의와 고통을 겪는다. 견디기 힘들고 자신이 싫어질 때도 있다. 그 순간, 우리가 클라이언트의 '인권'을 떠올릴 때, 우리가 이 일을 왜 하는지를 우리 자신에게 좀 더 설득할 수 있다.

5) 인권과 사회복지는 다르지 않다

인권에서 말하는 자유권・평등권・사회권・연대권과 생존권・보호권・발달권・참여권은 사회복지의 대상이면서 목표이고, 인권의 시발이었던 주요 시민혁명에서 주창되었던 자유・행복・생명・박애・평등은 사회복지의 이념이다. 특히 21세기 주요 인권인 사회권은 그 자체가 복지권으로서 사회복지의 실천과제이기도 하다.

6) 사회복지사는 인권옹호자이다

사회권 중심의 2차 인권혁명은 복지패러다임 구조를 가지고 있으며, 사회권을 추구하는 리더십은 사회복지사와 사회복지시설에서 나오며, 최근 연대권・환경권・개발권의 리더십은 지역사회개발전문가에서 나온다고 한다. 이때 지역사회개발전문가에 가장 근접한 집단은 사회복지사이다.

7) 인권민주주의 리더십이다

한국의 사회복지정책을 결정하는 '정치'는 절차적 민주주의를 거친 다음, 실질적 민주주의에서 갈 길을 잃고 있다. "인권이 민주주의의 핵심"이라면, 사회복지계가 '인권민주주의'를 선창하면서 우리사회 변화의 큰 물길을 제시한다면, 사회복지의 위상이 달라질 것이다. 사회복지가 예산에 달려 있는 것이 아니라 사회복지 원칙에 따라 예산이 배분되는 정치를 만들어야 한다.

제3절 시설이용자 유형별 실천지침

1. 아동복지시설

1) 국제협약

현대사회는 국제사회의 노력으로 수동적인 아동보호에서 능동적인 아동권리 보장이라는 적극적인 아동권리 철학이 발전하게 되었다. 그 대표적인 것이 1989년 11월 20일 UN 총회에서 만장일치로 채택된 '아동의 권리에 관한 국제협약(Convention on the Rights of the Child)'이다. 이 협약은 아동을 보호의 대상뿐만 아니라 적극적인 권리의 주체로 인식하고 있다. 아동에 대해 무차별의 원칙, 아동의 권리를 다음과 같이 명시하고 있다.

첫째, 생존의 권리는 어린이들이 삶에 대해 갖는 권리로서 살아가기 위해 필요한 기본 조건을 다룬다. 적절한 생활수준, 주거, 영양, 보건 등의 권리가 포함된다.

둘째, 발달의 권리는 어린이들이 그들이 가진 잠재능력을 최대한 발휘하도록 필요한 기본 조건들을 다룬다. 교육받을 권리, 여가를 즐길 권리, 전통적인 문화생활을 할 권리, 정보를 얻을 권리, 생각과 양심・종교의 자유 등이 포함된다.

셋째, 보호의 권리는 모든 형태의 학대와 방임, 폭력으로부터 어린이가 안전하게 보호받을 수 있는 권리를 의미한다. 난민 어린이에 대한 특별한 보호 및 고문, 부당한 형사처벌, 징집, 노동, 약물과 성폭력으로부터의 보호 등이 해당된다.

넷째, 참여의 권리는 어린이들이 자신의 나라와 지역사회의 활동에 적극적으로 참가할 수 있는 권리를 의미한다. 이는 자신의 의견을 표현하고, 자신의 삶에 영향을 주는 문제들에 대해 발언권을 지니며, 단체에 가입하거나 평화적인 집회에 참여할 수 있는 자유를 뜻한다. 참여의 권리는 아동이 자신의 능력발달과 함께 사회참여의 기회를 많이 가짐으로써 책임 있는 성인으로 성장하게 된다는 것을 전제로 한다고 볼 수 있다.

위의 내용들을 볼 때 아동권리협약은 아동의 시민적 권리와 자유, 가족환경과 대체양육, 기본 조건과 복지, 교육・여가・문화적 활동의 보장 그리고 특별한 보호조치 등을 규정하고 있음을 알 수 있다.

국제 아동권리협약이 가지는 의의는 다음과 같다.

첫째, 협약은 아동의 권리에 대한 전 세계적인 개념정의를 부여하였다. 문화적・종교적 견해는 물론 사회조직을 망라한 정의로서, 어떤 특정한 문화적 관습으로 아동을 억압할 수 없게끔 하였다.

둘째, 협약은 아동에게 동등한 권리를 갖는 인간의 지위를 부여하였다. 아동은 누구에게 속하지 않고 자기 고유의 권리를 갖게 한 개체로 존중되어야 한다는 점을 강조함으로써 아동의 동등성에 대해 일보 진전한 것으로 간주된다.

셋째, 협약에서 사용하는 권리는 더 이상 아동에 관하여 시혜적인 접근이 아닌 시민적・정치적 접근으로 변경할 것을 주장하고 있다. 이러한 내용은 오늘날 아동들이 처한 열악한 위기상황을 해결하기 위하여 절대적으로 필요한 정치적인 각성에 기여할 것이다.

넷째, 협약은 아동에 대한 정치적인 관심을 증가시켰다. 협약은 아동에 관한 실제 상황을 토의하는 자료로 이용된다. 따라서 협약에서 보고서를 제출, 토의하는 모든 과정으로 인하여 아동에 관련된 주제들에 대해 정기적인 검사가 촉진될 것이다.

다섯째, 협약에서 규정된 정부・관련기관 간의 연계를 통해 원조정책에 역동성을 부여할 수 있다. 즉, 각국 정부, UN기관, 전문단체, 비정부 간 단체 등이 참여하는 국제 간 협력이 촉진될 수 있다.

협약은 아동권리 영역에서 기준과 설정의 시발점이 되었고, 또한 무력분쟁에서 아동보호의 새로운 규준을 제시하는 계기가 되었다. 결국 아동권리협약은 아동의 위치를 재조명할 수 있는 도구의 역할을 하며 사회문화적인 맥락에서 아동의 권리를 볼 수 있도록 틀을 제공한다.

2) 대한민국 어린이헌장

대한민국 어린이헌장은 어린이날의 참뜻을 바탕으로 하여 모든 어린이가 차별 없이 인간으로서의 존엄성을 지니고, 나라의 앞날을 이어 갈 새사람으로 존중되며, 아름답고 씩씩하게 자라도록 함을 길잡이로 삼는다.

① 어린이는 건전하게 태어나 따뜻한 가정에서 사랑 속에 자라야 한다.

② 어린이는 고른 영양을 취하고, 질병의 예방과 치료를 받으며, 맑고 깨끗한 환경에서 살아야 한다.

③ 어린이는 좋은 교육시설에서 개인의 능력과 소질에 따라 교육을 받아야 한다.

④ 어린이는 빛나는 우리 문화를 이어받아, 새롭게 창조하고 널리 펴나가는 힘을 길러야 한다.

⑤ 어린이는 즐겁고 유익한 놀이와 오락을 위한 시설과 공간을 제공받아야 한다.

⑥ 어린이는 예의와 질서를 지키며, 한겨레로서 서로 돕고, 스스로를 이기며 책임을 다하는 민주 시민으로 자라야 한다.

⑦ 어린이는 자연과 예술을 사랑하고 과학을 탐구하는 마음과 태도를 길러야 한다.

⑧ 어린이는 해로운 사회환경과 위험으로부터 먼저 보호되어야 한다.

⑨ 어린이는 학대를 받거나 버림을 당해서는 안 되고, 나쁜 일과 힘겨운 노동에 이용되지 말아야 한다.

⑩ 몸이나 마음에 장애를 가진 어린이는 필요한 교육과 치료를 받아야 하고, 빗나간 어린이는 선도되어야 한다.

⑪ 어린이는 우리의 내일이며 소망이다. 나라의 앞날을 짊어질 한국인으로, 인류의 평화에 이바지할 수 있는 세계인으로 자라야 한다.

2. 장애인복지시설

1) 국제협약

제61차 UN 총회(2006년 9월)에서 장애인권리협약을 채택하였다. 장애인권리협약이 채택된 후 회원국들은 각국 입법기관 등에서 정식 비준절차를 통해 국내법에서도 동일한 영향을 미치도록 하였다. 이 협약은 기존의 국제규정에 비해 장애인인권에 관한 기본적이며 중요한 근본적 원리들을 규정하고 있는데, 이는 다음과 같다.

- 자율적 선택권, 고유의 존엄성, 개인적 자율성, 개인의 독립성에 관한 존중
- 장애인 차별의 금지
- 완전하고 실질적인 사회참여와 사회통합
- 인류의 다양성과 인간성 부분으로서 장애의 다양성 수용에 대한 존중
- 기회의 균등
- 장애인 접근성
- 양성의 평등
- 장애아동 역량 개발, 장애아동 정체성 보호를 위한 권리의 존중

2) 한국장애인 인권헌장

장애인들은 사회의 여러 가지 편견과 차별대우, 장애인에 대한 법적 보호의 미흡 등 그 열악한 조건을 이겨내고 모든 사람과 마찬가지로 "존엄한 인간"임을 확인하기 위하여, 1975년 10월 9일에 국제연합 총회에서 채택된 장애인 권리 선언을 근거로, 1998년 12월 9일 대한민국의 특수성을 감안하여 국회에 의하여 헌장으로 채택되고 전 국민과 국가에 의하여 존중되기를 열망하면서 장애인 인권 헌장을 선포하였다.

① 장애인은 모든 인간이 누리는 기본인권을 당연히 누려야 하며 그 인격의 존엄성은 충분히 존중되어야 한다. 장애인이라는 이유로 같은 시대의 같은 사회의 다른 사람이 누리는 권리, 명예, 특전이 거부되거나 제한되어서는 아니 된다.

② 장애인에게는 다른 모든 사람과 마찬가지로 가능한 한 정상적이고 원만하게 인간다운 삶을 영위할 수 있도록 모든 기회와 편의가 제공되어야 한다.

③ 장애인은 다른 사람과 동일한 정치적 권리를 가지며 사회가 제공하는 모든 기회와 편의를 이용할 수 있다.

④ 국가는 장애인이 혼자 힘으로 행동하고 생활할 수 있도록 조치를 취할 의무가 있으며 모든 장애인은 그것을 요구하고 이용할 권리가 있다.

⑤ 장애인은 자신이 가진 능력을 최대한으로 개발하고 가능한 한 빨리 그리고 쉽게 사회에 적응할 수 있도록 하기 위하여 필요한 각종 보조기구, 모든 의료혜택, 의학적 및 사회적 재활교육, 직업훈련 및 직업알선, 상담 등 각종 사회 서비스를 받을 수 있어야 한다.

⑥ 장애인은 인간다운 생활과 사회활동의 안정을 보장받기 위하여 자신의 능력에 따라 직업을 선택하여 생산적인 경제활동을 할 수 있고 응당한 보수를 받을 권리가 있으며, 노동조합에 가입할 권리가 있다.

⑦ 국가가 수립하고 시행하는 사회, 경제, 교육, 문화 등 제반 분야의 정책과 교통, 교육, 문화 등 각종 시설에 장애인들이 가지고 있는 특수한 필요와 상황이 반드시 감안되어야 한다.

⑧ 장애인은 가족과 동거할 권리가 있으며 사회의 각종 활동에 차별대우를 받지 않고 참여할 권리가 있다. 장애인의 이익을 위한 경우 이외에는 주거환경에 있어서 차별대우를 받아서는 아니 되며, 장애인의 이익을 위하여 필요하다고 인정되는 별도의 주거지역은 같은 연령의 다른 사람들이 정상적인 생활을 하는 곳에 가능한 한 가까워야 한다.

⑨ 장애인은 모든 종류의 착취로부터 보호를 받아야 하며, 어떤 종류건 어떠한 명목이든 차별대우나 천대를 받아서는 아니 되며, 누구를 막론하고 장애인 복지를 방지하여 개인적 부를 축적하여서는 아니 된다.

⑩ 혼자 힘으로 의사결정을 할 수 없는 장애인이나 그 가족들의 인간다운 삶을 보장하기 위하여 국가는 그에 알맞은 특별한 정책 배려를 하여야 한다.
⑪ 장애인은 자신의 권익을 보호받기 위하여 필요한 경우에는 상당한 법률적 도움을 받을 수 있어야 한다. 만약 장애인들이 법적인 제재를 받아야 하는 경우에도 그들의 육체적·정신적 특수 조건이 충분히 고려되어야 한다.
⑫ 장애인의 권리와 복지에 관한 모든 시책이 제정되고 시행되는 경우 장애인들의 의사가 충분히 반영되어야 하며, 장애인들이 자발적으로 참여하는 조직체의 자문을 받아야 한다.
⑬ 모든 교육기관과 언론매체들은 장애인에 대하여 가지고 있는 우리 사회의 오해와 편견을 제거하는 데 앞장서야 하며, 장애인에 대한 부정적인 표현을 삼가야 한다.
⑭ 장애인과 그 가족 그리고 장애인 단체들은 이 선언에 포함된 모든 권리에 대하여 충분한 정보를 얻을 수 있어야 한다.

3. 노인복지시설

1) 국제협약

노인을 위한 유엔원칙(United Nations Principles for Older Persons)은 1991년 12월 16일 UN총회에서 채택되었으며, 자립·참여·보호·자아실현·존엄의 다섯 가지 주요 원칙을 제시하고 있다. 자립의 원칙과 관련해 노인은 소득 보장, 가족과 지역사회의 지원 및 스스로의 힘을 통해 적절한 음식, 식수, 주거, 의복, 의료서비스 등에 접근할 수 있어야 한다고 언급하고 있어 노인의 사회권이 보장되어야 함을 강조하고 있다.

또한 노인은 그들의 존엄성, 신념, 욕구 및 사생활에 대한 완전한 존중을 보장받아야 하며, 그들의 건강 보호와 삶의 질에 관해 결정할 수 있는 권리가 주어져야 할 뿐만 아니라 어떤 주거시설 또는 보호 및 치료시설에 거주할 때라도 인권과 기본적인 자유를 향유할 수 있어야 한다고 하여 시설 생활 노인의 인권 보호에 대한 언급도 구체적으로 하고 있다.

특히 UN원칙은 노인의 존엄성 보호가 매우 중요함을 강조하면서 노인은 자신의 존엄성을 지킬 수 있고, 안전하게 살 수 있으며, 착취 대상이 되어서도 안 되고, 육체적이나 정신적인 학대를 받아서도 안 된다고 언급해 각종 학대로부터 노인을 보호해야 하는 중요성을 지적하고 있다. 더불어 노인의 권리 보호를 위해서는 노인 자신이 집단의 일원으로서 행동해야 한다고 보고 있다. 5대 원칙의 주요 내용은 다음과 같다.

(1) **자립**(Independence)

- 노인은 소득, 가족과 지역사회의 지원 및 자조를 통해 적절한 식량, 물, 주거, 의복 및 건강 보호에 접근할 수 있어야 한다.
- 노인은 일할 수 있는 기회를 제공받거나, 다른 소득을 얻을 수 있는 기회에 접근할 수 있어야 한다.
- 노인은 직장에서 언제 어떻게 그만둘 것인지에 대한 결정에 참여할 수 있어야 한다.
- 노인은 적절한 교육과 훈련 프로그램에 접근할 수 있어야 한다.
- 노인은 개인의 선호와 변화하는 능력에 맞추어 안전하고 적응할 수 있는 환경에서 살 수 있어야 한다.
- 노인은 가능한 한 오랫동안 가정에서 살 수 있어야 한다.

(2) **참여**(Participation)

- 노인은 사회에 통합되어야 하며, 그들의 복지에 직접 영향을 미치는 정책의 형성과 이행에 적극적으로 참여하고, 그들의 지식과 기술을 젊은 세대와 함께 공유해야 한다.
- 노인은 지역사회 봉사를 위한 기회를 찾고 개발해야 하며, 그들의 흥미와 능력에 알맞은 자원봉사자로서 봉사할 수 있어야 한다.
- 노인을 위한 사회운동과 단체를 형성할 수 있어야 한다.

(3) 보호(Care)

- 노인은 각 사회의 문화적 가치 체계에 따라 가족과 지역사회의 보살핌과 보호를 받아야 한다.
- 노인은 신체적, 정신적, 정서적 안녕의 최적 수준을 유지하거나 되찾을 수 있어야 하고 질병을 예방하거나 그 시작을 지연시키는 건강 보호에 접근할 수 있어야 한다.
- 노인은 그들의 자율과 보호를 고양시키는 사회적 법률적인 서비스에 접근할 수 있어야 한다.
- 노인은 인간적이고 안전한 환경에서 보호, 재활, 사회적·정신적 격려를 제공하는 적정 수준의 시설 보호 서비스를 이용할 수 있어야 한다.
- 노인은 그들이 보호시설이나 치료시설에서 거주할 때도 그들의 존엄, 신념, 욕구와 사생활을 존중받으며, 자신의 건강 보호와 삶의 질을 결정하는 권리도 존중받는 것을 포함하는 인간의 권리와 기본적인 자유를 향유할 수 있어야 한다.

(4) 자아실현(Self-fulfillment)

- 노인은 자신의 잠재력을 완전히 개발하기 위한 기회를 추구해야 한다.
- 노인은 사회의 교육적, 문화적, 정신적 그리고 여가에 관한 자원에 접근할 수 있어야 한다.

(5) 존엄(Dignity)

- 노인은 존엄과 안전 속에서 살 수 있어야 하며, 착취와 육체적·정신적 학대로부터 자유로워야 한다.
- 노인은 나이, 성별, 인종이나 민족적인 배경, 장애나 여타 지위에 상관없이 공정하게 대우받아야 하며, 그들의 경제적인 기여와 관계없이 평가되어야 한다.

2) 우리나라 노인 인권

우리나라에서는 노인의 권리와 이익을 옹호하는 실질적인 노인 권익 옹호 활동이 전개되지 못하고 있다. 노인의 인권을 보호하기 위해 실천적 노력을 기울여온 대표적인 기관은 2004년 설립된 노인보호전문기관이다. 하지만 노인보호전문기관에서는 노인 인권이라는 큰 틀을 세우고 그 속에서 노인 학대 문제에 접근하는 것이 아니라 학대라는 좁은 틀을 설정하고 노인 인권 문제에 접근해왔으므로, 노인 인권 보호를 위한 소극적 실천에 머무는 한계가 있다(권중돈, 2011).

하지만 2011년 6월 노인복지법 개정을 통해 중앙노인보호전문기관이 노인 인권 보호 관련 정책 제안, 노인 인권 보호를 위한 연구 및 프로그램 개발을 담당하게 됨으로써, 노인보호전문기관의 노인 인권 보호와 관련된 역할이 더욱 중요해지고 있다.

2006년에 제정된 보건복지부의 '노인복지시설 인권보호 및 안전관리지침'은 노인복지시설에서의 인권에 대한 관심을 고조시키고, 인권 관점을 기반으로 한 서비스와 실천을 도입하는 데 노인복지시설의 자체적인 노력을 이끌어냈다는 점에서 매우 긍정적인 평가를 받을 수 있다.

이러한 인권 보호 지침을 노인복지 실천과 서비스로 전환하기 위해 한국노인복지시설협회(2009)에서는 '노인복지시설 인권매뉴얼'을 개발해 보급하고 종사자 교육을 지속적으로 실시해, 노인복지시설에서는 이를 바탕으로 인권 관점을 기반으로 한 노인복지 실천을 실행에 옮기기 위한 노력을 기울이고 있다. 하지만 노인복지시설 인권 보호 지침의 이행과 관련된 지도 감독과 점검이 제대로 이루어지지 않고 있으며, 학대와 같은 노인 인권침해 사례가 발생해 외부로 알려진 이후에 사후 개입하는 정도에 머물러 있는 한계가 있다.

2009년부터 국가인권위원회에서는 '노인인권지킴이단'을 발족해 운영하고 있다(국가인권위원회, 2010). 한국노인종합복지관협회에서는 사회복지공동모금회의 지원을 받아 2010년부터 노인 일자리 사업으로 노인옴부즈맨(ombudsman) 사업을 추진하고 있는데, 언론, 편의시설, 소비자, 학대, 노인복지 서비스의 5개

분야에서 노인 차별과 인권침해 사례를 발견해 직접 해결하기 위한 노력을 기울여 상당한 성과를 거두고 있다(권중돈, 2010). 하지만 노인 인권침해 사례를 발견하고도 공식 옴부즈맨이 아니라는 지위상의 한계로 말미암아 실질적인 구제 활동을 전개하지 못하는 한계도 동시에 발생하고 있다.

이 외에도 부산, 광주 지역 등 일부 지역의 재가장기요양기관 등에서 자체적으로 옴부즈맨 제도를 도입해 운영하고 있지만, 이 역시도 지위상의 한계로 인해 실질적인 인권침해 구제 활동을 하지는 못하고 자체 자정(自淨) 노력에 그치고 있는 것으로 보인다.

이상과 같이 국내에서는 공공과 민간 부문에서 노인의 인권을 보호하기 위한 다양한 실천적 노력을 전개하고 있지만, 아직 그 범위나 활동의 양과 질적 측면에서 매우 미진하다고 평가할 수 있다.

제4절 사회복지시설의 운영 철학

1. 사회복지시설 운영의 이념적 패러다임 변화

최근 사회복지시설의 환경은 급속한 변화를 겪고 있다. 과거 시설에서 제공되는 서비스는 클라이언트의 일차적인 욕구와 필요, 즉 생리적인 욕구 충족, 주거서비스 제공과 같은 보호 중심의 서비스가 주를 이루었다. 그러나 현재는 단순한 거주, 보호의 차원을 넘어서 클라이언트의 삶의 질 제고를 위한 다양하고 포괄적인 서비스를 제공하도록 요구받고 있다. 시설운영의 방향성으로 안내하는 이념적 패러다임은 다음과 같다.

1) 인권보장의 철학

인권이란 우리나라 헌법과 국내·외 인권에 관한 규범에 근거하여, 모든 사람이 인간의 존엄과 가치를 스스로 행복을 추구할 수 있어야 한다는 기본적·필수적·당위적 권리다. 그러므로 누구나 법 앞에 평등하며 자유롭게 인간다운 삶을 누릴 수 있는 거주, 직업, 사생활, 종교, 양심, 통신, 학문, 재산, 정치, 언론 등의 제반 권리가 개별적·사회적으로 보호되어야 한다(국가인권위원회, 2006).

인권보장의 철학은 인간의 기본적인 권리로서 인간의 존엄성, 생존권, 생명존중의 가치, 인간다운 생활을 할 권리 등이 보장되어야 한다는 것을 의미한다. 따라서 사회복지시설의 운영과정에서 가장 우선시되어야 하는 것이 바로 인권보장의 철학이다.

인권보장의 철학에서 규정한 인권의 영역은 천부적 권리, 규범적 권리, 형성적 권리로 구분된다. 천부적 권리는 생명권, 자유권, 평등권을 의미한다. 규범적 권리는 생활, 직업, 교육, 언론, 재산, 참정권, 권리구제에 관한 것을 의미한다. 형성적 권리는 우리의 사회공동체를 위한 구성원으로서 권리, 재구성되어야 할 인권, 차별금지 등에 관한 것이다(보건복지부, 2007).

2) 정상화의 철학

정상화의 철학은 1950년대 후반 북유럽에서 시설 내 장애인의 생활환경 개선을 위해 제기된 철학이다. 이 이념의 주요 내용은 시설장애인도 지역사회 내의 일반 주류 시민들과 동일한 생활방식과 환경에 가깝도록 처우되어야 한다는 것이다. 즉, 사회의 일상생활에서 장애인이 사회의 보편적인 흐름에 합류하기 위해 문화적인 수단을 사용해야 하며 그 문화적인 수단으로 '가치 있는 사회적 역할 강조(social role valorization)'를 해야 한다는 이론을 주장하였다.

정상화의 철학은 첫째, 장애인의 정상적이고 일상적인 생활 리듬을 존중해야 한다는 것, 둘째, 장애인 개인의 성장과 발달에서 정상적인 발달경험을 하도록 할 것, 셋째, 장애인 자신의 삶에 중요한 영향을 미치는 일상사건에의 참여와 선택이 중요하다는 것, 넷째, 사회에서 가치저하에 놓일 위기가 있는 클라이언트를 위해 가능한 한 클라이언트의 내재화된 잠재력과 사회적 역할을 강화하기 위한 자원을 제공하여 방어해 주는 것을 강조하고 있다(김용득 · 김진우 · 유동철, 2007).

즉, 가치 있는 사회적 역할을 강조함으로써 이전에 가치절하와 사회적 역할이 박탈되었던 클라이언트가 지역사회에서 가치 있는 시민으로서 사회참여를 할 수 있도록 돕는 이념적 철학이다.

3) 사회통합의 철학

사회통합(social integration)의 철학은 시설에 입소한 클라이언트라도 사회구성원으로서 역할을 수행하며 살아가는 것을 의미한다. 진정한 사회구성원으로 살아가기 위해서는 그 사회에서 인정하는 생활방식과 기회에 완전하게 참여해야 한다. 사회복지시설은 사회통합을 촉진시키기 위해 물리적 · 심리적 · 문화적인 제약조건들을 제거하기 위한 노력을 기울여야 한다(정무성, 2004).

사회통합을 이루기 위한 단계는 다음과 같다. 첫째, 시설 내부에서 지역사회로 이전하는 것으로 물리적 통합을 이루는 것이다. 둘째, 기능적인 통합으로 지역사회 내에서 사는 것이다. 셋째, 조직적으로 지역사회의 조직들을 활용하는 것이다. 넷째, 사회적 통합으로 지역사회 주민들과 사회적으로 혼합되는 것이다. 다섯째, 개인적 · 심리적으로 지역사회 주민들과 친밀한 관계를 유지하는 것이다. 마지막으로 지역사회에 완전히 통합되는 것이다.

사회통합이 원활히 이루어지기 위해서는 시설에서 계획한 모든 사업과 프로그램이 지역사회 안에서 개방적으로 이루어져야 한다. 다음은 사회통합의 차원을 설명한 것이다.

(1) 물리적 통합

물리적 통합은 사회적 상호작용을 촉진시킬 수 있는 물리적 환경을 마련하는 것이다. 물리적 통합의 특징은 다음과 같다.

첫째, 시설의 위치, 서비스의 비중이 지역사회에 쉽게 흡수될 수 있는 구조여야 한다. 둘째, 시설이 지역사회와 물리적으로 조화로워야 한다. 셋째, 접근성이 보장되어야 한다. 교통수단이 편리하고 쉽게 접근할 수 있어야 한다. 넷째, 서비스를 제공하는 시설은 인구특성에 따라 분산되어 있으면서도 클라이언트들이 모든 자원을 활용하기 용이하도록 분포되어야 한다. 그리고 프로그램은 대규모 형태보다는 소규모 형태로 제공되어야 한다.

(2) 사회적 통합

통합은 물리적 조건에 의해서도 영향을 받지만 사회적인 조건에 의해 촉진되거나 감소될 수 있다. 사회적 통합을 촉진시키기 위한 요소는 다음과 같다.

첫째, 시설입소 클라이언트에게 낙인 대신 긍정적인 명칭을 사용해야 한다. 클라이언트에게 낙인을 부여할 수 있는 명칭, 시설 및 장소에 대한 명칭 등은 올바른 인식을 향상시키기 위해 고려되어야 한다. 둘째, 지역주민과의 긍정적인 접촉이 이루어질 수 있도록 사회적으로 수용되는 태도, 외모, 행동과 같은 요소를 강화하는 프로그램들이 마련되어야 한다. 셋째, 직원과 시설종사자의 클라이언트에 대한 태도나 모습도 외부환경의 반응에 영향을 미친다. 클라이언트의 이미지를 개선할 수 있는 우수하고 역량 있는 직원의 모습을 나타내야 한다.

4) 자립생활의 철학

자립생활의 철학은 인간이 스스로의 삶을 선택하고 결정하며, 자신의 생활 전반에 대한 통제력을 가지고 있음을 나타내는 것이다. 이는 클라이언트가 어떤 생활방식을 선택할 것인지, 누구와 어디에서 살 것인지 등을 스스로 결정하는 것이다. 즉, 수혜자의 입장에 있지 않으며, 클라이언트가 능동적이고 주체적인 삶의 양식을 가질 수 있다는 이념이다. 따라서 그 선택과 결정에 대한 책임도 클라이언트 당사자에게 있다.

자립생활의 철학은 다음과 같은 내용으로 클라이언트의 시민권과 존엄성을 존중한다(오혜경, 1999). 첫째, 모든 인간의 삶은 가치 있는 것이다. 둘째, 인간은 누구나 자신 스스로 선택할 수 있는 능력이 있다. 셋째, 다양한 형태의 사회적 제약이 있더라도 자신의 생활 전반을 관리하고 조정할 수 있는 권리가 있다. 넷째, 사회생활 전반에 참여할 권리가 있다.

5) 강점 중심의 철학

강점 중심의 철학은 클라이언트의 잠재능력, 재능, 자질을 강화시켜 줌으로써 사회적 적응을 보다 가능하게 하는 데 초점을 둔 운영철학이자 접근방법이다. 이 접근은 클라이언트의 병리보다는 강점, 자기결정을 강조한다. 따라서 사회복지 전문가들이 클라이언트를 문제가 있는 사람, 결핍자 등의 병리학적 측면에서 접근했던 기존의 접근들을 강하게 비판한다.

이 철학은 클라이언트의 강점과 잠재력에 초점을 맞추는 것은 물론 개인문제보다는 사회·환경적인 문제의 해결에 더욱 초점을 둔다. 그러므로 실천의 목표로 지역사회, 사회구조, 제도 등에 영향을 미치고자 한다. 이 접근의 실천범위는 개인 중심의 협력관계부터 지역사회 내의 중간적인 측면, 사회구조 및 제도개선의 가시적인 측면을 모두 포함한다.

강점 중심의 철학적 접근의 특성은 다음과 같다.

첫째, 문제가 아닌 도전을 강조한다. 클라이언트의 문제를 수치감, 비난, 죄책감, 낙인을 수반하는 전제가 아닌 도전, 성장의 기회로 생각한다. 둘째, 병리가 아닌 강점을 강조한다. 문제를 병리의 측면에서 바라보면 대상자나 실천전문가의 강점과 능력을 과소평가할 수 있기 때문이다. 셋째, 과거가 아닌 미래를 강조한다. 클라이언트의 미래 성장을 위해 현재의 자원을 탐색하고 사정하며 이를 통합할 수 있는 기회를 강조한다.

따라서 이러한 접근과 철학에서 시설운영자와 사회복지전문가는 다음과 같은 특성을 인지해야 한다. 첫째, 사람들은 성장과 변화를 위한 개별적·본래적 능력을 갖고 있다는 것을 인식한다. 둘째, 클라이언트 체계는 자원과 능력을 원천적으로 지니고 있음을 인식한다. 셋째, 상호작용과 협력을 통해 기존의 자원을 증대시킬 수 있음을 인식한다. 넷째, 긍정적인 변화는 희망과 미래의 가능성 위에 구축됨을 인식한다. 다섯째, 클라이언트 체계는 그들의 상황을 가장 잘 아는 체계이며, 문제해결을 위한 대안이 주어지면 가장 좋은 해결책을 결정할 수 있음을 확신한다. 여섯째, 무력감을 증대시키기보다는 완수감과 능력을 증대시키는 과정을 지지한다. 일곱째, 체계의 결함보다는 체계 간의 상호교류 과정에서 도전과 관심을 제기한다.

이러한 특성을 실천하기 위한 실청상의 지침은 다음과 같다.

첫째, 클라이언트를 믿는다. 클라이언트가 정직하고 신뢰할 만한 사람이라는 것을 믿고, 모든 사람은 삶의 도전에 대처하고 다른 사람과 상호작용하는 방법 속에서 긍정적인 변화를 할 수 있다고 가정한다.

둘째, 강점에 관심을 나타낸다. 클라이언트의 능력, 기술, 자원, 동기를 나타내는 모든 것에 주의를 집중하고 클라이언트에게 이를 환기시킨다.

셋째, 클라이언트의 정체성, 명확성 그리고 클라이언트가 기관에서 기대하는 것을 보다 정확하게 이루도록 돕기 위해 노력한다.

넷째, 클라이언트를 자신의 삶, 행동, 상황, 변화 노력이나 치료계획을 가장 잘 수행할 수 있는 전문가로 가정한다.

다섯째, 클라이언트에 대한 사정과 개입계획 과정을 클라이언트와 사회복지사가 공동으로 활동하는 것이라고 생각한다.

여섯째, 사정을 하지만 진단은 하지 않는다. 또한 클라이언트에 대해 진단적 분류를 사용하는 것을 피한다.

일곱째, 이전에 클라이언트가 시행하였던 일들에 대한 논의는 피한다. 이전에 문제 상황을 해결하기 위하여 클라이언트가 시도하여 실패했던 일들에 대한 논의는 대부분 비생산적이다. 그러므로 그 대신 향후 해결해야 하는 것에 대해 더 많은 시간과 에너지를 사용하도록 한다.

여덟째, 클라이언트의 가족, 사회적 관계망, 지역사회 등의 공식적·비공식적 자원을 모두 활용한다.

아홉째, 개입계획은 클라이언트와 그 상황에 따라 구체적이고 개별화하여 세우도록 한다.

6) 역량강화의 철학

역량강화(empowerment)란 능력을 가지는 것, 능력을 향상하는 것으로 볼 수 있다. 구체적으로 살펴보면, 목적적 의미에서는 '자신의 삶에 대한 집단적 통제력을 획득하는 것'으로 정의될 수 있다. 과정적 의미로는 '사회복지사들이 사람들의 결여된 힘을 증대시키기 위해 추구하는 방법' 또는 '서비스에서 클라이언트의 참여와 자조운동을 강화시키는 과정'으로 정의될 수 있다. 도구적 의미에서 보면, '개인, 집단, 지역사회가 그들의 환경에 대한 통제력을 얻고, 그들 자신의 목표를 달성하여 결과적으로 그들 자신과 다른 사람을 원조하여 삶의 질을 최대화시켜 나가는 수단'이라고 정의할 수 있다.

역량강화의 철학은 클라이언트가 스스로 자신의 삶을 운영하도록 개인생활, 대인관계, 사회적·정치적·경제적·문화적 능력을 증가시키는 목적 또는 과정에 초점을 둔다. 이 철학은 클라이언트 자신의 강점, 이웃과 지역사회의 자원들, 해결이 가능하다는 신념 등에서 출발하며 결과적으로는 사회적·조직적 환경에 대한 개인의 역량강화를 의미한다.

이 철학적 접근의 특성은 다음과 같다. 첫째, 생태체계적 관점을 통합하고 있다. 둘째, 클라이언트의 결함보다는 강점을 지향한다. 셋째, 문제 확인보다는 문제해결을 추구한다. 넷째, 처방에 따른 치료보다는 능력향상, 역량강화에 초점을 둔다. 다섯째, 전문가의 전문적 능력보다는 클라이언트가 변화과정의 모든 국면에서 완전한 동반자로 참여해야 한다는 전제를 가지고 있다. 그래서 클라이언트와 전문가 간의 협력적인 동반자적 관계를 강조한다. 여섯째, 환경에는 많은 잠재적 자원이 있으므로 다양한 환경적 자원을 활성화하는 데 역점을 둔다. 이와 더불어 클라이언트 자신을 자원으로 인식하도록 돕는다.

실천과정에서 역량강화를 위한 개입과정은 다음과 같이 세 가지 단계로 구분한다.

첫째, 대화 단계이다. 이 단계는 전문가와 클라이언트 간의 상호신뢰라는 협력적 관계를 확립하고 유지시키기 위해 함께 준비하기, 동반자 관계 형성하기, 해결해야 할 일 설명하기, 강점 확인하기, 방향 정하기 등의 활동을 수행한다.

둘째, 발견 단계이다. 이 단계에서는 전문가와 클라이언트는 체계적으로 해결에 필요한 자원 발굴 방법을 모색하는데, 여기에는 자원체계 조사하기, 자원의 능력 분석하기, 해결책 고안하기 등이 있다.

셋째, 발달 단계이다. 이 단계는 클라이언트와 전문가가 기존의 자원을 활성화하고 클라이언트가 목적에 도달할 수 있도록 새로운 대안들을 개발한다. 또한 발달 단계에서는 자원을 조직하고 확대시키며, 결과목적을 달성하기 위해 일하며 공식적인 개입과정을 결정짓는다. 이 단계에는 자원을 활성화시키기, 기회 확장하기, 성공을 인식하기, 결과들을 통합하기 등이 있다.

PART 02

사회복지시설 운영방법

CHAPTER 06

법인 및 시설의 재무 · 회계

법인 및 시설의 재무 · 회계는 2018년 사회복지법인 관리안내 중 「사회복지법인 및 사회복지시설 재무 · 회계규칙」의 내용에서 발췌한 것이며, 여기에 근거하여 사회복지법인 및 시설을 운영할 수 있으므로 매우 중요한 자료이다.

제1절 재무 · 회계 규칙의 개요

1. 재무 · 회계 규칙의 목적

「사회복지사업법」 제23조 제4항, 제34조 제3항 및 제45조 제2항의 규정에 의하여 사회복지법인 및 시설의 재무 · 회계 및 후원금관리에 관한 사항을 규정하여 명확성 · 공정성 · 투명성을 기함으로써 사회복지법인과 시설의 합리적인 운영에 기여함을 목적으로 한다.

2. 적용범위

「사회복지사업법」의 적용을 받는 모든 사회복지법인 및 시설(소관부처 및 정부 보조금 지급 여부와는 상관없이 모든 사회복지법인과 시설에 적용)이 적용대상이다.

3. 다른 법령과의 관계

사회복지법인 및 시설의 재무·회계처리에 관하여 다른 법령에 특별한 규정이 있는 경우를 제외하고는 본 규칙에 따른다.

4. 사회복지법인 및 시설의 회계

사회복지법인의 회계는 법인회계, 시설회계, 수익사업회계로 구분하여 관리한다. 법인회계는 사회복지법인의 업무 전반에 관한 회계를 말하며, 시설회계는 사회복지법인이 설치·운영하는 사회복지시설에 관한 회계를 뜻한다. 그리고 수익사업회계는 사회복지법인이 수행하는 수익사업에 관한 회계를 의미한다.

시설의 회계는 해당 시설의 시설회계로 한다. 사회복지법인 이외의 자가 시설을 설치·운영하는 경우에도 시설회계를 반드시 두어야 하고, 시설이 여러 개소인 경우 시설의 회계는 각 시설별로 구분하여 관리해야 한다.

사회복지법인 및 시설의 회계연도는 정부의 회계연도(1. 1~12. 31)에 의한다. 또한 수입 및 지출의 발생, 자산 및 부채의 증감에 관하여는 그 원인이 되는 사실이 발생한 날을 기준으로 하여 연도소속을 구분하되, 그 사실이 발생한 날을 정할 수 없는 경우에는 그 사실을 확인한 날을 기준으로 한다.

회계부정 등 불법행위가 발견된 경우에는 해당 법인의 임원해임, 시설의 개선, 사업정지, 시설장교체, 시설 폐쇄 등 조치가 이루어진다.

5. 출납기한

1회계연도에 속하는 법인 및 시설의 세입 · 세출의 출납은 회계연도가 끝나는 날까지 완료해야 한다.

6. 정보통신매체에 의한 재무 · 회계 처리

국가나 지방자치단체로부터 보조금을 받는 사회복지법인과 시설의 경우, 사회복지시설정보시스템 또는 보건복지부장관이 검증한 표준연계모듈이 적용된 정보시스템을 사용하여 재무 · 회계를 처리하여야 한다.

제2절 예 산

1. 예산의 편성

1) 예산의 편성 및 절차

예산을 편성할 때에는 예산총계주의의 원칙에 따라 1회계연도의 모든 수입은 세입으로 하고 모든 지출은 세출로 하되, 세입과 세출은 모두 예산에 계상하여야 한다.

예산편성 절차는 ❙그림 6-1❙과 같이 나타낼 수 있다.

주요 내용	주 체	일 정
시·군·구에서 법인 또는 시설에 특히 필요하다고 인정하는 사항에 관해 예산편성지침 통보 가능	법인 또는 시설 소재지 관할 시장·군수·구청장	회계연도 개시 2개월 전까지
법인은 법인과 법인 산하 시설의 예산편성지침을 결정	법인 대표이사	회계연도 개시 1개월 전까지
회계별 예산(법인회계, 시설회계, 수익사업회계) 편성	법인 대표이사 및 시설의 장	회계연도 개시 전까지
시설회계 예산안에 대한 시설 운영위원회 보고 ※ 법인이 설치·운영하는 시설의 경우에도 시설회계는 법인 이사회 의결 전 시설 운영위원회에 보고 필요 ※ 법인회계 및 수익사업회계에 대해서는 불필요	시설의 장	예산안 편성 완료 시
법인의 회계별 예산(법인회계, 시설회계, 수익사업회계)안에 대한 이사회 의결, 예산안 확정 ※ 법인이 설치·운영하는 시설의 시설회계도 포함 ※ 법인이 아닌 경우에는 시설 운영위원회 보고로 예산안이 확정됨	법인 이사회	예산안 편성 완료 시
확정된 예산안을 시장·군수·구청장에 제출 ※ 법인은 법인의 회계별 예산(법인회계, 시설회계, 수익사업회계)을 법인 소재지를 관할하는 시장·군수·구청장에 제출하고, 시설의 장(법인이 운영하는 시설도 포함)은 해당 시설의 시설회계를 시설 소재지 관할 시장·군수·구청장에 제출	법인 대표이사 및 시설의 장	회계연도 개시 5일 전까지
법인과 시설의 회계별 세입·세출 명세서를 시군구, 법인, 시설의 게시판과 인터넷 홈페이지에 20일 이상 공고 ※ 「사회복지사업법」 제6조의2 제2항에 따른 정보시스템에 게재하거나 「영유아보육법」 제49조의2 제2항에 따른 공시로 갈음 가능	시장·군수·구청장, 법인 대표이사, 시설의 장	예산안 제출 20일 이내

[그림 6-1] 예산편성 절차

2) 예산의 편성 방법 및 제출서류

예산의 편성 방법은 「사회복지법인 및 사회복지시설 재무 · 회계 규칙」의 별표1~별표8에 따른 세입 · 세출예산과목구분에 따라 편성해야 하며, 예산에 첨부할 서류는 다음과 같다.

① 예산총칙
② 세입 · 세출명세서
③ 추정대차대조표
④ 추정수지계산서
⑤ 임 · 직원 보수일람표
⑥ 당해예산을 의결한 이사회 회의록 또는 해당 예산을 보고받은 시설운영위원회 회의록

다만, 단식부기인 경우 ①, ②, ⑤, ⑥만 첨부할 수 있고, 소규모시설(국가 · 지자체 · 법인 이외의 자가 설치 · 운영하는 시설 중 거주자 정원이나 일평균 이용자가 20인 이하인 시설)인 경우 ②, ⑥만 첨부할 수 있으며, 어린이집은 보육사업안내에서 정하는 바에 따른다.

2. 준예산의 편성

준예산을 편성하는 이유는 회계연도 개시 전까지 법인의 예산이 성립되지 아니한 때에 그러하다. 준예산은 예산 성립 시까지 일부 경비에 대해 전년도 예산에 준하여 집행 가능하다. 임직원 보수, 법인 및 시설운영에 직접 사용되는 필수적인 경비, 법령상 지급의무가 있는 경비에 대해 집행 가능하다. 단, 법인의 대표이사 및 시설의 장은 준예산 편성 전에 시 · 군 · 구청장에게 사유를 보고해야 한다.

3. 추가경정 예산의 편성

추가경정 예산을 편성하는 이유는 예산 성립 후에 생긴 사유로 인해 기 성립된 예산에 변경을 가할 필요가 있는 경우이다. 예산편성절차에 준하여 추가경정예산을 편성하고 확정한다. 단, 법인의 대표이사 및 시설의 장은 추경이 확정된 날로부터 7일 이내에 이를 시·군·구청장에게 제출해야 한다.

4. 예비비의 계상

법인의 대표이사 및 시설의 장은 예측할 수 없는 예산외의 지출 또는 예산의 초과 지출에 충당하기 위하여 예비비를 세출예산에 계상할 수 있다.

5. 예산의 목적 외 사용금지

사회복지법인 및 시설회계의 예산은 세출예산이 정한 목적 외에 사용이 금지된다.

6. 예산의 전용

관간 전용 및 동일 관내 항간 전용 시에는 법인 이사회의 의결 또는 사회복지시설 운영위원회에 보고를 거쳐 전용(법인 산하 시설의 경우 운영위원회 보고 후 이사회 의결을 통해 전용)할 수 있다.

동일 항내 목간 전용 시에는 법인 대표이사 및 시설의 장이 전용 가능하다.

예산총칙에서 전용을 제한하고 있거나, 예산 심의 과정에서 삭감한 관·항·목으로는 전용하지 못하는 전용의 제한이 있다.

전용에 대한 보고 시에는 관·항 전용의 경우에는 관할 시장·군수·구청장에게 과목 전용 조서를 제출(결산 보고 시에 첨부)해야 한다. 단, 보조금을 받는 법인·시설의 경우에는 타 법령 또는 보조금 지원 기준 등에 따라 보조금 지원 주체가 예산 전용을 제한할 수 있으므로, 해당 법인 및 시설은 이에 따라야 한다(전용을 하는 경우 사전에 보조금을 지원하는 지방자치단체와 협의).

7. 세출예산의 이월

세출예산 중 성질상 당해 회계연도 안에 지출을 마치지 못할 것으로 예측되는 경비 및 연도 내에 지출원인행위를 하고 불가피한 사유로 인하여 연도 내에 지출하지 못한 경비는 이월할 수 있다. 그 방법은 법인 이사회의 의결 또는 시설 운영위원회 보고를 거쳐 다음 연도에 이월 사용 가능하다(법인 산하 시설의 경우 운영위원회 보고 후 이사회 의결을 통해 이월).

8. 특정목적사업 예산

완성에 수년을 요하는 공사나 제조 또는 특수한 사업을 위하여 2회계연도 이상에 걸쳐서 그 재원을 조달할 필요가 있는 경우에는 특정목적사업 예산을 수립할 수 있다. 그 방법으로는 회계연도마다 일정액을 예산에 계상하여 특정목적사업을 위한 적립금으로 적립 가능하다. 단, 적립금은 별도의 통장으로 관리해야 한다. 그 절차로는 적립금의 적립 및 사용계획 등을 시장·군수·구청장에 사전에 보고해야 한다.

제3절 결 산

1. 결산보고 절차

결산보고 절차는 【그림 6-2】와 같이 나타낼 수 있다.

주요 내용	주 체	일 정
법인회계와 시설회계의 세입·세출 결산보고서 작성	법인 대표이사 및 시설의 장	출납 완료 시
결산 보고서의 시설 운영위원회 보고 ※ 법인이 설치·운영하는 시설의 경우에도 시설회계는 법인 이사회 의결 전 시설 운영위원회에 보고 필요 ※ 법인회계 및 수익사업회계에 대해서는 불필요	시설의 장	결산보고서 작성 후
결산 보고서의 법인 이사회 의결 ※ 법인이 설치·운영하는 시설의 시설회계도 포함 ※ 법인이 아닌 경우에는 시설 운영위원회 보고로 결산보고서 확정	법인 대표이사	결산보고서 작성 후
확정된 결산 보고서를 시장·군수·구청장에 제출 ※ 법인은 법인회계, 시설회계, 수익사업회계 결산을 법인 소재지를 관할하는 시장·군수·구청장에 제출하고, 시설의 장(법인이 운영하는 시설도 포함)은 해당 시설의 시설회계 결산을 시설 소재지 관할 시장·군수·구청장에 제출	법인 대표이사 및 시설의 장	다음 연도 3월 31일까지
법인과 시설의 세입·세출 결산서를 시군구, 법인, 시설의 게시판과 인터넷 홈페이지에 20일 이상 공고 ※ 「사회복지사업법」 제6조의2 제2항에 따른 정보시스템에 게재하거나 「영유아보육법」 제49조의2 제2항에 따른 공시로 갈음 가능	시장·군수·구청장, 법인 대표이사, 시설의 장	결산보고서 제출 20일 이내

【그림 6-2】 결산보고 절차

2. 결산보고서에 첨부하여야 할 서류

결산보고서에 첨부하여야 할 서류들은 다음과 같다.

① 세입 · 세출 결산서
② 과목전용조서
③ 예비비사용조서
④ 대차대조표
⑤ 수지계산서
⑥ 현금 및 예금명세서
⑦ 유가증권명세서
⑧ 미수금 명세서
⑨ 재고자산명세서
⑩ 기타 유동자산명세서(⑥~⑨ 유동자산 외의 유동자산)
⑪ 고정자산(토지 건물 차량운반구 비품 전화가입권)명세서
⑫ 부채명세서(차입금, 미지급금 포함)
⑬ 제충당금명세서
⑭ 기본재산수입명세서(법인만 해당)
⑮ 사업수입명세서
⑯ 정부보조금명세서
⑰ 후원금 수입명세 및 사용결과보고서(전산파일을 포함한다)
⑱ 후원금 전용계좌의 입출금내역
⑲ 인건비명세서
⑳ 사업비명세서
㉑ 기타 비용명세서(인건비 및 사업비를 제외한 비용)
㉒ 감사보고서
㉓ 법인세 신고서(수익사업이 있는 경우에 한함)

단, 단식부기로 작성할 경우 ①~③, ⑭~㉓ 항목만을 제출할 수 있고, 소규모시설인 경우 ①, ⑰항목만 제출할 수 있으며, 어린이집은 보육사업안내에서 별도로 정한다.

제4절 회 계

1. 회계 총칙

법인의 대표이사 및 시설의 장은 수입 및 지출사무 관리주체이며, 해당 사무를 소속직원에게 "각각" 위임 가능하다.

법인과 시설에는 수입과 지출의 현금출납업무를 담당하기 위하여 "각각" 수입원과 지출원을 두되, 법인 또는 시설의 규모가 소규모인 경우에는 수입원과 지출원을 동일인으로 할 수 있다. 수입원과 지출원은 법인의 대표이사와 시설장이 임면한다.

회계는 단식부기 방법으로 하되, 필요한 경우에는 복식부기를 할 수 있다.

법인 및 시설에 비치해야 될 회계장부는 다음과 같다.

- 현금출납부
- 총계정원장
- 재산대장
- 비품관리대장

하지만 컴퓨터 회계프로그램 또는 사회복지시설정보시스템 등에 의하여 전자장부를 사용하는 경우에는 회계장부를 둔 것으로 본다. 다만, 회계감독 등을 위해 지방자치단체에서 요청하는 경우에는 출력물을 보관하여야 한다.

2. 수 입

모든 수입금의 수납은 이를 금융기관에 취급시키는 경우를 제외하고는 수입원이 아니면 수납하지 못한다. 수입원이 수납한 수입금은 그 다음날까지 금융기관에 예입해야 하며, 수입금에 대한 금융기관의 거래통장은 회계별(법인회계, 시설회계, 수익사업회계)로 구분될 수 있도록 보관 · 관리한다.

출납 완결 연도에 속하는 수입 기타 예산 외 수입은 모두 현년도 예산에 편입하며, 지출된 세출의 반납금은 각각 지출한 세출의 당해 과목에 여입 가능하다. 또한 과오납된 수입금은 수입한 세입에서 직접 반환할 수 있다.

3. 지 출

1) 지출의 원칙

지출은 지출사무를 관리하는 자(대표이사, 시설장) 및 그 위임을 받아 지출명령(예산 범위 내에서)이 있는 것에 한하여 지출원이 수행한다. 그리고 지출은 상용의 경비 또는 소액의 경비지출을 제외하고는 예금통장에 의하거나 전자거래로 수행한다. 상용 경비 또는 소액의 경비 지출은 현금으로 가능하며 이를 위해 지출원은 100만 원 이하의 현금을 보관할 수 있으며, 상용경비 또는 소액의 경비 지출의 범위는 시 · 도지사가 자체적으로 정한다. 상용경비 또는 소액의 경비 지출 시에도 영수증 등 증빙 서류 관리는 철저하게 수행하여야 한다.

2) 지출의 특례(선금급, 개산급)

선금급(확정된 계약에 대하여 사업성격상 미리 지급하는 것)을 할 수 있는 경비의 범위는 다음과 같다.

- 외국에서 직접 구입하는 기계, 도서, 표본 또는 실험용 재료의 대가
- 정기간행물의 대가
- 토지 또는 가옥의 임대료와 용선료
- 운임
- 소속직원중 특별한 사정이 있는 자에 대하여 지급하는 급여의 일부
- 관공서(정부투자기관관리기본법에 의한 정부투자기관 및 특별법에 의하여 설립된 특수법인 포함)에 대하여 지급하는 경비
- 외국에서 연구 또는 조사에 종사하는 자에 대하여 지급하는 경비
- 보조금
- 사례금
- 계약금액이 1천만 원 이상인 공사나 제조 또는 물건의 매입을 하는 경우에 계약
- 금액의 100분의 50을 초과하지 아니하는 금액

개산금(지출금액이 미확정인 채무에 대하여 지급의무가 확정되기 전에 개산(槪算 : 어림셈)으로 지급하는 것)을 할 수 있는 경비의 범위는 다음과 같다.

- 여비 및 판공비
- 관공서에 대하여 지급하는 경비
- 보조금
- 소송비용

4. 계 약

계약에 관한 사항은 「지방자치단체를 당사자로 하는 계약에 관한 법률」, 동법 시행령 및 동법 시행규칙을 준용하여 처리한다. 다만, 국가・지방자치단체・사회복지법인 이외의 주체가 설치・운영하는 시설은 그러하지 아니하다.

제5절 물 품

1. 물품의 관리

물품은 현금 및 유가증권을 제외한 동산을 말한다. 물품의 관리주체는 법인의 대표이사 및 시설의 장이다. 대표이사와 시설장은 물품관리에 관한 사항을 소속직원에게 위임 가능하며, 물품의 출납보관을 위해 소속직원 중 물품출납원을 지정한다. 지정된 물품관리자와 물품출납원은 선량한 관리자의 주의의무로 물품을 관리한다.

물품의 출납은 물품관리자의 출납명령에 의해 물품출납원의 출납행위를 통해서만 가능하다.

2. 물품의 조사 및 처리

연 1회 법인 및 시설에 대한 정기 재물조사를 실시한다(의무사항). 또한 필요시 수시재물조사를 실시할 수 있다(대표이사 및 시설장 재량사항). 사용 불가능 또는 수리하여 재사용이 불가능한 물품은 불용 결정하며, 불용품 매각 시 그 대금은 당해 법인 또는 시설의 세입예산에 편입한다.

제6절 후원금의 관리

1. 후원금의 접수

1) 후원금의 범위 등

후원금은 아무런 대가없이 무상으로 받은 금품이나 그 밖의 자산을 말한다. 법인의 대표이사와 시설의 장은 후원금의 수입·지출 내용을 공개하여야 하며, 그 관리에 명확성이 확보되도록 하여야 하고, 후원금에 관한 영수증 발급, 수입 및 사용결과 보고 등을 하지 않은 경우 300만 원 이하의 과태료가 부과된다.

2) 후원금 영수증 발급

법인의 대표이사와 시설장은 후원금을 받은 때에는 「소득세법 시행규칙」 제101조 제20호의2 또는 「법인세법 시행규칙」 제82조 제7항 제3호의3에서 정하는 기부금영수증 서식에 따라 후원금 영수증을 발급하고 후원자에게 교부한다. 그리고 금융기관 또는 체신관서의 계좌입금을 통해 후원금을 받는 경우에는 법인 명의 또는 시설명칭이 부기된 시설장 명의의 후원금전용계좌를 사용해야 한다. 이 경우에는, 후원자가 원하는 경우를 제외하고는 영수증 발급을 생략할 수 있다.

3) 후원금 전용계좌의 개설

법인 및 시설에서 후원금을 받을 때는 각각의 법인 및 시설별로 후원금전용계좌를 구분하여 사용하고, 미리 후원자에게 후원금 전용계좌 등의 구분에 관한 사항을 반드시 안내해야 한다. 단, 법인 산하의 시설이더라도 법인의 후원금 전용계좌와 별도로 시설 고유의 후원금 계좌를 두어야 한다.

2. 후원금의 관리

1) 후원금 발급 목록 장부 비치

후원금을 받은 때에는 후원금 영수증 교부 후 발급목록을 별도 장부로 관리하여 비치하여야 한다.

〈표 6-1〉 후원금 영수증 발급 대장 예시

연번	일 시	후원자(법인)	후원금 유형 및 금액		지정후원금 용도	비고
			지정	비지정		
1	2013. 1. 25.	○○○법인	500,000원		아동급식지원	
2	2013. 1. 30.	○○○		100,000원		

2) 후원금의 수입 및 사용내용 통보

대표이사와 시설장은 연 1회 이상 해당 후원금의 수입 및 사용내용을 후원금을 낸 법인 · 단체 또는 개인에게 통보해야 하며, 이는 법인이 발행하는 정기간행물 또는 홍보지 등을 이용하여 일괄통보 가능하다. 또한 후원자 각각에게 개별통보도 가능하다.

3) 후원금 수입 및 사용결과 보고 · 공개

대표이사와 시설장은 관할 시장 · 군수 · 구청장에게 결산보고서를 제출할 때 후원금 수입 및 사용결과보고서를 함께 제출한다. 이 경우 반드시 전자파일로 제출하여야 하며, 출력한 보고서도 추가 제출 가능하다.

시장 · 군수 · 구청장은 제출받은 후원금의 수입 및 사용결과 보고서를 제출받은 날부터 20일 이내에 인터넷(시 · 군 · 구 홈페이지) 등을 통하여 3개월간 공개한다.

같은 기간 동안 법인의 대표이사 및 시설의 장도 후원금수입 및 사용결과 보고서를 법인 및 시설의 게시판과 인터넷 홈페이지에 공개해야 한다. 단, 후원자 성명(법인의 경우 그 명칭)은 공개하면 안 된다. 후원금 수입 및 사용결과 보고·공개 의무 위반 시 300만 원 이하의 과태료가 부과된다.

「사회복지사업법」 제6조의2 제2항에 따른 정보시스템을 통하여 후원금수입 및 사용결과 보고서를 게시하는 경우, 시·군·구, 법인 및 시설 홈페이지에 공고한 것으로 갈음한다.

4) 후원금 용도 외 사용 금지

법인의 대표이사와 시설의 장은 후원금을 후원자가 지정한 용도 이외로 사용할 수 없다. 다만, 지정후원금의 15%는 후원금 모집, 관리, 운영, 사용, 결과 보고 등에 필요한 비용으로 사용 가능하다. 단, 사회복지법인 어린이재단을 통한 지정후원금 및 생활자에 대한 결연후원금은 제외된다.

후원자가 용도를 지정하지 않은 후원금에 대해서는 법인 운영비 및 시설 운영비로 사용하되, 다음과 같은 기준에 따라 사용해야 한다. 첫째, 후원자가 사용 용도를 지정하지 않은 비지정후원금은 법인 운영비 및 시설 운영비로 사용하되, 간접비로 사용하는 비율은 50%를 초과하지 못한다. 다만, 간접비 중에서도 업무추진비(기관운영비, 직책보조비, 회의비), 법인회계전출금, 부채상환금, 잡지출, 예비비로는 사용이 금지된다. 둘째, 자산취득비로 사용하는 것은 원칙적으로 금지하나, 토지·건물을 제외하고 시설 운영에 필요한 집기, 장비 등은 구입 가능하다. 셋째, 시설비는 건물 노후화, 정원대비 협소한 공간 등 시설 입소·이용자의 불편을 해소하기 위하여 시설 증·개축이 필요하다고 인정되는 경우에는 관할 주무관청의 승인을 받아 사용 가능하다. 넷째, 인건비로 사용 가능하되, 후원금으로 직원 수당을 지급하는 경우에는 「근로기준법」 또는 「사회복지시설 종사자 가이드라인」에서 정하고 있는 수당(명절휴가비, 시간외근무수당, 가족수당), 사회복지업무수당(다만, 사회복지공무원에게 지급되는 수당 이상을 초과할 수 없으며, 전체 비지정후원금의 50% 한도 내에서만 수당 지급 가능)과 지방자치단체에서 별도로 정하고 있는 수당에 한하여 편성 · 지급해야 함을 원칙으로 한다. 다만, 개별 사회복지법인 및 사회복지시설에서는 지방자치단체와 협의하여 수당 항목을 추가로 정할 수 있다.

후원금은 예산의 편성 및 확정절차에 따라 세입 · 세출예산에 편성하여 사용하고, 가급적 적립 · 이월하지 않고 회계연도 내에 집행할 수 있도록 노력해야 한다. 만약 후원금을 이월하거나 타 회계로 전출할 경우, 그 세입이 후원금이라는 것을 반드시 명시해야 하며, 이에 따라 이월 · 전출된 후원금은 후원금 관리기준에 따라 사용하여야 한다.

〈표 6-2〉 비지정후원금 사용을 위한 법인 운영비 구분

과 목		직접비	간접비	비 고
관	항	목		
사무비	인건비	• 급여 • 제수당 • 일용잡급 • 퇴직금 및 퇴직적립금 • 사회보험부담금 • 기타 후생경비		수당은 「근로기준법」 또는 이 지침에서 정하고 있는 수당, 사회복지업무수당(다만, 사회복지공무원에게 지급되는 수당 이상을 초과할 수 없으며 전체 비지정후원금의 50% 한도 내에서만 수당 지급 가능) 및 지방자치단체에서 별도로 정하고 있는 수당에 한함. 다만, 지방자치단체와 협의하여 수당항목을 추가로 정할 수 있음
	업무추진비		• 기관운영비 • 직책보조비 • 회의비	사용 불가(다만, 15% 이내에서 후원금 모집을 위한 회의비, 운영비로 사용 가능
	운영비	• 공공요금 • 차량비 • 연료비 • 여비 • 수용비 및 수수료 • 제세공과금	• 기타 운영비	

재산조성비	시설비	• 시설장비유지비	• 시설비 • 자산취득비	시설비는 시설 증·개축이 필요하다고 인정되는 경우에 관할 주무관청의 승인을 받아 사용 가능 자산취득비는 토지, 건물을 제외한 시설운영에 필요한 집기, 장비 등 구입 가능
사업비	일반사업비	• ○○사업비		
전출금	전출금	• ○○시설 전출금		
과년도지출	과년도지출		• 과년도지출	
상환금	부채상환금		• 원금상환금 • 이자지급금	사용불가
잡지출	잡지출		• 잡지출	사용불가
예비비 및 기타	예비비 및 기타		• 예비비 • 반환금	사용불가

〈표 6-3〉 비지정후원금 사용을 위한 시설 운영비 구분
세출예산과목은 시설유형에 따라 별표4 또는 별표6 적용

과 목		직접비	간접비	비 고
관	항	목		
사무비	인건비	• 급여 • 제수당 • 일용잡급 • 퇴직금 및 퇴직적립금 • 사회보험부담금 • 기타 후생경비		수당은 「근로기준법」 또는 이 지침에서 정하고 있는 수당, 사회복지업무수당(다만, 사회복지공무원에게 지급되는 수당 이상을 초과할 수 없으며 전체 비지정후원금의 50% 한도 내에서만 수당 지급 가능) 및 지방자치단체에서 별도로 정하고 있는 수당에 한함. 다만, 지방자치단체와 협의하여 수당항목을 추가로 정할 수 있음
	업무추진비		• 기관운영비 • 직책보조비 • 회의비	사용 불가(다만, 15% 이내에서 후원금 모집을 위한 회의비, 운영비로 사용 가능

사무비	운영비	• 공공요금 • 차량비 • 여비 • 수용비 및 수수료 • 제세공과금	• 기타 운영비	
재산조성비	시설비	• 시설장비유지비	• 시설비 • 자산취득비	시설비는 시설 증 · 개축이 필요하다고 인정되는 경우에 관할 주무관청의 승인을 받아 사용 가능 자산취득비는 토지, 건물을 제외한 시설운영에 필요한 집기, 장비 등 구입 가능
사업비	운영비	• 생계비 • 수용기관경비 • 피복비 • 의료비 • 장의비 • 직업재활비 • 자활사업비 • 특별급식비 • 연료비		
	교육비	• 수업료 • 학용품비 • 도서구입비 • 교통비 • 급식비 • 학습지원비 • 수학여행비 • 교복비 • 이미용비 • 기타 교육비		
	○○사업비	• ○○사업비		
전출금	전출금		• 법인회계전출금	사용불가
과년도지출	과년도지출		• 과년도지출	
상환금	부채상환금		• 원금상환금 • 이자지불금	사용불가

잡지출	잡지출		• 잡지출	사용불가
예비비 및 기타	예비비 및 기타		• 예비비 • 반환금	사용불가
적립금	운영충당 적립금		• 운영충당적립금	사용불가
준비금	환경개선 준비금		• 시설환경개선 준비금	사용불가

제7절 감사의 실시

법인의 감사는 당해 법인과 시설에 대하여 매년 1회 이상 감사를 실시한다. 시설장과 수입원 및 지출원이 사망하거나 경질된 때에는 그 관장에 속하는 수입, 지출, 재산, 물품 및 현금 등의 관리상황을 감사한다. 단, 감사 시 전임자가 입회하여야 하며, 전임자가 입회할 수 없는 경우에는 그 전임자가 지정하거나 법인의 대표이사가 관계 직원 중에서 지정한 입회인을 입회하게 해야 한다.

감사 후 감사보고서를 작성하여 법인 이사회에 보고하며, 재산상황 또는 업무집행에 관하여 부정 또는 불비한 점이 발견된 때에는 시·군·구청장에게 보고한다.

CHAPTER 07

인적자원 및 조직 관리

제1절 인적자원관리

사회복지시설은 조직구성원을 통해 클라이언트에게 서비스를 제공한다. 사회복지시설의 생존을 위해 필요한 활동, 예를 들어 자원 확보 및 클라이언트에게 서비스를 제공하는 등의 구체적인 활동이 조직구성원을 통해 이루어지기 때문에 조직구성원의 역량과 성과에 따라 조직성과가 결정되는 정도가 일반 영리기업이나 정부조직에 비해 강하다. 사회복지시설 간 경쟁 및 생존이 심해지고 있는 상황에서 사회복지시설이 조직성과를 제고시키며, 생존의 여정에서 경쟁력을 지니기 위해서는 조직구성원에 대한 관리, 즉 인적자원관리(human resource management)는 너무나도 중요하다.

1. 인적자원관리의 의의

1) 인적자원관리의 개념

인적자원관리는 조직의 성장과 유지라는 목적을 달성하기 위하여 필요한 자원 중 인적자원에 대한 관리라는 의미가 있다. 즉, 인적자원은 사회·경제적 가치를 생산·분배하는 투입요소를 뜻하고 관리는 하나의 제도나 방식으로 볼 수 있다. 그러므로 인적자원관리란 조직이 필요로 하는 인력의 수요와 공급을 계획하는 인적자원계획에서부터 일단 충원된 인적자원이 조직 내에서 업무수행을 개선할 수 있도록 지식, 기술, 역량을 증진시키는 인적자원개발, 그리고 배치, 이동, 평가, 관리 등의 인적자원 활용에 이르기까지의 다양한 측면의 활동이라고 정의할 수 있다. 또한 인적자원관리는 조직편성, 즉 역할과 직책의 구조를 의도한 바대로 설정하는 것과 밀접히 연결되어 있다.

2) 인적자원관리의 목적과 기능

인적자원관리는 인적자원관리를 통해서 사회복지시설의 목표를 달성할 뿐만 아니라 사회복지시설의 유지와 적응에 필요한 기능을 수행한다. 또한 인적자원관리는 조직에서 인적자원 이용과 관련된 필요한 법과 규칙의 준수, 개선된 기업관계의 개발, 모든 수준에서 의사소통과 합의점의 개발 등을 제시한다.

특히 사회복지시설에서 인적자원관리의 주된 목적은 효율적이고, 적합한 서비스를 필요로 하는 사회적 약자인 클라이언트의 복지를 증진시킬 수 있도록 조직구성원의 자질과 능력을 향상시키는 것이다.

인적자원관리의 주된 기능은 직원채용의 관리, 능력발전의 관리, 근무의욕의 관리, 근무규율의 관리이다. 이러한 인적자원관리는 공정하고 객관성을 갖춘 투명하고 열린 시스템으로 운영되어야 하며 조직구성원이 자신의 진로를 선택할 수 있고 목표달성을 위해 유연하게 이루어져야 한다.

3) 사회복지시설에서 인적자원관리의 특성

사회복지시설의 인적자원관리는 다른 일반적인 영리기업과는 다른 특성을 가지고 있다. 사회복지시설에서는 대부분이 사람과 사람의 관계에 이루어지는 노동집약적인 활동이 강하다. 그러므로 조직성과는 그 조직이 제공하는 서비스와 프로그램의 서비스 품질에 달려 있고, 또한 그것을 운영하는 조직구성원의 수준에 달려 있다. 사회복지시설에서 실시하고 있는 사업이나 제공하고 있는 서비스는 평가하기 어려운 특성을 가지고 있기 때문에 실무자나 자원봉사자들의 성과도 평가하기 어렵다는 점이 있다.

사회복지시설의 구성은 기업이나 정부의 경우처럼 고용인이 피고용인의 관계 뿐만 아니라 자원봉사자, 후원자 등 다양한 관계가 존재한다. 따라서 인적자원관리의 과정에서 다른 어느 영역보다 고려해야 할 사항이 많기 때문에 보다 철저한 계획 수립과 실행이 필요하다.

4) 인적자원관리 계획

인적자원관리 계획은 현재 또는 장차 조직이 필요로 하는 인력의 양과 질적 수준을 양적 차원에서 사전에 예측하고 결정하는 한편, 이를 충족시킬 수 있는 기관의 내·외부의 공급을 예측하고 계획하는 것이다. 즉, 인적자원관리 계획은 변화하는 환경속에서 기관목적의 달성을 위해 요구되는 인적자원을 장기적으로 예측하여 전략적이고도 체계적으로 대비하려는 활동이다.

충원 계획은 이러한 인적자원관리 계획의 산물이다. 즉, 어떤 기능을 갖춘 인력이 얼마나 필요하며, 또 언제 선발할 것인가 등 인적자원의 충원에 대한 전반적인 계획을 의미한다. 충원 계획은 공급과 수요의 양 측면에서 수립될 수 있다.

공급 계획은 사회복지시설의 조직구성원 수, 적격자의 수 등의 요인들에 관한 과거의 추세를 토대로 미래의 공급을 예측하는 것과 앞으로 사회복지시설에서 조직의 장기 목표를 달성하기 위한 전략적 계획과 연결하는 것을 포함한다.

수요 계획은 사회복지시설의 성장이나 축소, 조직의 임무와 업무량의 변화, 변화하는 기술 등에 관한 산정을 토대로 장래의 인력 필요성을 예상하는 것이다. 이러한 인적자원 충원의 필요성을 분석하기 위해서는 해당 사회복지시설의 현재 인력의 적절성 여부, 필요한 업무 관련 기술 여부, 적합한 부서에 배치되었고, 또한 업무를 제대로 수행하고 있는가에 대한 전반적인 조사와 평가가 선행되어야 한다. 또한 수급관리는 양질의 인적자원을 확보하기 위하여 단기·중기·장기적 계획을 수립하여 실시해야 한다.

2. 인적자원관리의 과정

채용은 사회복지시설의 직원으로서 업무에 가장 적절한 인물을 신규로 충원하는 것을 의미하며 충원하고자 하는 직원에 대한 직위나 직무를 분석하는 것을 근거로 충원 계획을 수립하게 된다. 그리고 모집 절차에 따라 능력 있고 대인관계가 원만한 조직구성원을 선발하는 전반적 채용 단계를 거치게 되는데 그 과정은 충원 → 모집·선발 → 임용 → 오리엔테이션 → 승진 → 평가 → 해임으로 나누어진다.

1) 충 원

충원계획은 능력 있고 직원 및 클라이언트와 원만한 인간관계를 이루어 나갈 수 있는 사람을 채용하기 위하여 단기·중기·장기 충원계획을 수립하여 실시해야 한다. 이후 계획에 따라 가장 적합한 사람들을 선발하기 위하여 직무분과 직무기술서를 통하여 유능하고 가능성 있는 사람을 채용하게 된다.

2) 모집과 선발

(1) 모집

모집과정은 선발을 전제로 신규채용 희망자에게 채용에 대한 정보를 제공하여 자격있는 지원자들을 공석 중의 직위에 유치하는 과정이다. 모집의 목적은 전문적이고 유능하며 클라이언트 및 다른 직원들과 원만한 대인관계를 맺을 수 있는 능력을 지닌 조직구성원을 고용하려는 데 있다.

조직구성원을 모집하는 절차로서는 첫째, 충원계획을 수립하고, 둘째, 직위에 대한 직무분석을 하는 것이며, 셋째, 직무 종류 및 내용 등의 직무기술서와 직무명세서를 작성하는 것이다.

세심하게 기술된 직무분석은 모집에서 가장 중요할 수 있다. 이것은 명확하고 분명해야 하며 사회복지시설에서 수행해야 할 과업을 정확히 설명해야 한다(Skidmore, 1994).

(2) 선발

조직구성원 선발에 있어서는 첫째, 시설의 요구와 기대, 둘째, 채용된 사람의 요구와 기대가 고려되어야 한다. 특히 모집과정의 초기 단계에 직무에 대한 조직의 요구와 기대에 대한 세심한 배려가 있어야 한다. 지원자의 요구를 알기 위해서는 지원자로부터 교육, 경험, 기타 관계 자료를 포함한 정보를 획득하는 것이 필요하며, 그 밖에 지원자의 지원동기와 같은 조직에 대한 관심의 진술이 요청된다(Skidmore, 1990).

실제의 선발에서 시설에 따라서 여러 유형의 선발과정이 있을 수 있겠지만 보통 직무명세서 작성 → 서류전형 → 선발시험 → 선발면접 → 경력조회 → 신체검사 → 선발결정 → 채용으로 진행된다(French, 1987).

서류, 시험, 면접 등의 방법이 선발과정에서 쓰일 수 있는 선발도구인데, 이러한 선발도구 중에서 보통 쓰이는 방법은 시험이다. 시험과정은 객관성, 타당성, 신뢰도가 중요시 된다. 표준화된 시험방법에는 필기시험, 실시시험, 면접시험 등이 있다.

3) 임 용

선발된 새로운 조직구성원을 지명하고 임용하는 과정에서는 시설의 목적과 그에 해당하는 부서의 서비스에 대한 목표를 재해석하여 알려주는 것이 필요하다. 아울러 그에 따른 책임과 기회에 걸맞은 보수(임금), 근무조건, 근무시간, 휴가, 복무규정 등에 대해서도 충분히 알 수 있도록 하고 문서로 계약하는 과정이 요구된다.

4) 오리엔테이션

오리엔테이션은 시설과 서비스 그리고 지역사회를 새로운 조직구성원에게 소개하는 과정이다. 오리엔테이션은 대체로 다음과 같은 사항을 소개한다.

- 시설의 역사와 서비스
- 기본정책, 규정, 절차
- 시설의 조직적 구조
- 봉급, 근무시간, 휴가, 병가 등에 관한 기본적인 정보
- 조직구성원을 위한 사무실 배정
- 5대 보험 및 퇴직연금 등에 관한 정보
- 승진, 봉급인상, 창의성 기회 등 제반 기회와 도전

5) 승 진

승진은 조직구성원이 직무수행한 결과를 평가하고 그에 사응하여 임금이나 직위를 상승시키는 과정이므로 공정하고 구체적인 잣대로 적용되어야 한다. 승진의 고려 요소로는 근무연한, 업무수행 능력이 중요하며 그 밖에 학력, 시험성적, 교육훈련 및 상벌사항 등이 기준으로 활용될 수 있다.

3. 인적자원 개발

1) 인적자원 개발의 개념

인적자원 개발을 사회복지시설 조직구성원의 소양과 능력을 개발하고, 직무수행에 필요한 지식과 기술을 향상시키며, 가치관과 태도를 바람직한 방향으로 변화시키기 위한 교육 및 훈련활동을 말한다(성규탁, 1994).

아무리 유능한 조직구성원을 선발했다 하더라도 이들을 업무에 즉각 개입하도록 하는 것은 바람직하지 않다. 또한 시설의 긴급한 상황으로 현업제 직

접 투입하였다 하더라도 소정의 교육기간을 통하여 부여된 업무에 적응할 수 있도록 하는 과정이 반드시 필요하다. 새로운 업무에 대한 적응훈련은 신입 직원뿐만 아니라 기존의 업무 담당자에게도 필요하다. 새로운 사회복지환경의 변화에 대응한 정책과 기술, 클라이언트와 지역사회의 욕구변화 등과 같은 내용은 기존의 인력들도 새로운 환경에 대응하는 노력이 필요하기 때문에 인적자원 개발은 신입이나 기존 직원들의 업무적응을 위한 체계적인 노력이라 할 수 있다.

2) 인적자원 개발의 전략

사회복지시설과 조직구성원이 공히 유익이 되는 효과적인 인적자원 개발 전략은 다음과 같다(Skidmore, 1990).

(1) 구체적인 목표설정

대부분 시설의 조직구성원들은 지식과 기술을 향상시킨다는 의도를 갖고 모인다. 그러한 모임의 목표는 너무나 모호하고 비생산적인 경우가 많다. 효과적인 인적자원 개발이 이루어지려면 보다 구체적이고 관찰할 수 있으며, 측정할 수 있는 목표가 있어야 한다. 따라서 목표가 구체적일수록 그 결과는 더욱 바람직하게 이루어진다.

(2) 예비적인 사정

인적자원 개발을 위한 상세한 계획이 수립되기 전에 조직구성원의 지식과 기술 수준을 주의 깊게 평가해야 한다. 조직구성원의 배경과 능력을 파악하고 특정한 주제에 대한 이해의 수준을 확인하기 위하여 간단한 질문지 등을 사용하며 예비사정이 이루어져야 한다.

(3) 효과적인 계획수립

인적자원 개발에 있어서 실제적인 활동을 위해서는 전반적인 계획을 세워야 한다. 계획을 세우는 과정에서 관련 직원이나 특별 위원회의 책임을 부여하여 조직적인 체계를 형성하는 일이 중요하다.

3) 인적자원 개발의 방법

(1) 강의

인적자원 개발을 위한 가장 공통적인 도구로 쓰여지는 것이 강의인데, 이는 일정한 장소에서 조직구성원들을 모아놓고 전문적인 지식, 기술, 그리고 태도를 전달해 줄 수 있다. 강의가 끝난 후에는 질문 및 토론할 시간을 허락해 주는 것이 바람직하다(Skidmore, 1990).

강의에 있어서 중요한 것은 강의의 컨텐츠를 단기적인 사회적 유행에 따라 선정할 것이 아니라 사회복지시설의 장기적인 인적자원 개발의 관점에서 마련된 장기적 교육 및 강의계획에 따라 각각의 강의를 설계해야 한다는 점이며, 이러한 설계방식에 따라 조직구성원 나름대로 자가학습을 위한 기회를 열어주게 된다는 점이다.

(2) 회의

어떤 주제에 대해 논의 및 토의가 이루어질 수 있는 모임이 회의이다. 피교육자들은 토의를 통해서 자신들의 생각과 감정을 정립할 수 있으며, 토의 후에 이루어지는 평가를 통해서 잘못된 생각들을 고칠 수도 있다. 회의에서 중요시되는 것은 토론자 간 정보의 상호교환으로, 단지 일반적인 지식이 전달되는 것이 아니라 서로 간의 의견교환이 이루어지면서 많은 것들을 배우게 된다.

(3) 토의

한 주제에 대하여 소수의 사람이 먼저 주제발표를 한 다음 여러 사람이 의견제시를 하는 것이 토의이다. 토의방법은 다양하게 제시되고 있으나 근소한 차이에 따라 자유토의, 포럼, 그리고 심포지엄 등으로 구분할 수 있다.

(4) 계속교육

계속교육은 학교교육이 끝난 사회복지시설의 조직구성원들을 대상으로 그들의 전문성을 유지하고 향상시키기 위해 계속적으로 필요에 맞게 교육하는 것을 의미한다(성규탁, 1994).

계속교육이 안고 있는 문제점은 교육기관과 현장의 사회복지시설 간에 원만한 협조가 제대로 이루어지지 않고 있어 큰 효과를 거두기가 어렵다는 것이다.

(5) 슈퍼비전

실제 자신이 일하고 있는 현장에서 상사나 동료로부터 직무에 대해 지도감독을 받는 것이 슈퍼비전인데, 사회복지서비스를 맡아 실천하고 있는 일선조직구성원들이 슈퍼바이저로부터 조금 더 분명한 방향 제시로 슈퍼비전을 받게 된다면 자신의 기술과 능력을 향상시킬 수 있는 기회가 될 것이다.

(6) 사례발표

인적자원 개발의 공통적인 방법으로 일선현장에서는 사례발표가 활용되는데, 일반적으로 사례발표는 조직구성원들이 돌아가면서 하는 것이 보통이다. 사례발표를 통해서 조직구성원들은 그들의 직무에 대한 이해와 능력의 향상을 배우게 되며, 사례에 대해 조금 더 체계적이며 개입에 대한 적절한 기법 등을 배우는 데 도움이 될 수 있다.

또한 분석적 사고능력과 문제에 대한 해결능력을 함양할 수 있지만 잘못된 사례선정으로 인해 흥미와 관심이 결여된다면 비효과적이 될 수도 있다. 그러나 리더십에 의한 적절한 사전설계와 신중한 개입이 있다면, 사례발표는 조직구성원들의 직무능력을 향상시킴과 동시에 사기를 진작시키는 중요한 도구가 된다.

(7) 역할연기

역할연기는 선정된 사례를 여러 사람들 앞에서 두 사람 이상의 조직구성원들이 실제의 상황과 같이 연기한 후 여러 사람들이 이 연기자의 연기를 평가하고 토론한 후 사회자가 연기에 대한 결론적인 평가와 설명을 해주는 것이다.

역할연기의 장점이라면 서로 간의 인간관계 훈련에 효과적이지만 연기에 소질이 없는 사람의 경우에는 직접 연기하는 데 힘들 것이며, 또한 사전준비가 많이 요구된다는 단점이 있다.

상기와 같은 인적자원 개발의 방법을 정리하면 <표 7−1>과 같다.

〈표 7−1〉 직원개발의 방법

구 분	내 용
강 의	• 일정한 장소에 직원을 모아놓고 전문 지식과 기술을 전달 • 경비를 절약할 수 있지만 강사가 무능할 경우 효과가 떨어짐
회 의	• 어떤 주제에 관해 논의하고 토론하는 공식 모임 • 토론과정 중 자신의 생각을 정립 · 평가 · 수정할 수 있음 • 참여자들이 주제에 대한 사전지식이 있어야 함
토 의	• 한 주제에 대해 소수의 사람이 주제발표하고 난 후 여러 사람이 토의하는 것 • 자유롭고 공개적인 분위기에서 집단사고를 모을 수 있으나 토의의 초점을 잃을 우려가 있음
계속교육	• 학교교육이 끝난 사회복지조직의 직원들을 대상으로 교육시키는 것
슈퍼비전	• 중간관리자가 일선직원에게 지도, 감독, 교육하는 것
사례발표	• 직원들이 돌아가면서 사례를 발표함으로써 계획과 개입기법을 배우는 것
역할연기	• 어떤 사례를 여러 직원들 앞에서 직접 연기한 수 직원들이 평가, 토론하고 사회자가 결론을 내는 방법

출처 : 권육상 · 전대성 · 홍석자 · 서상범 · 조미영 · 홍전희(2004), pp. 250-251 재구성.

4. 조직구성원 평가

조직구성원 평가는 시설이 목표로 하는 과업수행의 능력과 산출결과에 대하여 점검하고, 시설이 가지고 있는 미래의 비전을 공유할 수 있는 인재인가를 재확인하는 과정이다. 또한 조직구성원 평가를 통해 목표달성의 정도에 따른 보상체계가 형성되는 과정이기도 하다. 조직구성원 평가의 필요성은 다음과 같다.

첫째, 조직구성원들이 어떻게 일하고 있는지를 알기 위해서이다.

둘째, 임금상승의 정도를 결정하기 위해서이다.

셋째, 승진을 위한 대상자를 알기 위해서이다.

넷째, 일의 수행에서 나타나는 문제점이나 장벽을 인지하기 위해서이다.

제2절 조직관리

1. 조직의 개념

에치오니(Etzioni, 1964)는 조직을 '일정한 환경하에서 특정 목표를 달성할 목적으로 구조화된 계획적 단위'로 정의하였고, 스키드모어(Skimore, 1990)는 조직의 두 가지 중요한 의미로 정적인 상태를 의미하는 '기관의 구조'와 동적인 과정을 의미하는 '조직화되어 가는 과정'으로 정의하였다.

종합하면 조직이란 '일정한 환경 하에서 일정한 목적을 추구하기 위하여 복수의 사람들에 의하여 구성되어 일정한 분업구조 및 규범을 가진 지속적인 사회적 실체'로 본다(최창호, 2002).

이러한 정의에 기초하여 조직의 특징을 살펴보면 다음과 같다.

첫째, 조직은 일정한 환경 속에 존재하며, 그 환경과 상호 의존적 관계를 가진다.

둘째, 조직은 달성하고자 하는 목표를 가진다.

셋째, 조직은 복수의 사람들에 의하여 구성된다.

넷째, 목표달성을 위하여 과업을 여러 부문에서 분담하는 일정한 분업체계를 가진다.

다섯째, 조직에는 그 조직활동을 규제하는 조직 고유의 규범이 있다.

여섯째, 조직에는 그 조직을 다른 조직 및 환경과 구별하게 하는 경계가 있다.

일곱째, 조직은 어느 정도의 지속성을 가진다.

여덟째, 사회적인 기능과 존재성을 인정받고 있는 사회적 실체이다.

마지막으로, 조직에는 공식적인 측면과 동시에 비공식적인 측면이 공존한다.

2. 조직구조의 구성요소

1) 복잡화

사회복지시설의 구조에 대한 구성요소로서 복잡화는 조직목적을 달성하기 위한 활동이 분화되어 있는 정도를 의미하는 것으로, 분화에는 단위부서 사이의 횡적 분리 정도 등을 나타내는 수평적 분화, 조직의 계층화 정도를 나타내는 수직적 분화, 그리고 조직의 시설 및 조직구성원의 지역적 분산 정도를 나타내는 공간적 분화 등이 있다. 대개 수평적 분화, 수직적 분화, 공간적 분화 중 어느 한 요소만 증가해도 조직의 복잡화는 높아진다고 할 수 있다.

(1) 수평적 분화

수평적 분화는 조직이 수행하는 업무를 조직구성원들이 횡적으로 분할하여 수행하는 행태를 의미하는 것으로, 포괄적인 활동을 수행하게 하는 분화 행태도 있고 업무를 미세하게 나누어 추진할 수 있게 하는 행태도 있다. 어쨌든 조직 내에서 전문화된 지식과 기술을 요구하는 직무의 수가 높은 수준일수록 수평적 분화가 더욱 높아져 조직은 그만큼 복잡하게 형성되는 것이다.

(2) 수직적 분화

수직적분화는 조직 내 계층의 수를 의미하는 것으로, 조직은 상하관계가 분명한 위계로 구성되어 있으며, 계층의 각 수준마다 지위와 역할에 있어 뚜렷한 차이를 보이게 되는 것이다. 즉, 계층마다 직무를 수행하는 개인에게 공식적인 힘을 부여하며 이러한 위계질서를 바탕으로 조직이 제도화되는 것인데, 최고관리자와 조직구성원 사이에 계층이 많으면 많을수록 조직은 더욱 복잡해진다. 이럴 경우, 의사소통의 왜곡 가능성이 그만큼 높아지고, 관리자들의 의견을 조정하기가 점점 더 어려워지며, 최고관리자가 조직구성원의 행동을 세밀하게 감독하고 보살피는 일도 더욱 힘들어지는 것이다.

한편 조직구성원의 수가 같다고 해서 모든 조직이 언제나 같은 수의 계층조직을 갖는 것은 아니다. 같은 인원이라 할지라도 어떤 조직은 다계층조직(고층조직)의 행태를 갖기도 하며, 어떤 조직은 소계층조직(평면조직)을 보유하기도 한다. 즉, 조직의 계층이 높은 수준인 다계층조직을 갖느냐, 낮은 수준인 소계층조직을 갖느냐 하는 것은 통제의 범위에 달려 있는 것이다. 어쨌든 다계층조직 등 수직적 분화의 정도가 높을수록 일반적으로 복잡화가 증가하게 된다.

(3) 공간적 분화

공간적 분화는 장소적 또는 지역적 분화라고도 하는데, 이는 조직의 물리적인 이용시설, 생활시설 등의 사회복지시설과 인력이 지리적으로 흩어져 있는 정도를 의미한다. 어쨌든 공간적 분화의 정도가 높을수록 의사소통, 조정, 통제 등이 어렵다는 점에서 복잡화가 증가되는 것이다.

2) 공식화

사회복지시설의 조직 구조에 대한 구성요소로서 공식화는 조직 내의 직무가 표준화되어 있는 정도를 가리키는 말로서, 조직구성원 및 조직 관련자가 언제, 무엇을, 어떻게 해야 하는가를 규정하고 명시하는 것이다. 일반적으로, 공식화의 정도가 높은 수준의 조직에서는 직무활동의 내용을 명확하게 기술한 직무기술서, 수많은 조직규칙, 그리고 명확하게 규정된 절차 등에 따라 업무를 수행함으로써 똑같은 투입물을 똑같은 방법으로 처리하여 일괄된 동일 표준의 산출물을 얻고자 한다.

이러한 경우 업무가 표준화되어 있어 조직구성원은 어떤 대안적 행동을 취할 수 있는 가능성뿐만 아니라 그에 대한 욕구나 필요성마저 축소시킨다. 반면, 공식화의 정도가 낮은 수준의 조직은 직무수행활동이 비교적 정형화되어 있지 않아 조직구성원들은 자신의 의사대로 재량권을 행사할 수 있다.

한편, 관리자는 여러 가지 방법을 활용하여 조직구성원의 행동을 공식화(표준화)할 수 있는데, 선발과정, 역할요구, 규칙·절차·방침, 훈련, 그리고 의식 등이 있다.

먼저, 선발과정은 지원자가 조직에 적합한 인물인가, 직무를 만족스럽게 수행할 수 있는가, 조직이 바라는 성격, 작업습관, 태도 등을 가지고 있는가를 따져 조직이 지원자를 채용하는 것이다.

역할요구는 조직에서 수행되어야 할 직무와 직무수행을 위해 필요한 조직구성원의 행동을 규정하는 것으로, 조직이 수행해야 할 직무를 확인하고 그 직무에 따른 역할기대를 통해 조직구성원의 행동을 규제하는 것이다.

규칙·절차·방침으로서, 규칙은 모든 조직구성원이 해야 할 행동과 하지 말아야 할 행동을 명문화한 것이며, 절차는 과업의 달성을 위해 조직구성원이 거쳐야 할 일련의 과정을 가리킨다. 그리고 방침이란 조직구성원이 앞으로 일을 치러 나갈 방향과 계획 등의 지침을 의미한다. 이들은 조직구성원의 행동을 규제하기 위해 조직이 사용하는 공식화의 기법으로서, 규칙은 특정하게 구체적으로 요구되는 행동양식을 밝혀주기 위한 것이고, 절차는 작업과정의 표준화를 확보하기 위한 것이며, 방침은 조직구성원의 자유재량적 행동을 통제하기 위해서 설정되는 것이다.

훈련은 조직구성원으로 하여금 직무에 대해 보다 나은 직무행동 또는 태도를 갖도록 하는 것이다.

마지막으로, 의식은 조직구성원으로 하여금 조직에 강한 충성과 결단을 갖도록 하는 데 목적이 있는 공식화의 기법이다.

3) 집권화

사회복지시설의 조직 구조에 대한 구성요소로서 집권화는 조직 내에서 의사결정이 어느 위치에서 이루어지는가에 초점을 맞춘 것으로 조직에 관한 의사결정이 최고관리층에 의해 내려질 경우 집화화가 강하고, 하위계층의 관리자에게도 의사결정의 재량권이 주어지는 경우 집권화가 약하다.

조직이 집권화의 정도 중 어떤 성향을 갖느냐의 판단기준은 주로 권한의 집중・분산 정도, 의사결정권의 소재 등에 있다. 이러한 기준에서 볼 때, 집권화는 자유재량에 따라 선택할 수 있는 공식적 권한이 조직의 상위계층에 집중되어 있고, 하위계층의 조직구성원들에게는 작업에 대해 최소한의 발언권만이 허용되고 있는 정도를 말한다. 집권화는 지역적 집중이 아닌 조직 내 의사결정권한의 집중을 가리키는 것으로, 주로 관료적 조직형태에서 두드러지게 나타난다.

반면 집권화가 약한 조직은 의사결정권 등 재량적 권한을 조직 전반에 걸쳐 하위계층으로 대폭 이양시킴으로써 조직구성원들로 하여금 자주적으로 계획을 수립하는 결정을 내릴 수 있게 하는 관리 형태이다. 다만, 전술한 두 형태가 극단적으로 나타나지는 않는다.

4) 복잡화, 공식화, 집권화의 관계

(1) 복잡화와 공식화의 관계

복잡화와 공식화의 관계는 다양하게 나타난다. 고도의 훈련을 받은 전문가는 업무수행에 있어서 많은 규칙이나 규정을 필요로 하지 않는다는 점에서, 상대적으로 전문가를 수반하는 복잡화의 정도가 높은 수준일수록 공식화의 정도는 낮아진다. 반면 과업이 고도로 세분화되면 조정과 통제를 촉진시키기 위한 규칙이나 절차 등의 공식화가 그들의 행동을 지배하게 된다는 점에서, 복잡화의 정도가 높은 수준일수록 공식화의 정도는 높아질 수 있다.

이와 같은 상반된 주장은 복잡화 자체가 수평적 분화 또는 수직적 분화에 따라 달라지기 때문에 모두 설득력이 있다. 즉, 고도의 수평적 분화일 경우에는 조직관리자 및 전문직의 수가 증가하고 그들은 비일상적인 작업을 수행하며, 미리 사회화 과정을 통해 행동의 통제규범을 내면화했기 때문에 일반적으로 공식화의 정도는 낮아진다. 반면 고도의 수직적 분화일 경우는 작업에 대한 조정과 통제를 촉진시키기 위해 공식화의 정도를 높이게 된다는 점에서, 분화의 방향이 복잡화과 공식화의 관계를 결정하게 되는 것이다.

(2) 복잡화와 집권화의 관계

일반적으로 복잡화와 집권화의 관계는 서로 반비례적 관계가 나타난다. 즉, 높은 수준의 복잡화는 낮은 수준의 집권화를 나타낸다. 복잡화에 따라 전문직종의 수가 증가하는 것은 전문성과 의사결정능력의 증가를 의미함에 따라 조직구성원들이 의사결정에 참여할 가능성은 더욱 높아진다.

(3) 공식화와 집권화의 관계

공식화와 집권화의 관계는 다양하게 나타나고 있는데, 전문직으로 조직구성원을 고용하는 경우 행동지침을 제공하기 위한 높은 수준의 규칙이나 규정이 제시되지 않고, 의사결정능력이 높다는 점에서, 일반적으로 낮은 수준의 공식화 · 집권화의 관계를 갖는다. 반면 비전문직으로 조직구성원을 고용하는 경우 조직구성원에게 행동지침을 제공하기 위한 규칙이나 규정이 제시되어 높은 수준의 공식화가 나타나고, 조직구성원의 의사결정능력의 부재로 인해 상위관리자에게 결정이 집중된다는 점에서, 높은 수준의 공식화·집권화를 갖게 된다.

3. 조직의 유형

1) 권력과 복종의 형태에 따른 조직

에치오니(Etzioni, 1964)는 권력의 형태를 강제적 권력, 보수적 권력, 규범적 권력으로 나누고, 복종(관여)의 형태를 소외적 복종, 타산적 복종, 도덕적 복종으로 나누어 이들 각각의 세 가지의 조합에 따라 9가지의 조직형태를 제시하고 있다.

〈표 7-2〉 복종관계에 의한 9가지 조직의 유형

관여의 종류 / 권력의 종류	소외적 관여	타산적 관여	도덕적 관여
강제적 권력	유형 1(강제적) 수용소, 정신병원, 교도소 등	유형 2	유형 3
보수적 권력	유형 4	유형 5(공리적) 상업조직	유형 6
규범적 권력	유형 7	유형 8	유형 9(규범적) 종교조직, 정치조직, 사회복지조직, 학교조직, 병원조직 등

출처 : 고광신·김승훈·손연숙(2008).

이들 9가지 유형 중 가장 많이 발견되는 유형은 강제적 · 공리적 · 규범적 조직이다.

(1) 강제적 조직

강제수용소와 같이 강제를 통제의 수단으로 하는 조직이다. 수용정신병원, 구치소, 교도소 등도 이에 해당한다.

(2) 공리적 조직

사회 · 경제단체와 같이 보수를 통제의 수단으로 하는 조직이다. 산업조직으로서 기업체, 경제단체, 농민조직 등도 이에 해당한다.

(3) 규범적 조직

교회, 대학 등과 같이 문화, 도덕, 이념을 내세우는 조직이다. 정치조직, 병원, 학교, 사회복지시설 등이 이에 해당한다.

2) 수혜자의 종류에 따른 조직

블라우와 스콧(Blau & Scott, 1986)은 '1차적인 수혜자'가 누구인가를 기준으로 조직을 상호수혜조직, 사업조직, 서비스조직 및 공공조직으로 분류하여 유형화 하였다(장인협 · 이정호, 2004).

(1) 상호수혜조직

정당, 노동조합, 농협, 수협 등 조직구성원이 1차적인 수혜자가 되는 조직이다.

(2) 사업조직

회사와 같이 조직의 소유자 · 경영자가 1차적인 혜택을 받는다. 주식회사, 은행 등이 이에 해당한다.

(3) 서비스 조직

병원, 학교, 사회복지시설, 상담소 등 조직의 클라이언트가 1차적인 수해자가 되는 조직이다.

(4) 공공조직

군대, 경찰, 행정조직 등 일반대중이 1차적인 수혜자가 되는 조직이다.

3) 업무의 통제성에 따른 조직

사회복지시설과 관련하여 업무의 통제성에 따른 조직의 유형은 다음과 같다(장인협, 1984).

(1) 관료조직

공식적인 조직과 규정, 위계적인 권위구조, 명확하고 전문화된 분업, 문서에 의한 업무처리, 기술적 자격에 기초한 신분의 보장 등을 특성으로 하는 합리적인 통제체제의 조직을 말한다. 그러나 관료조직은 목표와 수단의 전도현상, 형식주의, 개인의 불안정감, 변화에 대한 저항 등의 병리현상이 나타나는 경우가 많다.

(2) 일선조직

공식적인 위계제도가 있음에도 불구하고 실제적으로는 권한의 분산이 행해지고 있는 조직이다. 조직의 주도권이 일선 업무 단위에 있고, 각 업무단위는 자율성을 가지고 상호 독립적으로 업무를 수행하며, 사무단위의 직접적인 감독과 통제가 쉽지 않다.

〈표 7-3〉 블라우와 스콧의 조직모형

구분 / 조직유형	1차적인 클라이언트	조직의 종류
상호수혜조직	조직의 회원	정당, 종교단체, 노동조합 등
사업조직	사업체의 소유자	주식회사, 상업적인 회사, 은행 등
서비스조직	클라이언트	사회복지조직, 병원
공공조직	일반대중	행정기관, 군대조직 등

출처 : 고광신 · 김승훈 · 손연숙(2008).

(3) 전면적 통제조직

클라이언트의 유지 · 관리과정에서 엄격한 규칙에 의하여 전반적인 통제를 가하는 조직이다. 정신병원, 기숙사, 교도소, 양로시설, 양로보호시설 등이 해당된다. 이 조직은 강제적 수용, 철저히 계획된 활동, 일반사회의 기본적 생활형태와 차이, 수용자와 직원 간의 근본적인 차이, 문화적인 차이로 인한 고통, 개인의 개조, 특수한 문화 형성을 그 속성으로 한다.

(4) 투과성 조직

조직구성원이 자발적으로 참여하며 개인의 가정과 사적인 생활에 침해를 받지 않고 조직의 문화나 규정에 의한 통제성이 약하고 조직의 활동이 거의 노출되는 조직이다. 자원봉사 조직이 대표적이다. 이 조직은 자발적인 참여, 조직의 업무와 사적인 활동 사이의 분명한 구분, 약한 영역 유지구조, 역할구조의 복잡성, 개인의 주체성 강조, 업무활동의 자율성, 일반사회와 문화 차이가 거의 없음을 그 속성으로 한다.

4) 클라이언트의 상태와 조직기술에 따른 조직

하센펠트(Hasenfeld, 1983)는 클라이언트와 조직기술에 따라 6가지로 분류하였다. 즉, 클라이언트를 정상기능과 비정상기능으로 구분하고, 클라이언트를 변화시키기 위하여 사용하는 기술을 인간식별기술, 인간유지기술, 인간변화기술로 구분하여 이들의 유형을 조합하여 <표 7−4>와 같이 6가지로 분류하였다. 이 분류에서 인간식별기술이란 클라이언트의 개인적 속성을 변화시키지 않고 오히려 다른 사회집단으로부터 바람직한 반응을 야기하는 사회적 명칭 부여와 공식적인 지위를 부여함으로써 클라이언트의 변화를 시도하는 것을 말한다. 예를 들면, 정신질환자, 암환자, 대학생과 같이 클라이언트를 식별하고 분류하여 변화를 시도하는 것이다. 인간유지기술이란 클라이언트의 개인적인 상태의 악화, 약화, 퇴보를 예방하고 현 상태로 완화시키거나 유지하도록 하는 기술이다. 예를 들면, 노인의 요양보호, 생계유지를 위한 금품지급 등이다. 인간변화기술이란 클라이언트의 개인적 속성에 직접 변화를 주려는 기술이다. 예를 들면, 교육, 사회심리적 상담, 의학적 치료 등이다.

〈표 7−4〉 복종관계에 의한 6가지 조직의 유형

클라이언트 유형	사용기술 유형		
	인간식별기술	인간유지기술	인간변화기술
정상기능	유형 1 (대학 : 신입생 선발) (신용카드회사)	유형 3 (사회보장청) (휴양시설)	유형 5 (공립학교) (YMCA)
비정상기능	유형 2 (소년법원) (진료소)	유형 4 (공공부조사무소) (요양시설)	유형 6 (병원) (수용치료센터)

출처 : 고광신 · 김승훈 · 손연숙(2008).

4. 위원회와 이사회

어떤 조직도 혼자서는 운영할 수 없다. 조직의 정책 개발, 목표 수립, 계획 및 결정, 서비스의 집행을 효과적으로 할 수 있도록 의견을 제시하고, 기관의 운영을 보조함에 있어서 위원회와 이사회는 중요한 역할을 수행한다.

1) 위원회

위원회란 목표달성을 위한 특별과업이나 문제를 해결하기 위하여 조직의 일상업무 수행기구와는 별도로 여러 사람에 의하여 구성되는 합의제 기관을 말한다. 위원회는 첫째, 시설의 활동을 방해하는 문제 탐구, 둘째, 문제해결을 위한 계획의 개발, 셋째, 권고를 공식화하는 기능을 수행한다(장인협 · 이정호, 1993).

위원회의 위원은 일반적으로 능력이 있는 자, 해당 과업이나 문제에 관심을 갖고 있는 자, 시간과 정력을 제공할 용의가 있는 자, 과업이나 문제에 관련된 여러 측면에서 대표자가 될 수 있는 자, 경우에 따라서는 소수집단을 대표할 수 있는 자가 되는 것이 바람직하다(최성재 · 남기민, 2006). 위원회의 규모는 위원회의 목적이나 기능에 따라 다소 달라진다. 위원회에 위원이 너무 많으면 토론이 복잡해지며 시간이 너무 많이 소요된다.

효과적인 위원회의 운영을 위해서는 시간의 가치를 이해하고 시작시간과 종료시간, 회의안건을 사전에 알려주어야 한다.

위원회를 구성함에 있어 위원회의 책임과 권한을 분명히 할 필요가 있다. 그러한 책임과 권한은 구두보다는 명문화하여 밝히는 것이 바람직하다. 또한 일반적으로 위원회는 회의록을 작성하고 보존해 두는 것이 필요하다.

위원회의 위원들은 함께 조화를 이룰 수 있는 능력이 있어야 한다. 그리고 신뢰할 수 있으며, 서로 대화할 수 있고, 타협을 할 수 있으며, 융통성이 있어야 한다.

2) 이사회

이사회는 조직이 그 목표를 달성할 수 있도록 법률적 책임을 지고 있는 조직의 정책결정기구이다. 이사회를 통해서 지역사회로부터 피드백을 얻을 수 있고, 지역사회의 욕구와 이를 충족할 방법에 대한 지침을 제공받을 수 있으며, 효과성과 효율성을 증대시킬 수 있는 방법을 모색하는 데 도움을 받을 수 있다. 이사회는 사회복지시설의 필요성과 존재에 대한 철학적 및 사회적 근거가 되기 때문에 대부분의 사회복지시설에서 이사회의 설치는 법률적 요청사항으로 되어 있다. 이사회는 자연인이 아니면서 자연인과 같은 권리와 의무의 주체가 되는 법인의 상설적 기관이 된다. 법률적 의미에서 이사회는 법인의 사무를 집행하고 원칙적으로 법인을 대표하며 법률행위를 하는 직무권한을 가지는 상설적 필요기관이 된다.

이사들은 시설과 서비스 전달에 대한 진지한 관심을 가지고 있는 사람이어야 한다. 이사는 대표성이 특히 중요하다. 다양한 집단, 다양한 문화, 지역적 안배를 고려하여 선발하여야 한다. 대부분 시설의 이사회는 전문가와 법조인으로 구성되어 있다. 선임된 이사들은 이사회에 참여하는 데 기꺼이 시간과 정력을 할애해야 한다.

이사회는 일반적으로 다음과 같은 기능을 수행한다.

- 조직의 목적 또는 목표 설정
- 조직의 운영기구 설정
- 인적·물적 자원의 조달
- 조직의 행정책임자 채용 및 임명
- 정책의 결정
- 예산 인준 및 재정 원천에의 접근 촉진
- 조직운영의 점검 및 평가
- 조직과 지역사회 간의 중개
- 지역사회의 계획 참여
- 정관의 변경

3) 위원회와 이사회의 차이

위원회와 이사회는 회의체라는 점에서는 유사하고 경우에 따라서는 엄격히 구분될 수 없지만 몇 가지 중요한 차이점은 다음과 같다(Skidmore, 1990).

첫째, 이사회는 위원회에 비하여 조직의 행정책임자의 참석 없이 회의를 가지는 경우는 드물다.

둘째, 이사회는 위원회에 비하여 조직의 직원이 조직구성원이 되는 경우가 드물다.

셋째, 이사회는 위원회의 구성원 수보다 적은 경우가 많다.

넷째, 이사회는 위원회에 비하여 클라이언트가 참여하는 경우는 드물다.

다섯째, 이사회는 위원회에 비하여 시설의 운영과 서비스 전달에 더 많은 영향을 미친다.

여섯째, 이사회는 정책을 수립하고 위원회는 건의하는 역할을 주로 한다.

CHAPTER 08

문서 및 정보 관리

제1절 문서관리

1. 문서관리의 개념과 필요성

1) 문서관리의 개념

문서관리란 문서가 기본적으로 가지고 있는 의사전달의 기능과 의사보존의 기능에 대해서 효율성을 높이기 위한 관리를 말한다(이창희, 2009).

문서관리란 넓은 의미로 문서를 기안(품의), 시행, 접수, 회람(공람), 편철, 보관하는 전반적인 절차를 의미한다. 문서는 일상생활에서나 사무처리에서 여러 가지 의미로 사용되고 있을 뿐만 아니라, 개념이 명확하게 정리되지 않은 채 취급되어 왔기 때문에 그 개념을 한 마디로 정의하기는 어려우나 일반적으로 넓은 의미의 문서와 좁은 의미의 문서로 구분하여 그 개념을 정의할 수 있다.

넓은 의미의 문서란 문서 또는 이에 대신할 수 있는 읽을 수 있는 부호를 사용하여 어느 정도 영속할 수 있는 물체상에 기재된 의사 또는 관념의 표시이다. 이러한 넓은 의미의 문서 가운데서 발음적 부호를 쓴 것을 좁은 의미의 문서라고 하며, 그 밖에 상형적 부호를 쓴 것을 도화라고 한다.

이상과 같은 문서에 대한 일반적인 개념과는 달리 사무관리에서의 문서는 시설 활동과 관련하여 작성 또는 접수된 문서로서 사무처리상의 일정한 기록물이라고 정의할 수 있다(남재우, 1997).

2) 문서관리의 필요성

문서는 행정사무를 수행하는 필수 요소로 문서의 주요 기능은 의사 전달과 의사 보존이라 할 수 있으며, 다음과 같은 경우에 문서가 필요하다.

첫째, 내용이 복잡하여 문서 없이는 당해 업무의 처리가 곤란할 때, 둘째, 사무처리 결과의 증빙자료로서 문서가 필요할 때, 셋째, 사무처리의 형식상 또는 체제상 문서의 형식이 필요할 때, 넷째, 사무처리에 대한 의사소통이 대화로는 불충분하여 문서에 의한 의사소통이 필요할 때, 다섯째, 사무처리의 결과를 일정 기간 동안 보존할 필요가 있을 때이다(서울복지재단, 2006).

2. 문서관리의 목적 및 목표

문서관리는 목적과 이를 더 구체화한 목표로 구분할 수 있다. 먼저, 문서의 목적은 크게 두 가지로 구분할 수 있다.

첫째, 정보의 활용이다. 문서를 정리·보관하는 것은 현재 혹은 장래의 직무수행을 위해 문서 자체가 어떻든 사용가치가 있기 때문에 문서에 내포되어 있는 정보를 장래에 참조하고 활용하기 위해서 정리·보관하는 것이 문서관리의 목적이다. 둘째, 문서검색의 능률이다. 검색대상이 되는 문서가 증가하면 할수록, 모든 문서의 소재지를 기억하는 것은 어려워지므로, 결국 기억에 의존하지 않고서도 검색할 수 있는 시스템의 보안이 필요하고, 또한 능률적·경제적·기능적 업무수행을 가능케 하는 것이 문서관리의 목적이다.

사무실에서 소요되는 경비의 대부분은 바로 문서의 취급에 소요되는 경비라고 할 수 있으며, 이와 관련된 문서사무에서 전반적으로 추구해야 할 목표는 다음과 같다.

첫째, 신속성이다. 사무처리 흐름을 간소화, 신속화하여 업무추진의 원활을 도모하는 것이다. 문서가 이동하는 거리를 가능한 한 단축시켜 사무실을 배정하고 업무의 흐름에 따라 책상을 배치한다. 또 문서의 결재단계를 축소하고, 결재대기시간을 줄일 수 있는 방안을 강구한다. 그리고 문서처리기간이 정해진 경우에는 그 기한 내 최단시일 내에 처리하고, 그 외에는 그날 바로 처리한다.

둘째, 정확성이다. 문서내용의 오류발생을 억제하고, 처리과정을 명확하게 하는 것이 중요하다. 같은 내용의 문서를 복수로 작성하거나 옮겨 적는 것은 착오발생의 원인이 되기 때문에 되도록 이런 방법을 없애고 복사하여 쓴다. 또 사람의 작업은 기계보다 오류를 범할 가능성이 많기 때문에 되도록 이런 방법을 없애고 복사하여 쓴다. 또 사람의 작업은 기계보다 오류를 범할 가능성이 많기 때문에 가능한 한 컴퓨터 등을 이용하란 자동화를 추진한다. 문서, 물품 등을 전달, 인계, 인수할 때는 그 근거를 남겨 둔다.

셋째, 용이성이다. 문서작성, 전달, 보존에 힘을 덜 쓰도록 관리하는 것이다. 작성하는 방법을 표준화하여 사무원이 문서형식이나 문장구성에 구민하지 않도록 한다. 문서처리 수단을 기계화, 자동화하여 신체적 부담을 줄인다. 문서처리를 간소화하여 불필요한 절차를 없애고, 같은 성과인 경우에는 쉬운 방법을 택한다. 사무가 복잡하거나 숙련이 요구되는 경우 그 사무의 과정을 세분화하여 분업화한다.

넷째, 경제성이다. 문서취급에 소요되는 경비를 최소화하는 것이다. 가능한 한 집중관리방식을 씀으로써 분산관리에서 오는 낭비를 방지한다. 이면지 재활용, 사무용품의 절약 등을 통하여 사무경비를 줄인다. 사무량의 합리적 배분 등을 통하여 불필요한 인원을 줄인다.

3. 문서의 종류

1) 작성주체에 따른 분류

(1) 공문서

공적인 목적을 위하여 사회복지시설 또는 사회복지시설의 임직원이 권한 내에서 작성 또는 접수한 문서를 의미한다. 또한 공문서에는 일반적 문서는 물론 도면, 사진, 디스크, 전자문서 등의 특수기록매체도 포함된다.

반면 사문서도 각종 신청서 등과 같이 사회복지시설에 제출하여 접수된 것은 사문서가 아니고 공문서가 된다. 따라서 공문서에 관한 제 규정에 따라 취급되며 그 문서를 제출한 사람도 접수된 문서를 임의로 회수하여 갈 수 없다.

(2) 사문서

개인이 사적인 문서를 위하여 작성한 문서를 말한다. 예를 들면, 개인의 사사로운 의사 또는 심경을 표시하는 문서로 추천장, 안내장, 소개장, 초청장 등이 이에 속한다.

2) 유통위치에 따른 분류

(1) 대내문서

조직체의 내부에서 지시・명령하거나 협조하기 위하여 또는 보고・통지하기 위하여 오고가는 문서를 말하는 것으로, 시설 내에서 유통되는 문서를 말한다.

(2) 대외문서

지역주민이나 관련 시설 및 단체 또는 행정기관에 수발하는 문서를 말한다.

(3) 전자문서

컴퓨터 등 정보처리 능력을 가진 장치에 의하여 전자적인 형태로 작성, 송・수신 또는 저장된 문서를 말한다.

3) 처리 단계에 따른 분류

(1) 접수문서

외부에서 접수되는 문서로서 문서 주관부서에서 일정한 절차에 의하여 접수되는 문서를 말한다.

(2) 배포문서

접수문서를 문서주관과가 배포 절차에 의해서 처리과로 배포하는 문서이다.

(3) 기안문서

결재문서라고도 하며, 사전에 결재권자의 결재를 얻기 위하여 기안서식에 따라 사무처리 초안을 기재한 문서를 말한다.

(4) 합의문서

기안문서 중 그 내용과 관계되는 다른 부서와의 협조를 얻기 위하여 합의하는 문서를 말한다.

(5) 시행문서

발송문서라고도 하며, 결재문서의 내용을 시행하기 위하여 규정된 서식에 의하여 작성된 문서를 말한다.

(6) 보조문서

자료적 가치가 있으므로 일정 기간 동안 보존을 필요로 하는 문서를 말한다.

(7) 폐기문서

보존기간이 종료되어 문서의 가치가 상실되어 폐기처분되는 문서를 말한다.

4) 문서의 성질에 의한 분류

(1) 법규문서

주로 법규사항을 규정하는 문서로서 헌법·법률·대통령령·총리령·부령·조례 및 규칙 등이 이에 속한다.

(2) 지시문서

행정기관이 그 하급기관이나 소속공무원에 대해 일정한 사항을 지시하는 문서로서 훈령·지시·예규 및 일일명령 등이 이에 속한다.

(3) 공고문서

행정기관이 일정한 사항을 일반에게 알리기 위한 문서로서 고시·공고 등이 이에 속한다.

(4) 비치문서

행정기관이 일정한 사항을 기록하여 행정기관 내부에 비치하면서 업무에 활용하는 비치대장·비치카드 등의 문서를 말한다.

(5) 민원문서

민원인이 행정기관에 허가·인가·기타 처분 등 특정 행위를 요구하는 문서 및 그에 대한 업무처리를 말한다.

(6) 일반문서

위 각 문서에 속하지 않는 일반적으로 처리되는 문서를 말한다. 단, 일반문서 중 특수한 것으로서 회보 및 보고서가 있다.

4. 문서관리의 원칙

1) 표준화

표준화는 사무처리의 여러 가지 수단방법 중에서 가장 합리적이고 정확한 방법을 선별하여 선정된 최선의 원칙에 따라 문서처리에 적용할 수 있는 것을 의미한다. 따라서 문서 수발 및 배부, 작성과 처리, 발송, 정리, 보관, 보존, 폐기 그리고 사무조직에 이르기까지 사무에 관계되는 모든 분야가 모두 표준화되어야 한다.

2) 간소화

간소화는 사무를 처리하는 과정에서 가장 타당성이 있고, 간편한 것을 찾아 꼭 필요한 절차나 방법만을 남겨 문서처리에 따르는 소요시간을 단축시키고 간편한 방법으로 사무처리하고자 하는 것이다.

3) 전문화

전문성을 높이려고 하는 것으로 최근에는 사무의 종류 및 성격, 그리고 사무량 등을 바탕으로 사무작업에도 전문적 지식을 요구하는 방향으로 나아가고 있는 추세이다. 문서사무를 세분해서 전문적으로 분담하고 각 부분의 전담자가 그 사무에 대한 전문적 지식과 기술로 사무의 능률을 높일 필요성이 생긴 것이다.

4) 기계화

기계화란 사람에게 필연적으로 따르게 되는 한계를 기계가 보충하도록 하는 것으로 사무기계화, 자동화, 정보화를 통하여 문서사무의 신속, 정확한 업무처리를 기대할 수 있으며, 다량의 문서내용도 일일이 수작업에 따른 소요시간을 절약할 수 있다.

5. 문서처리의 원칙

1) 즉일처리의 원칙

문서의 내용 또는 성질에 따라 그 처리기간이나 방법이 다를 수 있으나, 효율적인 업무수행을 위하여 그날로 처리하는 것을 말한다.

2) 책임처리의 원칙

문서를 정해진 사무분장에 따라 각자가 직무의 범위 내에서 책임을 가지고 관계규정에 따라 신속정확하게 처리하는 것이다.

3) 적법처리의 원칙

문서를 규정에 따라 일정한 형식 및 요건을 갖추어야 함은 물론 권한 있는 자에 의하여 작성처리하는 것이다.

4) 표준화의 원칙

문서를 기안(품의), 시행, 접수, 회람(공람), 편철, 보관함에 있어 표준화된 방법과 절차에 따라 관리되어야 한다는 것이다.

5) 간소화의 원칙

가능한 사무처리의 절차나 방법 등을 간결하고 요약된 합리적인 것을 만들고자 하는 것이다.

제2절 정보관리

1. 정보관리의 개념 및 필요성

1) 정보관리의 정의

컴퓨터의 사용과 정보화는 사회 전반적인 현상으로, 사회복지 영역에서도 전산화와 정보관리의 중요성은 이미 널리 인식되어 있다. 정보란 정보 그 자체와 그것을 다루는 기술, 즉 컴퓨터 하드웨어와 소프트웨어 · 통신 · 사무자동화와 인적 · 재정적 자원을 포괄한다. 그동안 정보관리는 사회복지 분야에서 중시되지 않았지만 이제는 관리업무에 필수적인 기능 중의 하나라 할 수 있다.

한편, 문신용(1999)은 정보관리란 "조직의 정보시스템과 관련된 하드웨어 · 소프트웨어 · 인력 · 데이터베이스 · 원거리 통신시스템 · 조직구조와 같은 절차 등을 관리하고 조정하는 것"으로 정의하고 있다. 이는 이전의 정보시스템적 사고와 달리 정보를 다루는 하드웨어 및 소프트웨어와 같은 정보기술 자체의 관리보다 정보자원 자체에 대한 관리에 초점을 맞추고 있다.

스콧(Scott, 1986)은 정보관리를 하나의 실체라기보다는 하나의 개념, 사고방식, 견해로 인식해야 한다면서 정보시스템의 구성요소인 하드웨어와 소프트웨어보다는 정보시스템의 처리의 산물인 정보 자체에 초점을 두어 전체적인 관점에서 정보를 조직화하고 통합화하는 접근법이라 주장하였다.

2) 정보관리의 필요성 및 효용

일반적으로 정보관리의 필요성을 세 가지로 구분할 수 있다.

(1) 정보 자체의 요인

과학기술의 급격한 발달과 매스컴 전달체계의 확산으로 인하여 수많은 정보의 홍수 속에서 필요한 정보의 입수가 곤란해져 풍요 속의 빈곤 현상을 가져왔다. 이에 정보의 양을 조절하기 위한 체계 및 제어장치의 설치가 필요하게 되었다.

(2) 합리적 의사결정

조직활동에 있어서 적절한 판단과 의사결정에 도움이 될 수 있는 정보를 수집·분석·가공·처리하여 필요한 경우에 제공하게 하는 시스템이 필요하게 된 것이다.

(3) 정보서비스 욕구의 증가

신기술·신제품 연구에 필요한 모든 정보를 적절한 때에 입수하여 연구자에게 제공해 주는 전문적인 정보서비스가 요구되었다.

이러한 필요성에 더해 사회복지시설에서의 정보관리는 다음과 같이 네 가지의 효용이 있다.

(1) 조직의 업무 효율성 증대

예를 들어, 사회복지관의 회계관리에 있어 수작업으로 진행할 당시에는 장부에 기록하고 통장별로 잔액 현황을 확인하여 월말 보고서나 연말정산작업을 실시하는 데 많은 시간과 노력을 필요로 하였다. 그러나 전산화가 도입되면서 매일 수입과 지출에 대한 자료를 입력하기만 하면 월별 수입과 지출이 자동적으로 계산되어 월말이나 연말에 별도의 시간을 내지 않아도 보고서 작성이 용이해졌다. 또한 클라이언트의 수급자격 판정에 있어서도 여러 분야에 흩어져 있는 문서를 취급하고 분석하는 데 소요되는 시간이 단축되었다.

(2) 사회복지서비스의 효과성 및 효율성 증대

예를 들어, 클라이언트에게 필요한 서비스를 결정하고자 할 경우 전산화된 자료에 의해 이미 제공받은 서비스가 일목요연하게 정리되어 있기 때문에 클라이언트의 축적된 자료를 통해 클라이언트의 욕구에 기반한 서비스가 제공될 수 있고, 불필요한 서비스의 중복이나 누락을 방지함으로써 서비스의 통합성을 기할 수 있으며, 동시에 비용효과적 업무수행이 가능해진다.

(3) 일상적인 업무의 효율성 증대

전자우편, 전자결재 등을 통해 관리자와 일선 조직구성원 간의 신속하고 정확한 의사소통이 가능해지게 되었으며, 중간관리자는 일선 조직구성원의 업무 보고를 듣지 않고도 전산상에서 업무내용을 파악할 수 있게 되었다.

(4) 사회복지시설의 책임성 확보

조직구성원 개인이 수행한 사업내용을 전산망에 입력할 경우 이러한 내용을 관계자들이 열람할 수 있기 때문에 더욱 책임감 있는 사업을 진행할 수 있게 된다.

2. 정보관리의 체계

1) 클라이언트 정보체계

클라이언트정보체계는 클라이언트와 관련한 정보들로서 서비스 프로그램의 상호연계성에 관한 정보들을 산출하고 조직하며 보고하기 위한 체계를 말한다. 이 체계의 기본적인 기능은 사회복지서비스 프로그램을 이용하는 클라이언트들에게 서비스를 제공하는 데 역점을 두고 있다. 클라이언트정보체계와 연관된 하위체계들은 서비스를 제공하는 과정에서 나타나는 활동 등을 반영하고 있다. 따라서 클라이언트정보체계와 관련된 정보원천으로서 최초 클라이언트의 접촉에서부터 종결에 이르기까지 전개과정의 내용을 제시하면 다음과 같다.

(1) 이용자의 확인

서비스의 잠재적 수요자 명단을 확인한다. 또한 다른 시설들에 의뢰하고 비공식적인 접촉을 하며 다양한 아웃리치 활동을 통해서 이용자를 확인한다.

(2) 인테이크 과정

개인이나 가족에 관한 개인력의 자료를 검토하고 해결될 필요가 있는 문제에 관한 자료 등을 점검한다.

(3) 자격여부의 결정

해당자의 프로그램에 대한 자격 여부를 판단하는 데 적합한 자료를 활용한다. 그리고 누가 서비스비용을 지불할 것인가도 포함한다. 정부기관, 보험회사, 의뢰기관, 혹은 클라이언트 자신 등이 지불해야 하는가를 결정한다.

(4) 프로그램의 진단

문제, 욕구, 계획들 간의 관계에 대한 기록을 사정한다. 문제사정은 가끔 구술형식으로 하되, 반면에 치료계획, 개인적 혹은 케이스의 목표들을 보다 구체적으로 기록한 자료를 통해 진단한다.

(5) 서비스의 전달

언제, 누구에 의해, 어떤 서비스가 제공되는지 등이다. 연결된 서비스들의 경우 그 과정에 대한 자료도 포함한다.

(6) 케이스의 모니터링

활동계획과 실질적으로 제공된 서비스를 비교하여 케이스를 모니터링 한다.

(7) 케이스의 평가

케이스 혹은 개인의 서비스 결과에 관한 정보를 평가한다. 그리고 케이스 종료 직전 혹은 종료 후에 발생되는 정보를 평가한다.

(8) 케이스의 종료

케이스 종료의 시점과 이유에 관한 정보이다. 케이스 종료는 자발적 중단, 목표의 성공적인 성취 혹은 실패, 다른 지역으로의 이전 등과 같은 자료를 포함한다.

2) 조직정보체계

조직정보체계는 사회복지시설의 기획, 예산, 비용, 통제, 보고 등과 같은 기본적인 행정적 기능들을 보조해 주는 기능을 수행한다. 대부분 외부의 재정적 원천을 제공하는 시설들과 관련된 정보들을 수집하는 경우에 활용되고 있다. 조직정보체계에서 지원되는 전형적인 기능들은 다음과 같다.

- 욕구사정
- 운영기획
- 예산편성
- 조사연구
- 장부정리
- 재정통제
- 보고 및 예측

조직정보를 산출하는 기본적인 원천은 운영단위로서 개별업무자를 말한다. 즉, 조직정보는 클라이언트에 관한 정보를 산출하고 개선하는 책임을 갖는 동일한 단위와 개인들에 의해서 조직정보가 이루어지고 있다. 이는 클라이언트 정보가 '누가, 누구에게, 언제, 어디서, 무엇을, 어느 정도로 행하였는지' 등의 문제들에 주로 초점을 두고 있다. 조직정보에서 재정관리의 지출항목은 인건비, 운영비, 임차료, 훈련비, 물품비, 서비스 구입 등과 같이 기본적인 자료들로 이루어져 있다(김영종, 2008).

3) 수행정보체계

수행정보체계는 바람직한 의사결정을 위해서 프로그램의 생산성과 효과성 같은 다양한 측면들의 수행정보를 다루고 있다. 수행정보는 새로운 정보체계를 운영하지 않고서도 기존의 클라이언트정보체계와 조직정보체계를 혼합해서 만들 수 있다. 이와 같은 두 체계의 혼합은 자료들을 호환하거나 공유할 수 있는 통합성을 갖고 있다는 점에서 유익하다.

정보의 혼합을 고려한다면 정보체계들은 모듈화가 필요하다(Bowers & Bowers, 1977). 모듈화란 정보의 단위들을 쉽게 분리하거나 결합할 수 있게 하는 것이며, 각기 다른 정보체계들에서 생성된 정보단위들이 새로운 정보의 산출을 위해 손쉽게 혼합될 수 있게 한다. 업무수행의 보고내용과 형식들에 대한 상부로부터 가끔 변화된 요구가 있으며, 새로운 프로그램과 서비스가 지속적으로 변화되기에 클라이언트정보체계와 조직정보체계가 모듈화되는 것이 바람직하다. 모듈화된 클라이언트와 조직에 관한 정보들을 혼합하면 수행정보들은 손쉽게 산출될 수 있다.

3. 정보관리의 유형

1) 자료처리시스템

자료처리시스템은 사회복지시설에서 반복적으로 발생되는 사무 업무를 자료의 입력만으로 처리하게 하는 기능을 수행한다. 자료처리업무는 정보의 수집, 저장, 검색, 전송, 그리고 자료출력을 포함한다. 자동화된 자료처리 응용프로그램은 비서 업무와 직원의 일상업무를 처리하는 데 소요되는 시간과 비용을 감소시키기 위해서 고안된 것이다. 이러한 프로그램을 통해 급여명세서의 자동처리, 자원봉사자 등록 대장 관리, 후원금 영수증 자동발급 등이 가능하게 된다.

2) 관리정보시스템

관리정보시스템은 당초 기업의 사업 수행관리를 위해 필요한 정보를 수집하고, 배분하기 위해 고안되었다. 사회복지시설 또한 업무수행과 서비스 제공을 효율적으로 수행하기 위해서 모든 자료를 전산화하여 관리·운영할 필요성이 있다는 점에서 관리정보시스템은 중요한 의미를 갖는다. 관리정보시스템은 사회복지현장에서 생성되는 자료를 조직의 목적에 따라 통합하고 가공함으로써 새로운 자료를 생성할 수 있게 한다. 예를 들면, 관리정보시스템을 통해 클라이언트의 서비스 이용 현황을 부서별/ 월별/ 분기별로 통계 처리할 수 있게 되며, 이러한 통계를 통해 과거와 현재의 사업 현황을 점검할 수 있고 미래 예측도 할 수 있게 된다.

3) 지식기반시스템

사회복지시설에서 지식기반시스템은 아직 실험단계에 있지만 매우 중요하다. 사회복지시설의 지식기반시스템은 클라이언트와 사회복지시설의 조직구성원의 상호작용을 증진시킬 수 있는 가능성을 지니고 있기 때문이다. 사회복지시설과 특별한 관계를 가지고 있는 지식기반시스템에는 전문가시스템, 사례기반추론, 자연음성처리 등이 있다(한동일 외, 2009).

먼저 전문가시스템은 사회복지시설의 조직구성원이 정보관리체계에 저장한 지식을 응용하여 사례에 관한 의사결정을 하는 것이다. 이러한 시스템은 보고서를 작성하기보다는 의사결정을 하는 데 활용된다. 입력된 지식만큼 다양한 관점에서 문제에 접근할 수 있고, 불완전한 정보를 가지고도 추론을 통해 의사결정에 필요한 정보를 제공할 수 있으며, 의사결정을 위한 다양한 논리적 접근방법과 가능한 대안 등을 제시할 수 있다. 현재 활용되고 있는 전문가시스템으로는 클라이언트에게 고용문제를 해결하도록 도와주는 전문가상담시스템과 환자에게 약을 처방할 때 투여되는 약의 처방 횟수를 줄이기 위해 환자의 병원기록을 점검하는 전문가시스템 등이 있다(황성철 외, 2016).

사례기반추론은 수천 개의 클라이언트 사례, 구체적으로 인구사회학적 통계, 서비스, 성과 등을 조사하여 저장한 후, 이렇게 저장된 사례자료로부터 정보를 얻어내는 것이다. 이는 클라이언트의 문제를 해결하기 위해 유사한 특성을 가진 사례를 찾아내어 문제의 해결방법을 찾아내고자 하는 것으로, 문제중심 패러다임을 적용한 것이다. 마지막으로 자연음성처리는 외국어를 번역하여 텍스트로 저장하는 기술을 포함하여 사람이 말한 내용을 텍스트로 전환하여 저장하는 것이다.

4) 의사결정지원시스템

의사결정지원시스템은 전문가가 자료를 검색하고, 관리함으로써 의사결정에 관한 정보를 얻는 데 도움을 준다. 의사결정지원시스템이 활용된 한 예로, 미국 미네소타 주에서 개발된 GAIN(General Assistance Intake)을 들 수 있다. 이 시스템은 클라이언트의 접수 일정을 자동적으로 결정하며, 처음 접수할 때 온라인으로 제공되는 기록을 통하여 클라이언트에 대한 자료를 확보하고, 서비스 담당자에게 자료를 전송시키고, 클라이언트에 대한 통계를 작성한다(황성철 외, 2016).

5) 업무수행지원시스템

업무수행지원시스템은 현장에서의 업무수행능력을 향상시키기 위해 개발된 통합정보제공시스템이다. 이를 통해 다른 사람으로부터 최소한의 도움을 받아 즉시 그 문제를 해결하거나 업무를 완수할 수 있도록 하는 것이다. 이 시스템은 사회복지시설 조직구성원이 업무수행을 위해 특정한 정보가 필요한 경우 이에 대한 정보를 제공하는 것이다.

4. 사회복지시설정보시스템

사회복지시설의 정보관리시스템은 개별적으로 개발되어 비표준화의 문제와 분절성의 문제를 동시에 보여주고 있어 정보관리의 효용을 극대화하기가 어려웠다. 회계관리 위주의 업무전산화 작업을 중심으로 정보화 노력이 시도되어 왔으나 최근에는 전반적인 조직관리를 위한 정보관리체계의 모습을 보여주고 있다. 하지만 시설들은 자체적으로 정보관리 프로그램을 개발하거나 이미 개발된 프로그램을 응용하여 사용하는 경우가 대부분이었다. 따라서 이러한 정보관리에 의해 생성된 데이터를 다른 복지시설과 비교하거나 데이터를 집적하여 분석하는 등의 활용은 기대하기가 어려웠던 것이다. 또한 각 시설의 정보관리 프로그램이 정부의 주요 정보관리시스템과 연동하여 사용하는 것도 불가능하였다. 예를 들어, 자원봉사인증관리시스템, 주민서비스통합정보시스템, 노인장기요양정보시스템 등과 정보를 교환하여 정보관리의 효용을 추구하는 것도 어려워 분절성의 문제를 가지고 있었다. 하지만 2004년 이후 '사회복지시설정보시스템'의 도입으로 사회복지 분야의 정보관리에 있어 새로운 국면을 맞이하였다.

「사회복지사업법」 제6조의2(사회복지업무의 전자화)에 따라 보건복지가족부는 사회복지시설의 전자화를 위해 사회복지시설정보시스템을 구축 및 보급하였다. 사실 2004년 도입 당시에는 '국가복지정보시스템'이라는 명칭을 사용하였으나, 사회복지시설의 업무를 포괄하고 있다는 점을 반영하여 2009년 6월 '사회복지시설정보시스템'으로 명칭을 변경하였다.

사용대상은 사회복지법인과 개인운영시설을 포함한 사회복지시설이 해당한다. 이 정보관리시스템은 웹 기반의 사회복지시설 통합관리시스템으로 사회복지시설정보화 기반 조성, 사회복지시설회계의 투명성 제고, 사회복지시설관리업무의 간소화 및 표준화, 사회복지정책 기초자료 확보 등을 목적으로 하고 있다. 이 시스템을 통해 개별 사회복지시설에서 입력한 운영 전반의 정보는 정부가 운영하는 서버에 축적되어 정부보조금과 각종 후원금, 이용자들에 대한 포괄적인 관리가 가능하게 되었다. 더하여서 행정안전부의 '새올행정시스템', 한국사회복지협의회의 '자원봉사인증관리시스템'과 같은 전국 규모의 국가정보시스템들과 연동되고 각 복지시설의 업무관리와 연결되어 정보관리의 효율성을 극대화할 수 있을 것으로 기대된다(그림 8-1 참고).

사회복지시설정보시스템은 현재 한국사회복지협의회에서 정부로부터 위탁을 받아 산하에 별도의 국가복지정보센터를 설치하여 운영하고 있다. 사회복지시설정보시스템의 주요 기능은 다음과 같다.

- 통합회계관리(회계, 인사, 급여, 예산, 세무, 자산관리 등)
- 시설유형별 사회복지서비스 이력관리(생활인 및 이용자 관리, 사회복지서비스 관리, 사례관리, 일지관리 등)
- 통합고객관리(후원자, 봉사자, 방문자 관리, 후원금 관리, 자원봉사관리)
- 시 · 군 · 구 보고(보조금 신청 및 정산, 정기/수시보고, 예 · 결산보고 등)
- 표준연계모듈을 통한 시설별로 분산된 사회복지시설정보통합 등

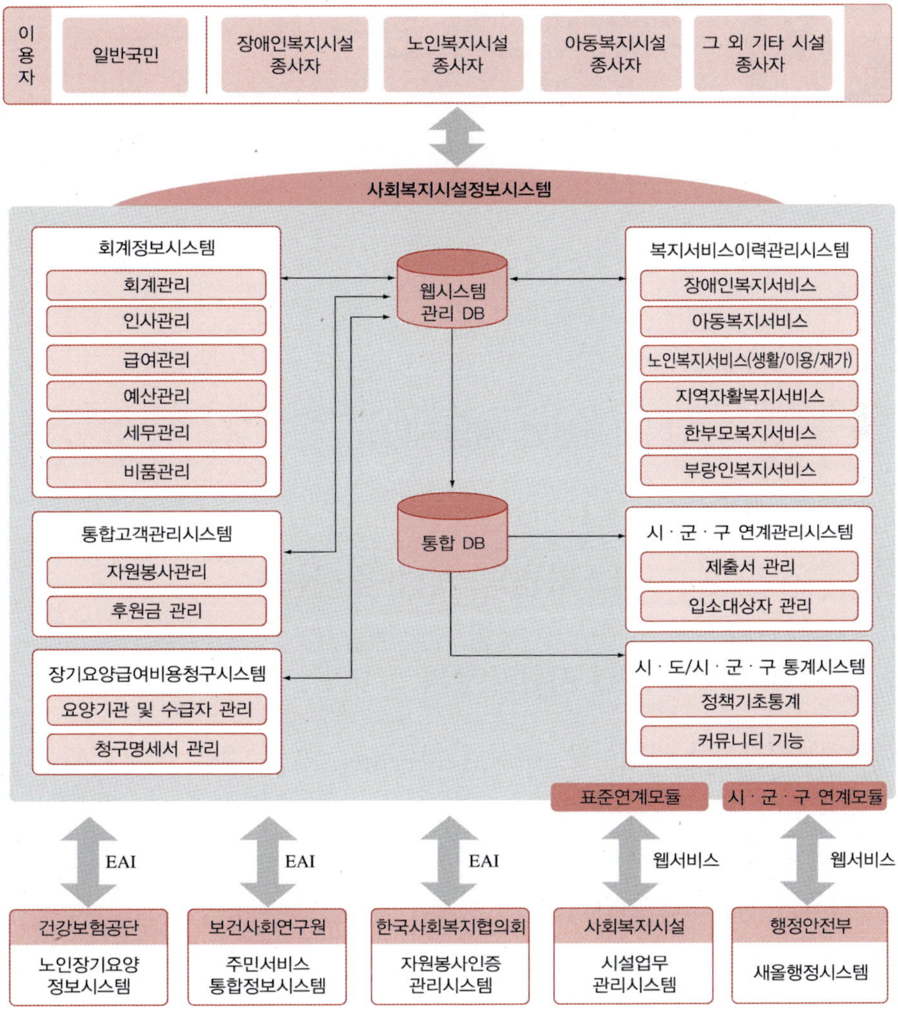

|그림 8-1| 사회복지시설정보시스템 구성도

출처 : 국가복지정보센터(2008).

CHAPTER 09

자원개발과 관리

제1절 사회복지시설의 자원개발

1. 자원의 개념 및 유형

1) 사회복지시설 자원의 정의

사회복지시설의 자원이란 '시설의 생존유지 · 성장 · 목적달성에 필수적인 요소로서 사회복지실천의 목적 달성을 위하여 도움이 되는 모든 것'이다(김종일, 2005). 즉, 사회적 욕구충족을 위해 동원되는 인력, 시설, 설비, 자금이나 물자, 나아가 개인이나 집단이 갖는 지식이나 기능을 총칭하는 것이다. 핀커스와 미나한(Pincus & Minahan, 1973)은 사회복지 자원을 '인간이 생활을 유지하고 성장과 발달을 지속하는 데 필요한 재화와 서비스로 클라이언트의 목표를 성취하고, 문제를 해결하고, 생활상의 과업을 달성하며, 자신의 포부와 가치를 실현시키기 위해서 활용되는 모든 것'이라 정의하였다. 사회복지의 목적이 사회구성원의 사회 · 경제 · 건강 · 여가 등에 대한 다양한 욕구를 충족시키기 위한 사회적 개입이라면, 사회복지시설 자원은 사회복지의 목적을 실현시키는 데 수반되어야 할 중요한 요소이다.

2) 사회복지시설 자원의 유형

(1) 공급주제에 따른 분류(최옥채, 2001)

① 공식자원

국가 및 지방자치단체가 주체가 되어 제공하는 급여와 서비스로서 제도적으로 지역사회 주민의 정형화된 욕구에 대처하는 자원이다.

② 비공식자원

공공영역 이외의 영역에서 친척, 친구, 이웃, 그리고 자원봉사자들이 제공하는 자원이다.

(2) 자원의 특성에 따른 분류(이광재, 2003)

① 내부적 자원

클라이언트 자신 및 가족들이 가지고 있는 자원

② 외부적 자원

클라이언트 자원체계를 제외한 사회·환경적으로 내재화되어 있는 자원

(3) 일반적인 분류

① 인적자원

좁게는 시설에 종사하는 사회복지사만을 지칭할 수 있고, 넓게는 지역사회 내의 모든 주민, 즉 전문인력 및 비전문인력을 포괄한다(박태영, 2000). 그러나 일반적으로 사회복지시설의 주요 인적자원은 사회복지서비스를 제공하는 사회복지사와 사회복지 프로그램 수행에 있어 중요한 협조자인 자원봉사자 등을 지칭한다.

② 물적자원

그 존재형태가 물질적, 즉 가시적 자원으로서 클라이언트에게 도움이 되는 현금이나 현물을 의미한다. 사회복지시설의 물적 자원 중 현금은 정부보조금,

기업협찬금, 시민기부금(현금, 부동산, 증권, 물품 등), 서비스 이용료 등으로 유형화할 수 있으며, 현물은 후원자들이 사회복지시설에 제공하는 다양한 물품 등이다(양용희, 2001).

③ 정보적 자원

사회복지시설 관리자와 클라이언트 모두에게 복지활동 과정에서 의사결정이나 행동에 유의미한 영향을 줄 수 있는 사회복지와 관련한 제반 지식과 욕구 및 서비스 등과 관련된 내용의 총체라 할 수 있다. 즉, 사회복지현장에서 유용하게 사용될 가능성이 있는 정보를 의미한다.

2. 사회복지시설 자원개발의 필요성

사회복지시설 운영에 있어서 자원개발과 관리는 매우 중요하다. 클라이언트들은 사회적 능력 부족과 불리함의 어려움을 갖고 있기 때문에 이들의 문제해결을 위해서는 기본적 욕구 외에도 주거, 직업, 경제, 가정생활의 지원, 사회생활 및 여가활용, 법적인 보호와 같은 특수한 욕구들에 따른 다양한 자원이 필요하다. 기존의 연구에 의하면 전체 예산 중 민간자원이 차지하는 비중이 높은 시설일수록 시설의 클라이언트의 서비스에 대한 만족도가 높은 것으로 조사되었다(강철희, 2001).

지역사회의 민간자원을 개발하는 것은 시설 자체의 부족한 자원만을 보충한다는 것에만 의의가 있는 것이 아니며, 주민참여를 통해 사회연대의식을 갖게 함으로써 사회통합에 기여할 수 있다는 점에서도 중요한 의미를 갖는다. 즉, 자원개발은 사회복지에 대한 관심의 확대를 가져오며, 사회문제에 대한 지역주민의 자발적인 대응능력을 높이고 참여를 통한 자원봉사활동의 확대를 가져온다. 또한 지역사회 자원개발을 통한 재정 확충은 사회복지시설이 정부나 지방자치단체의 공공재정에 지나치게 의존하는 것을 막아주며 자율성 향상에 기여한다. 그러나 이러한 사회적 함의와 필요성에도 불구하고 실제로 사회복지시설의 자원개발은 활성화되지 못하고 있다. 개별 사회복지시설의 경우 공공부분의 재정지원이 전체 예산의 80%를 차지하여 지나치게 정부의 재원에 의존하고 있으며, 이 외에도 클라이언트가 필요로 하는 다양한 복지욕구를 충족시키지 못하고 있다. 따라서 사회복지시설 관리자에게 가장 필요한 지식과 기술 중의 하나는 클라이언트를 돕는 데 필요한 지역사회의 자원개발에 대한 능력이라고 할 수 있다.

제2절 물적자원 관리

하나의 가정이 원활하게 기능하기 위해서는 가족구성원들에 대한 관리도 중요하지만, 먹고 사는 데 들어가는 가정의 경제 관리도 매우 중요하다. 시설도 마찬가지라고 할 수 있다. 시설에서 아무리 인적자원 관리를 잘한다고 할지라도 만약 시설 운영에 필요한 예산 확보가 어렵고, 지출이 많아 재정상 여러 문제가 발생한다면 시설 운영은 어려움에 처하게 된다. 특히 사회복지시설은 비영리시설로서 자원에 대한 외부의존도가 높기 때문에 재정자원 관리는 특히 중요한 것이다. 따라서 사회복지시설의 관리자는 물적자원을 좀 더 안정적으로 확보하고 효과적으로 관리하는 방법을 익히고 실행해야 한다. 일반적으로 사회복지시설의 물적자원은 정부보조금, 프로그램 지원금, 기부금, 이용료 등으로 구성되어 있다.

1. 정부보조금

정부보조금은 공공기관 재원의 기본이다. 국회는 조세를 고려하여 자금을 할당한다. 이 돈은 시설의 운영과 시설이 제공하는 서비스에 사용된다. 공공시설이든 민간시설이든, 중앙 및 지방자치단체와 지역사회기관 간의 서비스 계약 또는 보조금을 획득하는 것은 재원의 주요한 출처가 되기 때문에, 주 시설에 주어지는 정부지출금의 성격과 규모는 민간 서비스 조직의 지대한 관심사이다. 재원 총액은 전년도 예산에 의해 결정되며, 대부분의 예산은 사전에 결정된다. 따라서 최근의 경제동향이나 주요 사회문제, 정치적인 지지세력과 압력집단의 유무, 관리자의 능력 등은 이미 결정된 예산 외의 분야에서만 영향을 발휘할 뿐이다. 정부보조금은 지속적이고 안정적이라는 장점은 있지만 지출활동에 있어서 관리·감독을 받으며 사용영역이 제한되어 있다는 단점이 있다.

2. 프로그램 지원금

프로그램 지원금은 민간 재단뿐만 아니라 지방정부, 중앙정부로부터도 가능하다. 특히 이 지원금은 공모를 통해서 경쟁적으로 이루어지고 전문가와 지원주체기관의 심사를 통해서 결정되는 경우가 대부분이기 때문에 정부 및 공공기관에서 예산을 통하여 보조금을 할당하는 프로그램이 요구하는 조건들보다 세부항목을 더 자세하고 명확하게 기술해야 한다. 따라서 성공적인 프로그램 지원금 획득을 위해서는 다양한 재원의 출처에 대한 구체적인 지식과 고도의 프로그램 설계기술이 필요하다.

재원을 얻기 위해서는 신중한 고려와 신중한 의사결정이 필요하다. 지원기관이 정한 프로그램 설계기준이나 대상 지원 목적 등에 맞추기 위해 프로그램을 수정하거나 지원기관에 적합하게 목표 자체를 변경해야 할 경우도 있다. 그렇다면 과연 시설의 목표와 프로그램을 수정할 의사가 있는가? 이 지원금은 얼마나 중요한가? 지원금을 얻고 프로그램 계약을 성공적으로 이끈 시설이 감당해야 할 제약은 존재하는가? 그러나 이러한 점들을 고려하기 이전에 어느 곳에 재원이 있는지 파악하는 것이 무엇보다 중요하다.

3. 기부금

기부금은 개인이나 조직으로부터 나온 사적인 기여를 말한다. 레이건 행정부 시정 정부는 복지 프로그램에 필요한 비용 삭감을 보충하기 위해 기부금을 계획했다. 실제로 비공식적인 기부금은 전체 사회복지 자금의 한 부분에 해당한다. 기부금의 범위는 소액 기부에서 투자관리가 필요할 만큼 많은 억만장자의 유증까지 다양하다. 사회복지시설 운영은 특별한 자금을 모으기 위해 시도하는 행사, 전화, 가정방문, 전산망을 이용한 기부자 목록, 그리고 법인의 특별 청구까지 다양하다. 모금 캠페인은 시간과 돈의 측면에서 보면 지극히 비용이 많이 들기 때문에 실제 활동에 들어가기 전에 가능하면 기부금에 대한 현실적인 추산이 필요하다.

따라서 오늘날 많은 사회복지시설에서는 융통성이 높고 잘만 한다면 많은 양을 확보할 수 있는 기금 모금에 적극적인 노력을 기울이고 있다. 그러나 기금 모금이 쉬운 일은 아니다. 사회 변화패턴과 사람들이 행동패턴이나 심리상태를 활용한 다양한 전략을 구사하고 한 번의 기부로 끝나지 않도록 지속적인 노력을 기울여야 하는 일이다.

최근 기부금에 대한 세제해택이 증가함에 따라 재원확보의 책임과 능력은 사회복지시설의 과제가 되고 있다. 우선 사회복지시설들은 운영의 투명성, 신뢰성, 책임성을 확보하고 시설활동을 위해 지지적인 제도적 환경을 조성하는 것이 가장 중요한 과제이다. 즉, 이사회와 위원회의 민주적이고 개방적인 운영에서 재정의 운영 및 기타 부문에 이르기까지 투명성을 위한 다각적이고 자발적인 능력을 수행하여 좀 더 발전적인 모금문화가 형성될 수 있도록 기여해야 할 것이다(강철희, 1999).

제3절 자원봉사자 관리

일반적으로 자원봉사자 관리는 자원봉사자의 자원봉사활동을 조정·감독·지지·인도함으로써 자원봉사활동의 본래의 목적을 실현해 가는 전문적인 활동이라고 정의할 수 있다. 자원봉사활동의 관리과정은 과학적이고 전문적인 접근을 시도하고 계획하는 것이 필요하다. 자원봉사에 있어서 프로그램의 성공과 실패를 좌우하는 가장 중요한 요소는 관리의 문제이다. 관리가 제대로 행해지지 못할 경우 자원봉사자를 효과적으로 활용할 수 없을 뿐 아니라 자원봉사자를 활용하는 기관의 욕구도 자원봉사자의 기대도 충족시킬 수 없다. 자원봉사 프로그램의 관리는 지역사회에 변화를 가져오는 데 기여할 수 있어야 하며, 자원봉사자를 모집하고 유지하는 데는 특수한 민감성과 기술, 그리고 인적 관리능력을 필요로 한다. 효과적인 자원봉사 관리를 위해 기획하고 준비하고 조직하여 보다 체계적이고 과학적인 조정과정을 도입하여 자원봉사자의 소속기관에 대한 만족도 및 지속성에 긍정적인 역할을 할 뿐 아니라, 지역주민들에게 제공하는 서비스 품질의 향상에 크게 기여할 수 있는 자원봉사자의 효과적인 활용방안이 적극 강구되어야 한다. 이를 위한 자원봉사 관리를 8단계로 구분하였다.

1. 1단계 : 자원봉사 프로그램 개발과 기획

자원봉사 프로그램 개발은 구체적인 활동을 실행하는 데 필요한 자원봉사 프로그램 기획에서 자원봉사자의 모집·교육·지도·평가 등의 일련의 과정을 개발하는 활동이다. 다양한 사회복지시설의 자원봉사 프로그램은 다른 사람들을 돕기 위해 자신들의 재능, 기술, 그리고 시간을 바치기 원하는 자원봉사자들을 유지 및 보존하는 데 결정적인 역할을 할 뿐 아니라, 그들이 다른 사람들에게 자원봉사의 가치를 전달하는 계기를 마련해 줄 수 있다.

기획은 자원봉사 프로그램의 개발과 실제적 운영에 있어서 가장 기본이 되는 기능이다. 이 과정에서 고려해야 할 중요한 점은 프로그램이 실행 가능하게 계획되어야 하는 실행 가능성, 프로그램의 실행결과가 현실적이고 긍정적인 결과로 산출할 수 있는 실용성, 프로그램의 주관기관이나 시설이 제안된 프로그램을 진행할 만한 준비성, 프로그램이 객관적 사실에 의한 합리성이 있어야 한다.

2. 2단계 : 업무설계와 업무설명서

1) 업무설계

업무설계는 업무기획 또는 업무디자인이라고도 한다. 업무기획은 자원봉사자에게 의미와 만족을 부여하고 클라이언트에게 질 높은 서비스를 제공하는 것을 목적으로 자원봉사자가 하게 될 업무를 세부적으로 계획하고 설명하는 과정이며, 업무의 구조적·사회적 측면과 그 업무가 조직구성원에게 미치는 영향을 모두 포함하는 의도적이고 신중한 계획을 의미한다.

업무설계에 있어서 핵심적 요소는 이들 업무와 시설의 사명 사이의 관계를 결정하는 것이다. 자원봉사자의 업무는 시설이라는 직무의 일부분으로 짜여져야 한다. 즉, 시설의 다른 업무와 맞아 들어가야 한다.

시설의 입장에서는 지역사회 주민 참여의 필요성과 클라이언트를 위한 서비스의 확장 등의 의미가 있으며, 자원봉사자들에게 새로운 기술 습득의 기회 제공, 복지서비스 제공에 참여할 기회, 의미 있는 사회적 상호작용을 경험할 기회 제공 등의 의미가 있다.

2) 업무설명서

자원봉사자의 업무설명서는 업무설계서의 내용을 더욱 구체화하고 명확하게 하여 각자의 기능과 역할분담을 정하는 것을 의미한다. 업무설명서는 자원봉사자가 수행할 업무의 책임, 업무를 수행할 자원봉사자의 자격조건, 감독과 책임의 체계, 그리고 업무의 업적을 평가하는 방법에 대하여 기술한다. 또한 업무설명서에는 직위와 자원봉사활동 시간과 기간에 대한 설명이 포함되어 있어 자원봉사자들이 그 프로그램에 참여할 것인지를 결정하는 데 정보를 제공하게 되어 모집과 배치에 있어 중요한 도구가 된다. 즉, 업무설명서에 동의하고 배치된 자원봉사자에 대해서는 그 성과를 측정하고 평가하기고 용이하며, 자원봉사 관리자는 그 업무가 자원봉사자에게 적합한지, 자원봉사자에게 어떤 지도와 교육이 필요한지 판단할 수 있다.

업무설명서는 자원봉사자를 모집하기 전에 마련되어야 하며, 필요에 따라 수정되어야 한다. 업무설명서는 직무명칭, 목적과 목표, 책임, 자격, 활동 시간 및 장소, 지도감독자, 혜택, 훈련과 감독, 평가, 준수사항, 해고조건 등의 요소로 이루어져 있다.

3. 3단계 : 자원봉사자 모집

1) 자원봉사자 모집

자원봉사 프로그램이 개발되고 자원봉사자를 위한 업무분장이 완성되면 자원봉사자를 모집해야 한다. 자원봉사자 모집이란, 지역사회의 문제를 효과적으로 해결하기 위하여 잠재되어 있는 유용한 인적자원을 끌어내는 활동이다. 이는 무엇인가를 돕고자 하는 자원봉사와 업무에 도움을 필요로 하는 시설 혹은 클라이언트의 욕구가 만나는 과정이다. 즉, 자원봉사를 하고자 하는 사람들에게 동기를 부여하고, 기관이나 시설에서 제공하는 일거리와 만나도록 주선하는 것이라고 할 수 있다(박태영, 2000).

2) 모집활동

최상의 모집도구는 탁월한 자원봉사 프로그램과 자원봉사자에게 의미 있는 업무내용이다. 모집은 신중하게 계획되어야 하고 자원봉사자를 모집할 수 있는 최상의 장소가 결정되어야 하며, 모집활동 시기, 그들의 참여에 동기부여를 할 수 있는 메시지 준비, 그리고 그들이 등록할 수 있는 가장 쉬운 방법 등을 준비해야 한다.

4. 4단계 : 자원봉사자 선발과 면접 및 배치

1) 자원봉사자의 선발

선발은 자원봉사 지원자 중에서 현재의 환경적인 상황들을 고려하여 선발 기준에 부합되는 사람을 선택하는 과정이다. 프로그램에 적합한 자원봉사자를 선발하기 위해서는 효과적인 업무성과를 얻기 위해서 요구되는 자원봉사자의 특성에 관한 내용이 업무분장에 잘 기술되어 있어야 한다. 자원봉사자를 선발할 때 자원봉사자의 현재 또는 과거의 직업, 적성, 연령, 성별, 종교, 학력수준 등의 요소가 충분히 고려되어야 한다.

2) 면 접

자원봉사자의 면접은 이중적 초점을 갖는다. 첫째, 시설에 배치하기 위하여 자원봉사자에 관해서 알아야 할 사실들, 둘째, 자원봉사자 자신이 시설이 자신에게 적합한가를 결정하기 위해 시설에 대해서 알고 있는 것들을 포함한다.

3) 자원봉사자 배치

자원봉사자들의 기대, 능력, 시설의 욕구를 고려하여 적절한 업무에 배정하는 것이 필요하다. 배치란 자원봉사자의 기술과 재능을 자원봉사 수요처에 특별한 요구와 연결시키는 것으로, 적절한 배치는 어떤 자원봉사에 있어서도 가장 중요한 열쇠가 된다. 신규 자원봉사자를 배치할 때는 가능하면 기존에 활동하고 있는 자원봉사자와 함께하는 자리를 만들어 공감대를 형성할 수 있는 기회를 만들고, 활동에 대한 다양한 정보를 얻을 수 있도록 한다. 배치는 자원봉사지원자가 처음 자원봉사를 시작하기 전에 한 번 이루어지는 것이 아닌, 자원봉사자들이 더 좋은 발달단계로 옮겨갈 수 있도록 이루어져야 하는 중요한 활동이다.

5. 5단계 : 자원봉자사의 교육과 훈련

자원봉사자는 배정받은 일정한 업무를 수행하기 위해 지속적으로 교육 및 훈련을 받아야 한다. 교육 및 훈련이란 어떤 직무 혹은 가치에 대한 개념과 태도 및 소양을 형성하도록 하거나, 나아가 그것을 수행할 지식과 기술능력을 함양하도록 하여 목적하는 바에 따라 교육대상자의 개발을 돕는 것을 말한다. 마찬가지로 자원봉사 교육 및 훈련은 자원봉사활동에 참여하도록 동기를 부여하거나 참여하고 있는 사람들이 자원봉사활동을 효과적으로 수행해낼 수 있도록 하기 위한 과정이다. 해당 업무가 요구하는 데 따라서 훈련이 '단기간에 이루어질 것인가, 장기간에 이루어질 것인가', '단순하게 진행될 것인가, 복잡하게 진행될 것인가'에 따라 좌우된다. 훈련은 중요하며 이는 자원봉사자들의 권리라고 할 수 있다.

6. 6단계 : 사후관리

자원봉사 사후관리의 클라이언트 측면과 자원봉사자 측면, 그리고 이들 양자 간의 상호관계 측면에서 필요성을 살펴보면, 첫째, 변화하는 클라이언트의 욕구에 적절히 대응하기 위해서이다. 둘째, 자원봉사자는 활동을 하는 가운데서 많은 어려움에 부딪힐 수도 있기 때문이다. 셋째, 자원봉사는 클라이언트와 자원봉사자 각자의 욕구 충족으로 끝나는 것이 아니라, 상호 간의 원만한 협동관계를 유지하게 하고, 더 나아가 제도의 변혁으로 이어지도록 하기 위해서 사후관리가 필요하다.

7. 7단계 : 인정과 보상

인정과 보상은 근래에 와서 자원봉사 상황에서 매우 공개적으로 다루어지고 있기 때문에, 자원봉사자 입장에서는 기대 또는 이득으로 표현되기도 한다. 그러나 조심해야 될 사항은 인정과 보상에 경제적 의미가 전제가 되어야 한다는 주장은 옳지 않다는 것이다. 실제로 대부분의 자원봉사자들은 자신들의 활동의 대가로서 경제적 보상이 아닌, 사회적 기여나 자아개발을 도모함으로써 사회·심리적 보상을 선호하고 있는 것으로 나타나고 있다. 인정은 시작할 때나 끝날 때에만 하는 것이 아니라 지속적이어야 하며, 인정은 정확한 체계를 따라야 하지만, 동시에 마음을 써서 융통성 있게 개별성을 가지고 이루어져야 한다. 인정과 보상은 자원봉사활동의 유인책이지만 사회적으로 자원봉사활동에 대한 중요성을 높이는 결과를 가져온다. 인정하는 방법으로는 증명서, 상패, 자원봉사자 핀, 배지, 등을 제공하는 방법이나 저녁식사, 다과회 등으로 이루어질 수 있고, 보상은 자원봉사활동 가족사진 제공, 지역 기업이 제공한 할인, 식사쿠폰 제공, 시설의 안내판에 사진 게시 등의 방법이 있다.

8. 8단계 : 평가

활동의 평가는 목표대로 잘 진행되는지 여부를 파악하여 프로그램의 확대, 지속, 축소 등의 정책을 결정하고, 재원제공자에게 재원의 효율적인 사용을 객관적인 자료를 통하여 알릴 수 있고, 자원봉사자와 관리자 및 관련자의 사기를 진작시키기 위해 필요한 것이다.

평가시기는 활동 개시 직후, 활동 중, 활동 종료 시, 상황에 따라 등으로 프로그램 평가에 적합한 시기를 선택하여야 할 것이다. 평가주제는 내부평가자와 외부평가자로 구분할 수 있으며, 평가유형에는 활동의 과정과 절차가 얼마나 합리적으로 이루어졌는지를 평가하는 과정평가와 활동을 통하여 달성하고자 한 목표를 잘 달성했는지를 알아보는 결과평가, 활동을 통하여 일어난 모든 변화를 측정하는 영향평가가 있다. 평가방법은 설문지나 간담회, 개인적인 접촉, 작품 등을 통하여 측정해 낼 수 있으며, 설문지를 이용하는 것이 일반적인 방법이다.

CHAPTER 10

마케팅 및 홍보

제1절 마케팅

마케팅은 영리기업의 관리기법에서 비롯되었다. 사회복지서비스 조직에서 마케팅의 도입은 초기에 많은 비판과 거부감을 가져왔다. 마케팅은 기업의 이윤극대화를 위한 상업주의적 성향이 강했기 때문이다. 그러나 이와 같은 거부감으로 마케팅 활동을 소홀히 한다면 이는 곧 현대사회의 변화에 부응하지 못하게 된다. 사회복지서비스 조직의 마케팅은 영리기업의 마케팅과는 분명한 차이가 있어야 한다(김형식 · 이영철 · 신준섭, 2015).

1. 마케팅의 개념 및 특성

1) 사회복지시설의 마케팅 개념

마케팅이란 시장에서 가치를 창출하고, 기본적인 욕구와 수요를 충족시킬 목적으로 이루어지는 교환이 성취되고, 관계가 이루어질 수 있도록 시장을 관리하는 것을 의미한다. 따라서 마케팅은 제품과 가치를 창조하여 다른 사람과 교환함으로써 그들의 욕구와 수요를 충족시키기 위해 개인과 집단이 원하는 것을 획득하는 과정이다. 이처럼 마케팅의 개념에는 교환의 의미가 매우 강하다.

코틀러(Kotler, 1980)의 마케팅의 개념을 다음과 같이 정리하고 있다. 첫째, 마케팅은 분석, 계획, 집행, 그리고 조정을 포함하는 체계적인 과정이다. 둘째, 마케팅은 비체계적인 활동이 아닌 욕구충족을 위해 면밀하게 짜인 프로그램 속에서 면밀하게 진행된다. 셋째, 마케팅은 모든 사람들에게 모든 제품을 대상으로 모든 시장을 찾아 비현실적으로 공략하기보다는 선정된 표적시장을 대상으로 해야 한다. 넷째, 마케팅의 목적은 효과적인 시장의 공략을 통해 조직의 생존과 건전한 유지를 돕는 것이다. 특히 효과적인 마케팅 계획을 위해서는 조직이 구체적인 목표를 설정하는 것이 필요하다. 다섯째는 마케팅은 판매자의 입장보다는 표적시장의 욕구에 따른 조직의 공략체계에 의존한다. 여섯째, 마케팅은 소위 마케팅 믹스라 불리는 제품설계, 가격, 홍보, 유통방법을 혼합하여 이용한다.

이를 종합하면, 마케팅은 영리기업뿐만 아니라 비영리조직이나 개인에게도 거래 혹은 설득이나 커뮤니케이션 등 교환을 촉진하기 위한 모든 활동이 될 수 있다. 따라서 기존의 마케팅 개념이 비영리조직으로 확대되고 필요성이 인전되면서 사회복지서비스 조직의 마케팅은 시설의 클라이언트와 자원제공자, 정부 및 전체 사회가 사회복지서비스 조직에 대해 보다 많은 관심과 요구를 갖도록 하기 위한 제반 활동으로 이해되고 있다(Baker, 1993).

2) 사회복지시설 마케팅의 특성

비영리조직 마케팅의 특성은 조직을 둘러싼 조직구성원의 다양성으로 인해 복잡해지며, 영리기업에서처럼 단순히 재정적인 목표만 가지고 있는 것이 아니라 다양한 목적들이 있고, 이들이 추상적인 경우가 많아 목표달성을 측정하기 어려운 경우가 있다. 대부분의 비영리조직에서는 물리적인 상품보다는 서비스를 생산한다. 영리기업에서 생산사는 물리적인 상품과 사회복지서비스 조직에서 생산하는 서비스 간에는 차이가 있다. 실제로 많은 비영리조직들은 영리-비영리의 명확하게 규정할 수 없는 서비스를 생산하기도 한다. 예를 들어, 어떤 시설들은 표적집단과의 직접적인 의사소통을 통해서 혹은 간접적인 로비활동을 등을 통해 사회행동의 변화를 시도하는 것이 주업무인 경우도 있다.

사회복지시설 마케팅의 특성은 다음과 같다(장천식, 2006).

첫째, 비영리조직인 사회복지시설은 영리기업과는 달리 다양한 대중, 즉 후원자 그룹, 내부그룹, 서비스 전달 그룹, 클라이언트 그룹 등을 상대하는 특성이 있다. 아울러 마케팅 관점에서 최소한 두 종류의 주요 대중들, 즉 클라이언트와 후원자와의 상호작용을 해야 한다. 둘째, 사회복지시설은 가치추구 등과 같은 하나의 목적보다는 몇 가지의 중요한 목적들을 동시에 추구하는 경향이 있다. 셋째, 사회복지시설 마케팅은 상품 중심이 아니라 서비스 중심의 마케팅이므로 서비스 공급과 소비가 동이에 일어나는 상호성을 가진다. 넷째, 사회복지시설 마케팅은 다양한 그룹의 초점을 받고 있으므로, 정부 및 지방자치단체, 지역사회 주민, 시민단체 등 다양한 분야의 그룹들이 후원물품 및 금액, 모금방법 등에 관하여 관심을 가지고 이들 그룹들로부터 투명성과 신뢰성을 얻을 수 있는 마케팅이 실시되어야 한다(박성복, 2010).

2. 사회복지시설 마케팅의 구성요소

과거 영리기업에서의 마케팅은 단순히 판매와 광고의 관리행위만을 강조하는 경향이 강했다. 그러나 현대에는 소비자의 욕구, 성격, 규모 등을 세밀히 파악한 후 표적시장을 선정하고 이를 기반으로 제품(Product), 가격(Price), 유통(Place), 촉진(Promotion)의 4P 마케팅 함수를 활용한 마케팅을 강조한다(Lauffer, 1978). 마케팅 함수란 마케팅 관리활동으로서 마케팅의 주체, 즉 마케터가 표적시장에서 원하는 반응을 얻어내기 위해 사용하는 통제 가능한 마케팅 변수의 집합을 뜻한다(이봉수 외, 1998).

1) 제 품

제품(Product)이란 사회복지시설이 표적시장에서 반응을 이끌어 낼 수 있는 산출물로서 서비스와 아이디어가 주종을 이룬다. 사회복지시설의 제품인 서비스는 상담, 치료, 교육, 재활, 보호, 정보제공 등이 있다. 마케팅의 관점에서 볼 때, 사회복지시설의 서비스들이 클라이언트나 후원자 혹은 의뢰시설로부터 이용하고 싶어 하는 가치 있는 제품이라는 인식을 얻는 것이 중요하다. 따라서 후원자 개발을 위한 사회복지시설 마케팅에서는 후원금 자체보다는 후원행위를 통한 사회적 기여와 소외계층의 삶의 질 향상에 중점을 두어 제품이 개발되어야 한다.

이런 면에서 유용한 마케팅 개념은 시장세분화(market segmentation) 혹은 시장영역 특성화이다. 시설은 자신의 고유한 기술과 능력에 따라 프로그램을 설계하고 제공하여야 한다. 또한 지역사회에서 시장 영역의 특정화를 결정하고 거기에 적합한 프로그램을 설계해야 한다. 지역사회 주민이나 표적시장으로부터 서비스에 대한 호응의 정도를 판단하기 위해서는 욕구조사나 의견조사를 실시하는 것이 바람직하다. 이러한 방법으로 서비스 또는 제품의 매력을 크게 하고 서비스 다양화로 잠재적 수요자를 개발할 수 있을 것이다.

2) 가 격

사회복지시설에서의 가격(Price)은 서비스와 프로그램에 대한 가격을 의미한다. 이는 수익사업의 이용료가 될 수도 있고, 모금 프로그램에 대한 가격, 즉 후원금이 될 수도 있다. 가격전략은 영리기업의 가격책정방법과는 다르다. 사회복지시설에서의 가격개념은 시설의 목표를 달성하는 데 필요한 원가의 회수에 있기 때문이다. 따라서 영리를 추구하지 않는 점에서 원가에도 못 미치는 가격으로 고객에게 서비스를 제공하고 있다. 가격을 책정할 때에도 사업목표를 달성하는 데 드는 비용을 우선 책정하고 난 후에 후원자에게 기부금을 할당하거나, 아니면 기부금 한도 내에서 고객에게 요구할 최소한의 가격을 결정한다. 또한 저렴한 비용으로 많은 인원이 이용할 수 있게 하는 할인전략, 회원들에게 회비를 징수하는 과정에서 월회비보다는 연회비 혹은 평생회비를 납부하게 하여 할인하여 주는 방법을 활용할 수도 있다.

3) 유 통

사회복지시설에서의 유통(Place)전략이란, 서비스의 전달과 입금경로, 접근성과 관련이 있으며, 지역사회 네트워크 형성과 관계가 있다. 사회복지시설의 유통경로는 상품이 시설에서 클라이언트에게 직접적으로 전달되는 형태로서 중간상의 개입이 없는 비교적 짧은 것이 특징이다. 사회복지공동모금회와 같은 단체들이 사람이 많이 모이는 지역이나 길목으로 순회하면서 직접 고객들을 접촉하는 것은 사회복지시설 유통의 특징을 잘 말해주고 있다. 그러므로 사회복지시설에서 클라이언트를 상대로 하는 유통경로를 설계할 때 가능하면 유통경로를 짧게 해야 한다. 후원자를 위한 경로의 설계는 경우에 따라 중간에 중개인을 두어 후원금이나 후원물품을 수집할 수도 있다.

4) 촉 진

사회복지시설 촉진(Promotion)전략을 위한 사회복지시설 서비스의 홍보와 보다 많은 후원금을 확보하기 위한 인쇄물 제작이나 언론·방송매체를 총한 홍보, 판매촉진, 인적 판매 등과 같은 커뮤니케이션 수단들은 오래전부터 사용해 왔다. 후원자시장이 세분화된 경우에는 직접 우편의 방법도 사용한다. 종교단체, 과거의 후원자, 동창회 등에는 대중매체를 이용한 광고보다는 직접우편의 방법이 더욱 효과적일 수 있다. 어떤 마케팅은 경쟁에 초점을 두거나 아니면 서비스 전달 영역에서의 독자적인 행동을 강조하지만, 사회복지시설은 각 시설이 서로 다른 지리적 영역에서 동일한 서비스를 제공하는 경우와 같이, 상호 보완적인 특정화된 영역을 충족시킬 수 있도록 판촉을 함께 설계할 수도 있다.

3. 사회복지시설 마케팅 활동의 과정

1) 자원개발 가능성의 분석

사회복지시설은 자원개발에 우선해서 마케팅 활동을 수행하는 데 영향을 미치는 환경적 요인을 검토할 필요가 있다. 환경적 요인으로는 사회제도적 요인과 시설 내부환경으로 구분되는데, 사회제도적 요인은 모금과 관련된 각종 법규와 정부정책, 경제사정 등에 관한 내용을 포함하며, 시설 내부환경은 시설의 경쟁력과 시설 내 자원분석을 의미한다. 환경적 요인을 분석하기 위해서는 SWOT{Strength(강점), Weakness(약점), Opportunity(기회), Threat(위협)} 분석을 통해 체계적으로 파악할 수 있다. 즉, 후원자 개발 가능성을 분석하기 위해 시설의 조직구성원이 일하는 환경과 자원을 파악하고자 하는 것이다. 현재 우리 시설의 강점과 약점, 기회와 위협 등이 무엇인지 점검해 보는 일이다. 그러나 보다 정확한 예측을 위해서는 경험을 바탕으로 과거 실적에 대한 정보 분석이 필요하다. <표 10-1>은 사회복지시설 후원자 개발을 위한 SWOT 분석사례이다.

〈표 10-1〉 후원자 개발에 따른 SWOT 분석

Strength : 강점	Weakness : 약점
• 기관 내 의사결정권자 및 직원들의 높은 정보화 마인드 • 지역사회 내 다양한 공중과 상호 우호적인 관계 유지 • 기관에 대한 대중적인 인지도 확보	• 시스템 구축의 미비 • 내부 운영재원의 부족
Opportunity : 기회	**Threat : 위협**
• 정보통신기술 발전과 인터넷 사용인구 증가 • 민간 사회복지서비스의 필요성 증대 • 웹사이트를 이용한 영리조직과의 다양한 자원개발 연계	• 자본투입규모에 따른 사회복지기관 간의 부익부 빈익빈 현상 • 마케팅 전개능력에 따른 영리조직의 복지자원개발 주도권 선점 가능

출처 : 임종민(2001).

2) 시장조사

사회복지시설에서의 시장조사는 잠재적 후원자와 클라이언트의 욕구를 찾아내는 일로서 마케팅의 초기 단계에 이루어지는데, 이를 육하원칙에 의거하여 제시하면 다음과 같다.

- 누가(Who) 후원하기를 원하는가?
- 어떠한 분야(What)에 후원하기를 원하는가?
- 언제(When) 후원하기를 원하는가?
- 어디에(Where) 후원하기를 원하는가?
- 어떤 방법(How)으로 후원하기를 원하는가?
- 왜(Why) 후원자들은 우리 시설에 후원하는가?

마케팅에서 상황의 중요성은 마케팅의 모든 것이라 할 수 있을 만큼 중요하다. 사회복지시설에서의 상황은 시설 내의 여건과 사업내용에 대해 충분한 이해 그리고 시설 외적인 상황에 대한 파악이 제대로 이루어진다면 성공적인 마케팅이 가능하다.

3) 마케팅 목표의 설정

마케팅 목표를 설정하기 전에 시설의 목적을 먼저 살펴볼 필요가 있다. 사회복지시설의 목적은 대부분 사회복지시설에 소명헌장 형식으로 제시되어 있다. 소명헌장은 사회복지시설의 존재이유와 사명을 조직구성원에게 명확하게 인식하도록 해준다. 따라서 사회복지시설의 사업이나 프로그램도 이 소명헌장에 근거하여 이루어진다. 따라서 마케팅의 목표도 이 소명헌장에 근거하여 이루어져야 하며, 실행계획을 보다 더 구체적으로 제시한다.

마케팅 목표의 설정은 표적집단의 규모, 시설의 정책·인적·물적 자원동원 등의 변수에 의해 범위와 방향이 정해진다. 일반적으로 목표는 상위목표와 하위목표로 구분할 수 있다. 상위목표는 장기적으로 달성될 결과를 의미하고, 하위목표는 1년 이내의 단기적인 목표를 의미하며, 목표실행기간, 프로그램이나 서비스 내용 등을 보다 구체적인 용어로 표현한다. 또한 목표에는 목표달성 여부를 파악할 수 있는 지표가 반드시 있어야 하며, 바람직한 목표는 시간제한성, 측정 가능성, 달성 가능성, 적 조직구성원의 공유 등의 속성을 가지고 있다.

4) 시장세분화와 표적시장의 선정

시장세분화는 클라이언트의 욕구가 동일하지 않다는 가정에서 출발한다. 따라서 클라이언트의 상이한 욕구를 충족시키기 위해서는 서비스나 프로그램도 개인별로 달라야 함을 의미한다. 이렇게 비슷한 클라이언트 집단을 세분시장이라 한다. 마케팅에서의 시장은 여러 개의 세분시장으로 구성되어 있고, 각 세분시장에 적합한 전략으로 마케팅을 하는 작업이 시장세분화(market segmentation)이다.

사회복지시설에서 시장세분화 작업은 비차별적인 전략을 추구한다. 즉, 사회복지시설에서의 클라이언트의 욕구는 동질적이므로 각 세분시장의 욕구를 충족시키는 전략을 도입할 이유는 없다. 그러나 시장세분화 도입으로 사회복지시설은 보다 효과적으로 목표를 달성할 수 있다. 또한 시장세분화를 통하여 시설이 공략 가능하다고 판단하여 표적시장을 통해 후원자의 분류를 할 수 있다.

5) 자원개발 프로그램의 수집

사회복지시설에서의 후원자는 결연, 정기, 비정기, 프로그램 후원자로 구분할 수 있다. 후원자 개발 프로그램은 후원자 유형에 따라 수립되어야 하며, 이를 살펴보면 다음과 같다.

첫째, 결연후원자는 후원자와 클라이언트를 연결하여 재정적 · 정서적 지원을 하도록 하는 방식이다. 실제로 모금 실적이 좋은 사회복지시설은 모금액의 2/3를 결연 후원금에 의존하고 있다. 결연 후원은 후원자들에게 클라이언트에 관한 정보를 구체적으로 제공함으로써 클라이언트의 욕구에 맞는 후원을 하여 후원자가 직접적으로 보람을 느끼게 함으로써 장기적인 후원도 가능하게 한다. 또한 물질적인 지원뿐만이 아니라 정신적인 지지도 가능하게 해준다. 그러나 클라이언트의 신상이 공개됨으로써 인격적인 손상을 가져오거나 스티그마(stigma)를 느끼게 할 우려도 있다.

둘째, 정기 후원자는 정기적(월 또는 분기)으로 후원금을 내는 사람들로 그 방식은 결연후원과 동일하지만 구체적인 후원대상이 정해져 있지 않은 것이 다르다. 대부분의 소규모 사회복지시설에서 후원자를 개발할 때 선호하는 방식이다. 정기후원은 결연후원과는 달리 후원금액을 소액에서부터 고액까지 다양화하여 후원자들이 기부할 수 있는 폭을 넓혀주는 장점이 있다. 그러나 구체적인 후원대상이 정해져 있지 않기 때문에 후원 지속율이 결연후원에 비해 떨어지는 단점이 있다.

셋째, 비정기 후원은 정기후원과 성격이 비슷하나 비정기적으로 후원금을 낸다는 점에서 차이가 있다. 비정기 후원자는 결연후원이나 정기후원에서처럼 정기적으로 장기간에 걸쳐 후원금을 낸다는 것에 부담을 느끼는 잠재 후원자를 대상으로 개발해 볼 수 있다. 대표적인 사례는 모금 저금통을 만들어 배포하는 것이다. 그러나 관리상의 문제가 있어 대부분의 시설에서 크게 성공하지 못하고 있다.

마지막으로, 프로그램 후원은 특정 사업이나 프로그램을 홍보하여 모금하는 방법이다. 최근 실직가정 결식아동 돕기 모금이나 실직노숙자 자립지원을 위한 모금 등이 대표적인 예이다. 프로그램 후원자를 개발할 때는 특정 개인의 욕구보다는 이슈가 되고 있는 사회적 문제나 욕구에 초점을 맞추는 것이 효과적이다.

6) 마케팅의 실행

후원자 개발을 위한 마케팅에는 크게 직접우편(Direct Mail), 이벤트, 대중매체 광고, 자동응답시스템(ARS) 등이 있다.

첫째, 직접우편(Direct Mail)은 가장 전통적인 방법으로 후원을 요청하는 편지를 잠재적 후원자들에게 발송하여 후원자를 개발하는 방법이다. DM 발송시에는 불특정다수에게 보내기보다는 표적시장을 선정하여 보내는 것이 효과적이다.

둘째, 이벤트는 후원자에게 특정의 동기를 부여하기 위해 특별한 활동을 하는 것으로 이는 일방적으로 메시지를 전달하는 것과는 달리 양방향 의사소통이 가능하나 비용이 많이 드는 단점이 있다. 따라서 모금을 위한 목적만으로는 바람직하지 않으며 대중의 공감대를 형성하여 잠재적인 후원자와 관계를 형성하는 데는 효과적이다. 이벤트의 구체적인 방법으로는 걷기대회, 모금만찬회, 기아체험, 바자회, 음악회 등이 있다.

셋째, 대중매체는 주로 영리기업에서 많이 활용하는 방법으로 사회복지시설에서는 활용도가 낮은 편으로 라디오와 잡지를 통한 마케팅은 증가추세에 있다. 잡지를 통해 후원자를 개발하고자 할 경우에는 잡지의 판매부수, 독자층, 성격 등을 고려하여야 한다.

마지막으로, 자동응답시스템(ARS)은 최근 가장 활성화되고 있는 모금방법이다. 이는 모금방송 시청자들이 이 시스템에 전화를 걸면 통화당 일정 금액의 후원금이 자동으로 전화요금에 부과되는 방식이다. 자동응답시스템(ARS)이 성공적인 이유는 간편하게 적은 금액으로 후원에 참여할 수 있기 때문이다.

제2절 홍 보

1. 홍보의 개념 및 중요성

일반적으로 홍보라 함은 PR, 즉 대중관계(Public Relations)를 의미한다. PR은 '대중관계'라는 그 말 자체가 의미하듯이 '조직이 그의 사회적 환경이 되는 대중과의 원활한 관계를 유지하고자 하는 제반 노력'을 일컫는다. 사회복지서비스 조직의 입장에서는 조직을 둘러싼 이해관계자(클라이언트, 가족, 지역사회, 후원자, 정부 등)와 다양한 관계를 형성하는 노력을 의미한다. 이러한 과정을 통해 자원을 개발하고, 이용자를 확보하며, 조직 생존을 위한 지지를 얻기도 한다(황성철 외, 2016).

현실적으로 클라이언트는 사회복지시설에서 제공하는 서비스와 프로그램에 대해 잘 알지 못하는 경우가 많기 때문에 사회복지시설에서 홍보전략은 그 중요성이 매우 크다.

2. 사회복지시설 홍보의 기능

사회복지시설 측면의 홍보 기능은 다음과 같이 구분하여 설명할 수 있다.

첫째, 홍보 본래의 기능이다. 사회적 취약계층의 존재와 이들의 사회적 요구를 대중과 지역사회 주민들에게 알림으로써 이들에 대한 사회적 지원을 동원하고, 클라이언트들에게는 해당 사회복지시설의 목표와 특징, 기능과 사업내용을 공지하여 사회복지 프로그램의 효과적 사용을 유도하는 기능을 수행한다.

둘째, 공공교육의 기능이다. 어린이, 청소년, 부모, 노인 등에게 사회적 적응과 성장에 관한 정보를 제공하고, 개인과 가족 또는 사회적 위기를 예방할 수 있는 다양한 프로그램의 내용을 소개하여 지역사회를 교육시키는 기능을 수행하는 것이다.

셋째, 예방의 기능이다. 고립되거나 곤란에 처한 사람들에게 유용한 재활의 정보를 제공하고, 자활, 또는 원조집단에 대한 정보와 기능을 제공하며, 그들의 의욕을 북돋는 기능을 수행하는 것이다.

이러한 홍보활동을 통하여 사회복지시설은 지역사회 주민과 원활한 관계를 유지하고, 신뢰감과 호감을 얻을 수 있도록 적합한 정보와 최대한의 이익을 제공하면서 동시에 시설의 활동에 대한 적극적인 참여를 기대하는 쌍방향 커뮤니케이션으로 전개해 나가는 것이다.

3. 사회복지시설 홍보의 원칙

사회복지시설 홍보의 원칙은 다섯 가지로 구분할 수 있다(오두범, 1991).

첫째, 홍보의 주체를 분명히 해야 한다. 사회복지시설은 홍보 관련실무자와 책임자가 명확한 가운데 해당 시설의 목적과 성격에 맞는 홍보를 실시해야 한다.

둘째, 홍보의 대상이 명확해야 한다. 어떠한 시설이든 홍보의 성패는 표적대상을 만족시키는 데 있기 때문이다. 따라서 사회복지시설은 다양한 부류의 대중을 인식해야 하며, 어떠한 대중을 홍보의 타겟으로 삼을지 분명해야 한다.

셋째, 무엇을 전달할 것인지 메시지가 분명해야 한다. 홍보는 메시지를 통하여 주체와 객체가 연결된다는 사실을 명심하고, 가장 효과적이고 분명한 메시지 창출에 힘써야 한다.

넷째, 홍보의 목적을 명확히 한다. 사회복지시설은 시설의 이미지 개선 및 인지도를 향상시키기 위하여 시행하고 있는 프로그램을 홍보하기 위하여, 인적·물적 자원을 개발하기 위하여 홍보활동을 전개한다. 따라서 각각의 목적에 대한 세부목표를 설정하는 것이 중요하다.

마지막으로, 어떻게 알릴 것인가의 문제는 다양한 홍보수단의 선택과 홍보의 전문성을 위한 끊임없는 노력이 함께 수반되어야 할 것이다.

4. 사회복지시설 홍보의 문제점 및 활성화 방안

우리나라 사회복지시설 홍보의 가장 큰 문제점은 예산부족으로 인해 홍보를 전문적으로 담당할 부서나 인력을 둘 수 없다는 것이다. 이로 인해 효과적인 홍보를 적극적으로 펼치기가 어려운 실정이다. 따라서 홍보 인력을 양성하고, 예산 확보를 위해 노력해야 한다. 나아가서 사회복지시설의 홍보 활성화를 위해서는 적극적인 언론 홍보 활동을 실시할 필요가 있다. 현대사회에서 언론의 영향력이 워낙 크고 중요하기 때문에 언론을 통한 홍보활동에 중요한 비중을 두어야 한다.

또한 사회복지시설에 적합한 홍보 매체를 개발해야 한다. 오늘날 케이블방송, 위성방송 등 유선계, 무선계의 뉴미디어 활용과 멀티미디어의 활용, 인터넷을 통한 홍보활동, 블로그, SNS 및 개인방송을 통한 홍보 등 사회복지시설에서 활용할 수 있는 매체는 무한하다. 또한 인터넷 홈페이지를 통해 시설의 홍보와 후원자를 모집하는 방법을 사용할 수 있다(남기민 · 전명희, 2001).

PART 03

사회복지시설 유형 및 운영

CHAPTER 11

복지관(사회복지관, 장애인복지관, 노인복지관)

제1절 사회복지관 운영

1. 기본 방향

1) 목 적

사회복지사업법 시행규칙(2004. 9. 6. 개정)에서 규정한 사회복지관의 설치·운영기준 등에 관한 사항을 안내함으로써 사회복지관사업의 운영·관리에 편의를 제공하고자 한다.

2) 적용범위

사회복지관의 설치·운영에 관하여 적용하되, 사회복지사업법, 사회복지사업법 시행규칙, 사회복지법인 및 사회복지시설 재무·회계규칙, 지방교부세법 등 관계 법규에서 정하지 않은 사항에 대하여는 본 안내에서 정하는 바를 참고하여 지방자치단체의 장은 자율적으로 시설에 대한 예산을 편성·집행하고 지역실정에 맞는 사업안내서를 작성 시행한다.

2. 사회복지관 운영

1) 사회복지관의 정의

사회복지관이란 지역사회를 기반으로 일정한 시설과 전문 인력을 갖추고 지역주민의 참여와 협력을 통하여 지역사회복지문제를 예방하고 해결하기 위하여 종합적인 복지서비스를 제공하는 시설을 말한다.

여기서 지역사회복지란 주민의 복지증진과 삶의 질 향상을 위하여 지역사회 차원에서 전개하는 사회복지를 말한다.

2) 사회복지관의 목표

사회복지관은 사회복지서비스 욕구를 가지고 있는 모든 지역사회주민을 대상으로 보호서비스, 재가복지서비스, 자립능력 배양을 위한 교육훈련 등 그들이 필요로 하는 복지서비스를 제공하고, 가족기능 강화 및 주민 상호 간 연대감 조성을 통한 각종 지역사회 문제를 예방·치료하는 종합적인 복지서비스 전달기구로서 지역사회 주민의 복지증진을 위한 중심적 역할을 수행하여야 한다.

3) 사회복지관의 연혁

1906년 : 원산 인보관운동에서 사회복지관사업 태동

1921년 : 서울에 최초로 태화여자관 설립

1926년 : 원산에 보혜여자관 설립

1930년 : 서울에 인보관 설치

1975년 : 국제사회복지관연합회 회원국 가입

1976년 : 한국사회복지관연합회 설립(22개 사회복지관)

1983년 : 사회복지사업법 개정으로 사회복지관 운영 국고보조

1986년 : 사회복지관 운영·국고보조사업지침 수립

1989년 : 주택건설촉진법 등에 의해 저소득층 영구임대아파트 건립 시 일정 규모의 사회복지관 건립을 의무화

1989년 : 사회복지관설치·운영규정 제정

사회복지법인 한국사회복지관협회 설립

2004년 : 사회복지사업법 시행규칙 사회복지관의 설치기준 신설

* 사회복지관 설치운영규정 폐지

2012년 : 사회복지사업법 개정(2012. 8. 5. 시행)

* 사회복지관의 설치 등 규정 신설

> 제34조의5(사회복지관의 설치 등) ① 제34조 제1항과 제2항에 따른 시설 중 사회복지관은 지역사회의 특성과 지역주민의 복지욕구를 고려하여 서비스 제공 등 지역복지증진을 위한 사업을 실시할 수 있다.
>
> ② 사회복지관은 모든 지역주민을 대상으로 사회복지서비스를 실시하되, 다음 각 호의 지역주민에게 우선 제공하여야 한다.
>
> 1. 「국민기초생활 보장법」에 따른 수급자 및 차상위계층
> 2. 장애인, 노인, 한부모가족 및 다문화가족
> 3. 직업 및 취업 알선이 필요한 사람
> 4. 보호와 교육이 필요한 유아·아동 및 청소년
> 5. 그 밖에 사회복지관의 사회복지서비스를 우선 제공할 필요가 있다고 인정되는 사람
>
> ③ 그 밖에 사회복지관의 설치·운영·사업 등에 필요한 사항은 보건복지부령으로 정한다.

연도별 사회복지관 현황

구분	'05	'06	'07	'08	'09	'10	'11	'12	'13	'14	'15	'16	'17
개소수	391	397	408	414	419	425	433	437	439	442	452	459	464

3. 사회복지관 운영의 기본 원칙

사회복지관이 행하는 사회복지사업은 인도주의와 서비스를 필요로 하는 자의 존엄유지를 전제로 다음 각 호의 기본 원칙에 따라 수행되어야 한다.

1) 지역성의 원칙

사회복지관은 지역사회의 특성과 지역주민의 문제나 욕구를 신속하게 파악하여 사업계획 수립시 반영하여 지역사회의 문제를 해결하고, 이에 따른 서비스를 제공하여야 하며, 지역주민의 적극적 참여를 유도하여 주민의 능동적 역할과 책임의식을 조장하여야 한다.

2) 전문성의 원칙

사회복지관은 다양한 지역사회문제에 대처하기 위해 일반적 프로그램과 특정한 문제를 해결할 수 있는 전문적 프로그램이 병행될 수 있도록 지식과 기술을 보유한 전문인력이 사업을 수행하도록 하고, 이들 인력에 대한 지속적인 재교육 등을 통해 전문성을 증진토록 하여야 한다.

3) 책임성의 원칙

사회복지관은 서비스 이용자의 욕구를 충족하고 지역사회문제를 해결함에 있어서 효과성을 극대화하기 위하여 최선의 노력을 기울여야 한다.

4) 자율성의 원칙

사회복지관은 다양한 복지서비스를 효율적으로 제공하기 위하여 사회복지관의 능력과 전문성이 최대한 발휘될 수 있도록 자율적으로 운영하여야 한다.

5) 통합성의 원칙

사회복지관은 사업을 수행함에 있어 지역 내 공공 및 민간복지기관 간에 연계성과 통합성을 강화시켜 지역사회복지 체계를 효율적이고 효과적으로 운영되도록 하여야 한다.

6) 자원활용의 원칙

사회복지관은 주민욕구의 다양성에 따라 다양한 기능인력과 재원을 필요로 하므로 지역사회 내의 복지자원을 최대한 동원·활용하여야 한다.

7) 중립성의 원칙

사회복지관은 정치활동, 영리활동, 특정 종교활동 등에 이용되지 않게 중립성이 유지되어야 한다.

8) 투명성의 원칙

사회복지관은 자원을 효율적으로 이용하고 운영과정의 투명성을 유지하여야 한다.

4. 사회복지관 사업

사회복지관에서는 저소득 취약계층과 지역주민에 대한 실질적인 사회복지서비스가 이루어질 수 있도록 각 사업을 유기적으로 연계하여 실시하여야 한다.

사회복지관 사업의 대상

- 사회복지관 사업의 대상은 사회복지서비스 욕구를 가지고 있는 모든 지역주민으로 한다.
- 다만, 다음 각 호의 주민을 우선적인 사업대상으로 하여야 한다.

① 「국민기초생활보장법」에 따른 수급자 및 차상위계층
② 장애인, 노인, 한부모가족 및 다문화가족
③ 직업 및 취업알선이 필요한 사람
④ 보호와 교육이 필요한 유아 · 아동 및 청소년
⑤ 그 밖에 사회복지관의 사회복지 서비스를 우선 제공할 필요가 있다고 인정되는 사람

사회복지관 사업의 내용

- 사회복지관은 지역사회의 특성과 지역주민의 복지욕구에 대한 조사결과를 바탕으로 사업내용을 자율적으로 결정하되, 다음 분야별 사업 및 내용 중에서 해당 사회복지관의 실정에 적합한 프로그램을 선정하여 수행한다.
- 다만, 관할 시장 · 군수 · 구청장이 지역적 특성을 감안하여 필요하다고 인정한 경우에는 예외 사항을 두거나 별도의 사업을 개발 · 추진할 수 있다.

참고 : 사회복지사업법 시행규칙

제23조의2(사회복지관의 운영기준) ① 사회복지관에는 사무분야와 별표 3에 따른 사업분야별로 이를 수행할 수 있는 직원을 각각 두거나 겸직할 수 있도록 하되, 직원의 수는 사회복지관의 규모 및 수행하는 사업을 고려하여 정하여야 한다.

〈표 11-1〉 사회복지관의 사업(사회복지사업법 시행규칙 별표 3)

기능	사업분야	사업 및 내용
사례 관리 기능	사례발굴	지역 내 보호가 필요한 대상자 및 위기 개입대상자를 발굴하여 개입계획 수립
	사례개입	지역 내 보호가 필요한 대상자 및 위기 개입대상자의 문제와 욕구에 대한 맞춤형 서비스가 제공될 수 있도록 사례개입
	서비스 연계	사례개입에 필요한 지역 내 민간 및 공공의 가용자원과 서비스에 대한 정보 제공 및 연계, 의뢰
서비스 제공 기능	가족기능 강화	1. **가족관계증진사업** : 가족원간의 의사소통을 원활히 하고 각자의 역할을 수행함으로써 이상적인 가족관계를 유지함과 동시에 가족의 능력을 개발·강화하는 사업 2. **가족기능보완사업** : 사회구조 변화로 부족한 가족기능, 특히 부모의 역할을 보완하기 위하여 주로 아동·청소년을 대상으로 실시되는 사업 3. **가정문제해결·치료사업** : 문제가 발생한 가족에 대한 진단·치료·사회복귀 지원사업 4. **부양가족지원사업** : 보호대상 가족을 돌보는 가족원의 부양부담을 줄여주고 관련 정보를 공유하는 등 부양가족 대상 지원사업 5. 다문화가정, 북한이탈주민 등 지역 내 이용자 특성을 반영한 사업
	지역사회 보호	1. **급식서비스** : 지역사회에 거주하는 요보호 노인이나 결식아동 등을 위한 식사제공 서비스 2. **보건의료서비스** : 노인, 장애인, 저소득층 등 재가복지사업대상자들을 위한 보건·의료관련 서비스 3. **경제적 지원** : 경제적으로 어려운 지역사회 주민들을 대상으로 생활에 필요한 현금 및 물품 등을 지원하는 사업 4. **일상생활 지원** : 독립적인 생활능력이 떨어지는 요보호 대상자들이 시설이 아닌 지역사회에 거주하기 위해서 필요한 기초적인 일상생활 지원서비스 5. **정서서비스** : 지역사회에 거주하는 독거노인이나 소년소녀가장 등 부양가족이 없는 요보호 대상자들을 위한 비물질적인 지원 서비스 6. **일시보호서비스** : 독립적인 생활이 불가능한 노인이나 장애인 또는 일시적인 보호가 필요한 실직자·노숙자 등을 위한 보호서비스 7. **재가복지봉사서비스** : 가정에서 보호를 요하는 장애인, 노인, 소년·소녀가정, 한부모가족 등 가족기능이 취약한 저소득 소외계층과 국가유공자, 지역사회 내에서 재가복지봉사서비스를 원하는 사람에게 다양한 서비스 제공

서비스 제공 기능	교육문화	1. **아동・청소년 사회교육** : 주거환경이 열악하여 가정에서 학습하기 곤란하거나 경제적 이유 등으로 학원 등 다른 기관의 활용이 어려운 아동・청소년에게 필요한 경우 학습 내용 등에 대하여 지도하거나 각종 기능 교육 2. **성인기능교실** : 기능습득을 목적으로 하는 성인사회교육사업 3. **노인 여가・문화** : 노인은 대상으로 제공되는 각종 사회교육 및 취미교실 운영사업 4. **문화복지사업** : 일반주민을 위한 여가・오락 프로그램, 문화 소외집단을 위한 문화 프로그램, 그 밖에 각종 지역문화행사사업
	자활지원 등 기타	1. **직업기능훈련** : 저소득층의 자립능력배양과 가계소득에 기여할 수 있는 기능훈련을 실시하여 창업 또는 취업을 지원하는 사업 2. **취업알선** : 직업훈련 이수자 기타 취업희망자들을 대상으로 취업에 관한 정보제공 및 알선사업 3. **직업능력개발** : 근로의욕 및 동기가 낮은 주민의 취업욕구 증대와 재취업을 위한 심리・사회적인 지원 프로그램 실시사업 4. 그 밖의 특화사업
지역 조직화 기능	복지 네트워크 구축	지역 내 복지기관・시설들과 네트워크를 구축함으로써 복지서비스 공급의 효율성을 제고하고, 사회복지관이 지역복지의 중심으로서의 역할을 강화하는 사업 – 지역사회연계사업, 지역욕구조사, 실습지도
	주민 조직화	주민이 지역사회 문제에 스스로 참여하고 공동체 의식을 갖도록 주민 조직의 육성을 지원하고, 이러한 주민협력강화에 필요한 주민의식을 높이기 위한 교육을 실시하는 사업 – 주민복지증진사업, 주민조직화 사업, 주민교육
	자원 개발 및 관리	지역주민의 다양한 욕구 충족 및 문제해결을 위해 필요한 인력, 재원 등을 발굴하여 연계 및 지원하는 사업 – 자원봉사자 개발・관리, 후원자 개발・관리

사회복지관 전체 바닥면적 중 1개 프로그램의 사업에 사용되는 바닥면적은 사무실 등의 공간을 제외하고 사회복지관 사업에 직접 사용되는 바닥면적의 40% 이상을 초과하지 않아야 한다. 다만, 기존(2002년 이전)에 신고 등 행정절차를 거친 사항에 대하여는 적용하지 아니한다.

사회복지관의 명칭은 "○○사회복지관" 또는 "○○종합사회복지관"으로 사용하여야 한다(예 "○○사회관", "○○복지회관", "○○사회근로복지관" 등의 명칭은 사회복지사업법 제34조의5에 따른 사회복지관으로 인정하지 않음).

1) 사례관리기능

(1) 사례발굴

지역 내 보호가 필요한 대상자 및 위기개입 대상자를 발굴하여 개입 계획을 수립한다.

(2) 사례개입

지역내 보호가 필요한 대상자 및 위기개입 대상자의 문제와 욕구에 대한 맞춤형 서비스가 제공될 수 있도록 사례개입을 한다.

(3) 서비스 연계

사례개입에 필요한 지역 내 민간 및 공공의 가용자원과 서비스에 대한 정보 제공 및 연계, 의뢰한다.

2) 서비스제공기능

(1) 가족기능강화사업

가족관계 증진사업

- 교육 및 훈련 프로그램, 상담 및 검사 등을 한다.

가족기능 보완사업

- 아동·청소년 대상 방과 후 보호 및 보육·교육, 진로탐색 및 지도, 사회성 향상 집단 프로그램, 학교사회사업 등을 한다.

가정문제 해결·치료사업

- 신체 및 정신장애인 교육·특수치료·사회적응 프로그램, 청소년 및 위기가정, 폭력·학대가정 개입 등을 한다.

부양가족 지원사업

– 치매노인 및 장애인, 만성질환자 등 부양가족 지원을 한다.

다문화가정, 북한이탈주민 등 지역 내 이용자 특성을 반영한 사업을 한다.

(2) 지역사회보호사업

급식서비스

– 식사 및 밑반찬 배달, 경로식당 등 급식사업 운영을 진행한다.

보건의료서비스

– 의료, 간병, 각종 치료, 보건교육, 방문간호, 영양 서비스를 제공한다.

경제적 지원

– 현금 및 후원품 지원을 한다.

일상생활 지원

– 가사서비스, 목욕 및 이·미용, 심부름, 차량지원, 주거환경 개선사업 등을 한다.

정서서비스

– 정서지원 및 멘토링 등을 진행한다.

일시보호 서비스

– 주·단기보호, 쉼터, 공동생활가정 등을 운영한다.

재가복지봉사서비스

– 가사, 간병, 정서, 결연, 의료, 자립지원, 주민교육서비스 등을 진행한다.

(3) 교육문화사업

아동·청소년 사회교육

– 학습지도 및 예·체능 등 각종 기능교육을 진행한다.

성인기능교실

- 자격취득 교육 및 기능교육을 진행한다.
- 교양강좌를 실시한다.

노인 여가 · 문화

- 노인 건강운동교실을 진행한다.
- 여가 프로그램, 교육교양 프로그램을 진행한다.
- 경로당 지원사업을 진행한다.

문화복지사업

- 일반주민 여가 프로그램을 진행한다.
- 소외집단 대상 프로그램 : 문화체험, 캠프 등을 진행한다.
- 주민문화행사

(4) 자활지원 등 기타 사업

직업기능훈련사업을 한다.

- 이 · 미용, 조리, 컴퓨터 등 기능훈련, 창업 교실, 서비스교육을 진행한다.

취업알선

- 가사도우미, 간병인, 사무원, 일용직 등 알선을 진행한다.
- 취업 · 부업 안내센터 및 창업정보센터 운영한다.

직업능력개발

- 근로의욕 고취 프로그램, 재활 프로그램을 진행한다.

그 밖의 특화사업

- 지역사회 욕구에 근거하여 특성화, 차별화된 특화사업 개발 및 운영한다.

3) 지역조직화기능

(1) 복지네트워크 구축

지역사회연계사업

− 지역 내 유관기관 연계사업, 지역복지협의회 활동을 한다.

지역욕구조사

실습지도

− 사회복지전공 대학(원)생 실습지도를 실시한다.

(2) 주민조직화

주민복지증진사업

− 지역행사, 주민편의시설 제공 등 시설개방, 복지정보 제공을 한다.

주민조직화 사업

− 주민조직 운영, 지역사회운동을 통한 지역문제를 해결한다.

주민교육

− 주민지도자 교육, 사회복지 교육을 진행한다.

(3) 자원개발 및 관리

자원봉사자, 후원자 개발·관리를 진행한다.

5. 2018 사회복지관의 건립 · 운영

1) 사회복지관의 설치

(1) 시설의 설치 · 운영계획

시 · 도지사 및 시장 · 군수 · 구청장은 관내의 저소득층 밀집지역, 요보호대상자 및 인구수, 기타 지역의 특성 등을 고려하여 사회복지관의 설치 · 운영에 관한 중 · 장기 육성계획을 수립하고, 동 계획에 의하여 사회복지관이 설치 · 운영되도록 한다.

(2) 시설 설치의 우선순위

시 · 도지사 및 시장 · 군수 · 구청장이 사회복지관을 설치코자 할 때에는 저소득층 밀집지역에 우선 설치하되, 사회복지관이 일부 지역에 편중되지 않도록 한다.

(3) 설치 · 운영주체

사회복지관은 지방자치단체, 사회복지법인 및 기타 비영리법인이 설치 · 운영할 수 있다.

지방자치단체는 사회복지관을 설치한 후 사업의 전문성을 향상시키기 위해 운영능력이 있는 사회복지법인 등에 위탁하여 운영할 수 있다.

지방자치단체는 공공단체의 시설물을 위탁받아 사회복지관을 설치 · 운영하거나 사회복지법인 등에 위탁하여 운영할 수 있다.

(4) 시설설치 시 유의사항

사회복지관을 설치하고자 하는 자는 다음 사항을 준수하여 건축의 설계 및 시공을 하여야 한다.

① 지역실정에 부합되는 종합서비스 기능을 제공하기 위한 강당, 회의실, 자원봉사자실, 방음설비를 갖춘 상담실 등의 서비스 공간을 마련하여야 한다.

② 장애인, 임산부 및 노약자의 이용에 지장이 없도록 출입문·계단·화장실 등에 편의시설을 설치하여야 한다.
③ 건축물의 시공에 있어서 에너지효율성을 고려하되, 화재예방 시설 등 시설물의 관리 및 안전점검 등에 필요한 설비를 갖추도록 한다.
④ 그 밖의 지역특성 및 주민의 욕구에 알맞은 설비를 갖추어야 한다.

시장·군수·구청장은 사회복지관의 건축허가 시에는 유의사항에서 정한 사항을 준수토록 지도하여야 한다.

2) 사회복지관의 운영

(1) 사업계획의 수립

사회복지관의 사업계획 수립 시에는 지역주민의 복지욕구에 대한 조사, 주민간담회 및 공청회 등을 통하여 지역주민은 물론 시민단체, 관계행정기관 등 지역사회 구성원들의 의견을 충분히 수렴하여 반영하도록 한다.

(2) 행정기관 연계

시·도지사 및 시장·군수·구청장은 사회복지관이 지역사회복지협의체에 참여하여 시·군·구청, 사회복지사무소 및 읍·면·동사무소 등 일선 행정기관과 연계하는 등 업무수행에 있어서 민·관의 파트너십 형성을 통한 관리 및 운영의 실효성이 높아질 수 있도록 적극 장려한다.

(3) 자원봉사자의 교육 및 활용

사회복지관장은 주민참여를 통해 사회복지관 사업의 효율을 높이기 위하여 사업의 전문분야별로 전문지식과 기술을 가진 자원봉사자를 발굴하여 교육 후 활용토록 한다. 자원봉사자에 대해서는 사회복지관 사업에 대한 예비지식을 사전에 충분히 숙지토록 하여 책임을 고양토록 하고, 항상 계획적이고 조직적으로 활용할 수 있도록 하여야 한다.

(4) 비용의 수납

사회복지관의 사업수행은 주민의 의타심을 방지하고 사업의 효과를 높이기 위하여 사업에 소요되는 최소한의 실비를 이용자로부터 수납할 수 있다. 다만, 실비이용료 수납 프로그램에 대하여는 국민기초생활보장 수급권자 및 혜택을 못 받는 저소득층 등 무료 이용자를 20% 내외로 한다.

사업에 소요되는 최소한의 실비를 책정하기 어려운 경우, 사회복지관장은 산출기준을 첨부하여 운영위원회에 심의를 요청하여 결정할 수 있다.

수납된 실비이용료는 사회복지관의 세입예산에 편입하여 실비이용료를 받는 사업의 자체비용에 충당하고, 그 외 남은 금액에 대하여는 국민기초생활보장 수급권자 및 혜택을 못 받는 저소득층을 위한 사업에 우선적으로 사용하여야 한다.

(5) 관리운영규정

사회복지관 운영주체는 지방자치단체장의 시설운영 지침을 참고하여 조직·인사·복무·보수·회계·물품·문서 등 사회복지관의 관리·운영에 관하여 필요한 규정을 정하여 시행하여야 한다.

(6) 직원의 채용

법인이 운영하는 사회복지관의 직원은 정관이 정하는 바에 따라 법인의 대표이사 또는 관장이 임면한다.

사회복지관의 관장과 각 분야별 책임자는 다음의 자격을 갖춘 자로 한다(사회복지사업법 시행규칙 제23조2 제2항).

- **관장** : 2급 이상의 사회복지사자격증 소지자 또는 이와 동등한 자격이 있다고 법 제36조의 규정에 의한 운영위원회에서 인정한 자
- **사무분야의 책임자** : 3급 이상의 사회복지사자격증 소지자 또는 이와 동등한 자격이 있다고 운영위원회에서 인정한 자
- **그 밖의 업무분야의 책임자** : 해당 분야의 자격증 소지자

사회복지관 3대 기능의 원활한 수행을 위해 지방자치단체 및 운영주체는 인력기준을 준수하도록 노력하여야 한다.

다만, 지방자치단체는 사회복지사업법 시행규칙 제23조의2 제3항 별표3에서 규정한 기능수행 여부 및 지역복지수요 등 지역 실정을 고려하여 인력기준을 조정할 수 있다.

3) 경비의 부담

(1) 부지의 확보

사회복지관의 건립부지는 지방자치단체, 사회복지법인 또는 비영리법인이 확보한다.

(2) 건립비

사회복지관의 건립비는 지방자치단체, 사회복지법인 또는 비영리법인이 부담한다. 지방자치단체의 장은 사회복지관의 지역별 균형배치와 확충을 위하여 건립부지를 확보하고 있으며, 건립 이후 운영계획이 합리적이고, 재원조달 등 사업수행 능력이 있는 지방자치단체, 사회복지법인(신규법인을 포함한다) 또는 비영리법인에 대하여 지방교부세법 및 지방재정법 등에 의하여 건립비를 지원할 수 있다.

(3) 기능보강비

지방자치단체의 장은 사회복지관에 대해 시설물의 부족과 노후로 인한 시설 증·개축비와 직업보도장비, 도서실, 강당, 유아교육, 식당, 사무용 설비 등의 장비구입비를 지방교부세법 및 지방재정법 등에 의하여 지원할 수 있다.

(4) 운영경비

지방자치단체의 장은 지방자치단체, 사회복지법인, 비영리법인 등이 설치·운영하고 있는 시설로서 사업수행능력과 사업실적 등을 고려하여 사회복지관의 운영에 소요되는 운영경비를 지방교부세법 및 지방재정법 등에 의하여 지원한다.

다른 법령(사업지침 등을 포함한다)에 의하여 별도로 허가된 사업을 수행하는 경우 해당 법령에 의하여 지원하는 운영경비는 별개의 것으로 본다.

지방자치단체의 장은 지역주민에게 보다 많은 양질의 복지서비스를 제공하기 위하여 필요하다고 인정하는 경우 그 사업에 소요되는 운영경비를 별도로 지원할 수 있다. 사회복지관 운영주체(법인 등)도 자체재원을 확보하여 사회복지관 운영비를 추가로 지원할 수 있도록 노력하여야 한다.

지방자치단체의 장은 사회복지관에 지원하는 운영경비 산출기준을 정하되, 인건비는 각 사회복지관 인력기준을 고려하고 사업비 및 관리운영비는 복지관의 사업내용 및 규모 등을 고려하여 정한다.

4) 경비의 지출

(1) 기능보강비

대상사업 선정 시 공개모집 원칙

사회복지시설·법인 운영과 관련하여 보조금 횡령 등 회계부정과, 법인 기본재산의 임의처분 등 비리행위가 지속적으로 발생하여 동 시설 지원 예산의 효율적 집행과 운영 투명성 제고를 위한 제도개선방안 마련(국가청렴위원회, '06. 12. 11)하여야 한다.

기초 및 광역 자치단체에서 사회복지시설 신축 및 증·개축을 지원하는 기능보강 대상 사업 모집 시 투명성·공정성을 제고하기 위해 사업개요 등을 공고하는 등 공개적으로 모집해야 한다.

기능보강 사업 신청의 내실화를 위해 사업계획서 작성 등 신청에 필요한 적정기간(예 1개월)을 부여한다.

기능보강 대상시설 선정과정의 공정성 및 객관성을 제고하기 위하여 신축 및 증·개축 지원대상 결정기준을 구체화한다.

〈예시〉

– 신축 : 시설수요, 부지확보, 건축 등 인·허가 가능성, 기본재산출연 등

– 증·개축 : 시설안전, 입소·대기인원, 시설평가결과 등

지원대상 결정의 투명성·객관성을 확보하기 위해 외부전문가 등이 참여하는 심의절차를 거쳐 결정하고, 선정 결과를 행정기관 홈페이지 등에 공개한다.

지원조건 및 「사회복지법인 및 사회복지시설 재무·회계규칙」의 규정에 의하여 집행한다.

(2) 운영경비

지원조건 및 「사회복지법인 및 사회복지시설 재무·회계규칙」의 규정에 의하여 집행한다. 인건비, 사업비, 시설운영유지비, 공공요금, 제 경비 등은 전년도 집행실적 등을 감안하여 최대한 절약하여 집행한다.

저소득층에 대한 상담, 취업알선, 결연, 자원봉사자 교육, 주민교육, 지역실태조사, 홍보 등은 사업비로 지출한다.

사회복지관의 경우 사회복지사업법 시행규칙 별표3에서 사업을 명시하고 있으므로, 사회복지관의 사업비는 별표3에서 정한 사업을 성격별·유형별로 구분하여 목으로 설정할 수 있다. 직업·부업 기능훈련, 청소년 기능교실 운영, 취미·교양교실 운영, 영·유아보호 등은 실비이용료로 충당한다.

저소득 취약계층의 자립지원을 위하여 직업·부업 기능훈련 등 실비이용료를 받는 사업에는 국민기초생활보장 수급권자 등 저소득층 주민이 원하는 경우 우선권을 부여하여야 하며, 이 경우 저소득계층에 대하여는 상담을 통해 이용료를 감면할 수 있다.

관장, 사회복지사, 사무원 등 실비이용료를 받지 않는 사업에 종사하는 직원에 대한 인건비로 지출할 수 있으며, 실비이용료를 받는 프로그램에 종사하는 기능교사 등의 인건비는 실비이용료 등으로 충당한다.

국민건강보험료, 고용보험료, 산재보험료, 퇴직금 적립금, 국민연금(60세 미만인 자에 한함) 등의 "사용자 부담분"으로 지출한다.

지방자치단체에서 지원하는 운영경비로 사회복지관 사업수행에 필요한 관련단체의 가입비, 회비, 종사자 교육비 등을 지출할 수 있다.

직원(종사자)의 출산, 병가, 휴직 등의 사유로 인력의 공백이 발생할 경우 해당 직원(종사자)의 인건비 범위 내에서 대체인력을 활용할 수 있으며, 대체 인력 인건비는 해당 직원(종사자)의 인건비 범위 내에서 기본급 및 수당 등 급여로 지급할 수 있다.

5) 사회복지관 현황보고 등

(1) 현황보고

각 시・도지사는 재정의 지원여부와 관계없이 관내에서 사회복지사업법의 규정에 의하여 사회복지관시설 설치신고를 받은 사회복지관(신규설치 시설을 포함)의 당해연도 운영현황을 파악하여 이를 사회복지사업법 시행규칙 제23조의2 제7항의 규정에 의하여 다음년도 1월 말까지 보건복지부장관에게 제출한다.

(2) 유사명칭 사용 지도・감독

각 시・도지사는 관내에서 사회복지사업법에 의한 사회복지관 이외에는 "사회복지관", "복지관", "복지회관"이라는 명칭을 임의로 사용하지 못하도록 적극 지도・감독한다.

(3) 한국사회복지관협회 사업수행 적극 협조

사회복지관은 한국사회복지관협회에서 실시하는 각종 종사자 교육, 세미나, 실태조사, 조사・연구 등에 협조하여야 한다.

6) 사회복지관 운영관련 타법 준수 사항

아동학대 신고 의무〈아동학대범죄의 처벌 등에 관한 특례법, 보건복지부 아동권리과, 044-202-3434〉

아동학대범죄의 처벌 등에 관한 특례법 제10조 제2항에 따라 사회복지관장 및 종사자는 직무를 수행하면서 아동학대범죄를 알게 된 경우나 그 의심이 있는 경우에는 아동보호전문기관 또는 수사기관에 신고하여야 한다(신고번호 112).

여가교육 실시 및 지원〈국민여가활성화기본법, 문화체육부 문화여가정책과, 044-203-2512〉

국민여가활성화기본법 제11조 제1항 및 동법 시행령 제4조 제2항에 따라 지방자치단체는 여가교육을 사회복지관에서 실시하거나 지원하여야 한다.

청소년이용시설 우대〈청소년복지 지원법, 여성가족부 청소년정책과, 02-2100-6241〉

- 청소년복지 지원법 제3조 및 동법 시행령 제1조의2에 따라, 지방자치단체 및 사회복지관은 청소년이용프로그램 등에 대한 이용료를 면제하거나 할인하도록 노력하여야 한다.
  ※ 청소년활동진흥법 시행령 제17조 제1항 제7호에 따라 사회복지관은 청소년이용시설에 해당함
- 청소년 우대 적용 시 확인이 필요한 증표에는 주민등록증, 학생증뿐만 아니라 청소년증 등 나이를 확인할 수 있는 자료를 포함한다.
  * 청소년증 : 만 9~18세의 청소년에게 발급되는 공적 신분증이자 청소년 우대의 증표임

식품위생법 준수〈식품위생법, 식품의약품안전처 식품정책조정과, 043-719-2013〉

- 식품위생법 제51조, 제52조 및 동법 시행령 제2조에 따라, 집단급식소가(1회 50명 이상에게 식사제공) 있는 사회복지관은 관련 규정을 준수하여야 한다.
- 식품위생법 제88조 제1항에 따라 집단급식소를 설치·운영하려는 자는 특별자치도지사, 시장, 군수, 구청장에게 신고하여야 한다.

- 사회복지관은 집단급식소 자원봉사자에 대해 필요시 건강진단결과서 지참을 권유 등을 통해 급식소를 통한 감염이 일어나지 않도록 주의하여야 한다.
  (건강진단결과서 : 결핵, 장티푸스, 전염성피부질환, 보건소 발급)

제2절 장애인복지관 운영

1. 목 적

장애인복지관(이하 “복지관”이라 함)의 운영에 필요한 사항을 정하여 지역 장애인의 재활자립과 복지증진을 도모한다.

2. 기본 방침

○ 복지관의 수행사업은 어떠한 경우에도 정치활동, 영리활동 및 특정 종교활동 등으로 이용할 수 없으며, 인도주의적 원칙하에 이를 이용하는 장애인의 인간적 존엄성과 기본적 권리가 유지되도록 조치한다.

○ 복지관의 종사자는 사회복지사업법 제5조에 의하여 그 복지업무를 행함에 있어서 장애인복지를 필요로 하는 사람을 위하여 차별 없이 최대로 수행한다.

○ 복지관은 이용 장애인에 대한 서비스는 물론 장애발생 예방과 지역 장애인 문제의 조사, 연구 등 장애인복지가 종합적으로 향상되도록 하여야 하며, 이를 위해 각 복지관에서는 장애인의 날(매년 4월 20일) 전・후 1주간을 ‘장애발생예방주간 및 인식개선 주간’으로 정하여 지역주민, 학생,

직장인 등을 대상으로 장애발생예방 및 인식개선 프로그램을 실시한다.

○ 복지관은 지역장애인 등의 다양한 복지욕구를 해소하기 위하여 자원봉사자 활용, 지역내 복지자원의 동원 등 당해 지역사회의 자원을 개발, 활용한다.

○ 복지관은 지역 장애인복지의 증진효과와 투입재원 및 수행사업의 적정성, 효율성 등을 지속적으로 평가하고 이를 활용, 발전적 운영 개선방안을 강구한다.

○ 복지관은 운영 및 사업수행에 있어 지역장애인의 의사와 선택권을 존중하고 이를 사업에 적극 반영한다.

○ 복지관은 장애인복지 관련분야의 전문적인 지식과 기술을 가지고 있는 전문인력에 의해 수행되도록 노력한다.

○ 복지관은 주말에 시설을 개방 또는 관련 프로그램을 운용하여 취업장애인 등 주말이용자의 편의를 도모한다.

3. 운 영

○ 정당한 사유 없이 타 유형의 장애인 또는 중증장애인에 대한 서비스를 거부할 수 없다.

※ 사안에 따라 종별(단종) 복지관에서는 특정 장애 유형의 서비스를 우선할 수 있음.

○ 관할 지역 내 장애인의 복지증진을 위해 종합적인 재활과 자립지원서비스를 제공하는 장애인복지센터로서의 기능과 역할을 충실히 수행할 수 있도록 아래 장애인복지관의 주요 기능을 참고하여 필요한 사업을 선정하고 수행한다.

- 관내 등록장애인 중 연령별 대비, 장애유형별 인원, 생활정도, 직업종사 유형, 관내 지역 경제기반, 관내 장애인복지에 대한 지역사회의 인식도, 장애인가족 및 자원봉사자의 참여도 등을 적극 참고하여 이에 부합하는 사업계획 수립을 추진한다.

○ 장애인 복지와 관련된 행정기관 및 시설・단체 등과 긴밀한 협력체계를 구축하여 사업수행의 효과성 극대화한다.

○ 재가복지사업 예산(종전 재가복지봉사센터 예산)을 지원받은 시설은 반드시 동 사업을 수행하여야 한다.

〈표 11-2〉 장애인복지관의 주요 기능

구분	대분류	중분류	주요사업 예시
1	상담・사례관리	사례발굴	– 사례대상자 발굴 및 상담 – 사례대상자 연계
		접수 및 사정	– 접수상담 – 각종진단 및 사정
		개입계획	– 개별지원계획 수립 및 의뢰, 연계 – 사례관리 계획수립(단순, 일반, 집중)
		개입	– 긴급대상자 위기사례관리 – 집중관리대상자 사례관리 – 직접서비스 제공 – 자원연계 및 서비스 중개 – 모니터링 및 재사정 – 종결 및 사후관리
		지역회의	– 지역사회 통합사례회의 – 지역사회 솔루션위원회
		기타	– 기타
2	기능강화 지원	운동・지각 향상	– 운동발달(물리치료) – 작업활동(작업치료) – 다감각촉진활동(심리안정치료, 심리이완치료, 심리안정 반응촉진치료 등) – 수중운동 – 감각통합활동
		의사소통 향상	– 언어활동(언어치료)
		학습능력 향상	– 특수교육

2	기능강화 지원	사회적응력 향상	- 심리운동 - 특수체육 - 음악활동(음악치료) - 미술활동(미술치료) - 놀이활동(놀이치료)
		기타	- 기타
3	장애인 가족지원	상담 및 교육	- 가족지원 전문상담 - 정보제공 - 가족교육
		가족기능강화	- 가족 휴식지원 - 가족조력교실 - 중도장애인 가족지원 - 가족 역량강화지원(부모역할, 부부관계지원, 비장애형제 지원, 부모모임 지원 등)
		양육지원	- 가족 돌봄지원 - 케어서비스(주간 및 단기보호) - 방과후 교실 - 방학 프로그램 - 야간 및 주말 프로그램 - 가족단위 문화 프로그램
		여성장애인 복지증진	- 여성장애인 상담실 및 쉼터운영 - 여성장애인 임신·출산·양육·가사보조활동 지원 - 여성장애인 결혼 주선 등
		장애인 무료급식	- 결식우려 장애인 무료급식소(식당) 운영 - 거동불편 저소득 재가장애인 식사배달 등
		기타	- 기타
4	역량강화 및 권익옹호 지원	역량강화 및 지역사회참여 활동지원	- 동료상담 - 자조모임 육성 - 동아리활동 지원 - 주거서비스 - 이동지원서비스 - 보조기구 관리, 수리, 임대

4	역량강화 및 권익옹호 지원	권익옹호	– 장애인차별금지법 준수 운동 – 권리침해 해소 – 인권옹호 – 법률적인 지원
		정보제공	– 장애인정보화교육 등 정보화지원 – 시각장애인 도서(시청각자료 등) 제작·출판·보급·대여, ARS운영, BBS운영
		수화관련	– 수화교실 – 수화통역 봉사원 양성 및 파견 – 수화자막 및 비디오 등 영상물 제작·보급·대여 등
		기타	– 기타
5	직업지원	직업상담 및 평가	– 직업상담 – 직업평가 – 구인 및 구직상담
		전환교육	전환교육 중등/고등 직업준비 프로그램
		직업적응 및 역량개발훈련	– 직업적응훈련 – 직업훈련 – 취업알선(지원고용 등) – 현장훈련 – 취업 후 지도
		사업체 개발 및 관리	– 사업체 개발 – 사업체 관리
		기타	– 기타
6	지역사회 네트워크	지역사회장애인 복지 서비스 개발 및 지원	– 지역유관기관 장애인복지서비스 자문 – 장애인서비스 개발 컨설팅
		지역의 사회통합환경 조성	– 장애인 및 장애인가족에 대한 인식개선 – 장애발생예방 캠페인 – 지역사회통합 환경 진단 및 계획수립
		주민조직 지원	– 주민조직체 형성 및 교육 – 지역행사 및 정보제공

6	지역사회 네트워크	민관협력 네트워크 구축	– 지역사회복지협의체 활동 – 각종 지역위원회 활동 – 지역사회 장애인 중심기관 역할
		지역자원 개발 및 관리	– 자원봉사자 발굴, 교육, 활동, 관리 – 후원자 개발 및 관리
		기타	– 기타
7	문화여가 지원	문화 및 스포츠 지원	– 스포츠 프로그램 – 문화여가 프로그램 – 문화예술인 및 스포츠선수 육성 – 체육관 및 수영장 운영
		평생교육	– 평생교육 – 취미활동 지원
		정보접근 지원	– 정보화교육
		기타	– 기타
8	사회서비스 지원	장애인 활동지원	– 활동보조 – 방문간호 – 방문목욕
		장애아동 재활치료	– 언어・청능치료 – 미술・음악치료 – 행동・놀이・심리운동치료 – 기타 재활서비스 – 장애조기발견 및 발달진단서비스 – 중재를 위한 부모 상담 서비스
		기타	– 기타
9	운영지원 및 기획・홍보	총무	– 인사 및 조직관리 – 각종위원회 운영 – 회계 및 문서관리 – 시설 및 차량관리 – 식당운영
		기획	– 사업계획 수립 및 평가 – 조사연구사업 – 직원개발사업 – 실습지도

9	운영지원 및 기획·홍보	홍보	– 홍보물제작 – 지역홍보 – 온라인 홍보 및 홈페이지 운영 – 견학안내
		고객만족 윤리경영	– 이용자 참여 – 고객만족사업 – 윤리경영
		기타	– 기타

○ 운영비

– 장애인복지관 일반사업에 대한 운영비는 지방비보조금 외에 자체수입(이용료, 후원금, 법인 전입금 등)을 추가할 수 있다.

※ 예산 집행 시에는 재가복지사업 운영비를 장애인복지관 운영비에 포함한다.

○ 장애인복지관 분관 운영

– 장애인복지관이 소재한 곳과 거리가 먼 산간벽지 등 농어촌 지역 등에 분관을 둘 수 있으며, 그 운영은 해당 시·도지사의 책임하에 장애인복지관에서 운영한다.

– 종사인력은 개소당 전문직을 포함한 4명 이상의 인원을 배치할 수 있도록 노력해야 한다.

– 운영비는 지방비보조금으로 하되, 자체수입을 추가할 수 있다.

4. 관 리

○ 조직 및 직제

- 각 복지관은 지역의 여건 및 이용대상자의 특성을 감안하여 서비스를 가장 효과적으로 제공할 수 있도록 다음과 같이 장애인복지관의 조직 및 직제기준을 준용하여 편제한다.
- 인력관리의 효율성을 확보하고 간부와 직원 간 적정한 업무의 분담이 이루어지도록 팀제 운영을 원칙으로 하되, 기획・운영지원 등 지원부서와 그 외 사업부서로 구분하여 운용한다.
- 종전 장애인복지관 부설로 운영되던 재가복지봉사센터는 장애인복지관의 기능 속에 통합 운영(인사를 장애인복지관의 경우와 분리하지 않음)한다.
  • 최소 3인의 인력을 확보하되 복지관의 총 정원 내에서 증원할 수 있다.

〈장애인복지관의 조직 및 직제기준 : 별표 1 참조〉

① 복지관의 직제는 관장, 사무국장, 일반직(1~5급), 기능직 및 고용직으로 구성한다.

② 복지관은 관장 밑에 사무국장 1인을 두고, 사무국장 밑에 종사자 정원 규모 및 사업의 특수성에 따라 6~8개 범위 내에서 각 팀을 운영하고, 복지관 부대프로그램 및 독립시설을 복지관 조직과 통합하여 운영하는 것이 효과적일 경우에는 통합하여 운영한다.

③ 복지관의 팀은 지원부서로 기획・운영지원팀을 두고, 사업부서로 상담・사례지원팀, 기능향상지원팀, 가족지원팀, 권익옹호지원팀, 직업지원팀, 지역연계팀, 문화지원팀, 사회서비스팀 등을 두며 팀장 1인 및 팀원 약간명을 두되 필요시 정원규모 및 사업의 특수성에 따라 권익옹호지원팀과 사회서비스팀을 통합하여 '역량강화지원팀'으로, 가족지원팀과 문화지원팀을 통합하여 '가족・문화지원팀'으로 하는 등

당해 시설장이 자치단체장과 협의하여 직제를 증감할 수 있다(단, 정원의 범위 내에서 팀 명칭 등은 자치단체장과 협의하여 사업특성에 맞게 정할 수 있음).

④ 복지관의 인력은 지원 부서에는 최소의 인력을 배치하는 것을 원칙으로 하고, 서비스를 제공하는 사업부서에 최대한 배치토록 노력한다.

⑤ 복지관의 팀장은 일반직 1~3급 중에서 정하며, 동일 직급이 없을 경우에는 차하위 직급인 4급 팀원이 그 직무를 대리토록 조치한다.

〈표 11-3〉 **복지관의 각 팀별 주요 업무**

구분	팀명	주요업무
1	상담・사례지원팀	사례발굴, 접수 및 사정, 개입계획, 개입, 지역회의, 기타
2	기능향상지원팀	운동・지각 향상, 의사소통 향상, 학습능력 향상, 사회적응력 향상, 기타
3	가족지원팀	상담 및 교육, 가족기능강화, 양육지원, 여성장애인 복지증진, 기타
4	권익옹호지원팀	역량강화 및 지역사회참여 활동지원, 권익옹호, 정보제공, 수화 관련, 기타
5	직업지원팀	직업상담 및 평가, 전환교육, 직업적응 및 역량개발훈련, 사업체 개발 및 관리, 기타
6	지역연계팀	지역사회 장애인복지서비스 개발 및 지원, 지역의 사회통합 환경조성, 주민조직지원, 민관협력 네트워크 구축, 지역자원 개발 및 관리, 기타
7	문화지원팀	문화 및 스포츠 지원, 평생교육, 정보접근 지원, 기타
8	사회서비스팀	장애인활동지원, 장애아동재활치료, 기타
9	기획・운영지원팀	총무, 기획, 홍보, 고객만족, 윤리경영, 기타

○ 직원 배치기준(지방비보조금 지원기준)

– 복지관 직원은 종사자 정원 내에서 운용하되 복지관의 특성이나 수행하는 사업에 따라 자치단체장의 승인을 받아 증감 가능. 단, 20명 미만인 복지관은 장애인복지법 시행규칙 별표5에 규정된 장애인복지관 관리 및 운영요원 배치기준인 20명 이상을 준용하여 조직이 운영되도록 지원해야 한다.

– 직원 배치기준(지방비보조금 지원기준)의 총정원을 변경하고자 하는 때에는 자치단체장을 경유, 시장 또는 도지사와 사전 협의를 하여야 함. 다만, 인건비를 지방비보조금으로 지급하지 아니하는 직원에 대하여는 그러하지 아니할 수 있다.

○ 직원 인사관리

– 복지관은 직원 인사관리의 공정을 기하기 위하여 자체인사위원회를 반드시 구성 운영한다.
  - 위원장은 관장이 되고 위원은 운영위원회 위원, 복지관의 사무국장, 3급 이상 간부 중에서 위원장이 위촉하고 위원장을 포함하여 5명 이상 7명 이하의 위원으로 구성한다.
  - 위원회는 소속직원 임면에 관한 사항, 소속직원 근무평정에 관한 사항, 소속직원 승진 및 상벌에 관한 사항, 기타 관장이 필요하다고 인정하는 사항 등을 심의한다.

– 복지관은 본 지침을 기준으로 한 자체 인사위원회운영규정과 인사관리규정을 제정하여 직원 인사관리에 공정성과 효율성을 확보한다.

○ 승진임용

– 복지관 직원의 승진임용은 동일 직종별로 차하위직급에 재직하는 자 중 승진 소요 년수를 근무한 자에 대하여 다음 기준에 의한 근무실적, 직무수행능력, 직무수행태도 등을 종합 평점한 후 그 서열에 따라 승진임용하되, 장애인복지사업에 기여한 공로가 현저한 자의 경우 승진 소요년수의 규정에도 불구하고 특별 승진임용 가능하다.

〈표 11-4〉 승진 소요 근무 년수

1급 승진	2급 승진	3급 승진	4급 승진
2급으로 5년 이상	3급으로 4년 이상	4급으로 3년 이상	5급으로 5년 이상 (다만, 전문학사의 경우 3년 이상)

– 단, 기능직의 경우 승진소요 근무 년수는 다음과 같다.
- 1종(일반직 4급상당) : 2종으로 3년 이상
- 2종(일반직 5급상당) : 3종으로 4년 이상

〈표 11-5〉 **평점 기준**

계	근무실적	직무수행능력	직무수행태도
100점	40점	40점	20점

- **근무실적평정요소** : 담당업무의 질과 양, 목표달성도, 창의성, 노력도, 조직·사회 기여도(상기 각 평정요소별로 최고 8점에서 최하 1점까지 평점부여)
- **직무수행능력평정요소** : 전문지식, 이해·판단력, 기획력, 업무추진력, 종합실무능력(상기 각 평정요소별로 최고 8점에서 최하 1점까지 평점부여)
- **직무수행태도평정요소** : 책임성, 대민친절성, 협조성, 청렴도
(각 평정요소별로 최고 5점에서 최하 1점까지 평점부여)

– **승진제한** : 전항의 승진소요년수에는 징계처분 기간, 휴직 기간(병역, 공상에 의한 휴직 및 강임 전 재직기간 제외), 직위해제기간은 산입하지 아니하며, 징계, 직위해제 또는 휴직 중에 있거나 징계처분이 종료된 때로부터 다음 기간이 경과하지 아니한 자는 승진될 수 없다.
- 정직 1년 6월, 감봉 1년, 견책 6월

가. 복지관의 모든 시설은 장애인복지법시행규칙 제33조의 규정에 따라 이용자를 위한 서비스 공간이 최대한 확보되도록 적정하게 배치한다.

나. 복지관의 시설 공간 중 이용자를 위한 서비스 공간으로 활용하지 아니하고 복지관의 목적사업에 부합하지 않는 복지관 내 다음과 같은 특정 용도의 시설공간은 모두 복지관의 서비스 공간으로 변경한다.

① 복지관 운영법인 사무실(예 운영법인사무실, 대표이사장실, 운영위원장실 등)

② 종교활동을 위한 숙소 및 종교사무실

③ 장애인복지단체 사무실

④ 외부 시설 대여에 따른 임대공간 시설(외부 사무실)

⑤ 복지관 직원 사무실 중 관장실을 제외한 관장 부속실(또는 비서실), 사무국장 및 팀장급 부서장의 별도 집무실

⑥ 기타 복지관의 목적사업 용도에 부합하지 아니한 시설 공간

다. 복지관의 사무실은 통합 사무실로 활용하는 것을 원칙으로 하되, 관장실의 경우에만 회의공간을 포함하여 전용면적 24제곱미터(약 7평) 범위 내에서 별도의 집무실을 둘 수 있다.

5. 행정지원 사항

각 지방자치단체는 해당 지방자치단체 관리조례 및 관련 법률에 따라 보조금의 교부신청 및 지급, 정산 및 결산보고를 하여야 하며, 매 회계연도 이전에 각 지역 내 장애인복지관에 다음 년도 보조금 및 인건비를 확정하여 통보하여야 한다.

각 지방자치단체는 장애인이 지역사회를 중심으로 생활을 영위하고 사회활동에 참여할 수 있도록 개인의 능력과 적성에 따른 사례관리, 기능향상지원, 장애인가족지원, 역량강화 및 권익옹호지원, 직업지원, 지역사회네트워크, 문화여가지원, 사회서비스지원 등의 종합적인 지역사회재활 및 자립지원 서비스의 제공에 필요한 정책을 강구하여야 하며, 그에 따른 경비를 지원하여야 한다.

각 지방자치단체는 장애인복지관의 업무 처리 효율성 제고를 위해 한국장애인복지관협회에서 개발·보급한 전자문서결재시스템을 지역 내 장애인복지관이 적극 활용할 수 있도록 노력하여야 한다.

[별표1]

장애인복지관의 조직 및 직제기준

1. 장애인복지관 기본 조직

장애인복지관의 주요 기능을 효과적으로 달성하기 위한 기본 조직은 다음과 같으며, 자치단체는 복지관으로부터 기본조직을 포함하여 지역별, 장애유형별, 생애주기별, 복합시설, 지역특성화 등에 따른 기본 조직의 변화 필요 요청이 있을 경우 적극적으로 협의에 응하여 유연한 조직이 되도록 지원해야 함

가. 정원 40명 이상 복지관(1국 8팀)

관 장
사무국장

팀명	상담·사례 지원팀	기능 향상 지원팀	가족 지원팀	권익 옹호 지원팀	직업 지원팀	지역 연계팀	문화 지원팀	기획·운영 지원팀
주요 기능	1. 상담·사례관리	2. 기능강화 지원	3. 가족지원	4. 역량 강화 및 권익옹호 지원	5. 직업지원	6. 지역 사회네트워크	7. 문화 지원	8. 운영 지원 및 기획·홍보

나. 정원 30~39명 복지관(1국 7팀)

관 장
사무국장

팀명	상담·사례 지원팀	기능 향상 지원팀	가족 지원팀	지역 권익옹호팀	직업 지원팀	문화 지원팀	기획·운영 지원팀
주요 기능	1. 상담·사례관리	2. 기능강화 지원	3. 가족지원	4. 역량강화 및 권익옹호 지원 6. 지역사회 네트워크	5. 직업지원	7. 문화 지원	8. 운영지원 및 기획·홍보

다. 정원 20~29명 복지관(1국 6팀)

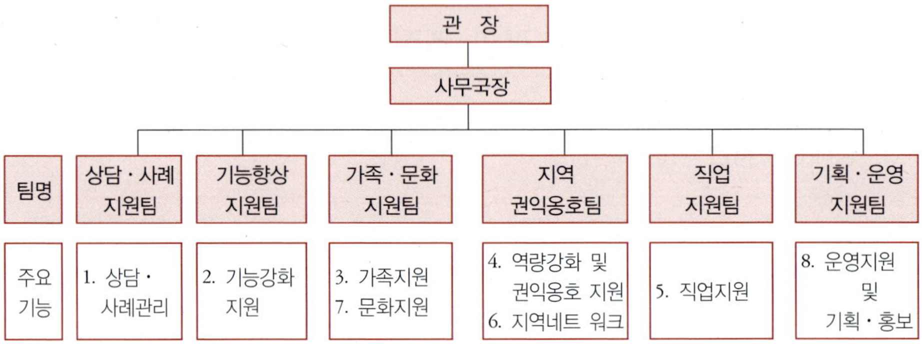

* 장애인복지관의 주요 기능 중 사회서비스 지원은 각 복지관의 특성에 따라 사회서비스팀을 별도로 두고 운영하거나 기존 팀에 병합하여 장애인활동지원사업은 지역권익옹호팀에서 장애아동재활치료는 기능향상 지원팀에서 운영할 수 있음

* 장애인복지관 기본 조직 모형에서 기획과 총무를 통합하여 기획 · 운영지원팀으로 제시하였으나 복지관의 규모, 특성에 따라 분리하여 운영할 수 있음

* 현재 서비스를 제공하고 있는 발달장애인과 장애인가족 역량강화 및 원스톱서비스 지원 강화가 필요할 경우 기본조직에 부설로 별도의 센터를 설치 · 운영할 수 있음

라. 정원에 따른 건축물 연면적 권고사항

① 정원 40명 이상 복지관(1국 8팀, 2,000㎡ 이상)

② 정원 30~39명 복지관(1국 7팀, 1,500㎡ 이상)

③ 정원 20~29명 복지관(1국 6팀, 1,000㎡ 이상)

마. 공통사항

주간보호시설, 체육관, 사회서비스센터 등 부대 프로그램을 설치 · 운영 중인 복지관의 경우 사무국장 소속하에 기존 팀에 통합 또는 별도의 팀으로 편제한다.

2. 직 제

구 분	일 반 직							기능직			고용직
직 급	관 장	사무국장	1급	2급	3급	4급	5급	1종	2종	3종	
직 위	관 장	사무국장	팀장(1~3급 중에서 정함) 및 팀원								

※ 기능직(운전원, 열관리기사 등), 고용직(조리원, 미화원 등)

제3절 노인복지관 운영

1. 추진방향

시・군・구별로 지역실정에 따라 최소 1개소 이상의 노인복지관을 설치・운영하여 지역사회 노인들의 여가복지 증진을 추진한다.

노인복지관은 여가・건강・일자리・자원봉사・사회참여 등 노인들의 다양한 복지욕구에 따른 서비스를 체계적이고 복합적으로 제공하여 지역사회 노인복지 증진에 기여한다.

2. 노인복지관 설치

1) 지방자치단체 설치 및 운영 위탁

(1) 설치 및 지원계획

시・군・구별 노인인구수・지역면적 등 지역실정을 고려, 최소 1개소 이상의 노인복지관건립을 원칙으로 한다.

※ 지방교부세법 개정('15. 1월 시행)에 따라 노인복지관 신축사업이 2005~2014년까지 분권교부세로 지원되었으나, 분권교부세가 보통교부세로 통합됨에 따라 2015년부터는 지방자치단체에서 자체적으로 편성 지원이 필요하다.

(2) 운영위탁

지방자치단체는 노인복지관 설치 후 운영능력이 있는 사회복지법인 또는 비영리법인과 위탁계약 체결하여 운영 가능. 단, 수탁받은 기관의 제3자에게 재위탁은 불가

지방자치단체가 노인복지관을 위탁하여 운영하고자 할 경우는 「사회복지사업법 시행규칙」 제21조를 준용하여 수탁기관을 공개 모집한다.

- 공개 모집 시에는 노인복지사업에 대한 전문성과 책임성, 시설운영의 투명성과 공정성, 지역사회와의 연계계획 등을 반영한 선정기준 마련 후 추진한다.
- 지방자치단체는 수탁자를 선정함에 있어 심사위원회 구성·운영한다.
- 위원회는 관계공무원, 지역복지기관장, 사회복지분야 교수, 지역주민대표 등을 포함하여 9인 이상의 위원으로 구성하고 위원장은 위원 중에서 호선한다.
- 위탁계약기간은 「사회복지사업법 시행규칙」 제21조의2를 준용하여 위탁계약기간을 5년으로 하고 위탁자가 필요하다고 인정하는 때에는 계약기간 갱신이 가능(심사위원회의 평가 결과에 따라 갱신 여부 결정)하다.

지방자치단체는 사회복지법인 또는 비영리법인과 노인복지관 운영위탁 계약 체결 시, 위탁계약서에 시설 종사자 및 이용자에 대해 성추행 등 인권침해가 발생한 경우, 계약해지 등이 가능토록 하는 내용을 포함하여 실제 사건발생 시 계약서에 따라 신속한 대처를 할 수 있도록 조치를 한다.

※ 예시 : 법인이 사업을 수행함에 있어 인권침해, 성범죄, 부당노동행위 등을 행한 경우 계약 해지 가능, 성범죄 등 인권침해로 인하여 형사처벌을 받은 경우 향후 00년간 민간위탁 제한 등

2) 국가 또는 지방자치단체 이외의 자 설치

(1) 시설의 설치·운영 신고

- 국가 또는 지방자치단체이외의 자가 노인복지관을 설치하고자 하는 경우에는 노인복지법에서 정한 시설기준 및 직원배치기준, 운영기준을 갖추고 필요한 서류를 첨부하여 관할 시장·군수·구청장에게 동법시행규칙 제25조 관련 별지 제19호 서식에 의거 '노인여가복지시설설치신고서'를 제출한다.

– 관할 시장 · 군수 · 구청장은 동 신고서를 관계공무원으로 하여금 해당 시설과 설비를 적정하게 갖추고 있는지의 여부를 확인한 후 동법 시행규칙 제25조 관련 별지 제15호 서식에 의거 '노인여가복지시설설치신고필증'을 교부한다.

(2) 설치 · 운영신고 시 제출서류(노인복지법 시행규칙 제25조)

– 법인의 경우, 정관 1부
– 위치도 · 평면도 및 설비구조내역서 각 1부
– 이용료 기타 이용자의 비용부담 관계서류 1부
– 사업계획서 1부
– 시설을 설치할 토지 및 건물의 소유권을 증명할 수 있는 서류 각 1부

3) 시설설치 시 공통사항

노인복지관은 연면적 500㎡ 이상의 규모로 설치한다.

사무실, 식당 및 조리실, 상담실 또는 면회실, 집회실 또는 강당, 프로그램실, 화장실, 물리치료실 또는 건강증진실, 비상재해대비시설은 1실 이상을 설치한다.

(1) 시설공간의 활용

시 · 도 및 시 · 군 · 구는 노인복지관 내 시설공간 중 고유의 목적사업에 부합하지 않는 시설공간(예시 참조)은 설치할 수 없으며(기준면적 산정 시 제외) 노인복지관의 서비스 공간으로 변경하여 활용할 수 있도록 대책을 마련 · 시행한다.

※ 고유목적사업에 부합하지 않는 시설공간(예시)

노인복지관 운영법인 사무 공간, 종교활동을 위한 숙소 및 사무공간, 노인 단체 및 정부기관 사무공간, 외부 임대시설 공간 등

지방자치단체 직영 노인복지관 시설인 경우에도 노인복지법에 따른 시설 및 직원배치기준 등 조건에 맞게 운영한다.

4) 노인복지관 분관 설치 · 운영

해당 시 · 군 · 구에 노인복지관이 있으나 접근성이 좋지 않은 지역의 노인을 위하여 노인복지관 분관 설치 운영이 가능하다.

(1) 시설기준

- 분관 규모는 노인복지법 시행규칙 제26조 제1항 별표7 "노인복지관은 연면적 500㎡ 이상이어야 한다"는 규정 적용을 받지 아니하며, 분관의 성격에 맞게 적합한 규모로 설치 · 운영한다.
- 분관은 신축 또는 임대하여 설치할 수 있으며, 반드시 아래의 시설기준(최소기준)을 갖추어 운영한다.

구분 / 시설별	사무실	식당 및 조리실	상담실 또는 면회실	집회실 또는 강당	프로그램실	화장실	물리치료실	비상재해 대비시설	거실 또는 휴게실
노인복지관	1	1	1	1	1	1	1	1	1
노인복지관 분관	1		1	1	1	1			1

※ 단, 시 · 도 및 시 · 군 · 구는 노인복지관 분관의 시설공간을 활용함에 있어, 본관 시설공간 활용과 동일한 기준을 적용하여야 한다.

- 분관의 운영은 시 · 도지사(또는 시장 · 군수 · 구청장)가 직영하거나, 시 · 도지사(또는 시장 · 군수 · 구청장)의 책임하에 운영능력이 있는 기존 노인복지관 운영주체(사회복지법인, 비영리법인 등)와 위탁계약을 체결하여 운영한다.

(2) 직원기준

분관 운영을 위한 최소 직원기준은 3~4명을 원칙으로 하되, 지역의 실정에 맞게 상향조정이 가능하다.

※ 분관의 長은 위탁운영기관으로 선정된 기존 노인복지관장이 겸임하거나 별도 기관장을 둘 수 있다.

(3) 사업내용

기본사업, 선택사업의 구분 없이 지역실정에 따라 사업수행이 가능하다.

5) 노인복지관 운영

(1) 노인복지관의 정의

'노인복지관'이란 노인의 교양·취미생활 및 사회참여활동 등에 대한 각종 정보와 서비스를 제공하고, 건강증진 및 질병예방과 소득보장·재가복지 그 밖에 노인의 복지증진에 필요한 종합적인 노인복지 서비스를 제공하는 시설로 정의한다.

(2) 노인복지관 운영목표

노인복지관은 복지서비스가 필요한 노인을 대상으로 ① 건강한 노후를 위한 예방, 취약노인 케어 기반구축 및 확충, ② 활동적인 노후를 위한 사회참여 여건 조성 및 활성화, ③ 안정적 노후를 위한 소득보장의 다양화와 내실화를 통해 성공적인 노후가 실현될 수 있도록 지원하는 종합적 노인복지서비스 전달기구로서 중심적 역할을 수행한다.

※ 읍면동 행정복지센터, 서비스 제공기관 등과 연계하여 서비스 수요자에 대한 자원연계 및 요보호 노인에 대한 사례관리 기능을 수행한다.

(3) 노인복지관의 연혁

1971년 인천광역시노인복지회관 설립
1981년 노인복지법 제정(노인복지시설 유형으로 노인복지회관 규정)
1997년 노인복지법에 '노인복지회관'을 여가시설로 규정
2000년 노인복지관 내 경로당활성화사업 실시
2001년 1월 29일 한국노인종합복지관협회 사단법인 설립허가
2005년 노인복지관 운영지원 지방이양
2006년 노인자원봉사 활성화 사업 실시
2007년 노인자원봉사 대축제 사업 실시
2008년 노인자살예방사업 실시
2009년 제1회 신노년문학상 사업 실시
2010년 노인권익증진사업 실시
2011년 신노년문화운동 전개 '시니어코리아 전국대회', 문화예술교육 지원 사업 실시
2012년 성문화 정립을 위한 인프라 구축사업 실시
2013년 예방, 보호, 통합 3대 기능 중심의 노인복지관 운영방향 재정립
2014년 노인재능나눔활동 재원사업 운영

(4) 기본 운영방향

노인복지관은 60세 이상의 모든 노인이 다 참여할 수 있도록 하되 저소득층 등 소외계층 노인들이 이용에 소외되지 않도록 프로그램 운영 중점 추진한다.

노인복지관을 이용하고자 하는 노인이 해당 지역에 실거주하지 않더라도 자녀 · 친지 등의 연고가 있는 경우, 거주지역 내 이용할 여가시설이 없는 경우 등은 노인복지관을 이용할 수 있도록 하는 등 탄력적으로 운영한다.

전문성, 지역성, 중립성, 책임성을 견지하고 자율적인 운영기반을 확립한다. 노인계층의 변화에 대비하여 베이비부머 세대를 대상으로 하는 은퇴 준비 프

로그램에 대한 사회참여 및 취업 등의 특화 프로그램을 개발 운영한다.

고령사회, 황혼돌봄 등 시대변화를 반영한 성별 특화 프로그램을 개발·보급한다. 지역노인에 대한 상담 및 정보제공, 욕구사정을 통하여 수요자 중심의 맞춤형 서비스 및 정보를 제공한다.

세대통합 프로그램 지원을 통해 가족과 사회통합 강화를 위한 노력을 한다.

지역 노인보호 거점기관으로서 읍면동 행정복지센터 및 지역 노인복지서비스 기관 연계를 통한 취약노인보호 체계구축, 위기노인 보호사업을 운영한다.

(5) 주요 사업내용

① 사업유형 구분

「노인복지법 시행규칙」 제26조 제2항에 의거 사업을 실시하되, 이용노인의 여가 욕구사정 및 지역 특성을 반영하고 기본사업과 선택사업으로 구분하여 실시한다.

- (노인욕구사정) 노인여가매트릭스를 활용하여 개인별 맞춤형 서비스가 설계 및 이용될 수 있도록 지원한다.
- (기본사업) 종합복지센터로서의 기능과 역할을 수행하기 위해 기본적으로 제공해야 할 사업을 수행한다.
  - 평생교육지원 사업, 취미여가지원 사업, 건강생활지원 사업(치매예방 인지활동서비스 포함 건강증진지원), 상담 및 정보제공 사업, 사회참여지원 사업, 위기 및 독거노인 지원 사업, 정서 및 사회생활지원 사업, 지역자원 개발 및 연계사업, 노인권익증진사업을 실시한다.

※ 치매 국가책임제 추진에 따라 노인복지관에서 치매발병 고위험군(경도인지저하자, 75세 이상 독거노인 등)을 대상으로 원예·미술·음악 등을 활용한 인지활동서비스 제공

  - 기본사업의 수행에 필요한 인력은 최대한 배치될 수 있도록 한다.
- (선택사업) 기본사업 이외의 사업으로 지역 또는 노인복지관의 특성을 반영하여 개발·추진 가능한 사업을 실시한다.

- 건강생활지원 사업(기능회복지원, 급식지원), 고용 및 소득지원 사업, 가족기능지원사업, 가족통합지원 사업, 돌봄 요양서비스 등을 실시한다.

② 사업별 세부내용

〈평생교육지원 사업〉

노년기의 연장과 급속한 사회변화 속에서 성공적 노후생활을 위해 다양한 지식 및 기술 학습과 자기계발을 할 수 있도록 인생주기별 교육욕구에 따른 평생교육 프로그램을 실시한다.

- 교양, 인문학, 외국어교육, 정보화교육, 노화와 노년기에 대한 이해, 노후생활방법, 예비노인 노후준비 프로그램 등을 한다.

〈취미여가지원 사업〉

– 노인들의 의미 있는 노후시간을 보낼 수 있도록 문화예능활동과 여가활동의 기회를 제공하여 취미를 개발하고 여가활동을 활성화하기 위하여 다양한 프로그램 제공
  - 예능활동, 문화활동, 취미활동, 체육활동, 동아리활동 등을 실시한다.

〈건강생활지원 사업〉

– 노인성 질환을 예방하기 위한 신체활동 지도, 지적 능력과 신체 기능이 저하되거나 마비되어 일상생활에 곤란을 겪고 있는 노인들의 정신적·신체적 기능 회복, 요양서비스, 영양 공급 등 지원한다.
  - **건강증진지원** : 건강 및 보건교육, 질병예방, 상담, 건강교실 운영(건강체조, 기체조, 요가 등), 치매예방 프로그램(인지활동서비스), 이·미용, 물리치료서비스를 제공한다.
  - **기능회복지원** : 운동요법, 한방요법, 일상생활 동작훈련(ADL요법), 단체(GROUP)요법, 작업요법, 물리요법 등을 제공한다.
  - **급식지원** : 경로식당(중식서비스), 밑반찬, 도시락배달, 푸드뱅크 상담 및 정보를 제공한다.

– 지방자치단체는 노인복지관에 노인복지상담이 가능한 별도의 상담실을 설치하여 상담전문가를 1인 이상 배치하고, 노인상담 담당 인력은 한국보건복지인력개발원 등 전문적인 노인상담 교육과정(노인위기상황에 대한 이해와 대처기술, 면접 상담기법, 개입 및 평가 기법 등)을 이수하도록 지원한다.
  • 노인의 일반상담(이용상담, 접수상담), 전문상담(경제, 법률, 주택상담, 세금상담 등), 심리상담을 비롯하여 치매 종합상담, 노인학대 상담(노인학대사례 발견 시 노인보호 전문기관에 연계), 노인 성 상담, 노인자살예방사업, 복지 정보제공, 상담 등 사회참여지원 사업을 실시한다.
– 노인자원봉사 활성화 사업, 노인일자리 및 사회활동지원 사업, 노인재능나눔활동 등 지역사회 참여를 통하여 노인의 사회적 역할을 모색하는 사업을 한다.
– 노인자원봉사 활성화 사업을 한다.
  • 노인복지관은 노인자원봉사 활성화 사업을 적극 추진하기 위한 별도의 전담인력을 배치하고 노인자원봉사 프로그램 개발, 지역사회 자원 연계 및 개발, 관리자의 역할과 역량 등 기본 및 심화 노인자원봉사교육과정을 이수할 수 있도록 지원한다.
  • 노인의 지식과 경험을 사회에 환원함으로써 지역사회 공동체 발전에 기여하는 등 활기찬 노후생활을 영위한다.
  • 자원봉사자 모집 및 배치, 교육훈련 등의 체계적인 운영계획 수립하고 시행한다.
  • 자원봉사활동은 자발성과 무보수성을 기본원칙으로 하되, 예산의 범위 내에서 교통비, 식비 등의 기본적인 활동비 지급이 가능하다.
  • 교통안전봉사 및 동아리클럽 활동지원 교통편의 제공사업을 한다.
– 노인일자리 및 노인사회활동지원 사업
  • 노인복지관은 노인일자리 및 노인사회활동지원 사업 수행 시 사업계획을 별도로 수립·시행하여야 하며, 지방자치단체 등의 위탁사업 수행을 위한 별도의 전담인력(다른 사업 겸임금지)을 배치한다.

〈위기 및 독거노인 지원 사업〉

- 지역사회 내 독거노인의 신체·정서·사회적 자립 지원 프로그램 운영, 독거노인돌봄서비스, 읍면동 행정복지센터 및 유관기관 등과 연계, 사례관리사업 등 진행한다.
  ※ 남자독거노인 신체건강 지원, 사별 노인 치유, 사회관계 증진 프로그램 등
- 취약노인보호 연계망을 구축하여 지역 노인보호전문기관, 독거노인돌봄수행기관 등을 통해 접수된 위기·취약 노인에게 우선적인 지원 사업을 시행한다.

〈정서 및 사회생활지원 사업〉

- 노인의 우울 및 자살을 예방하고 자아존중감, 자아통합감을 향상시킴으로써 안정적인 심리·정서상태를 유지할 수 있도록 다양한 정서생활을 지원할 수 있는 프로그램 운영한다.
  • 우울 및 자살예방 프로그램, 죽음준비 프로그램, 집단 프로그램, 자조모임 등 실시한다.

〈지역자원 개발 및 연계〉

- 지역사회에서 후원자 및 자원봉사자를 개발하고 지역복지기관과의 연계를 통하여 노인복지서비스의 효과성을 제고한다.
- 노인복지관의 우수 프로그램을 지역사회 타 노인복지시설과 연계하여 지원한다.

〈노인권익증진 사업〉

- 노인학대 방지 및 노인권익사업을 실시하여 노인에 대한 인식개선 및 권익증진
- 노인복지관은 노인소비자피해 신고기관으로 지정 운영한다.
- 노인 연령의 특성상 사기판매 등의 소비자 피해에 취약하므로 이에 대한 정기적 교육 홍보 활동을 실시한다.

– 노인복지관 종사자 및 이용자를 대상으로 성인지적 관점 정립을 위한 양성평등교육 실시한다.

〈고용 및 소득지원 사업〉

– 저소득 노인에 대한 후원금 연결과 은퇴 후 경제적 노후 설계를 위한 경제교육을 실시한다.
– 노인의 사회참여 활성화를 통하여 소득을 확보하고 고용을 창출함으로써 건강보장, 자아성취 등의 종합적 복지증진에 기여한다.
  • 고용자취업지원 사업, 경제교육, 노후준비교육 등을 실시한다.

〈가족기능지원 사업〉

– 요보호노인으로 인한 가족해체를 방지하고 돌봄이 필요한 노인에게 서비스를 제공하여 가족을 지원하고 지역사회 안에서 보호될 수 있도록 지원하는 사업을 수행한다.

〈가족통합지원 사업〉

– 세대통합 및 가족 관계 프로그램을 통한 노인인식 개선사업을 실시한다.

〈돌봄 요양서비스〉

– 장기요양보험 등급자를 대상으로 잔존기능 유지 및 건강증진 지원을 위한 프로그램을 제공한다.
  • 치매 환자 프로그램, 주·야간 보호 등을 실시한다.

〈노인주거개선 사업〉

– 도배·장판교체 및 보일러 수리 등 집수리를 위하여 능력과 기술이 있는 노인들이 참여하는 노인주거개선사업단을 구성·운영하여 노인들의 주거환경을 개선하고, 삶의 질 향상에 기여한다.

〈표 11-6〉 노인복지관 사업구분

사업구분		프로그램(예시)
상 담	상담 및 정보제공	노인의 일반상담(이용상담, 접수상담), 전문상담(경제, 법률, 주택상담, 연금상담, 건강상담, 세무상담), 심리상담, 치매상담, 노인학대상담 등
	정서 및 사회생활지원	우울 및 자살예방 프로그램, 죽음준비 프로그램, 집단 프로그램, 자조모임 등
사례관리	위기 및 독거노인 지원	취약노인의 신체·정서·사회적 자립 지원 프로그램 운영, 독거노인돌봄서비스, 사례관리사업, 읍면동행정복지센터 및 유관기관 등과 연계(취약노인연계망 구축사업)
	가족기능지원	가정봉사원 파견, 방문간호, 노인돌봄서비스사업 등
건강생활지원	건강증진지원	건강교육, 건강상담, 건강교실(건강체조, 기체조, 요가 등), 독거노인지원사업(기존 재가사업), 이·미용, 노인건강운동, 치매예방 인지활동서비스, 물리치료 등
	기능회복지원	양·한방진료, 작업요법, 운동요법, ADL훈련 등
	급식지원	경로식당(중식서비스), 밑반찬·도시락배달, 푸드뱅크 등
노년사회화 교육	평생교육지원	노인역량강화교육, 정보화교육, 사회화교육, 시민사회교육, 한글교실, 외국어교실, 교양교실, 인문학교육, 예비노인 은퇴준비 프로그램 등
	취미여가지원	예능활동(음악, 미술, 생활도예, 서예, 댄스), 문화활동(연극, 사진, 영화, 바둑, 장기, 레크리에이션), 취미활동(종이접기, 손뜨개질, 민속놀이), 체육활동(탁구, 당구, 게이트볼), 동아리활동 등
지역조직 및 세대통합	지역자원개발	자원봉사자 발굴·관리, 후원자 개발, 외부 재정지원기관 사업 수탁 등
	지역복지연계	경로당 프로그램 연계 등의 지역복지기관 연계, 지역협력사업(경로행사, 나들이 등) 등
	주거지원	주택수리사업, 주거환경 개선사업(도배 등) 등
	가족통합지원	가족상담, 가족관계 프로그램, 가족캠프, 세대통합 프로그램 등
사회참여 및 권익증진	사회참여지원	노인자원봉사 활성화 사업, 노인일자리 및 사회활동지원 사업, 지역봉사활동, 교통안전봉사, 동아리·클럽 활동 지원, 교통편의서비스 등
	노인권익증진	정책건의, 노인인권 옹호, 노인인식개선사업, 편의시설 설치, 노인소비자피해예방교육, 양성평등교육, 성교육 등
	고용 및 소득지원	고령자취업지원사업, 경제교육, 취업교육 등
돌 봄	요양서비스	치매환자 프로그램, 주·야간보호 등

※ 기타 제시되지 않은 사업은 자체 수행 가능

(6) 인사 및 보수기준

노인복지관은 동 사업안내를 기본으로 사회복지시설 관리안내의 관련규정을 준용하되, 자체 인사관리규정과 보수지급규정을 정하여 시행한다.

직원의 인사권자는 노인복지관 관장이며, 직원에 대한 인사는 특별한 사유가 없는 한 모 법인 또는 단체 등과는 타당성과 합리성을 근거로 독립적으로 운영한다.

- 특별한 사유 없이 모 법인 또는 단체 등에서 노인복지관의 이익에 반하여 인사 조치를 한 경우 관할 시·도 및 시·군·구에서 시정명령 등 조정이 가능하다.
- 노인복지관에 소속되어 보수를 지급받고 있는 자에 대하여는 타 기관 및 단체 등의 상근직 겸직을 금지한다.

직원 인사관리의 공정을 기하기 위하여 노인복지관은 3인 이상의 자체 인사위원회(위원장 : 관장)를 구성·운영하며, 소속직원의 임면·근무평정·승진·상벌, 기타 관장이 필요하다고 인정하는 사항 등을 심의한다.

직원의 보수는 기본적 보수와 각종 수당으로 구분하여 지급하며, 보건복지부 사회복지시설 종사자 인건비 가이드라인 준수 및 사회복지 관련 유사기관과의 형평성 및 지원예산 등을 고려하여 합리적으로 편성·운영한다.

지방자치단체의 장 또는 법인 등은 재정형편에 따라 자체적으로 정한 보수기준을 초과하여 보수를 보조 또는 지급 가능하다.

(7) 실비이용료 수납 및 집행

이용자에게 양질의 서비스를 제공하기 위하여 사업 프로그램(평생교육, 취미여가, 경로식당 등)에 소요되는 최소한의 비용을 프로그램의 내용 및 성격에 따라 이용자로부터 수납이 가능하다.

※ 노인복지관 관장은 실비이용료 수납 프로그램을 운영할 경우 수납신고서에 수납하고자 하는 비용의 산출내역서를 첨부하여 시장·군수·구청장에게 사전 신고 후 추진해야 한다. 수납된 실비이용료는 노인복지

관 세입예산에 편입하여 실비이용료를 받는 사업의 자체비용에 충당하고, 나머지는 국민기초생활보장 수급권자 등 저소득층 지원 사업에 우선 사용해야 한다.

실비이용 수납 프로그램 안내홍보물에 기초생활보장 수급권자, 생활이 어려운 자(저소득 경로연금수급자 또는 생계를 같이하는 가구원의 소득이 경로연금수급자 소득 이하, 본인소득이 전혀 없는 자 등)로서 읍·면·동장이 추천(시·군·구별 추천서 양식 통일)한 자는 무료 이용할 수 있는 내용을 명기해야 한다.

(8) 협회 운영 및 협조사항

노인복지관의 원활한 운영 및 사업지원을 위해 노인복지관 협회(이하 '협회'라 한다)를 운영할 수 있다.

- 한국노인종합복지관협회는 전국 노인복지관을 대상으로 각종 종사자 교육, 세미나, 실태조사, 조사·연구 등을 수행한다.

6) 운영비 지원

시장·군수·구청장은 동 사업안내에 따라 노인복지관 운영의 지도감독을 수행하되, 사업의 특성을 충분히 이해하여 노인복지관 운영의 자율성을 해치지 않도록 관리한다.

- 사업자의 업무수행능력 및 성실성 등에 대한 현장을 확인한다.
- 사업계획의 효율성과 타당성 검토 등 사업을 지도한다.

운영비 보조는 사업수행실적, 시설 및 직원규모 등을 고려하여 차등 지원이 가능하다.

- 지방자치단체는 중점추진사업의 확대와 이용자 증가에 따른 예산 및 인력을 추가 지원하여 원활한 사업추진과 서비스 향상을 도모해야 한다.
- 예산은 「사회복지법인 및 사회복지시설 재무·회계규칙」 등 관계규정에 따라 집행한다.

* 지방자치단체에서 지원하는 운영경비로 노인복지관 사업수행에 필요한 관련단체의 가입비, 회비, 종사자 교육비 등을 지출할 수 있다.

7) 노인복지관 시설평가

「사회복지사업법」 제43조 및 동법 시행령 제27조에 의거 3년마다 1회 이상 시설에 대한 평가를 실시하여야 함

– 지역별, 기관별 특성에 따른 평가지표 개발 및 적용을 통한 현장 적합성을 강화한다.

〈시설 평가 기준〉

– 시설 및 환경
– 종사자 전문성
– 재정 및 조직운영
– 프로그램 및 서비스
– 시설 이용자에 대한 서비스 만족도
– 기타 시설의 운영 개선에 필요한 사항

8) 행정사항

기 설치신고 된 노인복지관 중 시설기준 및 기능수행을 충족하지 못하는 경우 지원 및 지도·감독 강화를 통하여 지역 내 종합적인 복지서비스를 제공하는 노인복지관의 본래의 역할을 담당할 수 있도록 유도한다.

지방자치단체의 지속적인 지도·감독에도 시설기준 등을 충족하지 못하거나 노인복지관 시설평가 결과, 서비스 품질개선이 필요한 시설이 별도의 조치를 취하지 않는 경우에는 경로당 등으로 변경한다.

「화재예방, 소방시설 설치·유지 및 안전관리에 관한 법률」 제9조에 의하여 소화기 비치 등 이용노인의 안전관리에 유의한다.

시·도, 시·군·구, 시설장은 종합적인 사회복지시설 재난예방·대비·대응·복구대책을 수립·시행함으로써 사고발생에 대비한 대응능력 배양 및 안전의식 제고를 통한 재난예방 및 대응대책을 강화하기 위한 노력을 한다.

9) 노인복지관 수익사업에 따른 회계처리

노인복지관 급식소 운영 시 영양사, 조리사 배치 등에 관한 사항이 식품위생법령에 위반되지 않도록 주의한다.

집단급식 자원봉사자에 대해 건강진단결과서 지참 권유 등을 통해 급식소를 통한 전염성 질환 등이 발생하지 않도록 주의한다.

노인복지관 위탁운영 법인이 노인복지관 인프라를 활용하여 수익사업에 참여하는 경우, 관련회계는 「사회복지법인 및 사회복지시설 재무회계 관리규칙」을 적용한다.

수익사업의 회계는 노인복지관 시설회계와 구분하여 별도 사업회계로 관리하여야 함 수익금 발생시, 법인 이사회 보고 및 의결을 거쳐 해당 수익사업의 안정적인 운영을 위한 제반 운영비(운영충당적립금 및 시설환경개선준비금 적립 등 포함) 등으로 우선 지출하고, 남은 수익금 잔액은 노인복지관 시설회계로 전출하여 노인복지관 운영비 또는 사업비로 활용할 수 있도록 하여야 한다.

CHAPTER 12

지역자활센터

1. 지역자활센터

1) 목 적

근로능력 있는 저소득층에게 집중적·체계적인 자활지원서비스를 제공함으로써 자활의욕 고취 및 자립능력 향상을 지원한다.

기초수급자 및 차상위계층의 자활 촉진에 필요한 사업을 수행하는 핵심 인프라로서의 역할을 수행토록 한다.

2) 현황 · 추진경과

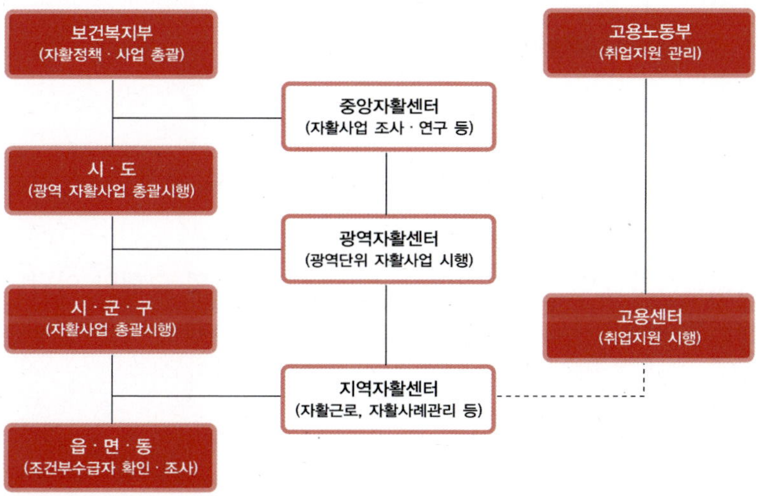

기초자치단체인 시·군·구에 1개소씩 설치를 목표로 2017년 248개 기관을 지정·운영 중이다.

〈추진경과〉

1996년 : 시범사업 실시 이후 2000년까지 70개소 지정·운영

2001년 : 내실 있는 자활사업 추진여건 조성을 위해 169개 기관으로 확대

2002년 : 30개소 추가 지정하였으나, 7개 기관은 지정취소 또는 반납

2003년 : 지역자활센터 미지정 지역에 17개소 추가 지정

2004년 : 지역자활센터가 미지정된 지역을 중심으로 지역자활센터 33개소 신규지정

2010년 : 12월 27일 지역자활센터 5개소 신규 지정('11년부터 운영)

2015년 : 12월 지역자활센터 6개소 신규 지정(2개소 취소, '16년부터 운영)

2016년 : 8월 지역자활센터 3개소 지정취소('17년부터 적용)

※ 지역자활센터 미설치 지역 : 인천광역시 옹진군 등 14개 시·군·구

2006. 12. 28. 국민기초생활보장법 개정으로 '지역자활센터"로 명칭 변경

2. 지역자활센터의 지정, 변경 및 지정취소 등

1) 지역자활센터의 지정

(1) 지정대상

지역사회복지사업 및 자활지원사업의 수행능력과 경험 등이 있는 사회복지법인 등 비영리법인과 단체로 한다.

※ 사회복지법인 등 비영리법인이 없거나 자활사업 수행이 어렵다고 판단되는 지역의 경우, 지방자치단체에서 지역자활센터 직접 신청(운영)이 가능하다.

〈표 12-1〉 지역자활센터 지정 추진경과

구분(연도)	1996	2000	2001	2002	2003	2004	2011	2015	2016
총계(개소)	5	70	169	192	209	242	247	251	248
지정(개소)	5 (시범사업)	50	99	30	17	33	5	6	0
취소 · 반납				7 (취소 4)				2 (취소 1)	3 (취소 3)

(2) 지정 시 고려사항

신청인의 지역사회 복지사업 및 자활지원사업의 수행능력 및 경험 등 사업계획서의 타당성 여부를 보고 지역자활센터의 지역 간 균형 배치와 1개 시 · 군 · 구별 1개 센터 설치 원칙하에 구조조정 등을 추진한다.

신청인 소재지의 자활지원 수요 및 저소득층 밀집 정도와 그 밖에 신청인의 소재지를 관할하는 시장 · 군수 · 구청장 및 시 · 도지사의 의견 등을 반영한다.

(3) 지정 신청 · 절차

① 지정신청

지역자활센터로 지정을 받고자 하는 자는 다음 서류를 첨부하여 관할 시장 · 군수 · 구청장 및 시 · 도지사를 거쳐 보건복지부장관에게 신청한다.

지역자활센터를 설치하고자 하는 각 시 · 도 및 시 · 군 · 구는 관할지역에 다수의 신청인(법인 등)이 있을 경우 자체심사 등을 통하여 최종 하나의 신청인(법인 등)을 선정한 후 지정 신청한다.

〈첨부서류〉

- 지역자활센터 지정 신청서
- 법인인 경우 법인등기부등본 및 정관 사본, 단체인 경우 회칙 · 규약 등 (사본)

– 사업계획서

※ 사업계획서에는 다음의 내용이 포함되어야 한다.

– 지역 특성 및 지역자활센터 설치의 필요성
– 지역자활센터의 운영 목표
– **신청자(기관) 관련사항** : 고유목적사업내용 및 수행실적, 운영책임자 및 실무수행인력의 경력, 창업 및 자활지원사업 수행경험, 지역사회 공공·민간기관과의 연계 관련 실적
– **지역자활센터 운영계획** : 실시예정 사업내용, 직원채용 및 시설 확보계획, 지역자활센터 사업의 시행·정착을 위한 단계별 계획, 지역사회 다른 자원과의 연계계획
– **사업별 세부계획** : 사업실시배경(지역사회 조사결과 등), 사업내용, 사업별 예상매출액 및 수익금과 자활기업 발전 가능성에 대한 진단, 지역자활센터의 역할, 일감 또는 판매처 확보계획, 기대효과 등이 포함되어야 한다.
– 예산안(세부 사업별 예산 포함)
– 다른 기관의 지원에 의하여 수행하고 있는 복지·자활 관련 사업이 있는 경우 그 내용 및 예산도 포함되어야 한다.

〈자치단체에서 제출할 자료〉

– 최근 3년간 전체 주민 수 현황, 기초수급자 수 현황, 조건부수급자 수 현황
– 지역자활센터가 있는 지역에서 추가 신청하는 경우
– 자활사업 참여자 수 현황

② 지정절차

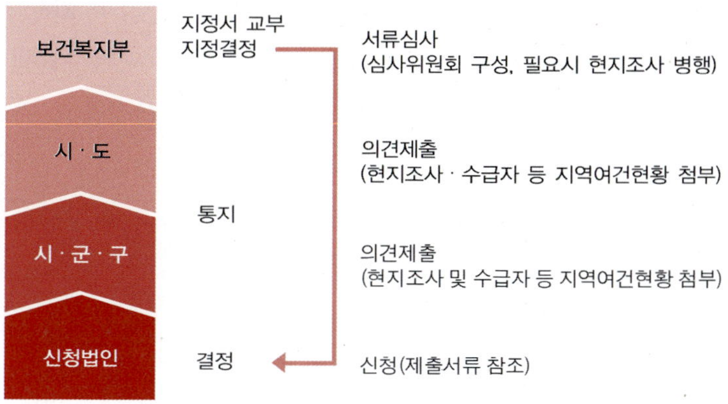

2) 지역자활센터의 주요 변경사항 발생 시 조치사항

(1) 신청 법인 등(비영리법인, 단체)의 변경 시 조치사항

지역자활센터는 양도 · 양수할 수 없으므로 지정취소가 원칙이다. 다만, 관할 시 · 군 · 구청장이 자활사업 참여자의 자활촉진 목적 달성을 위하여 당해 지역자활센터 운영의 연속성 및 동질성이 유지되어야 한다고 판단하여 운영주체를 변경하고자 할 경우 새로운 법인을 지정하기 위한 공모단계부터 보건복지부에 사전 협의 후 추진한다.

〈변경지정 처리절차〉

① 시 · 군 · 구청장은 아래의 서류를 첨부하여 시 · 도지사를 경유하여 보건복지부 장관에게 변경지정 신청(이 경우 지자체에서 직접신청 가능)한다.

- 당해 지역자활센터 운영이 참여수급자의 자활 촉진 목적달성을 위하여 연속성 및 동질성이 유지되어야 한다고 판단한 시 · 군 · 구 검토의견서 및 관련 증빙서류(지정서 반납 및 반납사유서, 기타 관련서류)를 제출한다.
- 당해 지역자활센터를 인수 운영할 적임자를 선정하게 된 경과보고서와 적임자라고 판단한 조사 의견서(신임 센터장 이력서 포함) 및 관련 증빙서류를 제출한다.

※ 적임자 판단에 포함할 내용 : 지역자활센터운영에 관한 의지, 경력, 수행능력, 사명감, 운영책임 가능성, 목적 달성 가능성, 기타

– 지역자활센터 신규지정 신청에 준하는 제출서류 : 지역자활센터 지정신청서, 법인등기부등본, 정관사본, 사업계획서, 선정공고 관련 서류 일체 등

② 시 · 도지사는 시 · 군 · 구청장의 신청서류를 검토하고 변경지정에 관한 의견서를 첨부하여 보건복지부 장관에게 신청한다.

③ 보건복지부 장관은 관련서류 및 지방자치단체장의 의견서를 고려하여 변경 지정 여부를 결정한다.

– 단, 신청기관의 법인화, 운영법인 등의 명칭변경 등에 관한 사항에 대하여는 시 · 도지사가 변경사항 관련 서류 및 시 · 군 · 구청장의 의견을 고려하여 변경승인 여부를 결정(승인 여부 결정 시 보건복지부장관에게 보고)하고, 시 · 군 · 구에 즉시 통보한다.

(2) 지역자활센터장의 변경 시 조치사항

운영 법인 또는 단체가 지역자활센터장을 변경(교체)하고자 할 때, 적임자를 시 · 군 · 구청장에게 추천한다.

〈변경 처리절차〉

① 법인 또는 단체는 당해 지역자활센터장을 변경(교체)하게 된 사유서(법인의 징계처분에 의한 교체사유 등 포함), 적임자를 선정하게 된 경과보고서, 적임자라고 판단한 조사의견서를 작성 첨부하여 시 · 군 · 구청장에게 추천한다.

※ 징계처분에 의한 센터장 변경에 관한 사항 : 지역자활센터 운영지침 별도 규정한다.

② 시 · 군 · 구청장은 사업운영의 연속성 및 동질성 등을 검토하고 관련 사실을 확인조사 후 변경 임명의 적정 여부를 최종 처리하고 그 결과를 시 · 도지사를 거쳐 보건복지부 장관에게 보고한다.

※ 시·군·구에서 직영하는 지역자활센터의 장을 변경할 경우, 시·도지사가 관련 서류 및 시·군·구청장의 의견을 고려하여 변경 여부 결정(변경 여부 결정 시 보건복지부장관에게 보고)하고, 시·군·구에 즉시 통보한다.

(3) 기타 사항 변경의 경우

주된 사무소 변경 등 변경사항이 경미한 경우 지역자활센터장은 그 사유 등을 적시하여 시·군·구청장에게 보고 및 사전 협의한다.

변경 후 시·군·구청장은 시·도지사를 거쳐 보건복지부장관에게 보고한다.

(4) 지정서 재교부

센터명칭 변경, 모법인 변경, 지정서 분실 또는 심하게 훼손된 경우에 한한다.

※ 주소 변경의 경우 지정서 뒷면 주요 변경란을 활용한다.

3) 변경사항별 제출서류

변경사항	법인/지역자활센터	시·군·구	시·도	복지부 제출서류
신청법인 등의 변경	① 지정서 반납 – 반납사유서	② 검토의견서 ③ 변경지정사유서 – 관련자료 ④ 선정경과보고서 ⑤ 조사의견서 ⑥ 지역자활센터지정 신청서 ⑦ 신임 센터장 이력 사항 ⑧ 기타 관련 서류	⑨ 검토의견서	①~⑨
신청기관의 법인화, 운영법인 등의 명칭 변경	① 변경사항보고 – 관련자료(시·군·구 제출)	② 검토의견서 – 운영법인의 동일성 여부 판단 ③ 변경관련자료	※ 변경여부 결정 : 시·도지사	변경여부사항 보고(시·도지사)

지역자활센터장의 변경	① 변경사항보고 ② 센터장 예정자 이력 ③ 기타 참고자료	④ 변경여부 결정 : 시·군·구청장	※ 시·군·구 직영 센터장의 변경여부 결정 : 시·도지사	변경여부사항 보고 (시·도지사/시·군·구청장)
주된 사무소 등의 변경	① 변경사항보고 - 시·군·구에 보고			변경사항보고 (시·도지사)

4) 지역자활센터의 지정취소

(1) 지정취소 대상

지역자활센터에 대한 사업실적 및 운영실태를 평가한 결과 수급자의 자활 촉진을 달성하지 못하는 기관으로 한다.

- 지역자활센터에 대한 지도·감독결과 자활사업 수행이 어렵다고 판단되는 기관지역자활센터 지정 시 부여받은 이행조건을 충족하지 못하는 경우로 한다.
- 평가서류 허위 조작 및 보조금 횡령 등 자활사업에 심각한 훼손을 주었다고 판단되는 기관이다.

(2) 지정취소 절차

지역자활센터의 소재지를 관할하는 시·도지사 및 특별자치도지사의 지정취소 건의와 평가결과 또는 지도·감독 결과 지정취소 대상 선정(보건복지부 장관), 대상 지역자활센터에 대한 현지조사 및 의견청취(필요시 심사위원회 구성)와 지역자활센터 소재지를 관할하는 시·도지사 및 시장·군수·구청장의 의견청취로 지정취소 여부 등을 결정(보건복지부 장관)한다.

보건복지부 장관은 국민기초생활보장법 제16조 제3항에 따라 지역자활센터의 지정을 취소하려는 경우에 청문회를 개최하여야 한다.

보건복지부 장관은 지역자활센터의 지정을 취소한 때에는 지체 없이 그 사유를 명시하여 해당 지역자활센터의 장, 중앙자활센터의 장, 관할 시·도지사 및 시장·군수·구청장에게 각각 문서로 통지한다.

(3) 지역자활센터 지정 취소 등의 경우 조치사항

시・군・구청장은 지역자활센터가 지정 취소, 지정서 반납 등으로 더 이상 사업 수행이 불가능할 경우이다.

- 미집행된 예산은 환수하고 이미 집행된 예산은 정산조치하며, 사업수행에 사용한 장비・시설 등은 관계법령에 따라 별도로 관리하여야 한다.
- 이미 투입된 차량・사업장비・시설・사무실 임대비용 등을 환수 조치하여 타 자활사업으로의 활용방안을 강구한다.

기 참여 중인 수급자 등에 대한 자활사업이 중단되는 일이 없도록 대책을 강구한다.

- 자활근로의 연속성 확보를 위하여 지방자치단체가 직접수행 또는 대체 위탁기관을 발굴하거나, 관내에 자활인프라가 없고 지자체 직접시행도 어려운 경우 일시적(3월)으로 근로유지형으로 전환하여 읍・면・동 직접 시행 등을 추진한다.
- 기존 지역자활센터 모법인 및 인력을 활용하여 위탁계약기간 동안 자활근로 사업을 계속 실시하되, 이 경우 자활근로 민간위탁 계약은 위탁기관의 변경(지역자활센터 → 모법인)에 따라 재계약 조치가 필요하다.

5) 지역자활센터 성과계약

(1) 계약기준 및 기존 성과평가 적용

계약주체는 보건복지부로 하고 지방자치단체 재량 가산점(10%)를 부여한다.

그간 성과평가 결과와 최하위기관 현황을 참고하여 성과계약 기준선을 설정한다.

격년제 평가 방식으로 3~4년 평균 60점을 최소 달성 성과로 설정한다.

2016~2018년 성과평가 결과 성과계약 점수 미달 시 2019년 지정취소를 진행한다.

(2) 계약방식 및 평가지표

지침에서 제시하는 성과평가 기준 점수(4년 평균 60점)로 공통 계약을 한다.

기존 성과평가 지표를 활용하고 일부 수정을 통한 성과지표 개선, 지자체 재량점수는 센터 총점에 따라 비율로 가산한다.

※ 재량점수 비율 가산 : 72점인 센터의 경우 재량점수 10점 부여 시 7.2점 가산하여 79.2점 성과계약 달성의 경우 당연 재지정, 성과계약 미달성 센터의 경우 지정 취소절차를 진행한다.

수급자의 자활촉진 등 지정 목적을 달성하지 못하는 경우에는 지정취소 등을 조치한다(국민기초생활 보장법 제16조 제3항).

〈표 12-2〉 연도별 성과계약 추진계획

성과계약 1차				성과계약 2차			
2016년	2017년	2018년	2019년	2020년	2021년	2022년	2023년
성과계약	'16년 평가	–	'17, '18년 평가	성과계약	'19, '20년 평가	–	'21, '22년 평가
삼진아웃제 최종적용		–	재지정여부 결정(3년간 평가 평균)	–	–	–	재지정여부 결정(4년간 평가 평균)

3. 지역자활센터의 주요 사업

〈자활의욕 고취를 위한 교육〉

근로능력 있는 저소득층의 자활의욕 고취 및 기초능력 배양을 위한 교육 프로그램을 개발·운영하고 전문교육은 광역자활센터 및 자활연수원과 연계한다.

자활을 위한 정보제공·상담·직업교육 및 취업알선을 한다.

〈자영창업 지원 및 기술·경영지도〉

창업을 통해 자활할 수 있도록 기술·경영지원을 하고, 창업 후에도 적극적인 사후관리를 통해 완전 자립할 수 있도록 지원한다.

〈자활기업의 설립·운영지원〉

기초수급자 등 저소득층이 모여 경제적으로 자립할 수 있는 자활기업을 설립해 자립과 자활할 수 있도록 체계적인 지원을 한다.

〈사회서비스지원 사업〉

장애인, 산모·신생아, 노인돌보미 바우처사업 등 사회서비스사업 위탁을 수행한다.

수급자나 차상위자의 자활사업 참여나 취업·창업으로 인하여 지원이 필요하게 된 가구에 대하여 사회복지서비스 등 필요한 서비스를 연계한다.

그 밖에 수급자 등의 자활을 위한 각종 사업을 실시한다.

4. 지역자활센터의 운영

1) 기본 방향

지역자활센터의 운영과 관련하여 기본적인 사항은 보건복지부장관이 정하는 바에 따른다.

- 「지역자활센터 운영지침」 및 「지역자활센터 직제·보수지침」에서 정하는 바에 따라 지역자활센터를 운영하여야 한다.
- 조직·인사·회계 기타 지역자활센터의 운영과 관련된 세부사항은 동 지침과 「사회복지법인 및 사회복지시설 재무·회계 규칙」을 벗어나지 않는 범위 내에서 지역자활센터장이 「지역자활센터 운영규정」을 정하여 시행하되, 관할 시·군·구청장에게 보고

지역자활센터 운영주체로 지정된 법인 등(비영리법인, 단체)은 센터장과 연대하여 지역자활센터사업 및 기관운영 등에 최종 책임을 지나, 신청 법인 등과는 독립적·자율적으로 운영되어야 한다.

2) 지역자활센터 직제·보수와 직원 임용

(1) 직제 및 보수

지역자활센터의 직제 및 보수는 '지역자활센터 직제·보수 지침'을 적용한다.

※ 지역자활센터는 지침에 규정된 이외의 수당을 국고보조로 지원되는 사업비(지역자활센터의 인건비, 사업비, 운영비 등)에서 지급해서는 안 된다. 다만, 운영비 보조 외에 법인전입금, 지방자치단체의 자체 지원에 의한 수당은 가능하다.

(2) 직원 임용

지역자활센터장이 직원을 채용하기 위해서는 「지역자활센터 운영지침」 '지역자활센터 직원 채용 자격 기준표'에 따라 공개성·적합성 원칙에 따라 임용하며, 사회복지사 자격증 소지자는 1인 이상 이어야 한다. 단, 지역적 특성에 따라 선발이 어려운 경우 지방자치단체와 협의하여 예외로 할 수 있다.

3) 예산의 편성 및 집행

(1) 예산의 편성

지역자활센터의 예산은 세입예산과 세출예산으로 구분하여 편성한다.

- 세입예산은 국가·지방자치단체의 운영비보조금, 법인 전입금, 자활근로사업비, 자활사업사업단 운영에 따른 수입금, 기타 수입으로 구성한다.
- 지역자활센터 보조금과 별도로 사업비 지원 [자활근로사업 등]이 있는 때에는 동 사업비를 별도회계로 계리하여야 하며, 구체적인 내용은 당해 사업위탁 시 정하는 바에 따른다.

※ 지역자활센터 보조금을 자활근로 사업비로 지출하거나, 자활근로 사업비를 자활센터 사업에 지출 금지(지역자활센터 보조금은 법 제16조, 시행령 제22조에서 정하는 사업에만 지출 가능), 다만 지역자활센터가 취득한 자산(차량·장비 등)의 자활근로 사업단 이용은 가능하다.

– 세출예산은 지역자활센터 운영비와 자활사업단별 지출(자활근로사업비·자활근로사업단 수익금)로 구분하여 관리한다.

〈예산편성의 승인〉

– 편성된 당해연도 예산안은 운영위원회에 보고한 후 모법인 이사회의 의결을 거쳐 보장기관의 승인으로 확정한다.

〈운영비 예산의 합리적 편성〉

– 지역자활센터는 예산의 범위 내에서 각각의 사업계획을 고려하여 인건비, 운영비, 사업비 등이 적정비율을 유지하도록 예산내역을 편성하여야 하며, 특히 운영비의 부족이 발생하지 않도록 해야 한다.

〈국고보조금 교부신청〉

– 매 반기 개시 10일전까지 또는 별도의 지정일까지 국고보조금교부신청서를 시·군·구에 제출하고 시·군·구는 이를 취합하여 시·도지사를 거쳐 보건복지부장관에게 제출(보조금의 예산 및 관리에 관한 법률 제16조 및 동법 시행령 제7조)한다.

※ 매년도 상반기 국고보조금 교부신청서는 위 「예산 및 결산보고」의 사업계획서와 예산서 제출 시(매회계년도 개시 전) 함께 제출한다.

(2) 예산의 집행

지역자활센터에 지원되는 국가·지방자치단체의 보조금은 기관 운영에 소요되는 인건비, 운영비, 사업비 등에 사용한다.

① 지역자활센터장은 「지역자활센터 직제·보수지침」에서 정하는 바에 따라 인건비를 지급하여야 한다.

- 인건비 미집행액이 발생할 경우 센터장은 사업비 또는 운영비 예산으로 변경하여 사용할 수 있다.

② 운영비는 여비, 수용비 및 수수료, 공공요금, 제세공과금 등으로 편성·지출한다.

③ 사업비 등은 국민기초생활 보장법 제16조 제1항의 자활사업 지원을 위하여 사용하여야 하며, 자활기업 등 자활지원에 필요한 차량, 소규모 장비, 시설비 및 자재구입비 등으로 사용할 수 있으며, 소모품을 제외한 차량 및 시설·장비 등은 지역자활센터에 귀속된다(단, 자활근로사업단 차량·시설·장비·소모품 등 사업비로 지출 불가).

- 별도의 사업비 지원이 없는 자활기업의 사업참여자를 위한 화재보험 등의 보험료는 수익금이 충분치 않을 경우 지역자활센터에서 '사업비' 예산으로 지원이 가능하다.

  ※ 자활근로사업단 운영에 소요되는 보험료는 자활근로 사업비에서 지출할 수 있다.

4) 신용카드 사용 등 의무화

시설운영비 1만 원 이상 집행 시는 신용카드를 사용하여 집행하되, 농어촌 지역이나 카드 미가맹점에 대해서는 5만 원 이상 집행 시 온라인(On line)입금 활용한다.

국세청에서 2005년부터 '현금영수증 제도'를 시행하고 있으므로, 현금영수증 발급이 가능한 곳에서는 1만 원 이상 집행 시 신용카드 외 현금도 사용이 가능하다.

5) 수입과 지출

(1) 수입의 분류

보조금 수입, 차입금, 전입금, 이월금, 잡수입, 후원금, 매출액 등으로 한다.

(2) 수입금의 수납

모든 수입의 수납은 수입원이 담당하되, 현금수입은 그 다음날까지 금융기관에 예입하는 것을 원칙으로 한다.

(3) 지출의 품의 및 지출원인행위

지출의 품의란 사업계획을 달성하기 위하여 집행의사를 결정하는 행위이며 지출원인 행위란 세출예산의 범위내에서 지출원인이 되는 계약, 경비 등 행위를 말하여 지출은 사전에 품의가 있거나 지출원인행위가 완료된 후 집행되어야 한다.

(4) 증빙서류 등에 대한 세부절차

모든 수입 지출은 결의서를 작성하여 센터장의 결재를 받고 결의서 날짜단위로 일련번호를 기재하고 월별로 편철 보관한다.

수입 또는 지출결의서에 첨부하는 증빙서류는 원본에 한한다.

물품 구매 시에는 물품구매계약서, 사업자등록증사본, 산출기초조사서를 구비하여야 하며, 물품대금 지급시에는 내부결재사본, 물품검수조서, 영수증, 사업자등록증사본, 상대방 통장사본, 사진 등 증빙자료를 구비하여야 한다.

- 비치하여야 할 회계장부 : 현금출납부, 총계정원장, 총계정원장 보조부, 재산대장, 비품수불대장

(5) 지출의 방법

- **금융기관에 의한 지출** : 지출은 보조금전용카드(체크카드) 등에 의한 지출이 아니라면 금융기관에 의한 계좌이체를 원칙으로 한다.
- **보조금전용카드(체크카드) 등에 의한 지출** : 지역자활센터는 운영의 투명성을 확보하기 위하여 운영비를 지출함에 있어서 보조금전용카드, 신용카드, 현금영수증제도를 활용해야 한다.
- **현금에 의한 지출** : 지출은 계좌이체 또는 보조금전용카드에 의한 지출을 원칙으로 하여야 하나 부득이한 경우 현금에 의한 지출을 할 수 있다.

㉮ 정기적으로 지출되는 공공요금 및 제세공과금의 자동이체방법, 실비변상적 여비교통비, 기타－계좌이체와 카드사용이 불가능한 합리적 이유가 있는 경우로 한다.

6) 후원금

(1) 후원금의 범위

아무런 대가 없이 무상으로 제공받은 금품 기타의 자산을 말하여 후원자가 그 사용용도를 지정한 지정후원금과 지정하지 않은 비지정후원금이 있다.

(2) 후원금 관리

〈후원금 영수증의 발급〉

－ 후원금을 받은 때에는 '소득세법 시행규칙' 제101조 제20호의2 또는 '법인세법 시행규칙' 제82조 제7항 제3호에서 정하는 기부금 영수증 양식으로 후원금 영수증을 후원자에게 즉시 교부하여야 한다.

〈후원금 전용계좌의 개설〉

－ 계좌입금을 통하여 후원금을 받을 때에는 후원금전용계좌를 만들어 사용하여야 함

－ 후원금의 수입 및 사용내용 공개한다.

－ 센터장은 해당 후원금의 수입 및 사용내용을 후원자에게 통보하여야 한다.

〈후원금의 사용범위〉

－ 후원금은 후원자가 지정한 사용용도 외의 용도로 사용하지 못한다.

－ 비지정후원금의 경우 기관의 업무추진비, 차입금상환, 법인전출금, 예비비, 다른 시설이나 법인에 대한 지원으로는 사용할 수 없다.

7) 수익사업

(1) 수익사업 개요

경제적 효익을 얻기 위해 수행하는 사업을 말하며 지역자활센터는 바우처 제도를 이용한 사회서비스사업이 그 예이다.

(2) 수익사업 관리

〈수익사업 운영 시 유의사항〉

- 지역자활센터는 수익사업을 수행할 수 있으나 그 수익사업은 저소득층의 자활을 지원하기 위해 수행되어야 하며 센터의 고유목적사업과 상충되어서는 아니 된다.
- 센터는 수익사업의 이익금을 법인으로 전출하지 못한다(단, 사회적협동조합으로 전환된 지역자활센터의 경우, 지역자활센터 유형 및 기능다변화 시범사업 안내에 따라 예외 적용할 수 있다).

8) 예산 및 결산, 수입 및 지출 보고 등 지역자활센터 재무회계 관리

지역자활센터장은 예산을 편성하여 운영위원회에 보고한 후 모법인 이사회의 의결을 거쳐 보장기관의 장이 승인함으로써 확정한다.

지역자활센터장은 다음의 예산 및 결산 관련 서류를 시장·군수·구청장 및 시·도지사를 경유하여 보건복지부장관에게 제출(시행규칙 제30조)한다.

- **사업계획 및 예산서** : 매 회계연도 개시 전까지
- **사업실적 및 결산서** : 매 회계연도 종료 후 2월 이내

지역자활센터의 재무·회계관리는 「사회복지법인 및 사회복지시설 재무·회계 규칙」을 적용하여 사회복지시설정보시스템(회계관리시스템)을 이용하여 관리 하되, 동 규칙 중 법인의 대표이사 또는 시설장의 권한 및 책임은 지역자

활센터장이 행하는 것으로 하고, 사회서비스사업 등 사업수행으로 발생한 수익금을 기관의 모법인에 전출할 수 없다(단, 전환된 사회적협동조합은 예외 적용).

〈회계 · 통계 관련 보고 시 정확성 확보〉

- 지역자활센터는 수익금 통보 및 사업 현황 등의 보고 시 정확한 자료를 근거로 하여야 한다.
- 고의 또는 업무상 과실로 허위보고를 한 경우 예산지원 중단, 지정취소 등의 불이익 조치를 취할 수 있다.

9) 지역자활센터 운영규정 마련 및 시행

지역자활센터는 「사회복지법인 및 사회복지시설 재무 · 회계 규칙」 직제 및 보수지침, 지역자활센터 운영지침에 의거 기관 운영규정을 정하여 해당 시 · 군 · 구에 제출 운영규정의 변경 시에도 동일하다.

5. 지역자활센터에 대한 지원

1) 지역자활센터 운영비 지원

〈표 12-3〉 예산범위 내에서 규모(확대형, 표준형, 기본형)별 지원

계	확대형	표준형	기본형
248	66	123	59

2) 국공유재산의 무상임대 및 사업의 우선 위탁

〈국 · 공유재산의 무상임대〉

- 지방자치단체가 소유하고 있는 건물, 토지 등이 있는 경우 지역자활센터에 무상으로 임대지원함으로써 적극적인 자활사업을 추진할 수 있는 여건을 조성한다.

〈지방자치단체가 실시하는 사업의 우선 위탁·구매〉

- 지방자치단체가 실시하는 집수리, 간병도우미 등 자활사업을 위탁하는 경우 지역자활센터에 우선적으로 위탁하고, 조달구매 시 자활기업 등 자활사업단의 생산품을 우선 구매할 수 있도록 적극 지원한다.

3) 기타 지원사항

(1) 자활기금을 통한 지원

- 자활기업에 대한 사업자금 대여, 수급자 및 차상위계층의 자활증진을 위한 사업에 기금이 활용될 수 있도록 지역자활센터의 사업비에 자활기금의 일부(당해연도 기금 지출의 20% 이내)를 보조할 수 있도록 적극 지원한다.

(2) 지역자활센터에 '자활도우미' 지원

- 자활근로사업의 인건비 지원을 통해 지역자활센터에서 자활사업을 보조하는 '자활도우미'를 활용한다.
- 참여인원 40명당 1인을 활용할 수 있으며, 인건비는 자활근로사업 인건비 중 시장 진입형 급여를 지급한다.
- 국민기초생활보장법 제16조 제4항의 (사)한국지역자활센터협회 정관에 따른 중앙회비 납부로 건전한 지역자활센터 네트워크를 육성한다.

6. 지역자활센터 평가 및 지도·감독(법 제16조 제3항)

1) 지역자활센터 규모평가

(1) 목적

지역자활센터의 안정적 운영을 위해 운영규모 평가주기를 3년으로 하고, 시·군·구별 조건부수급자 규모, 지역자활센터 참여 수급자 등을 반영하여 운영규모를 결정하고 규모에 따라 지역자활센터 운영비를 차등 지원한다.

(2) 추진방향

2017년 평가계획 수립 및 규모평가 실시하고, 2018~2020 운영규모를 적용한다. 평가기준, 평가지표 등은 평가계획 수립 후 시·도로 별도 통보한다.

2) 지역자활센터 성과평가

(1) 목적

지역자활센터에 대하여 정기적으로 사업실적을 평가하고, 수급자의 자활 촉진을 달성한다.

(2) 추진 방향

- 도시형·도농복합형·농촌형으로 구분하여 매년 또는 격년 성과평가를 실시한다.
- 유형 및 기능 다변화 시범사업 참여기관의 경우 공모 연도의 성과평가는 1년간 제외하고 이후 시범사업 기관 간 성과평가를 적용한다.

(3) 평가기준

- 자활기업 등의 설립 및 지원
- 지역주민의 자활지원을 위한 지역사회 자원 활용 정도
- 지역자활센터의 장 및 종사자의 사업수행능력 실적
- 그 밖에 자활지원을 위한 사업의 실적 등

평가지표, 평가대상 기간 등 평가계획 수립 후 시·도 별도로 통보한다.

(4) 평가위원회 구성

- 평가지표 및 방법의 개발, 평가의 실시 등을 위해 학계, 연구원 등 민간 자활사업 전문가 등이 참여하는 평가위원회를 구성·운영한다.

※ 보건복지부, (재)중앙자활센터, 자활사업 관련 단체, 학계 및 연구원 등으로 평가위원회를 구성해 평가지표, 방법 및 주기 등 평가체계 구축(규모별 평가 병행실시 가능)한다.

(5) 평가결과 활용

① 자활사업 제도개선 등에 반영하여 발전방안 마련

- 평가결과 우수 사례 등을 적극 발굴하고, 기관 간 벤치마킹 등을 통해 발전할 수 있도록 하는 방안을 마련한다.
  - * 지역자활센터에서 허위서류 제출, 확인 시 평가 최하위기관으로 하며, 지정취소 건의가 가능하다.

② 지역자활센터의 지정취소 및 인센티브 지원에 반영

- 평가 우수기관 및 종사자 인센티브를 지원한다.
  - • 개인별 성과급, 우수기관 및 개인에 대한 표창, 보건복지부 지도·점검 면제 등을 할 수 있다.
- 평가결과 보조금 지원에 반영 가능하다(국민기초생활보장법 시행규칙 제29조 제3항).
- 수급자의 자활촉진 등 지정 목적을 달성하지 못하는 경우에는 지정취소 등을 조치한다(국민기초생활 보장법 제16조 제3항).
- 2016~2018년도 성과평가 결과 성과계약 점수 미달 시 2019년 지정취소를 진행한다.

평가지표, 평가대상 기간 등 평가계획을 별도 통보한다.

구 분	계	확대형	표준형	기본형	비고
계	248	66	123	59	
도시형	123	(51개소)	(54개소)	(18개소)	
		서울(강남, 강동, 강북, 강서, 강서등촌, 관악, 관악봉천, 광진, 금천, 동대문, 마포, 서대문, 성동, 성북, 양천, 영등포, 은평, 중랑유린), 부산(금정, 남구, 동구, 부산진, 북구, 북구희망, 사상, 연제, 해운대), 인천(계양, 남구, 남동구, 부평, 부평남부, 서구, 연수), 광주(광산, 광산어동, 남구, 북구동신, 북구일터, 북구회망, 서구, 서구상무), 대전(동구, 중구), 경기(의정부), 전북(전주, 전주덕진), 전남(목포), 경북(포항, 포항나눔), 경남(김해)	서울(구로, 구로삶터, 노원, 노원남부, 노원북부, 도봉, 동작, 서초, 용산, 종로, 중구), 부산(동래, 사하두송, 사하, 서구, 수영, 영도), 대구(남구, 달서, 동구, 북구, 서구, 수성구, 중구), 인천(남구미추홀, 동구, 중구), 대전(대덕구, 서구), 울산(남구), 경기(광주, 군포, 김포, 남양주, 부천나눔, 부천소사, 부천원미, 성남, 성남만남, 수원, 수원우만, 수원희망, 시흥일꾼, 시흥작은자리, 안산, 안양, 화성), 충북(청주), 충북(천안), 전남(순천), 경북(경산, 구미), 경남(양산, 마산)	부산(중구), 대구(달서행복), 광주(동구), 대전(유성), 울산(동구, 북구, 중구), 경기(고양, 광명, 구리, 안산양지, 오산, 파주), 풍남(아산), 경남(거제, 마산희망, 진해, 창원)	
도농 복합형	57	(14개소)	(35개소)	(8개소)	
		대구(달성), 강원(강릉, 원주, 춘천), 충북(충주), 전북(김제, 남원, 익산, 익산원광, 정읍), 경북(안동), 경남(진주), 제주(제주수눌음, 제주이어도)	부산(강서, 기장), 울산(울주), 세종(세종, 세종남부), 경기(양주, 용인, 이천, 평택, 포천, 하남), 강원(동해, 삼척, 속초반야), 충북(제천), 충남(공주, 논산, 당진, 보령, 서산), 전북(군산, 군산한마음, 완주), 전남(광양, 여수, 여수시민, 화순), 경북(경주, 김천, 문경, 상주, 영주, 칠곡), 경남(밀양, 사천)	경기(안성맞춤), 충남(예산, 홍성), 전남(나주), 경북(영천), 경남(통영), 제주(서귀포오름), 서귀포일터나눔	

농촌형	68	(1개소)	(34개소)	(33개소)
		전북(고창)	인천(강화), 경기(여주), 강원(고성, 양양, 정선, 태백, 횡성, 철원), 충북(단양, 음성), 충남(금산, 서천), 전북(부안, 임실, 진안), 전남(강진, 구례, 곡성, 무안, 보성, 영광, 영암, 장성, 장흥, 해남), 경북(영덕, 울진, 의성), 경남(거창, 고성, 창녕, 함안, 함양, 합천)	경기(양평), 강원(영월, 인제, 평창, 홍천, 화천), 충북(괴산, 보은, 영동, 옥천, 증평, 진천, 청원), 충남(부여, 청양, 태안), 전북(무주, 순창, 장수), 전남(고흥, 담양, 신안, 완도, 진도, 함평), 경북(고령, 군위, 봉화, 성주, 여천), 경남(남해, 산청, 하동)

3) 지역자활센터에 대한 지도 · 감독

(1) 보건복지부 지도 · 감독

매년 보건복지부, 시 · 도, 시 · 군 · 구 자활담당공무원이 참여하는 지도 · 점검을 실시한다.

(2) 점검 분야

- 지역자활센터 운영 : 인사, 운영비 보조금 집행, 사무관리, 시설안전 등
- 자활근로 사업 : 참여자 관리, 사업비 집행, 사업단의 매출 · 수익금 관리 등

(3) 지방자치단체(시 · 도, 시 · 군 · 구)에 의한 지도 · 점검

– 추진방향 : 지방자치단체는 지역자활센터의 사업운영에 관하여 지도 · 감독을 실시하고 필요한 경우 주의 · 시정 등을 요구 조치할 수 있다.

– 지역자활센터에 대한 지도 · 감독을 철저히 한다.

- 지방자치단체는 지역자활센터가 자활사업 관련 제반 업무를 성실히 수행하도록 지도 · 감독을 철저히 하여야 하며, 문제발생 시 지체 없이 시 · 도지사 또는 보건복지부 장관에게 보고하여야 한다.

– 점검주기

- 지역자활센터 : 시 · 도 주관으로 실시하며 설치지역이 10개소 미만은 연 1회, 10개소 이상은 2년 1회 점검을 한다.

  ※ 시 · 도 점검계획 이외에도 시 · 군 · 구 자체적으로 지도 · 점검 가능하다.

CHAPTER 13

아동복지시설

1. 아동복지시설의 종류

아동양육시설	보호를 필요로 하는 아동을 입소시켜 보호, 양육하는 것을 목적으로 하는 시설
아동일시 보호시설	보호를 필요로 하는 아동을 일시보호하고 아동에 대한 향후의 양육대책수립 및 보호조치를 행하는 것을 목적으로 하는 시설
아동보호 치료시설	불량행위를 하거나 불량행위를 할 우려가 있는 아동으로서 보호자가 없거나 친권자나 후견인이 입소를 신청한 아동 또는 가정법원, 지방법원소년부지원에서 보호위탁된 아동을 입소시켜 그들을 선도하여 건전한 사회인으로 육성하는 것을 목적으로 하는 시설
아동직업 훈련시설	아동복지시설에 입소되어 있는 만 15세 이상의 아동과 생활이 어려운 가정의 아동에 대하여 자활에 필요한 지식과 기능을 습득시키는 것을 목적으로 하는 시설
자립지원시설	아동복지시설에서 퇴소한 자에게 취업준비기간 또는 취업후 일정기간 보호함으로써 자립을 지원하는 것을 목적으로 하는 시설
아동단기 보호시설	일반가정에 아동을 보호하기 곤란한 일시적 사정이 있는 경우 아동을 단기간 보호하며 가정의 복지에 필요한 지원조치를 하는 것을 목적으로 하는 시설
아동상담소	아동과 그 가족의 문제에 관한 상담, 치료, 예방 및 연구 등을 목적으로 하는 시설
아동전용시설	어린이공원, 어린이놀이터, 아동회관, 체육, 연극, 영화, 과학실험전시시설, 아동휴게숙박시설, 야영장 등 아동에게 건전한 놀이·오락 기타 각종 편의를 제공하여 심신의 건강유지와 복지증진에 필요한 서비스를 제공하는 것을 목적으로 하는 시설
아동복지관	지역사회 아동의 건전육성을 위하여 심신의 건강유지와 복지증진에 필요한 서비스를 제공하는 것을 목적으로 하는 시설
공동생활가정	보호를 필요로 하는 아동에게 가정과 같은 주거여건과 보호를 제공하는 것을 목적으로 하는 시설
지역아동센터	지역사회 아동의 보호·교육, 건전한 놀이와 오락의 제공, 보호자와 지역사회의 연계 등 아동의 건전육성을 위하여 종합적인 아동복지서비스를 제공하는 시설

⇒ **생활시설** : 아동양육시설, 아동일시보호시설, 아동보호치료시설, 아동직업훈련시설, 자립지원시설, 아동단기보호시설, 공동생활가정
이용시설 : 아동상담소, 아동전용시설, 아동복지관, 지역아동센터

아동복지시설은 종합시설로 설치 가능하며(예 한 시설 내에 아동보호치료시설과 아동상담소의 공동설치), 시설은 각 고유업무 외 "아동가정지원사업", "아동주간보호사업", "아동전문상담사업", "학대아동보호사업", "공동생활가정사업", "방과후 아동지도사업"으로 실시 가능하다(아동복지법 제16조 제3항 참조).

2. 아동복지시설의 설치 · 운영

국가, 지방자치단체, 사회복지법인, 개인 등 누구나 시 · 군 · 구청장에게 신고 후 설치 운영할 수 있다.

※ 시설의 폐쇄 · 휴지하고자 할 경우, 3개월 전 시 · 군 · 구청장에게 신고하여야 한다.

3. 입소대상자

- 보호자가 없거나 보호자로부터 이탈한 아동
- 보호자로부터 학대받은 아동
- 보호자의 학대로 아동학대예방센터에 신고되어 동 센터가 시 · 도지사에게 보호조치를 의뢰한 아동
- 기초생활보장수급자로서 보호자의 질병, 가출 등으로 가정 내에서 보호하기 어려운 아동
- 시 · 도지사 또는 시 · 군 · 구청장이 특별히 보호가 필요하다고 인정하는 아동(가출아동에 대해서는 적극적으로 시설보호 등 보호조치)

※ 아동복지법상 아동은 18세 미만의 자를 의미한다.

4. 입소 및 퇴소

1) 입소조치

시·도지사, 시·군·구청장은 다음의 경우 보호조치의 일환으로 아동의 최상의 이익을 위해 아동복지시설에 입소시킬 수 있다.

– 보호를 필요로 하는 아동 발견 시

– 보호자의 의뢰를 받은 때

※ 단, 시설입소는 "아동 또는 보호자에 대한 상담지도", "보호자 또는 대리양육을 원하는 연고자 가정에서의 보호양육", "보호를 희망하는 자에 대한 보호위탁"이 적합하지 아니한 경우에 보충적으로 행한다.

시설장은 버려진 아동 등 긴급히 보호할 필요가 있는 아동을 발견한 때에는 우선 당해 아동을 보호조치하고 지체 없이 시·도지사, 시·군·구청장에게 보호조치를 의뢰한다.

⇒ "시설입소 여부의 결정은 시·도지사 또는 시·군·구청장이 행할 수 있으며 아동 본인, 보호자 또는 시설장은 행할 수 없다."

시·도지사, 시·군·구청장은 아동을 시설에 입소시키기 전에 적당한 자에게 일시적으로 위탁보호하게 할 수 있으며, 입소조치 시 아동 및 보호자의 의사를 최대한 존중한다.

2) 퇴소 및 귀가조치

시설장은 생활 중인 아동이 다음의 조건에 달하면 퇴소조치 한다.

– 아동의 연령이 18세에 도달할 경우

– 보호의 목적을 달성하였다고 인정될 경우

– 보호자의 양육 요청 시 입소의뢰한 시·도지사, 시·군·구청장은 시설장의 의견을 청취한 후 귀가가 부적당한 경우가 아니면 귀가조치한다.

→ 퇴소조치 시 입소를 의뢰한 시·도지사, 시·군·구청장에게 즉시 보고한다.

※ 단, 아래의 경우 보호기간 연장 가능(시 · 군 · 구청장에 보고)

- 고등교육법에 의한 대학 이하의 학교에 재학 중인 자
- 아동직업훈련시설 또는 근로자직업훈련촉진법에 의한 직업능력개발훈련시설에서 교육훈련 중인 자
- 학원의 설립운영 및 과외교습에 관한 법률에 의해 등록된 학원에서 교육 중인 20세 미만의 자
- 시 · 도지사 또는 시 · 군 · 구청장이 장애질병 등의 이유로 보호기간 연장을 요청한 자

※ 일시 또는 단기적으로 아동을 보호하는 시설의 보호기간

시설종	보호기간	연장기간 및 사유
아동일시보호시설	3월 이내	보호해야할 특별한 사유가 인정되는 경우 시 · 군 · 구청장의 승인을 얻어 3월의 범위 내에서 1회에 한해 연장 가능
자립지원시설	1년 이내	보호해야할 특별한 사유가 인정되는 경우 시 · 군 · 구청장의 승인을 얻어 그 사유가 종료한 날까지 연장 가능
아동단기보호시설	6월 이내	-

5. 아동복지시설 시설 · 설비 기준

1) 아동양육 · 아동일시보호 · 아동단기보호시설

<table>
<tr><th>시설 구분</th><th>거실①</th><th>사무실</th><th>양호실</th><th>상담실</th><th>조리실</th><th>목욕실</th><th>세탁장</th><th>건조장</th><th>화장실</th><th>급배수 시설</th><th>비상재해 대비시설</th><th>강당 또는 오락실</th><th>도서실</th><th>놀이터</th></tr>
<tr><td>30인 이상</td><td>1</td><td>1</td><td>1</td><td>1</td><td>1</td><td>1</td><td>1</td><td>1</td><td>1②</td><td>1</td><td>1</td><td>66㎡ 이상</td><td>열람석 도서류 비치</td><td>165㎡ 이상</td></tr>
<tr><td>10~30인</td><td>1</td><td colspan="3">1</td><td>1</td><td colspan="4">1</td><td>1</td><td>1</td><td colspan="3" rowspan="2">시설 실정에 맞도록 오락용구 · 도서류 및 놀이기구를 갖추어야 함</td></tr>
<tr><td>10인 미만</td><td colspan="4">1</td><td>1</td><td colspan="4">1</td><td>1</td><td>1</td></tr>
</table>

① 거실의 면적

<table>
<tr><th>시설의 규모</th><th>1인당면적</th><th>1실의 정원</th><th>남녀 구분</th><th>격리실 설치</th></tr>
<tr><td>30인 이상</td><td>3세 미만 2.5㎡ 이상
3세 이상 3.3㎡ 이상</td><td>6인 이하</td><td rowspan="2">7세 이상의 아동 생활시 거실은 남녀별 설치</td><td rowspan="2">허약아 미숙아 질병이환아 등 격리하여 수용할 수 있는 격리실 설치</td></tr>
<tr><td>30인 미만</td><td>2.5㎡ 이상</td><td>6인 이하</td></tr>
</table>

② 화장실 : 수세식 화장실이 원칙, 변기 수는 아동 5인당 1개 이상 설치한다.

2) 아동보호치료시설 및 아동직업훈련시설

○ 아동양육시설과 동일하되 다음의 설비를 별도로 구비한다.

<table>
<tr><th>시설의 규모</th><th>심리검사 · 치료실</th><th>직업훈련장</th></tr>
<tr><td>30인 이상</td><td>16.5㎡ 이상
(심리검사, 치료를 위한 설비구비)</td><td>66㎡ 이상
(직업훈련과목 및 과목 수에 따라 시 · 군 · 구청장이 가감 가능)</td></tr>
<tr><td>30인 미만</td><td colspan="2">시설실정에 맞도록 심리검사 · 치료 및 직업훈련에 필요한 설비 구비</td></tr>
</table>

3) 자립지원시설

<table>
<tr><th>시설 구분</th><th>거실[①]</th><th>사무실</th><th>양호실</th><th>상담실</th><th>조리실</th><th>목욕실</th><th>세탁장</th><th>건조장</th><th>화장실</th><th>급배수 시설</th><th>비상재해 대비시설</th></tr>
<tr><td>30인 이상</td><td>1</td><td>1</td><td>1</td><td>1</td><td>1</td><td>1</td><td>1</td><td>1</td><td>1</td><td>1</td><td>1</td></tr>
<tr><td>10~30인</td><td>1</td><td colspan="3">1</td><td>1</td><td colspan="4">1</td><td>1</td><td>1</td></tr>
<tr><td>10인 미만</td><td colspan="4">1</td><td>1</td><td colspan="4">1</td><td>1</td><td>1</td></tr>
</table>

① 복도, 목욕실 등을 제외한 거실의 실제면적은 아동 1인당 9.9㎡ 이상으로 하되, 1실의 정원은 2인 이하로 한다.

4) 공동생활가정

전용면적 60㎡이상(18평)의 주택형 숙사를 갖추도록 한다(아동 5명을 표준으로 하되 아동 7인 이내).

5) 종합시설

각각의 시설별 기준을 갖추되 강당, 오락실, 놀이터, 집단지도실, 도서실은 공동사용 가능하다.

6) 추가사업 시 필요시설

아동복지시설에서 고유사업 외 추가사업을 실시하고자 하는 때에는 사업에 필요한 시설을 아래와 같이 별도로 구비한다.

사업명	사무실	상담실	거 실	심리검사·치료실	조리실 및 식당	집단 지도실
아동가정지원사업	16.5㎡ 이상	16.5㎡ 이상				
아동주간보호사업	16.5㎡ 이상		33㎡ 이상			

아동전문상담사업	16.5㎡ 이상	16.5㎡ 이상 (2개실 이상)		33㎡ 이상		
학대아동보호사업	16.5㎡ 이상	16.5㎡ 이상		16.5㎡ 이상		
방과후 아동지원사업	16.5㎡ 이상				33㎡ 이상	66㎡ 이상

6. 아동복지시설 종사자 배치기준

1) 아동양육 · 아동일시보호시설

시설 규모별	시설 장	총무	의사 (촉탁의사)	간호사 간호 조무사	사무원	영양사	보육사	생활 복지사	임상 심리 상담원	조리 원	위생 원
30인 이상	1인	1인	1인	1인	50인 이상인 경우 1인	50인 이상인 경우 1인	하단① 참조	50인 이상 1인 (50인 초과시 1인추가)	50인 이상인 경우 1인	1인	1인
30인 미만 10인 이상	1인						2인(20인 초과 시 3인)				
10인 미만	1인						1인				

① 보육사

- 0~2세까지 아동 3인당 1인(3인 초과 시 1인 추가)
- 3~6세까지 아동 7인당 1인(7인 초과 시 1인 추가)
- 7세 이상 아동 10인당 1인(10인 초과 시 1인 추가)

※ 상담지도원은 상담에 필요한 인원을 배치한다.

2) 아동보호치료시설

시설 규모별	시설장	총무	의사 (촉탁의사)	간호사 간호 조무사	사무원	영양사	보육사	생활 복지사	임상 심리 상담원	조리원	보안 요원
30인 이상	1인	1인	1인	1인	1인	1인	하단[①] 참조	1인	1인	1인	2인 (40인 이상 4인)
30인 미만 10인 이상	1인						1인(20인 초과 시 2인)				
10인 미만	1인						1인				

① 보육사 : 30인 이상 시설 : 아동 20인당 1인(20인 초과 시 1인 추가)

※ 직업훈련교사는 직업훈련에 필요한 인원을 배치한다.

3) 아동직업훈련시설

시설 규모별	시설장	총무	의사 (촉탁의사)	간호사 간호 조무사	사무원	영양사	보육사	생활 복지사	임상 심리 상담원	조리원	보안 요원
30인 이상	1인	1인	1인	1인	1인	1인	20인당 1인 (20인 초과 시 1인 추가)	1인		1인	
30인 미만 10인 이상	1인						20인당 1인 (20인 초과 시 2인)				
10인 미만	1인						1인				

※ 직업훈련교사는 직업훈련에 필요한 인원을 배치한다.

4) 자립지원시설

시설 규모별	시설장	총무	의사 (촉탁의사)	간호사 간호조무사	사무원	영양사	보육사	생활 복지사	상담원 지도원	조리원	보안 요원
30인 이상	1인	1인	–	–	1인	–	–	–	1인	–	–
30인 미만 10인 이상	1인	–	–	–	–	–	–	–	1인	–	–
10인 미만	1인										

※ 직업훈련교사는 직업훈련에 필요한 인원을 배치한다.

5) 아동단기보호시설

시설 규모별	시설장	총무	의사 (촉탁 의사)	간호사 간호 조무사	사무원	영양사	보육사	생활 복지사	상담원 지도원	조리원	위생원
30인 이상	1인	1인	1인	1인	1인	1인	하단[①] 참조	50인 이상 1인 (50인 초과 시 1인 추가)	필요 인원	1인	1인
30인 미만 10인 이상	1인						2인(20인 초과 시 3인)				
10인 미만	1인						1인				

① 보육사

- 0~2세까지 아동 3인당 1인(3인 초과 시 1인 추가)
- 3~6세까지 아동 7인당 1인(7인 초과 시 1인 추가)
- 7세 이상 아동 10인당 1인(10인 초과 시 1인 추가)

※ 상담지도원은 상담에 필요한 인원을 배치한다.

6) 공동생활가정 : 시설장 1인, 보육사 1인

7) 종합시설 : 시설별 종사자를 각각 배치하되, 시설장은 겸임이 가능하다.

8) 아동복지시설에서 고유사업 외 추가사업을 실시하고자 할 경우

사 업 명	추 가 고 용	예 외 조 항
아동가정지원사업 아동주간보호사업 아동전문상담사업	상담지도원 또는 생활복지사 1인 이상	• 10인 미만 또는 • 고유업무 외에 실시하는 사업이 1개인 경우 → 기존 상담지도원 또는 생활복지사가 사회복지사 자격이 있는 경우 추가고용 필요없음
학대아동보호사업	상담지도원 1인 이상	• 고유업무 외에 실시하는 사업이 1개인 경우 → 기존 상담지도원이 상담원 자격이 있는 경우 추가고용 필요없음
공동생활가정사업	생활복지사 또는 보육사	
방과후 아동지원사업	생활복지사	

9) 아동복지시설종사자의 직종별 자격기준

직 종 별	자 격 기 준
시설장	1. 사회복지사업법에 의한 사회복지사 3급 이상의 자격을 가진 자 2. 학대아동보호사업과 관련된 기관에서 3년 이상 근무한 경력이 있는 자 3. 7급 이상 공무원으로서 국가 또는 지방자치단체에서 사회복지사업에 관한 행정업무에 5년 이상 종사한 경력이 있는 자 4. 의료법에 의한 의사면허를 가진 자로서 3년 이상 진료경력이 있는 자 5. 정신보건법에 의한 정신보건전문요원의 자격을 가진 자로서 사회복지업무와 관련하여 5년 이상 종사한 경력이 있는 자 6. 영유아보육법에 의한 보육교사 1급자격을 가진 자로서 아동에 관련된 사회복지업무에 5년 이상 종사한 경력이 있는 자 7. 유치원, 초등학교 또는 중등학교 교사자격증을 가진 자로서 사회복지사업에 5년 이상 종사한 경력이 있는 자 8. 직업훈련교사, 간호사, 영양사로서 사회복지사업에 5년 이상 종사한 경력이 있는 자

총 무	1. 사회복지사업법에 의한 사회복지사 3급 이상 자격을 가진 자 2. 학대아동보호사업과 관련된 기관에서 1년 이상 근무한 경력이 있는 자 3. 9급 이상 공무원으로서 국가 또는 지방자치단체에서 사회복지사업에 관한 행정업무에 3년 이상 종사한 경력이 있는 자 4. 정신보건법에 의한 정신보건전문요원의 자격을 가진 자로서 아동복지업무와 관련하여 3년 이상 종사한 경력이 있는 자 5. 영유아보육법에 의한 보육교사 1급자격을 가진 자로서 아동에 관련된 사회복지업무에 3년 이상 종사한 경력이 있는 자 6. 유치원, 초등학교 또는 중등학교 교사자격증을 가진 자로서 사회복지사업에 5년 이상 종사한 경력이 있는 자
보육사	1. 사회복지사업법에 의한 사회복지사 3급 이상 자격을 가진 자 2. 영유아보육법에 의한 보육교사 자격을 가진 자 3. 고등학교 또는 이와 동등 이상의 학력이 있다고 인정되는 자 4. 유치원, 초등학교 또는 중등학교교사 자격을 가진 자
생활복지사 또는 상담지도원	1. 사회복지사업법에 의한 사회복지사 3급 이상 자격을 가진 자 2. 유치원, 초등학교 또는 중등학교교사 자격을 가진 자 3. 영유아보육법에 의한 보육교사 1급 자격을 가진 자 4. 제2조 제2항의 규정에 의한 아동복지지도원이 될 수 있는 자격을 가진 자
직업훈련 교사	1. 근로자직업훈련촉진법에 의한 직업능력개발훈련교사자격을 가진 자 2. 학원의 설립·운영 및 과외교습에 관한 법률에 의한 학원강사의 자격을 가진 자
임상심리 상담원	고등교육법에 의한 대학 또는 이와 동등 이상의 학력이 있다고 교육부 장관이 인정하는 학교에서 심리학을 전공하여 졸업한 자
상담원	아동복지법 시행령 제17조 제2항 및 별표 6 참조

7. 아동복지시설의 이용 및 운영

1) 아동복지시설에 대한 안전기준 설정

주요 시설물에 피난 및 연소방지장치 및 응급조치가 가능하도록 비상약품, 구호설비, 기구 등을 구비한다.

위험한 장소에는 위험표지물 등 안내문 설치, 안전사고 응급환자발생 등 대비 긴급수송대책을 마련한다.

비상시 대피경로를 잘 볼 수 있는 안내문 게시, 종사자에 대한 정기안전교육, 사고발생시 재발방지대책을 마련한다.

2) 시설 생활자 생활관리 관련

아동은 입소 시와 연 1회 이상 반드시 건강진단을 하고 건강이 좋지 아니한 자에 대하여는 필요한 조치를 취하여야 한다.

식단은 영양사가 작성하여야 하며(영양사가 없는 시설은 보건소의 지도를 받아 이를 작성), 전염성질환·화농성창상 등 조리에 부적합한 질환을 가진 자의 조리를 금지한다.

시설장은 시설 내 보호아동 외 시설장, 종사자 및 그 가족이 아닌 자는 거주하지 못하도록 하며 아동의 거실이 있는 건물마다 생활지도원 보육사 기타 필요한 직원 중 1인을 함께 생활하게 한다.

3) 시설 생활아동에 대한 교육실시

교통안전교육 2개월 1회 이상(연간 12시간 이상)

약물오남용 3개월 1회 이상(연간 10시간 이상)

재난대비교육 6개월 1회 이상(연간 6시간 이상)

→ 전문가, 시청각, 실습교육, 현장학습, 사고사례분석 등 다양한 교육을 통해 교육효과를 제고할 수 있도록 한다.

8. 벌칙 및 행정처분

1) 벌 칙

위 반 사 유	벌 칙
• 아동을 타인에게 매매하는 행위 • 아동에게 음행을 시키거나 음행을 매개하는 행위	10년 이하 징역 또는 3천만 원 이하 벌금
• 아동의 신체에 손상을 주는 학대행위 • 아동에게 성적 수치심을 주는 성희롱, 성폭행 등의 학대행위 • 아동의 정신건강 및 발달에 해를 끼치는 정서적 학대행위 • 자신의 보호·감독을 받는 아동을 유기하거나 의식주를 포함한 기본적 보호·양육 및 치료를 소홀히 하는 방임행위 • 장애를 가진 아동을 공중에게 관람시키는 행위 • 아동에게 구걸을 시키거나 아동을 이용하여 구걸하는 행위	5년 이하 징역 또는 1천 5백만 원 이하 벌금
• 정당한 권한을 가진 알선기관 외의 자가 아동의 양육을 알선하고 금품을 취득하는 행위 • 아동을 위하여 증여 또는 급여된 금품을 그 목적 외의 용도에 사용하는 행위	3년 이하 징역 또는 1천만 원 이하 벌금
• 공중의 오락 또는 흥행을 목적으로 아동의 건강 또는 안전에 유해한 곡예를 시키는 행위 • 신고하지 않고 시설을 설치한 자 • 시설의 폐쇄, 사업의 정지 또는 폐지의 명령을 받고 사업을 계속한 자 • 행정관청의 조사를 거부·방해 또는 기피하거나 질문에 대해 답변을 거부·기피 또는 허위답변을 하거나, 아동에게 답변을 거부·기피 또는 허위 답변을 하게 하거나 그 답변을 방해한자 • 직무상 지득한 비밀을 누설할 경우	1년 이하 징역 또는 5백만 원 이하 벌금
• 법인의 대표자 또는 법인이나 개인의 대리인·사용인 그 밖의 종사자가 그 법인 또는 개인의 업무에 관해 상기의 위반행위를 한 경우에는 행위자 처벌 외 법인 또는 개인에 대해 벌금을 과함	

2) 행정처분

○ 아동복지시설은 다음에 해당할 경우 사업의 정지, 폐지를 명하거나, 시설을 폐쇄할 수 있다.

- 시설기준에 미달하게 된 때
- 사회복지법인 또는 비영리법인이 설치·운영하는 시설의 경우 그 사회복지법인 또는 비영리법인의 설립허가가 취소된 때
- 설치목적의 달성 기타의 사유로 계속 운영될 필요가 없다고 인정 시
- 기타 아동복지법 또는 아동복지법에 의한 명령을 위반한 때

CHAPTER 14

노인복지시설

1. 노인복지시설의 종류(「노인복지법」 제31조)

<table>
<tr><th>종 류</th><th>시 설</th><th>설 치 목 적</th></tr>
<tr><td rowspan="3">노인주거 복지시설</td><td>양로시설</td><td>노인을 입소시켜 급식과 그 밖에 일상생활에 필요한 편의를 제공</td></tr>
<tr><td>노인공동 생활가정</td><td>노인들에게 가정과 같은 주거여건과 급식, 그 밖에 일상생활에 필요한 편의를 제공</td></tr>
<tr><td>노인 복지주택</td><td>노인에게 주거시설을 분양 또는 임대하여 주거의 편의·생활지도·상담 및 안전관리등 일상생활에 필요한 편의를 제공</td></tr>
<tr><td rowspan="2">노인의료 복지시설</td><td>노인요양 시설</td><td>치매·중풍 등 노인성 질환 등으로 심신에 상당한 장애가 발생하여 도움을 필요로 하는 노인을 입소시켜 급식·요양과 그 밖에 일상생활에 필요한 편의를 제공</td></tr>
<tr><td>노인요양 공동생활 가정</td><td>치매·중풍 등 노인성 질환 등으로 심신에 상당한 장애가 발생하여 도움을 필요로 하는 노인에게 가정과 같은 주거여건과 급식·요양, 그 밖에 일상생활에 필요한 편의를 제공</td></tr>
<tr><td rowspan="3">노인여가 복지시설</td><td>노인복지관</td><td>노인의 교약·취미생활 및 사회참여활동 등에 대한 각종 정보와 서비스를 제공하고, 건강증진 및 질병예방과 소득보장·재가복지, 그 밖에 노인의 복지증진에 필요한 서비스를 제공</td></tr>
<tr><td>경로당</td><td>지역노인들이 자율적으로 친목도모·취미활동·공동작업장 운영 및 각종 정보교환과 기타 여가활동을 할 수 있도록 하는 장소를 제공</td></tr>
<tr><td>노인교실</td><td>노인들에 대하여 사회활동 참여욕구를 충족시키기 위하여 건전한 취미생활·노인건강유지·소득보장 기타 일상생활과 관련한 학습프로그램을 제공</td></tr>
</table>

재가노인 복지시설	방문요양 서비스	가정에서 일상생활을 영위하고 있는 노인으로서 신체적·정신적 장애로 어려움을 겪고 있는 노인에게 필요한 각종 편의를 제공하여 지역사회안에서 건전하고 안정된 노후를 영위하도록 하는 서비스
	주·야간 보호서비스	부득이한 사유로 가족의 보호를 받을 수 없는 심신이 허약한 노인과 장애노인을 주간 또는 야간 동안 보호시설에 입소시켜 필요한 각종 편의를 제공하여 이들의 생활안정과 심신기능의 유지·향상을 도모하고, 그 가족의 신체적·정신적 부담을 덜어주기 위한 서비스
	단기보호 서비스	부득이한 사유로 가족의 보호를 받을 수 없어 일시적으로 보호가 필요한 심신이 허약한 노인과 장애노인을 보호시설에 단기간 입소시켜 보호함으로써 노인 및 노인가정의 복지증진을 도모하기 위한 서비스
	방문목욕 서비스	목욕장비를 갖추고 재가노인을 방문하여 목욕을 제공하는 서비스
	방문간호 서비스	간호사 등이 의사, 한의사 또는 치과의사의 지시서(이하 "방문간호지시서"라 한다)에 따라 수급자의 가정 등을 방문하여 간호, 진료의 보조, 요양에 관한 상담 또는 구강위생 등을 제공하는 서비스
	재가노인 지원서비스	그 밖에 재가노인에게 제공하는 서비스로서 상담·교육 및 각종 서비스
노인보호 전문기관	노인보호 전문기관	시·도지사가 노인보호전문기관을 지정·운영, 노인학대 신고, 상담, 보호, 예방 및 홍보, 24시간 신고·상담용 긴급전화(1577-1389) 운영
노인일자리 지원기관	노인일자리 지원기관	지역사회 등에서 노인일자리의 개발·지원, 창업·육성 및 노인에 의한 재화의 생산·판매 등을 직접 담당하는 노인일자리전담기관 운영

2. 노인복지시설의 설치 및 운영

노인복지시설은 국가, 지방자치단체, 법인 및 개인 등 누구나 시장·군수·구청장에 신고 후 시설을 설치 운영할 수 있다. 단, 노인보호전문기관은 시·도지사가 지정하며, 노인일자리지원기관은 시·도 및 시·군·구에 신고 후 시설을 설치 운영할 수 있다.

3. 입소대상자

1) 노인주거복지시설

(1) 양로시설 및 노인공동생활가정

일상생활에 지장이 없는 ①「국민기초생활보장법」 제2조에 따른 수급권자(이하 "기초수급권자"라 한다)로서 65세 이상의 자, ② 부양의무자로부터 적절한 부양을 받지 못하는 65세 이상의 자, ③ 본인 및 본인과 생계를 같이하고 있는 부양의무자의 월소득을 합산한 금액을 가구원 수로 나누어 얻은 1인당 월평균 소득액이 통계청장이 통계법 제17조 제3항에 따라 고시하는 전년도의 도시근로자가구 월평균 소득을 전년도의 평균 가구원 수로 나누어 얻은 1인당 월평균 소득액 이하인 자(이하 "실비보호대상자"라 한다)로서 65세 이상의 자, ④ 입소자로부터 입소비용의 전부를 수납하여 운영하는 양로시설 또는 노인공동생활가정의 경우는 60세 이상의 자로 한다.

(2) 노인복지주택

단독취사 등 독립된 주거생활을 하는 데 지장이 없는 60세 이상의 자로 한다.

2) 노인의료복지시설

(1) 노인요양시설 및 노인요양공동생활가정

노인성질환 등으로 ①「노인장기요양보험법」 제15조에 따른 장기요양급여수급자, ② 기초수급권자로서 65세 이상의 자, ③ 부양의무자로부터 적절한 부양을 받지 못하는 65세 이상의 자, ④ 입소자로부터 입소비용의 전부를 수납하여 운영하는 노인요양시설 또는 노인요양공동생활가정의 경우는 60세 이상의 자로 한다.

3) 노인여가복지시설

(1) 노인복지관 및 노인교실

60세 이상의 자로 한다.

(2) 경로당

65세 이상의 자로 한다.

4) 재가노인복지시설

(1) 방문요양서비스

장기요양수급자나 심신이 허약하거나 장애가 있는 65세 이상의 자(이용자로부터 이용비용의 전부를 수납받아 운영하는 시설의 경우에는 60세 이상의 자로 한다)로서 가정에서 보호가 필요한 자로 한다.

(2) 주 · 야간보호서비스

장기요양수급자나 심신이 허약하거나 장애가 있는 65세 이상의 자(이용자로부터 이용비용의 전부를 수납받아 운영하는 시설의 경우에는 60세 이상의 자로 한다)로서 주간 또는 야간 동안의 보호가 필요한 자로 한다.

(3) 단기보호서비스

장기요양수급자나 심신이 허약하거나 장애가 있는 65세 이상의 자(이용자로부터 이용비용의 전부를 수납받아 운영하는 시설의 경우에는 60세 이상의 자로 한다)로서 단기간의 보호가 필요한 자로 한다.

(4) 방문목욕서비스

장기요양수급자나 심신이 허약하거나 장애가 있는 65세 이상의 자(이용자로부터 이용비용의 전부를 수납받아 운영하는 시설의 경우에는 60세 이상의 자로 한다)로서 가정에서의 목욕이 필요한 자로 한다.

(5) 방문간호서비스

장기요양수급자나 심신이 허약하거나 장애가 있는 65세 이상의 자(이용자로부터 이용비용의 전부를 수납받아 운영하는 시설의 경우에는 60세 이상의 자로 한다)로서 가정에서 간호가 필요한 자로 한다.

(6) 재가노인지원서비스

장기요양수급자나 심신이 허약하거나 장애가 있는 65세 이상의 자(이용자로부터 이용비용의 전부를 수납받아 운영하는 시설의 경우에는 60세 이상의 자로 한다)로서 상담・교육 및 각종 서비스가 필요한 자로 한다.

5) 노인보호전문기관

피해노인 및 피해노인가족 관련자와 노인학대자로 한다.

6) 노인일자리지원기관

60세 이상의 자로 한다.

4. 노인복지시설의 시설기준 및 직원배치기준

1) 노인주거복지시설

(1) 공통사항

가. 시설의 규모

노인주거복지시설(이하 이 표에서 "시설"이라 한다)은 다음 각 호의 구분에 따른 인원이 입소할 수 있는 시설을 갖추어야 한다.

가) 양로시설 : 입소정원 10명 이상(입소정원 1명당 연면적 15.9㎡ 이상의 공간을 확보하여야 한다)

나) 노인공동생활가정 : 입소정원 5명 이상 9명 이하(입소정원 1명당 연면적 15.9㎡ 이상의 공간을 확보하여야 한다)

다) 노인복지주택 : 30세대 이상

나. 시설의 구조 및 설비

가) 시설의 구조 및 설비는 일조 · 채광 · 환기 등 입소자의 보건위생과 재해방지 등을 충분히 고려하여야 한다.

나) 복도 · 화장실 · 침실 등 입소자가 통상 이용하는 설비는 휠체어 등의 이동이 가능한 공간을 확보하여야 하며 문턱제거, 손잡이 시설 부착, 바닥 미끄럼 방지 등 노인의 활동에 편리한 구조를 갖추어야 한다.

다) 「화재예방, 소방시설 설치 · 유지 및 안전관리에 관한 법률」이 정하는 바에 따라 소화용 기구를 비치하고 비상구를 설치하여야 한다. 다만, 입소자 10명 미만인 시설의 경우에는 소화용 기구를 갖추는 등 시설실정에 맞게 비상재해에 대비하여야 한다.

라) 입소자가 건강한 생활을 영위하는데 도움이 되는 도서관, 스포츠 · 레크리에이션 시설 등 적정한 문화 · 체육부대시설을 설치하도록 하되, 지역사회와 시설간의 상호교류 촉진을 통한 사회와의 유대감 증진을 위하여 입소자가 이용하는데 지장을 주지 아니하는 범위에서 외부에 개방하여 운영할 수 있다.

다. 재가노인복지시설의 병설 · 운영

시설의 장은 시설의 개방성을 높여 지역사회와의 교류를 증진하고 입소자가 외부사회와의 단절감을 느끼지 아니하도록 하기 위하여 재가노인복지시설을 병설 · 운영할 수 있다.

(2) 시설 설치에 관한 특례

가. 시설 설치자는 시설을 설치할 토지 및 건물의 소유권 또는 사용권을 확보하여야 하며, 시설 설치목적 외의 목적에 의한 저당권을 해당 토지 및 건물에 설정하여서는 아니 된다. 다만, 시설(노인복지주택은 임대의 경우에만 해당한다)의 설치목적에 의한 저당권을 설정하는 경우에도 저당권의 피담보채권액과 입소보증금의 합이 건설원가의 80% 이하이어야 한다.

나. 타인 소유의 토지 또는 건물을 사용하여 입소자로부터 입소비용의 전부를 수납하여 운영하는 시설을 설치하려는 경우에는 다음 각 호의 요건을 갖추어야 한다.

가) 임대차계약 · 지상권설정계약 등 사용계약의 양 당사자는 법인일 것

나) 토지 또는 건물에 대한 등기 등 법적 대항요건을 갖출 것

다) 사용계약서에 다음의 내용이 포함되어 있을 것

- 토지 또는 건물의 사용목적이 시설의 설치 · 운영을 위한 것이라는 취지의 내용
- 계약기간의 연장을 위한 자동갱신조항
- 무단 양도(매매, 증여, 그 밖의 권리의 변동을 수반하는 일체의 행위를 포함한다) 및 전대의 금지조항
- 장기간에 걸친 임차료 등의 인상방법(무상으로 사용하는 경우는 제외한다)
- 토지 또는 건물에 대한 사용권자의 우선 취득권에 관한 내용

다. 양로시설 · 노인공동생활가정 또는 임대형 노인복지주택을 설치하려는 자는 입소자에 대한 보증금 반환채무의 이행을 보장하기 위하여 입소계약 체결 후 보증금 수납일부터 10일 이내에 다음 각 호의 요건에 적합한 인 · 허가보증보험에 가입하여야 한다. 다만, 시설 개원이후 입소자별로 전세권 또는 근저당권 설정 등의 조치를 한 경우에는 각각 인 · 허가보증보험에 가입하지 아니할 수 있다.

가) 보증내용 : 입소자의 입소보증금 반환채무 이행보증

나) 보증가입금액 : 입소보증금 합계의 100분의 50 이상

다) 보증가입기간 : 보증금 납부일부터 퇴소시까지

라) 보증가입관계 : 시장 · 군수 · 구청장을 피보험자로 함

마) 보험금 수령방법 : 시장 · 군수 · 구청장의 확인하에 입소자가 보험금을 직접 수령함

(3) 시설기준

<table>
<tr><th colspan="2">구분
시설별</th><th>침실</th><th>사무실</th><th>요양보호사 및 자원 봉사자실</th><th>의료 및 간호사실</th><th>체력단련실 및 프로그램실</th><th>식당 및 조리실</th><th>비상 재해 대비 시설</th><th>화장실</th><th>세면장 및 샤워실 (목욕실)</th><th>세탁장 및 세탁물건 조장</th></tr>
<tr><td rowspan="2">양로 시설</td><td>입소자 30명 이상</td><td>○</td><td>○</td><td>○</td><td>○</td><td>○</td><td>○</td><td>○</td><td>○</td><td>○</td><td>○</td></tr>
<tr><td>입소자 30명 미만 10명 이상</td><td>○</td><td colspan="2">○</td><td>○</td><td>○</td><td>○</td><td>○</td><td>○</td><td colspan="2">○</td></tr>
<tr><td colspan="2">노인공동 생활가정</td><td>○</td><td colspan="3">○</td><td>–</td><td>○</td><td>○</td><td>○</td><td colspan="2">○</td></tr>
<tr><td colspan="2">노인복지 주택</td><td colspan="10">침실 1, 관리실 1(사무실 · 숙직실 포함), 식당 및 조리실 1, 체력단련실 및 프로그램실 1, 의료 및 간호사실 1, 식료품점 또는 매점 1, 비상재해대비시설 1, 경보장치 1</td></tr>
</table>

비고 : 세탁물을 전량 위탁처리하는 경우에는 세탁장 및 세탁물건조장을 두지 아니할 수 있다.

(4) 설비기준

양로시설	노인공동생활가정	노인복지주택
가. 침실 (1) 독신용·합숙용·동거용 침실을 둘 수 있다. (2) 남녀공용인 시설의 경우에는 합숙용 침실을 남실 및 여실로 각각 구분하여야 한다. (3) 입소자 1명당 침실면적은 5.0㎡ 이상이어야 한다. (4) 합숙용침실 1실의 정원은 4명 이하이어야 한다. (5) 합숙용침실에는 입소자의 생활용품을 각자 별도로 보관할 수 있는 보관시설을 설치하여야 한다. (6) 채광·조명 및 방습설비를 갖추어야 한다. 나. **식당 및 조리실**: 조리실바닥은 내수재료로서 세정 및 배수에 편리한 구조로 하여야 한다. 다. 세면장 및 샤워실(목욕실) (1) 바닥은 미끄럽지 아니하여야 한다. (2) 욕조를 설치하는 경우에는 욕조에 노인의 전신이 잠기지 아니하는 깊이로 하고 욕조의 출입이 자유롭도록 최소한 1개 이상의 보조봉과 수직의 손잡이 기둥을 설치하여야 한다. (3) 급탕을 자동온도조절장치로 하는 경우에는 물의 최고 온도는 섭씨 40도 이상이 되지 아니하도록 하여야 한다.	가. 침실 (1) 독신용·동거용·합숙용 침실을 둘 수 있다. (2) 남녀공용인 시설의 경우에는 합숙용 침실을 남실 및 여실로 각각 구분하여야 한다. (3) 입소자 1명당 침실면적은 5.0㎡ 이상이어야 한다. (4) 합숙용침실 1실의 정원은 4명 이하이어야 한다. (5) 합숙용침실에는 입소자의 생활용품을 각자 별도로 보관할 수 있는 보관시설을 설치하여야 한다. (6) 채광·조명 및 방습설비를 갖추어야 한다. 나. **식당 및 조리실**: 조리실바닥은 내수재료로서 세정 및 배수에 편리한 구조로 하여야 한다. 다. 세면장 및 샤워실(목욕실) (1) 바닥은 미끄럽지 아니하여야 한다. (2) 욕조를 설치하는 경우에는 욕조에 노인의 전신이 잠기지 아니하는 깊이로 하고 욕조의 출입이 자유롭도록 최소한 1개 이상의 보조봉과 수직의 손잡이 기둥을 설치하여야 한다. (3) 급탕을 자동온도조절장치로 하는 경우에는 물의 최고 온도는 섭씨 40도 이상이 되지 아니하도록 하여야 한다.	가. 침실 (1) 독신용·동거용 침실의 면적은 20㎡ 이상이어야 한다. (2) 취사할 수 있는 설비를 갖추어야 한다. (3) 목욕실, 화장실 등 입소자의 생활편의를 위한 설비를 갖추어야 한다. (4) 채광·조명 및 방습설비를 갖추어야 한다. 나. **프로그램실**: 자유로이 이용할 수 있는 적당한 문화시설과 오락기구를 갖추어 두어야 한다. 다. **체력단련실**: 입소 노인들이 기본적인 체력을 유지할 수 있는데 필요한 적절한 운동기구를 갖추어야 한다. 라. **의료 및 간호사실**: 진료 및 간호에 필요한 상용의약품·위생재료 또는 의료기구를 갖추어야 한다. 마. **경보장치**: 타인의 도움이 필요할 때 경보가 울릴 수 있도록 거실, 화장실, 욕실, 복도 등 필요한 곳에 설치하여야 한다. 바. **경사로**: 침실이 2층 이상인 경우 경사로를 설치하여야 한다. 다만, 「승강기시설 안전관리법」에 따른 승객용 엘리베이터를 설치한 경우에는 경사로를 설치하지 아니할 수 있다.

<table>
<tr>
<td>라. 프로그램실 : 자유로이 이용할 수 있는 적당한 문화시설과 오락기구를 갖추어 두어야 한다.
마. 체력단련실 : 입소 노인들이 기본적인 체력을 유지할 수 있는 데 필요한 적절한 운동기구를 갖추어야 한다.
바. 의료 및 간호사실 : 진료 및 간호에 필요한 상용의약품·위생재료 또는 의료기구를 갖추어야 한다.
사. 경사로 : 침실이 2층 이상인 경우 경사로를 설치하여야 한다. 다만, 「승강기시설 안전관리법」에 따른 승객용 엘리베이터를 설치한 경우에는 경사로를 설치하지 아니할 수 있다.
아. 그 밖의 시설
(1) 복도·화장실 그 밖의 필요한 곳에 야간 상용등을 설치하여야 한다.
(2) 계단의 경사는 완만하여야 하며, 난간을 설치하여야 한다.
(3) 바닥은 부드럽고 미끄럽지 아니한 바닥재를 사용하여야 한다.</td>
<td>라. 경사로 : 침실이 2층 이상인 경우 경사로를 설치하여야 한다. 다만, 「승강기시설 안전관리법」에 따른 승객용 엘리베이터를 설치한 경우에는 경사로를 설치하지 아니할 수 있다.
마. 그 밖의 시설
(1) 복도·화장실 그 밖의 필요한 곳에 야간 상용 등을 설치하여야 한다.
(2) 계단의 경사는 완만하여야 하며, 난간을 설치하여야 한다.
(3) 바닥은 부드럽고 미끄럽지 아니한 바닥재를 사용하여야 한다.</td>
<td></td>
</tr>
</table>

(5) 직원의 자격기준

직종별	자격기준
시설의 장 (노인복지주택은 제외한다)	「사회복지사업법」에 따른 사회복지사 자격증 소지자 또는 「의료법」 제2조에 따른 의료인
사회복지사	「사회복지사업법」에 따른 사회복지사 자격증 소지자
요양보호사	법에 따른 요양보호사 자격증 소지자

(6) 직원의 배치기준

시설별 \ 직종별		시설의 장	사무국장	사회복지사	의사 (한의사를 포함한다) 또는 촉탁의사	간호사 또는 간호조무사	요양보호사	사무원	영양사	조리원	위생원	관리인
양로시설	입소자 30명 이상	1명	1명	1명	1명 이상	입소자 50명당 1명	입소자 12.5명당 1명	1명 (입소자 100명 이상인 경우로 한정함)	1명 (1회 급식 인원이 50명 이상인 경우로 한정함)	2명 (입소자 100명 초과할 때 마다 1명 추가)	입소자 50명당 1명	
	입소자 30명 미만 10명 이상	1명	1명			1명	입소자 12.5명당 1명			1명	1명	
노인공동생활가정		1명			입소자 4.5명당 사회복지사, 간호사·간호조무사 또는 요양보호사 1명 이상							
노인복지주택		1명		1명								1명

– 위생원 및 요양보호사 : 세탁물을 전량 위탁처리하는 경우에는 위생원을 두지 아니할 수 있으며, 입소자로부터 입소비용의 전부를 수납하여 운영하는 양로시설의 요양보호사 배치기준은 입소자 20명당 1명으로 한다.

비고 : (1) 사회복지사는 입소자에게 건강유지, 여가선용 등 노인복지 제공계획을 수립하고, 복지증진에 관하여 상담·지도한다.

(2) 의료기관과 협약을 체결하여 의료연계체계를 구축한 경우에는 의사(한의사를 포함한다) 또는 촉탁의사를 두지 않을 수 있다.

(3) 요양보호사는 요양서비스가 필요한 노인에게 신체활동지원 서비스와 그 밖의 일상생활지원 서비스를 제공한다.

(4) 영양사 및 조리원이 소속되어 있는 업체에 급식을 위탁하는 경우에는 영양사 및 조리원을 두지 않을 수 있다.

(5) 세탁물을 전량 위탁처리하는 경우에는 위생원을 두지 아니할 수 있으며, 입소자로부터 입소비용의 전부를 수납하여 운영하는 양로시설의 요양보호사 배치기준은 입소자 20명당 1명으로 한다.

(6) 모든 종사자는 시설의 장과 근로계약을 체결한 사람이어야 한다.

2) 노인의료복지시설

(1) 공통사항

가. 시설의 규모

노인의료복지시설(이하 이 표에서 "시설"이라 한다)은 다음 각 호의 구분에 따른 인원이 입소할 수 있는 시설을 갖추어야 한다.

가) 노인요양시설 : 입소정원 10명 이상(입소정원 1명당 연면적 23.6㎡ 이상의 공간을 확보하여야 한다). 다만, 치매전담실을 두는 경우에는 다음의 요건을 갖추어야 한다.

- 치매전담실 1실당 정원은 12명 이하로 하고, 정원 1명당 연면적 15㎡ 이상의 공간을 확보할 것
- 치매전담실을 포함하여 입소정원이 30명 이상일 것

나) 노인요양공동생활가정 : 입소정원 5명 이상 9명 이하(입소정원 1명당 연면적 20.5㎡ 이상의 공간을 확보하여야 한다)

나. 시설의 구조 및 설비

가) 시설의 구조 및 설비는 일조·채광·환기 등 입소자의 보건위생과 재해방지 등을 충분히 고려하여야 한다.

나) 복도·화장실·침실 등 입소자가 통상 이용하는 설비는 휠체어 등이 이동 가능한 공간을 확보하여야 하며 문턱제거, 손잡이시설 부착, 바닥 미끄럼 방지 등 노인의 활동에 편리한 구조를 갖추어야 한다.

다) 「화재예방, 소방시설 설치·유지 및 안전관리에 관한 법률」이 정하는 바에 따라 소화용 기구를 비치하고 비상구를 설치하여야 한다. 다만, 입소자 10명 미만인 시설의 경우에는 소화용 기구를 갖추는 등 시설의 실정에 맞게 비상재해에 대비하여야 한다.

라) 입소자가 건강한 생활을 영위하는데 도움이 되는 도서관, 스포츠·레크리에이션 시설 등 적정한 문화·체육부대시설을 설치하되, 지역사회와 시설간의 상호교류 촉진을 통한 사회와의 유대감 증진을

위하여 입소자가 이용하는데 지장을 주지 아니하는 범위에서 외부에 개방하여 운영할 수 있다.

다. 재가노인복지시설의 병설 · 운영

시설의 장은 시설의 개방성을 높여 지역사회와의 교류를 증진하고 입소자가 외부사회와의 단절감을 느끼지 아니하도록 재가노인복지시설을 병설 · 운영할 수 있다.

(2) 시설 설치에 관한 특례

가. 시설 설치자는 시설을 설치할 토지 및 건물의 소유권을 확보하여야 하며, 시설 설치목적 외의 목적에 의한 저당권, 그 밖에 시설로서의 이용을 제한할 우려가 있는 권리는 해당 토지 및 건물에 설정하여서는 아니 된다. 다만, 시설의 설치목적에 의한 저당권을 설정하는 경우에도 저당권의 피담보채권액과 입소보증금의 합이 건설원가의 80% 이하이어야 한다.

나. 가목에도 불구하고 노인요양공동생활가정, 입소자로부터 입소비용의 전부를 수납하여 운영하는 노인요양시설 및 보건복지부장관이 지정하여 고시하는 지역에 입소자 30명 미만의 노인요양시설을 설치하는 경우에는 다음 (1)부터 (4)까지의 규정에 따른 요건을 갖춘 경우에 한하여 타인 소유의 토지 및 건물을 사용하여 시설을 설치할 수 있다.

가) 사용하려는 토지 및 건물에 선순위 권리자 및 그 밖에 시설로서의 이용을 제한할 우려가 있는 권리가 설정되어 있지 않을 것

나) 입소자로부터 입소비용의 전부를 수납하여 운영하는 시설의 경우에는 임대차계약 · 지상권설정계약 등 사용계약의 양 당사자가 법인일 것(노인요양공동생활가정을 설치하는 경우는 제외한다)

다) 토지 또는 건물에 대한 등기 등 법적 대항요건을 갖출 것

라) 사용계약서에 다음의 내용이 포함되어 있을 것

- 토지 또는 건물의 사용목적이 시설의 설치 · 운영을 위한 것이라는 취지의 내용

– 계약기간의 연장을 위한 자동갱신조항

– 무단 양도(매매 · 증여 그 밖에 권리의 변동을 수반하는 일체의 행위를 포함한다) 및 전대의 금지조항

– 장기간에 걸친 임차료 등의 인상방법(무상으로 사용하는 경우는 제외한다)

– 토지 또는 건물에 대한 사용권자의 우선 취득권에 관한 내용

다. 시설을 설치하려는 자는 입소자에 대한 보증금 반환채무의 이행을 보장하기 위하여 입소계약 체결 후 보증금 수납일부터 10일 이내에 다음 각 호의 요건에 적합한 인 · 허가보증보험에 가입하여야 한다. 다만, 시설 개원이후 입소자별로 전세권 또는 근저당권 설정 등의 조치를 한 경우에는 각각 인 · 허가보증보험에 가입하지 아니할 수 있다.

가) 보증내용 : 입소자의 입소보증금 반환채무 이행보증

나) 보증가입금액 : 입소보증금 합계의 100분의 50 이상

다) 보증가입기간 : 보증금 납부일부터 퇴소 시까지

라) 보증가입관계 : 시장 · 군수 · 구청장을 피보험자로 함

마) 보험금 수령방법 : 시장 · 군수 · 구청장의 확인 하에 입소자가 보험금을 직접 수령함

(3) 시설기준

시설별 \ 구분		침실	사무실	요양보호사실	자원봉사자실	의료 및 간호사실	물리(작업)치료실	프로그램실	식당 및 조리실	비상재해대비시설	화장실	세면장 및 목욕실	세탁장 및 세탁물건조장
노인요양시설	입소자 30명 이상	○	○	○	○	○	○	○	○	○	○	○	○
	입소자 30명 미만 10명 이상	○	○			○	○	○	○	○	○	○	
노인요양공동생활가정		○	○				○		○	○	○		

비고 : (1) 세탁물을 전량 위탁처리하는 경우에는 세탁장 및 세탁물 건조장을 두지 아니할 수 있다.

(2) 의료기관의 일부를 시설로 신고하는 경우에는 물리(작업)치료실, 조리실, 세탁장 및 세탁물 건조장을 공동으로 사용할 수 있다. 다만, 공동으로 사용하려는 물리(작업)치료실이 시설의 침실과 다른 층에 있는 경우에는 입소자의 이동이 가능하도록 경사로 또는 엘리베이터를 설치하여야 한다.

(3) 노인요양시설 안에 두는 치매전담실의 경우에는 다음의 요건을 갖추어야 한다.

(가) 공동거실의 면적은 전체 면적의 25% 이상일 것

(나) 치매전담실 입구에 출입문을 두어 공간을 구분하되, 화재 등 비상시에 열 수 있도록 할 것

(다) 다음 표의 시설을 갖출 것

구분 시설별	침실	공동거실						옥외 공간
		화장실	오물 처리	세면 및 간이욕실	간이 주방	식사 공간	간이세탁 및 수납공간	
치매 전담실	○	○	○	○	○	○	○	△

(○ : 필수, △ : 권장)

(4) 치매전담형 노인요양공동생활가정의 경우에는 다음의 요건을 갖추어야 한다.

(가) 1층에 설치할 것. 다만, 엘리베이터가 설치된 경우에는 2층 이상에도 설치할 수 있다.

(나) 전체 면적의 25% 이상이 되는 공동거실을 추가로 설치할 것

(다) 15㎡ 이상의 옥외공간을 추가로 설치할 것

(4) 설비기준

가. 침실

가) 독신용·합숙용·동거용침실을 둘 수 있다.

나) 남녀공용인시설의 경우에는 합숙용 침실을 남실 및 여실로 각각 구분하여야 한다.

다) 입소자 1명당 침실면적은 6.6㎡ 이상이어야 한다. 다만, 치매전담실은 다음과 같이 구분하여 침실면적의 기준을 달리하여야 한다.

- 가형 : 1인실 9.9㎡ 이상, 2인실 16.5㎡ 이상, 3인실 23.1㎡ 이상, 4인실 29.7㎡ 이상
- 나형 : 1인실 9.9㎡이상(다인실의 경우에는 입소자 1명당 6.6㎡ 이상이어야 한다)

라) 합숙용 침실 1실의 정원은 4명 이하이어야 한다.

마) 합숙용 침실에는 입소자의 생활용품을 각자 별도로 보관할 수 있는 보관시설을 설치하여야 한다.

바) 적당한 난방 및 통풍장치를 갖추어야 한다.

사) 채광·조명 및 방습설비를 갖추어야 한다.

아) 노인질환의 종류 및 정도에 따른 특별침실을 입소정원의 5% 이내의 범위에서 두어야 한다.

자) 침실바닥면적의 7분의 1 이상의 면적을 창으로 하여 직접 바깥 공기에 접하도록 하며, 개폐가 가능하여야 한다.

차) 침대를 사용하는 경우에는 노인들이 자유롭게 오르내릴 수 있어야 한다.

카) 안전설비를 갖추어야 한다.

타) 공동주택에 설치되는 노인요양공동생활가정의 침실은 1층에 두어야 한다.

파) 노인요양시설 내 치매전담실 및 치매전담형 노인요양공동생활가정의 경우에는 1인실을 1실 이상 두어야 한다.

나. **식당 및 조리실** : 조리실바닥은 내수재료로서 세정 및 배수에 편리한 구조로 하여야 한다.

다. **세면장 및 목욕실**

가) 바닥은 미끄럽지 아니하여야 한다.

나) 욕조를 설치하는 경우에는 욕조에 노인의 전신이 잠기지 아니하는 깊이로 하고 욕조 출입이 자유롭도록 최소한 1개 이상의 보조봉과 수직의 손잡이 기둥을 설치하여야 한다.

다) 급탕을 자동 온도조절장치로 하는 경우에는 물의 최고온도는 섭씨 40도 이상이 되지 아니하도록 하여야 한다.

라. **프로그램실** : 자유로이 이용할 수 있는 적당한 문화시설과 오락기구를 갖추어 두어야 한다.

마. 물리(작업)치료실 : 기능회복 또는 기능감퇴를 방지하기 위한 훈련 등에 지장이 없는 면적과 필요한 시설 및 장비를 갖추어야 한다.

바. 의료 및 간호사실 : 진료 및 간호에 필요한 상용의약품 · 위생재료 또는 의료기구를 갖추어야 한다.

사. 그 밖의 시설

가) 복도, 화장실, 그 밖의 필요한 곳에 야간 상용등을 설치하여야 한다.

나) 계단의 경사는 완만하여야 하며, 치매노인의 낙상을 방지하기 위하여 계단의 출입구에 출입문을 설치하고, 그 출입문에 잠금장치를 갖추되, 화재 등 비상시에 자동으로 열릴 수 있도록 하여야 한다.

다) 바닥은 부드럽고 미끄럽지 아니한 바닥재를 사용하여야 한다.

라) 주방 등 화재위험이 있는 곳에는 치매노인이 임의로 출입할 수 없도록 잠금장치를 설치하여야 한다.

마) 배회환자의 실종 등을 예방할 수 있도록 외부 출입구에 잠금장치를 갖추되, 화재 등 비상시에 자동으로 열릴 수 있도록 하여야 한다.

아. 경사로 : 침실이 2층 이상인 경우 경사로를 설치하여야 한다. 다만, 「승강기시설 안전관리법」에 따른 승객용 엘리베이터를 설치한 경우에는 경사로를 설치하지 아니할 수 있다.

(5) 직원의 자격기준

직종별	자격기준
시설의 장	「사회복지사업법」에 따른 사회복지사 자격증 소지자 또는 「의료법」 제2조에 따른 의료인
사회복지사	「사회복지사업법」에 따른 사회복지사 자격증 소지자
물리치료사 또는 작업치료사	「의료기사 등에 관한 법률」에 따른 물리치료사 또는 작업치료사 면허 소지자
요양보호사	법에 따른 요양보호사 1급 자격증 소지자

(6) 직원의 배치기준

<table>
<tr><th colspan="2">직종별
시설별</th><th>시설의 장</th><th>사무국장</th><th>사회복지사</th><th>의사(한의사를 포함한다) 또는 촉탁의사</th><th>간호사 또는 간호조무사</th><th>물리치료사 또는 작업치료사</th><th>요양보호사</th><th>사무원</th><th>영양사</th><th>조리원</th><th>위생원</th><th>관리인</th></tr>
<tr><td rowspan="2">노인요양시설</td><td>입소자 30명 이상</td><td>1명</td><td>1명(입소자 50명 이상인 경우로 한정함)</td><td>1명(입소자 100명 초과할 때마다 1명 추가)</td><td>1명 이상</td><td>입소자 25명당 1명</td><td>1명(입소자 100명 초과할 때마다 1명 추가)</td><td>입소자 2.5명당 1명(치매전담실은 2명당 1명)</td><td>1명(입소자 50명 이상인 경우로 한정함)</td><td>1명(1회 급식 인원이 50명 이상인 경우로 한정함)</td><td>입소자 25명당 1명</td><td>1명(입소자 100명 초과할 때마다 1명 추가)</td><td>1명(입소자 50명 이상인 경우로 한정함)</td></tr>
<tr><td>입소자 30명 미만 10명 이상</td><td>1명</td><td colspan="2">1명</td><td>1명</td><td>1명</td><td></td><td>입소자 2.5명당 1명</td><td></td><td></td><td>1명</td><td></td><td></td></tr>
<tr><td colspan="2">노인요양공동생활가정</td><td colspan="3">1명</td><td></td><td colspan="2">1명</td><td>입소자 3명당 1명(치매전담형은 2명당 1명)</td><td></td><td></td><td></td><td></td><td></td></tr>
</table>

비고

1. 의료기관의 일부를 시설로 신고한 경우에는 의료기관의 장(의료인인 경우만 해당한다)이 해당 시설의 장을 겸직할 수 있다.
2. 사회복지사는 입소자에게 건강유지, 여가선용 등 노인복지 제공계획을 수립하고, 복지증진에 관하여 상담・지도하여야 한다.
3. 촉탁의사는 의사, 한의사 또는 치과의사를 포함한다.
4. 의료기관과 협약을 체결하여 의료연계체계를 구축한 경우에는 의사(한의사를 포함한다) 또는 촉탁의사를 두지 않을 수 있다.
5. 요양보호사는 요양서비스가 필요한 노인에게 신체활동지원 서비스와 그 밖의 일상생활지원 서비스를 제공하여야 한다.

6. 영양사 및 조리원이 소속되어 있는 업체에 급식을 위탁하는 경우에는 영양사 및 조리원을 두지 않을 수 있다.
7. 세탁물을 전량 위탁처리하는 경우에는 위생원을 두지 않을 수 있다.
8. 모든 종사자는 시설의 장과 근로계약을 체결한 사람이어야 한다.
9. 노인요양시설 내 치매전담실과 치매전담형 노인요양공동생활가정의 경우에는 보건복지부장관이 정하여 고시하는 자격을 갖춘 프로그램관리자를 두어야 한다.
10. 노인요양시설 내 치매전담실과 치매전담형 노인요양공동생활가정의 경우, 해당 시설의 장, 요양보호사 및 프로그램 관리자는 보건복지부장관이 정하여 고시하는 치매전문교육을 이수하여야 한다.

3) 노인여가복지시설

(1) 시설의 규모

노인여가복지시설은 다음 각 목의 구분에 따른 면적 이상이거나 또는 인원이 이용할 수 있는 시설을 갖추어야 한다.

가. 노인복지관 : 연면적 5백 제곱미터 이상

나. 경로당 : 이용정원 20명 이상(읍・면지역의 경우에는 10명 이상)

다. 노인교실 : 이용정원 50명 이상

(2) 시설기준

구분 / 시설별	사무실	식당 및 조리실	상담실 또는 면회실	집회실 또는 강당	프로그램실	화장실	물리치료실	비상재해대비시설	거실 또는 휴게실	전기시설	강의실	휴게실	객실	공동목욕장	기타부대시설
노인복지관	1	1	1	1	1	1	1	1							
경로당						1			1	1					
노인교실	1					1					1	1			

비고
1. 노인복지관 : 오락실에 인터넷 등을 통하여 전자정보의 접근이 가능한 컴퓨터를 설치할 수 있다.
2. 노인교실 : 사무실 및 휴게실은 사업에 지장이 없는 범위에서 강의실과 겸용할 수 있다.

(3) 설비기준

구분 \ 시설의 종류	노인복지관	경로당	노인교실
설비기준	가. **식당 및 조리실** : 조리실바닥은 내수재료로서 세정 및 배수에 편리한 구조로 해야 한다. 나. **프로그램실** : 자유로이 이용할 수 있는 적당한 문화시설과 오락기구를 비치해야 한다. 다. **물리치료실** : 기능회복 또는 기능감퇴를 방지하기 위한 훈련 등에 지장이 없는 면적과 필요한 시설을 갖추어야 한다.	가. **거실 또는 휴게실** : 20제곱미터 이상이어야 한다.	가. **강의실** : 33제곱미터 이상이어야 한다.

(4) 직원의 자격기준

직종별	자격기준
노인복지관 시설장	「사회복지사업법」에 따른 사회복지사 2급 이상의 자격증 소지자

(5) 직원의 배치기준

시설별 \ 직종별	시설의 장	사회복지사	강사 (외부강사 포함)	물리치료사	사무원	조리원	관리인
노인복지관	1명	2명 이상		1명	1명	1명	1명
노인교실	1명		1명				

비고

노인복지관에 이용자의 건강관리를 위한 촉탁의사(시간제 계약에 의한 의사를 포함한다)를 둘 수 있다.

4) 재가노인복지시설

(1) 시설의 규모

가. 방문요양, 방문목욕 및 방문간호를 제공하는 시설 : 시설전용면적 16.5제곱미터 이상(연면적 기준)

나. 주・야간보호, 단기보호를 제공하는 시설 : 시설 연면적 90제곱미터 이상(이용정원이 6명 이상인 경우에는 1명당 6.6제곱미터 이상의 생활실 또는 침실 공간을 추가로 확보하여야 함). 다만, 주・야간보호시설 안에 치매전담실을 두는 경우에는 치매전담실 1실당 이용정원을 25명 이하로 하여야 한다.

다. 재가노인지원서비스 : 시설전용면적 33제곱미터 이상(연면적 기준)

(2) 시설 및 설비 기준

가. 방문요양, 방문목욕 및 방문간호를 제공하는 시설

가) 다음 기준에 해당하는 시설・설비를 갖추어야 한다.

구분	사무실	통신설비, 집기 등 사업에 필요한 설비 및 비품	이동용 욕조 또는 이동목욕차량	혈압계, 온도계 등 방문간호에 필요한 비품
방문요양	○	○	–	–
방문목욕	○	○	○	–
방문간호	○	○	–	○

– "이동목욕차량"이란 욕조, 급탕기, 물탱크, 호스릴 등을 갖춘 차량으로서 자동차등록증 상 차량용도에 "이동목욕용"으로 표시되어 있거나 이동목욕용으로 구조변경한 내용을 기재・등록한 차량을 말한다.

– 의료기관(의사가 배치된 「지역보건법」에 따른 보건소, 보건의료원 또는 보건지소와 「농어촌 등 보건의료를 위한 특별조치법」에 따른 보건진료소를 포함한다. 이하 이 표에서 같다)을 개설・운영하는 자가 방문간호를 제공하는 경우에는 시설・설비 및 비품 등을 해당 의료기관과 공동으로 사용할 수 있다.

나. 주·야간보호, 단기보호를 제공하는 시설

가) 시설의 입지조건

보건·위생·안전·환경 및 교통편의 등을 충분히 고려하여 이용자가 쉽게 접근하고 편리하게 이용할 수 있는 쾌적한 환경의 부지를 선정하여야 한다.

나) 다음 기준에 해당하는 시설을 갖추어야 한다.

구분		생활실	침실	사무실	의료 및 간호사실	프로그램실	물리(작업)치료실	식당 및 조리실	화장실	세면장 및 목욕실	세탁장 및 건조장
주·야간보호	이용자 10명 이상	○		○		○		○	○	○	
	이용자 10명 미만	○		○		○		○	○		
단기보호	이용자 10명 이상		○	○		○		○	○	○	
	이용자 10명 미만		○	○		○		○	○		

비고

1. 주·야간보호 이용자가 10명 이상인 경우, 사무실과 의료 및 간호사실은 공간을 함께 사용할 수 있으나 각각의 시설에 대한 기능은 모두 갖추고 있어야 한다.
   (가) 사무실과 의료 및 간호사실은 공간을 함께 사용할 수 있으나, 각각의 시설에 대한 기능은 모두 갖추고 있어야 한다.
   (나) 프로그램실과 물리(작업)치료실은 공간을 함께 사용할 수 있으나, 각각의 시설에 대한 기능은 모두 갖추고 있어야 한다.
2. 주·야간보호시설 내 치매전담실의 경우에는 1인 생활실과 프로그램실을 갖추어야 한다.
3. 주·야간보호시설 내 치매전담실 입구에는 출입문을 두어 공간을 구분하되, 화재 등 비상시에 열 수 있도록 하여야 한다.

다. 설비기준

가) 시설의 규모·구조 및 설비는 이용자가 쾌적한 일상생활을 하는데 적합하여야 하며, 일조·채광·환기 등 이용자의 보건위생과 재해방지 등을 충분히 고려하여야 한다.

나) 복도 · 화장실 · 생활실 · 침실 등 이용자가 통상 이용하는 시설은 휠체어 등의 이동이 가능한 공간을 확보하여야 하며, 문턱을 제거하고, 손잡이 설비를 부착하며, 바닥의 미끄럼을 방지하는 등 이용자의 활동에 편리한 구조를 갖추어야 한다.

다) 「화재예방, 소방시설 설치 · 유지 및 안전관리에 관한 법률」이 정하는 바에 따라 소화용 기구를 비치하고 비상구를 설치하여야 한다.

라) 급 · 배수 설비

① 급수설비는 상수도에 의한다. 다만, 상수도에 의할 수 없는 경우에는 「먹는물관리법」 제5조에 따른 먹는물의 수질기준에 적합한 지하수 등을 공급할 수 있는 설비를 갖추어야 한다.

② 시설에서 사용되는 음용수의 경우에는 「수도법」 또는 「먹는물관리법」에 따라 수질검사를 받아야 한다.

③ 빗물 · 오수 등의 배수에 지장이 없도록 배수설비를 갖추어야 한다.

마) 건물 내 경사로 : 침실이 2층 이상인 경우 건물 내에 경사로를 설치하여야 한다. 다만, 「승강기시설 안전관리법」에 따른 승객용 엘리베이터를 설치한 경우에는 경사로를 설치하지 아니할 수 있다.

바) 그 밖의 설비

① 복도 · 화장실, 그 밖의 필요한 곳에 야간 상용등을 설치하여야 한다.

② 계단의 경사는 완만하여야 하며, 이용자의 낙상을 방지하기 위하여 계단의 출입구에 출입문을 설치하고, 그 출입문에 잠금장치를 갖추되, 화재 등 비상시에 자동으로 열릴 수 있도록 하여야 한다.

③ 바닥은 부드럽고 미끄럽지 아니한 바닥재를 사용하여야 한다.

④ 주방 등 화재위험이 있는 곳에는 치매노인이 임의로 출입할 수 없도록 잠금장치를 설치하여야 한다.

⑤ 배회이용자의 실종 등을 예방할 수 있도록 외부 출입구에 잠금

장치를 갖추되, 화재 등 비상시에 자동으로 열릴 수 있도록 하여야 한다.

사) 다음의 설비기준을 갖추어야 한다.

① 생활실

(가) 이용자가 자유롭게 활동할 수 있는 공간과 안전설비를 갖춘 생활실을 두어야 한다.

(나) 적당한 난방 및 통풍장치, 채광·조명 및 방습설비를 갖추어야 한다.

② 침실

(가) 독신용·동거용·합숙용 침실을 둘 수 있다.

(나) 남녀공용인 시설의 경우에는 합숙용 침실을 남실 및 여실로 각각 구분하여야 한다.

(다) 이용자 1명당 침실 면적은 6.6제곱미터 이상이어야 한다.

(라) 합숙용 침실 1실의 정원은 4명 이하이어야 한다.

(마) 합숙용 침실에는 이용자의 생활용품을 각자 별도로 보관할 수 있는 보관설비를 설치하여야 한다.

(바) 침실 바닥 면적의 7분의 1 이상의 면적을 창으로 하여 직접 바깥 공기에 접하도록 하며, 개폐가 가능하여야 한다.

(사) 침대를 사용하는 경우에는 이용자들이 자유롭게 오르내릴 수 있어야 한다.

(아) 이용자가 자유롭게 활동할 수 있는 공간과 안전설비를 갖춘 침실을 두어야 한다.

(자) 적당한 난방 및 통풍장치, 채광·조명 및 방습설비를 갖추어야 한다.

③ 사무실 : 사무를 위한 적당한 집기·비품 및 탈의 공간을 갖추어야 한다.

④ 의료 및 간호사실 : 진료 및 간호에 필요한 상용의약품·위생재

료 또는 의료기구를 갖추어야 한다.

⑤ 프로그램실 : 자유로이 이용할 수 있는 적당한 문화설비와 오락기구를 갖추어두어야 한다.

⑥ 물리(작업)치료실 : 기능회복 또는 기능감퇴를 방지하기 위한 훈련 등에 지장이 없는 면적과 필요한 설비 및 장비를 갖추어야 한다.

⑦ 식당 및 조리실

(가) 조리실 바닥은 내수재료로서 세정 및 배수에 편리한 구조로 하여야 한다.

(나) 채광 및 환기가 잘 되도록 하고, 창문에는 방충망을 설치하여야 한다.

(다) 식기를 소독하고 위생적으로 취사 및 조리를 할 수 있는 설비를 갖추어야 한다.

(라) 급식제공을 외부기관에 위탁하는 경우에는 조리실을 두지 않을 수 있다.

⑧ 세면장 및 목욕실

(가) 바닥은 미끄럽지 아니하여야 한다.

(나) 욕탕샤워기 및 세면설비와 깨끗한 물을 사용할 수 있는 설비를 갖추어야 한다.

(다) 욕조를 설치하는 경우에는 욕조에 이용자의 전신이 잠기지 아니하는 깊이로 하고 욕조 출입이 자유롭도록 최소한 1개 이상의 보조봉과 수직의 손잡이 기둥을 설치하여야 한다.

(라) 급탕을 자동온도조절 장치로 하는 경우에는 물의 최고온도는 섭씨 40도 이상이 되지 아니하도록 하여야 한다.

⑨ 세탁장 및 건조장 : 세탁 및 세탁물을 건조할 수 있는 설비를 갖추어야 한다. 다만, 세탁물을 전량 위탁 처리하는 경우에는 두지 아니할 수 있다.

라. 재가노인지원서비스 : 사무실, 상담실, 교육실, 자원봉사자실을 갖추어야 한다.

(3) 직원의 자격기준

직종별	자격기준
시설장	가. **방문요양, 주·야간보호, 단기보호 및 방문 목욕서비스** : 「사회복지사업법」에 따른 사회복지사 자격증 소지자, 「의료법」 제2조에 따른 의료인의 자격을 취득한 자 또는 요양보호사 1급으로의 실무경력 5년 이상인 자로서 보건복지부장관이 정하여 고시하는 소정의 교육을 이수한 자 나. **재가노인지원서비스** : 「사회복지사업법」에 따른 사회복지사 자격증 소지자 또는 「의료법」 제2조에 따른 의료인의 자격을 취득한 자 다. **방문간호서비스** : 간호업무경력이 2년 이상인 간호사로서 해당 시설에 상근하는 자(보건진료소를 제외한 의료기관이 방문간호를 하는 경우에는 의사, 한의사 또는 치과의사 중에서 해당 시설에 상근하는 자를 시설장으로 한다)
물리치료사, 작업치료사 또는 치과위생사	「의료기사 등에 관한 법률」에 따른 물리치료사, 작업치료사 또는 치과위생사
요양보호사	법에 따른 요양보호사 자격증 소지자

(4) 인력기준

가. 방문요양, 방문목욕, 주·야간보호, 단기보호, 재가노인지원 및 방문간호 서비스를 제공하는 시설은 다음 기준에 해당하는 인원을 두어야 한다.

구분	시설장	사회복지사	간호사 또는 간호조무사	물리치료사 또는 작업치료사	치과위생사	요양보호사	사무원	조리원	보조원(운전사)
방문요양	1명	1명(수급자 15명 이상)				15명 이상(농어촌지역의 경우에는 5명 이상)			
방문목욕	1명					2명 이상			

<table>
<tr><td rowspan="2">주·야간보호</td><td>이용자 10명 이상</td><td>1명</td><td>1명 이상</td><td colspan="2">1명 이상</td><td rowspan="4"></td><td rowspan="2">이용자 7명당 1명 이상 (치매전담실의 경우에는 4명당 1명 이상)</td><td>1명 (이용자 25명 이상인 경우로 한정함)</td><td>1명</td><td>1명</td></tr>
<tr><td>이용자 10명 미만</td><td>1명</td><td></td><td colspan="2">1명 이상</td><td></td><td>1명</td><td></td></tr>
<tr><td rowspan="2">단기보호</td><td>이용자 10명 이상</td><td>1명</td><td>1명 이상</td><td>이용자 25명당 1명</td><td>1명 (이용자 30명 이상)</td><td rowspan="2">이용자 4명당 1명 이상</td><td></td><td>1명</td><td></td></tr>
<tr><td>이용자 10명 미만</td><td>1명</td><td></td><td>1명</td><td></td><td></td><td>1명</td><td></td></tr>
<tr><td colspan="2">재가노인지원</td><td>1명</td><td>1명</td><td></td><td></td><td></td><td></td><td>1명</td><td></td><td></td></tr>
<tr><td colspan="2">방문간호</td><td>1명</td><td></td><td>1명이상</td><td></td><td>1명 이상 (구강위생을 제공하는 경우로 한정함)</td><td></td><td></td><td></td><td></td></tr>
</table>

비고

1. "농어촌지역"이란 「지방자치법」 제2조 제1항 제2호에 따른 시·군의 읍·면 전 지역 또는 동 중 「국토의 계획 및 이용에 관한 법률」 제36조 제1항 제1호에 따라 지정된 주거지역·상업지역 및 공업지역을 제외한 지역을 말한다.
2. 시설장은 이용자별 재가노인복지 제공계획 수립 및 복지증진에 관한 상담·지도, 직원에 대한 교육 및 관리 등의 업무를 수행한다.
3. 사회복지사는 이용자의 건강유지, 여가선용 등 노인의 복지서비스제공계획을 수립하고 복지증진에 관하여 상담 및 지도 등의 업무를 수행한다.
4. 요양보호사는 이용자에게 신체활동 지원, 가사활동 지원 등의 업무를 수행한다. 다만, 방문요양, 방문목욕, 주·야간보호 및 단기보호서비스 중 장기요양급여수급자에 대한 신체활동 지원서비스는 요양보호사 1급만이 제공할 수 있다.
5. 주·야간보호시설 내 치매전담실의 경우에는 보건복지부장관이 정하여 고시하는 자격을 갖춘 프로그램 관리자를 두어야 한다.
6. 주·야간보호시설 내 치매전담실의 경우, 해당 시설의 장, 요양보호사 및 프로그램관리자는 보건복지부장관이 정하여 고시하는 치매전문교육을 이수하여야 한다.

7. 가목의 기준에도 불구하고 다음의 (가) 또는 (나)에 해당하는 경우에는 조리원을 두지 않을 수 있다.
   (가) 「식품위생법 시행령」 제21조제8호마목에 따른 위탁급식영업을 하는 자에게 급식을 위탁하는 경우
   (나) 주·야간보호서비스 또는 단기보호서비스를 제공하는 시설을 병설하여 운영하는 사회복지시설에 급식을 위탁하는 경우. 다만, 해당 사회복지시설은 관련 법령에 따른 인력 및 시설기준을 충족하는 범위에서 급식을 할 수 있다.
8. 도표 설명의 예 : 주·야간보호서비스 이용자가 10명 이상인 경우에는 간호사, 간호조무사, 물리치료사 또는 작업치료사 중 1명 이상을 배치하여야 한다.

나. 시설장은 상근(1일 8시간, 월 20일 이상 근무하는 것을 말한다. 이하 같다)하는 자로 두어야 한다.

다. 삭제 <2015.1.30.>

라. 주·야간보호서비스 및 단기보호서비스를 제공하는 경우 사회복지사, 간호사, 간호조무사, 물리치료사, 작업치료사 또는 요양보호사 1급은 다른 업무와 겸직할 수 없다.

마. 라목에도 불구하고 단독주택 및 공동주택에서 이용자 10명 미만의 주·야간보호 서비스를 제공하는 경우에는 시설장이 간호사, 간호조무사, 물리치료사, 작업치료사 또는 요양보호사 1급 자격이 있으면 주·야간보호에 근무하는 간호사, 간호조무사, 물리치료사, 작업치료사 또는 요양보호사 1급과 각각 겸직할 수 있다. 이 경우 상시적으로 근무하는 종사자는 시설장을 포함하여 2인 이상(조리원은 제외한다)으로 한다.

바. 모든 종사자는 시설의 장과 근로계약이 체결된 자이어야 한다.

사. 가목에도 불구하고 방문간호서비스를 제공하는 의료기관에서 구강위생만을 제공하는 경우에는 간호사 또는 간호조무사를 두지 않을 수 있다.

아. 방문간호서비스를 제공할 수 있는 간호사 또는 간호조무사는 간호업무경력이 2년 이상인 간호사, 간호보조업무경력이 3년 이상인 간호조무사로서 「노인장기요양보험법 시행규칙」 제11조의2에 따라 보건복지부장관이 지정한 교육기관에서 소정의 교육을 이수한 자 및 치과위생사로 한다.

자. 의료기관을 개설·운영하고 있는 자가 방문간호서비스를 제공하기 위한 재가노인복지시설을 개설하는 경우에는 해당 의료기관에 소속된 간호사, 간호조무사 또는 치과위생사 중에서 아목의 기준을 충족하는 자가 겸직할 수 있다.

(5) 하나의 재가노인복지시설에서 여러 가지 재가노인복지서비스를 함께 제공하는 경우의 특례

가. 시설 및 설비기준에 관한 특례(재가노인지원서비스 제외) : 재가노인복지서비스를 제공하는 시설이 하나 이상의 다른 재가노인복지서비스를 함께 제공하는 경우 사업에 지장이 없는 범위에서 생활실, 침실 외의 시설은 병용할 수 있다.

나. 인력기준에 관한 특례

가) 재가노인복지시설의 시설장이 하나 이상의 다른 재가노인복지서비스를 함께 제공하는 경우 사업에 지장이 없는 범위에서 그 다른 서비스의 시설장을 겸직하여 운영할 수 있다. 다만, 의료기관(보건진료소를 제외한다)이 아닌 재가노인복지시설 또는 보건진료소가 방문간호를 제공하는 경우에는 2년 이상의 간호업무경력이 있는 간호사로서 해당 시설에 상근하는 자를 시설장으로 한다.

나) 방문요양서비스와 방문목욕서비스를 제공하는 시설의 요양보호사 1급은 상호 겸직하여 운영할 수 있다.

다) 주·야간보호서비스 또는 단기보호서비스를 제공하는 시설이 방문요양서비스를 함께 제공하는 경우에는 방문요양의 요양보호사는 10명 이상(농어촌지역의 경우 : 5명 이상)으로 할 수 있고, 방문요양의 요양보호사를 공동으로 활용할 수 있다.

라) 주·야간보호서비스와 단기보호서비스를 함께 제공하는 경우에는 사회복지사, 간호사, 간호조무사, 물리치료사 또는 작업치료사는 상호 겸직하도록 하여 운영할 수 있다. 다만, 이 경우 사회복지사는 이용자 50명당 1명, 간호사 또는 간호조무사는 이용자 25명당 1명,

물리치료사 또는 작업치료사는 이용자 30명 이상일 경우 1명을 배치하여야 한다.

마) 주·야간보호서비스와 단기보호서비스를 함께 제공하는 경우에는 제4호 가목에 해당하는 요양보호사 및 조리원을 각각 두되, 요양보호사 및 조리원을 주·야간보호서비스와 단기보호서비스 상호간에 공동으로 활용할 수 있다.

바) 주·야간보호서비스와 단기보호서비스를 함께 제공하는 경우 각 서비스 이용자 수의 합이 25명 미만인 때에는 조리원을 겸직하도록 하여 운영할 수 있다.

(6) 재가노인복지서비스를 제공하는 시설을 사회복지시설에 병설하는 경우의 특례

가. 시설 및 설비기준에 관한 특례

가) 방문요양, 방문목욕 또는 방문간호를 제공하는 시설을 사회복지시설에 병설하여 운영하는 경우 사업에 지장이 없는 범위에서 상호 중복되는 시설·설비를 공동으로 사용할 수 있다. 다만, 의료기관(보건진료소를 제외한다)이 아닌 재가노인복지시설 또는 보건진료소가 방문간호를 제공하는 경우에는 2년 이상의 간호업무경력이 있는 간호사로서 해당 시설에 상근하는 자를 시설장으로 한다.

나) 주·야간보호 또는 단기보호를 제공하는 시설을 사회복지시설에 병설하여 운영하는 경우에는 생활실, 침실 외의 시설은 사업에 지장이 없는 범위에서 병용할 수 있다. 다만, 이 경우 시설의 연면적은 공동으로 사용하는 시설의 면적을 포함하여 각각 90제곱미터 이상이 되어야 한다.

나. 인력기준에 관한 특례

가) 재가노인복지서비스(재가노인지원서비스 제외)를 제공하는 시설을 사회복지시설에 병설하여 운영하는 경우 사회복지시설의 장은 사업에 지장이 없는 범위에서 재가노인복지서비스 제공시설의 장을 겸직

하여 운영할 수 있다. 다만, 의료기관(보건진료소를 제외한다)이 아닌 재가노인복지시설 또는 보건진료소가 방문간호를 제공하는 경우에는 2년 이상의 간호업무경력이 있는 간호사로서 해당 시설에 상근하는 자를 시설장으로 한다.

나) 주・야간보호를 제공하는 시설을 사회복지시설에 병설하여 운영하는 경우에는 간호사, 간호조무사, 물리치료사 또는 작업치료사를 겸직하도록 할 수 있다.

다) 주・야간보호서비스 또는 단기보호서비스를 제공하는 시설을 사회복지시설에 병설하여 운영하는 경우에는 제4호가목에 해당하는 조리원을 두되, 해당 조리원과 사회복지시설의 조리원을 공동으로 활용할 수 있다.

라) 주・야간보호서비스 또는 단기보호서비스를 제공하는 시설을 사회복지시설에 병설하여 운영하는 경우 각 시설 이용자 수의 합이 25명 미만인 때에는 조리원을 겸직하도록 하여 운영할 수 있다.

5. 노인복지시설의 운영기준

1) 노인주거복지시설

(1) 건강관리(노인복지주택의 경우는 제외한다)

가. 노인주거복지시설(이하 이 표에서 "시설"이라 한다)에는 입소자 건강관리를 위한 책임자를 두고 의사(한의사를 포함한다), 간호사, 그 밖의 자격이 있는 자가 그 임무를 수행하여야 한다.

나. 전담의사(한의사를 포함한다)를 두지 아니한 시설은 촉탁의사(시간제 계약에 의한 의사 또는 한의사를 포함한다)를 두거나 의료기관과 협약을 체결하여 의료연계체계를 구축하여야 한다.

다. 나목에 따라 촉탁의사를 두거나 의료기관과 협약을 체결한 경우 해당 촉탁의사 또는 의료기관의 의사는 매월 시설을 방문하여 입소자의 건강상태를 확인하고 건강상태가 악화된 입소자에 대하여 적절한 조치를 하여야 한다. 이 경우 시설의 입소정원에 따른 방문횟수 등 세부적인 사항은 보건복지부장관이 정한다.

라. 입소자 및 직원에 대해서는 연 1회 이상의 결핵 검진을 포함한 건강진단(이하 이 호에서 "건강진단"이라 한다)을 하여야 하며, 건강진단 결과 건강이 좋지 않은 사람에 대해서는 그 치료를 위하여 필요한 조치를 하여야 한다.

마. 직원을 신규로 채용할 때에는 건강진단서를 확인하여야 하며, 이 경우 건강진단은 신규 채용 전 1년 이내에 받은 것이어야 한다.

바. 입소자에 대하여 그 건강상태에 따라 적절한 훈련과 휴식을 하도록 하여야 한다.

사. 시설의 환경을 항상 청결하게 하고 그 위생관리에 유의하여야 한다.

(2) 급식위생관리

가. 시설의 장은 입소자가 필요한 영양을 섭취할 수 있도록 영양사가 작성한 식단에 따라 급식을 행하여야 한다. 다만, 영양사가 없는 시설의 경우에는 소재지를 관할하는 보건소장 또는 다른 시설 등의 영양사의 지도를 받아 식단을 작성하고 이에 따라 급식하여야 한다.

나. 전염성질환, 화농성창상 등이 있는 자는 입소자의 식사를 조리하여서는 아니 된다.

다. 시설에서 사용되는 음용수의 경우에는 「수도법」 및 「먹는물관리법」이 정하는 바에 따라 수질검사를 받아야 한다.

라. 입소자의 식사를 조리하는 자는 항상 청결을 유지하여야 한다.

(3) 운영규정

가. 시설의 장은 조직, 인사, 급여, 회계, 물품, 그 밖에 시설의 운영에 관하여 필요한 규정(이하 이 표에서 "운영규정"이라 한다)을 작성하여 시장・군수・구청장에게 제출하여야 한다.

나. 양로시설・노인공동생활가정 및 노인복지주택의 운영규정에는 다음 각 호의 사항이 포함되어야 한다. 다만, (11) 및 (12)는 입소자로부터 입소비용의 전부를 받아 운영하는 양로시설 및 노인복지주택에 한하여 적용한다.

가) 입소정원 및 모집방법 등에 관한 사항

나) 입소계약에 관한 사항(계약기간, 계약목적, 입소보증금, 월 이용료, 그 밖의 비용부담액, 신원인수인의 권리・의무, 계약의 해제, 입소보증금의 반환 등에 관한 사항을 포함한다)

다) 입소보증금, 이용료 등 비용에 대한 변경방법 및 절차 등에 관한 사항(노인복지주택의 경우에는 비용 변경 시 입소자의 의견수렴 과정에 관한 사항을 포함한다)

라) 서비스의 내용과 그 비용의 부담에 관한 사항

마) 특별한 보호를 필요로 하는 경우에는 그 서비스기준과 비용에 관한 사항

바) 의료를 필요로 하는 경우에는 그 구체적인 처리절차

사) 시설물 사용상의 주의사항 등에 관한 사항

아) 서비스 제공자의 배상책임, 면책범위에 관한 사항

자) 운영규정의 개정방법 및 절차 등에 관한 사항

차) 운영위원회 또는 운영간담회의 설치・운영에 관한 사항

카) 입소예정자 또는 입소자가 사망 또는 보건복지부장관이 정하는 중대한 질병으로 인하여 계약을 해지하는 경우 위약금의 감면에 관한 사항

타) 시설 설치자의 입소보증금 반환보증과 관련된 내용의 설명, 그 사실의 계약서에의 기재 및 서명 등에 관한 사항

다. 시설의 장은 운영규정에서 정한 바에 따라 해당 시설을 운영하여야 한다.
라. 모든 종사자는 시설의 장과 근로계약이 체결된 자이어야 한다.

(4) 보증금의 수납 및 반환

가. 양로시설 및 노인공동생활가정을 설치한 자가 보증금을 수납하는 때에는 월 입소비용의 1년분 이내에서 이를 수납하여야 한다. 다만, 입소자로부터 입소비용의 전부를 수납하여 운영하는 시설의 경우는 제외한다.
나. 노인주거복지시설(분양형 노인복지주택은 제외한다)을 설치한 자는 입소자가 퇴소하는 때에는 지체 없이 수납한 보증금을 입소자 또는 입소자를 대신하여 입소계약을 체결한 배우자 또는 부양의무자에게 반환하여야 한다.

(5) 회계

가. 시설의 설치·운영에 관한 회계는 법인회계 또는 다른 사업에 관한 회계와 분리하여 계리하여야 한다.
나. 국가 또는 지방자치단체로부터의 보조금품, 그 밖에 시설이 수수한 기부금품은 이를 별도의 계정으로 계리하여야 한다.

(6) 장부 등의 비치

시설에는 다음 각 목의 장부 및 서류를 비치하여야 한다.
가. 시설의 연혁에 관한 기록부
나. 재산목록과 재산의 소유권 또는 사용권을 증명할 수 있는 서류
다. 시설운영일지
라. 예산서 및 결산서
마. 총계정원장 및 수입·지출보조부
바. 금전 및 물품의 출납부와 증빙서류
사. 보고서철 및 행정기관과의 협의 등 관련 문서철
아. 정관(법인의 경우에만 해당한다) 및 관계 질의서류

자. 입소자 관리카드(입소계약 체결일, 입소보증금, 이용료, 그 밖에 비용부담 관계 등에 관한 내용을 포함한다)

차. 연계의료시설과의 제휴계약서

카. 촉탁의사 근무상황부(촉탁의사가 있는 경우에만 해당한다)

(7) 시설(노인복지주택은 제외한다)**에서의 기거자**

가. 시설의 장은 입소자의 침실 또는 침실이 있는 건물마다 요양보호사, 그 밖의 직원 중 1명을 입소자와 함께 기거하도록 조치하여야 한다.

나. 시설 안에서는 입소자 외에 시설의 장 및 직원과 그 가족이 아닌 자는 거주하지 못한다.

(8) 사업의 실시

가. 시설의 장은 입소자에 대하여 적극적으로 필요한 생활지도를 하여야 한다.

나. 시설의 장은 입소자의 연령, 성별, 성격, 생활력, 심신의 건강상태 등을 고려하여 수시로 입소자와 면담하거나 관찰, 지도하고 특이사항을 기록, 유지하여 보호의 정도에 따라 다른 노인복지시설로의 전원 등 필요한 조치를 하여야 한다.

다. 시설의 장이 생활지도 등을 함에 있어서는 입소자의 의사를 최대한 존중하여야 한다.

라. 시설의 장은 노인교실 등의 기관과 제휴하여 입소자가 교양교육 등을 받도록 함으로써 건전하고 활력 있는 생활을 할 수 있도록 노력하여야 한다.

마. 시설의 장은 시설종류별로 각 시설의 특성을 고려하여 다음의 기준에 따른 사업을 실시하여야 한다.

시설별	사업내용
양로시설 · 노인공동생활가정	(가) 입소자의 생활의욕 증진 등을 도모하기 위하여 입소자의 신체적 · 정신적 상태에 따라 그 기능을 회복하게 하거나 기능의 감퇴를 방지하기 위한 훈련에 참가할 기회를 제공하여야 한다. (나) 교양 · 오락설비 등을 구비하고 적절한 레크리에이션을 실시하여야 한다.
노인복지주택	(가) 입주자의 거주에 불편함이 없도록 생활편의를 위한 체육시설, 여가 및 오락시설 등 부대시설 및 각종 복리시설을 설치하여 직접 또는 위탁하여 운영하여야 한다. (나) 사회복지사는 순회서비스를 제공하는 등 항상 입주자의 안전을 위하여 세심한 배려를 하여야 하며 다음의 서비스를 제공하여야 한다. ① 생 활지도 · 상담 ② 문안 ③ 긴급사태 시 대처 ④ 의료기관 등 관계기관과의 연락 ⑤ 일상생활상 필요한 원조 (다) 필요한 경우 재가노인복지시설의 방문요양과 주야간보호서비스 등을 활용할 수 있도록 노인보건 및 복지에 관련된 사업기관과의 연계를 도모하여야 한다.

(9) 운영위원회

「사회복지사업법」 제36조 및 같은 법 시행규칙 제24조에 따라 운영위원회를 설치 · 운영하여야 한다. 다만, 입소자로부터 입소비용 전부를 수납하여 운영하는 노인주거복지시설은 시설의 장, 직원, 가족대표, 입소자대표 및 법 제51조에 따른 노인복지명예지도원으로 구성된 운영간담회를 설치 · 운영할 수 있고, 시설의 장은 입소자의 상황, 서비스 제공 상황 등 시설의 운영과 관리비 등의 내용을 정기적으로 운영간담회에 보고하여야 한다.

2) 노인의료복지시설

(1) 건강관리

가. 노인의료복지시설(이하 이 표에서 "시설"이라 한다)에는 입소자 건강관리를 위한 책임자를 두고 의사(한의사를 포함한다) · 간호사 기타 자격이 있는 자가 그 임무를 수행하여야 한다.

나. 전담의사(한의사를 포함한다)를 두지 아니한 시설은 가급적 신경과, 정신과 또는 한방신경정신과 등 노인의 질환과 관련한 전문의로서의 촉탁의사(시간제 계약에 의한 의사, 한의사 또는 치과의사를 포함한다)를 두거나 의료기관과 협약을 체결하여 의료연계체계를 구축하여야 한다.

다. 나목에 따라 촉탁의사를 두거나 의료기관과 협약을 체결한 경우 해당 촉탁의사 또는 의료기관의 의사는 매월 시설을 방문하여 입소자의 건강상태를 확인하고 건강상태가 악화된 입소자에 대하여 적절한 조치를 하여야 한다. 이 경우 시설의 입소정원에 따른 방문횟수 등 세부적인 사항은 보건복지부장관이 정한다.

라. 입소자 및 직원에 대해서는 연 1회 이상의 결핵 검진을 포함한 건강진단(이하 이 호에서 "건강진단"이라 한다)을 하여야 하고, 매월 입소자의 구강건강 상태를 확인하여야 하며, 그 결과 건강이 좋지 않은 사람에 대해서는 그 치료를 위하여 필요한 조치를 하여야 한다.

마. 직원을 신규로 채용할 때에는 건강진단서를 확인하여야 하며, 이 경우 건강진단은 신규 채용 전 1년 이내에 받은 것이어야 한다.

바. 입소자에 대하여 그 건강상태에 따라 적절한 훈련과 휴식을 하도록 하여야 한다.

사. 시설의 환경을 항상 청결하게 하고 그 위생관리에 유의하여야 한다.

(2) 급식위생관리

가. 시설의 장은 입소자가 필요한 영양을 섭취할 수 있도록 영양사가 작성한 식단에 따라 급식을 행하여야 한다. 다만, 영양사가 없는 시설의 경우에는 소재지를 관할하는 보건소장 또는 다른 시설 등의 영양사의 지도를 받아 식단을 작성하고 이에 따라 급식하여야 한다.

나. 전염성질환·화농성창상 등이 있는 자는 입소자의 식사를 조리하여서는 아니된다.

다. 시설에서 사용되는 음용수의 경우에는 수도법 및 먹는물관리법이 정하는 바에 따라 수질검사를 받아야 한다.

라. 입소자의 식사를 조리하는 자는 항상 청결을 유지하여야 한다.

(3) 운영규정

가. 시설의 장은 조직·인사·급여·회계·물품 기타 시설의 운영에 관하여 필요한 규정(이하 이 표에서 "운영규정"이라 한다)을 작성하여 시장·군수·구청장에게 제출하여야 한다.

나. 시설의 운영규정에는 다음 각 호의 사항이 포함되어야 한다.

가) 입소정원 및 모집방법 등에 관한 사항

나) 입소계약에 관한 사항(계약기간, 계약목적, 입소보증금, 월이용료 기타 비용부담액, 신원인수인의 권리·의무, 계약의 해제, 입소보증금의 반환 등에 관한 사항을 포함한다)

다) 입소보증금·이용료 등 비용에 대한 변경방법 및 절차 등에 관한 사항

라) 서비스의 내용과 그 비용의 부담에 관한 사항

마) 특별한 보호를 필요로 하는 경우에는 그 서비스기준과 비용에 관한 사항

바) 의료를 필요로 하는 경우에는 그 구체적인 처리절차

사) 시설물 사용상의 주의사항 등에 관한 사항

아) 서비스 제공자의 배상책임·면책범위에 관한 사항

자) 운영규정의 개정방법 및 절차 등에 관한 사항

차) 운영위원회의 설치·운영에 관한 사항

다. 시설의 장은 운영규정에서 정한 바에 따라 당해 시설을 운영하여야 한다.

(4) 보증금의 수납 및 반환

가. 시설을 설치한 자가 보증금을 수납하는 때에는 월 입소비용 중 이용자 본인이 부담하여야 할 금액의 1년분 이내에서 이를 수납하여야 한다(다만, 입소자로부터 입소비용의 전부를 수납하여 운영하는 시설의 경우는 제외한다).

나. 노인의료복지시설을 설치한 자는 입소자가 퇴소하는 때에는 수납한 보증금을 지체없이 입소자 또는 입소자를 대신하여 입소계약을 체결한 배우자 또는 부양의무자에게 반환하여야 한다.

(5) 회계

가. 시설의 설치·운영에 관한 회계는 법인회계 또는 다른 사업에 관한 회계와 분리하여 계리하여야 한다.

나. 국가 또는 지방자치단체로부터의 보조금품 기타 시설이 수수한 기부금품은 이를 별도의 계정으로 계리하여야 한다.

(6) 장부 등의 비치

시설에는 다음 각목의 장부 및 서류를 비치하여야 한다.

가. 시설의 연혁에 관한 기록부

나. 재산목록과 재산의 소유권 또는 사용권을 증명할 수 있는 서류

다. 시설운영일지

라. 예산서 및 결산서

마. 총계정원장 및 수입·지출보조부

바. 금전 및 물품의 출납부와 증빙서류

사. 보고서철 및 행정기관과의 협의 등 관련문서철

아. 정관(법인의 경우에 한한다) 및 관계질의서류

자. 입소자 관리카드(입소계약 체결일, 입소보증금, 이용료 기타 비용부담 관계 등에 관한 내용을 포함한다)

차. 연계의료시설과의 제휴계약서

카. 촉탁의사 근무상황부(촉탁의사가 있는 경우에 한한다)

(7) 시설에서의 기거자

가. 시설의 장은 입소자의 침실 또는 침실이 있는 건물마다 요양보호사 기타 직원 중 1인을 입소자와 함께 기거하도록 조치하여야 한다.

나. 시설 안에서는 입소자 외에 시설의 장 및 직원과 그 가족이 아닌 자는 거주하지 못한다.

(8) 사업의 실시

가. 시설의 장은 입소자의 요양 및 재활을 도울 수 있는 다양한 프로그램을 운영하여야 한다.

나. 시설의 장은 입소자에 대하여 적극적으로 필요한 생활지도를 하여야 한다.

다. 시설의 장은 입소자의 연령・성별・성격・생활력・심신의 건강상태 등을 고려하여 수시로 입소자와 면담하거나 관찰・지도하고 특이사항을 기록・유지하여 보호의 정도에 따라 다른 노인복지시설로의 전원 등 필요한 조치를 하여야 한다.

라. 시설의 장이 생활지도 등을 함에 있어서는 입소자의 의사를 최대한 존중하여야 한다.

마. 시설의 장은 시설의 종사자(사무원・조리원・위생원・영양사・관리인을 제외한다)가 치매 및 중풍환자의 간병요령 등 치매환자 보호에 필요한 교육을 받을 수 있도록 조치하여야 한다.

바. 시설의 장은 다음의 기준에 따른 사업을 실시하여야 한다.

사업기준
(가) 입소자의 생활의욕증진 등을 도모하기 위하여 입소자의 신체적・정신적 상태에 따라 그 기능을 회복하게 하거나 기능의 감퇴를 방지하기 위한 훈련에 참가할 기회를 제공하여야 한다.
(나) 교양・오락설비 등을 구비하고 적절한 레크리에이션을 실시하여야 한다.
(다) 입소자에 대한 상시보호를 할 수 있도록 이에 적합한 직원의 근무체제를 갖추되, 특히 오후 10시부터 다음날 오전 6시까지의 야간시간대에는 입소자 보호 및 안전 유지를 위하여 별표 4 제6호에 따른 간호사, 간호조무사 또는 요양보호사 중 1명 이상의 인력을 배치하여야 한다. 시설의 규모 및 근무방식 등에 따른 세부적인 배치기준은 보건복지부장관이 정한다.
(라) 입소자의 건강상태에 유의하여야 하며 건강의 유지를 위하여 필요한 조치를 하여야 한다.
(마) 입원치료를 필요로 하는 입소자를 위하여 진료기관을 정하는 등 인근 지역의 의료기관과 긴밀한 협조체계를 갖추어야 한다.
(바) 거동이 불가능한 와상노인의 욕창예방과 치료를 위하여 적절한 보호조치를 하여야 한다.
(사) 치매노인은 치매의 정도에 따라 분리하여 보호하여야 한다.

사. 노인요양시설 내 치매전담실, 치매전담형 노인요양공동생활가정에서는 프로그램관리자의 지도 하에 치매노인의 기능 유지, 악화 방지를 위한 맞춤형 프로그램을 실시하여야 한다.

(9) 운영위원회

「사회복지사업법」 제36조 및 같은 법 시행규칙 제24조에 따라 운영위원회를 설치·운영하여야 한다.

3) 노인여가복지시설

(1) 건강관리

가. 직원에 대해서는 연 1회 이상의 결핵 검진을 포함한 건강진단(이하 이 호에서 "건강진단"이라 한다)을 하여야 하며, 건강진단 결과 건강이 좋지 않은 사람에 대해서는 그 치료를 위하여 필요한 조치를 하여야 한다.

나. 직원을 신규로 채용할 때에는 건강진단서를 확인하여야 하며, 이 경우 건강진단은 신규 채용 전 1년 이내에 받은 것이어야 한다.

(2) 급식위생관리(노인복지관의 경우에 한정한다)

가. 시설의 장은 이용자가 필요한 영양을 섭취할 수 있도록 영양사가 작성한 식단에 따라 급식을 행해야 한다. 다만, 영양사가 없는 시설의 경우에는 소재지를 관할하는 보건소장의 지도를 받아 식단을 작성하고 이에 따라 급식을 해야 한다.

나. 전염성질환·화농성창상 등이 있는 자는 이용자의 식사를 조리해서는 안 된다.

다. 시설에서 사용되는 음용수의 경우에는 「수도법」 및 「먹는물관리법」이 정하는 바에 따라 수질검사를 받아야 한다.

라. 이용자의 식사를 조리하는 자는 항상 청결을 유지해야 한다.

(3) 운영규정

가. 노인여가복지시설(이하 이 표에서 "시설"이라 한다)의 장은 그 시설의 운영방법, 이용자의 준수사항 그 밖에 시설의 운영에 필요한 규정(이하 이 표에서 "운영규정"이라 한다)을 작성하여 시장·군수·구청장에게 제출해야 한다.

나. 노인복지관 및 노인교실의 운영규정에는 아래의 사항이 포함되어야 한다.

가) 이용정원 등에 관한 사항

나) 이용계약에 관한 사항(계약기간, 이용료 및 그 밖에 비용부담액 등에 관한 사항을 포함한다)

다) 이용료 등 비용에 대한 변경방법 및 절차 등에 관한 사항

라) 서비스의 내용과 그 비용의 부담에 관한 사항

마) 시설물 사용상의 주의사항 등에 관한 사항

바) 서비스 제공자의 배상책임·면책범위에 관한 사항

사) 운영규정의 개정방법 및 절차 등에 관한 사항

(4) 회계

가. 시설의 설치·운영에 관한 회계는 법인회계 또는 다른 사업에 관한 회계와 분리하여 처리해야 한다.

나. 시설이 국가 또는 지방자치단체로부터 받은 보조금품 그 밖의 기부금품은 이를 별도의 계정으로 회계처리해야 한다.

(5) 장부 등의 비치

시설에는 다음 각 목의 장부 및 서류를 비치하여야 한다.

가. 시설의 연혁에 관한 기록부

나. 재산목록과 재산의 소유권 또는 사용권을 증명할 수 있는 서류

다. 시설운영(교육)일지

라. 이용노인(회원)명부

마. 예산서 및 결산서

바. 수입・지출장부와 그 증빙서류
사. 금전 및 물품의 출납부와 증빙서류
아. 보고서철 및 행정기관과의 협의 등 관련문서철
자. 정관(법인의 경우에 한정한다) 및 관계질의서류

(6) 사업의 실시

시설의 장은 시설종별로 각 시설의 특성을 고려하여 다음의 기준에 따른 사업을 실시해야 한다.

시설별	시설별운영기준
노인복지관	가. 노인의 복지증진을 위하여 종합적인 노인복지센타로서의 기능을 수행할 수 있도록 필요한 사업을 선정・수행해야 한다. 나. 다음의 사업을 기본사업으로 수행하되 이용대상 노인의 실정과 지역 여건 등을 감안하여 사업의 종류를 가감하거나 별도의 사업을 개발・추진할 수 있다. 1) 상담・지도 노인의 생활・주택・신상 등에 관한 생활상담 및 노인의 질병예방・치료에 관한 건강상담 및 지도 2) 취업상담 및 알선 노인에 대한 취업알선 및 취업자의 사후관리 3) 기능회복훈련의 실시 노인의 기능회복 또는 기능의 감퇴를 방지하기 위한 훈련을 실시하되, 물리치료장비는 관할 보건소에 종사하는 의사 또는 촉탁의사의 지도를 받아 사용해야 한다. 4) 교양강좌 등의 실시 노인의 교양향상을 위한 프로그램의 제공 및 레크리에이션 활동 등의 지도 다. 거동불편 노인의 생활편의를 위한 서비스 등의 제공을 위하여 재가노인복지시설을 병설・운영하도록 노력해야 한다. 라. 지역 특성에 따라 야간이용이 가능한 체제를 갖추도록 노력해야 한다.
경로당	이용노인들이 건전한 사회봉사활동이나 취미활동 등을 할 수 있도록 해야 한다.
노인교실	주 1회 이상 교육을 실시해야 한다.

4) 재가노인복지시설

(1) 건강관리

가. 직원에 대해서는 연 1회 이상의 결핵 검진을 포함한 건강진단(이하 이 호에서 "건강진단"이라 한다)을 하여야 하며, 건강진단 결과 건강이 좋지 않은 사람에 대해서는 그 치료를 위하여 필요한 조치를 하여야 한다.

나. 직원을 신규로 채용할 때에는 건강진단서를 확인하여야 하며, 이 경우 건강진단은 신규 채용 전 1년 이내에 받은 것이어야 한다.

(2) 급식위생관리(급식을 제공하는 경우에만 해당한다)

가. 시설의 장은 입소자가 필요한 영양을 섭취할 수 있도록 영양사가 작성한 식단에 따라 급식을 행하여야 한다. 다만, 영양사가 없는 시설의 경우에는 소재지를 관할하는 보건소장 또는 다른 시설 등의 영양사의 지도를 받아 식단을 작성하고 이에 따라 급식하여야 한다.

나. 전염성질환, 화농성창상 등이 있는 자는 입소자의 식사를 조리하여서는 아니 된다.

다. 시설에서 사용되는 음용수의 경우에는 「수도법」 및 「먹는물관리법」이 정하는 바에 따라 수질검사를 받아야 한다.

라. 입소자의 식사를 조리하는 자는 항상 청결을 유지하여야 한다.

(3) 운영규정

가. 시설의 장은 조직, 인사, 급여, 회계, 물품, 그 밖에 시설의 운영에 관하여 필요한 규정(이하 이 표에서 "운영규정"이라 한다)을 작성하여 시장·군수·구청장에게 제출하여야 한다.

나. 다음 각 호의 사항이 포함되어야 한다.

가) 이용정원(주·야간보호서비스 및 단기보호서비스의 경우에만 해당한다) 및 모집방법 등에 관한 사항

나) 이용계약에 관한 사항(계약기간, 계약목적, 월이용료 및 그 밖의 비용부담액, 신원인수인의 권리·의무, 계약의 해제 등에 관한 사항을 포함한다)
다) 이용료 등 비용에 대한 변경방법 및 절차 등에 관한 사항
라) 서비스의 내용과 그 비용의 부담에 관한 사항
마) 특별한 보호를 필요로 하는 경우에는 그 서비스기준과 비용에 관한 사항
바) 의료를 필요로 하는 경우에는 그 구체적인 처리절차
사) 시설물 사용상의 주의사항 등에 관한 사항
아) 서비스 제공자의 배상책임, 면책범위에 관한 사항
자) 운영규정의 개정방법 및 절차 등에 관한 사항
차) 운영위원회의 설치 및 운영에 관한 사항
카) 그 밖에 운영에 필요한 중요한 사항

다. 시설의 장은 운영규정에서 정한 바에 따라 해당 시설을 운영하여야 한다.

(4) 회계

가. 시설의 설치·운영에 관한 회계는 법인회계 또는 다른 사업에 관한 회계와 분리하여 계리하여야 한다.
나. 국가 또는 지방자치단체로부터의 보조금품, 그 밖에 시설이 수수한 기부금품은 이를 별도의 계정으로 계리하여야 한다.

(5) 장부 등의 비치

시설에는 다음 각목의 장부 및 서류를 비치하여야 한다.

가. 시설의 연혁에 관한 기록부
나. 재산목록과 재산의 소유권 또는 사용권을 증명할 수 있는 서류
다. 시설운영일지
라. 예산서 및 결산서
마. 금전 및 물품의 출납부와 증빙서류
바. 정관(법인의 경우만 해당한다) 등 제반 규정

사. 이용자 명부

아. 입소자 관리카드(입소계약 체결일, 입소보증금, 이용료, 그 밖의 비용부담 관계 등에 관한 내용을 포함한다)

(6) 사업의 실시

가. 이용기간 : 단기보호서비스는 1개월에 15일 이내 이용할 수 있다. 다만, 시장·군수·구청장은 중증질환이 있는 노인, 연고가 없는 노인, 취학·생계곤란 등의 사유로 인하여 부양능력이 없는 부양의무자로부터 부양을 받지 못하는 피부양 노인에 대하여는 1개월에 15일을 초과하여 이용일수를 연장할 수 있다.

나. 시설의 장은 각 서비스별 특성을 고려하여 다음의 기준에 따른 사업을 실시하여야 한다.

구분	사업내용
방문요양 서비스	가. 신체활동지원서비스 : 세면도움, 구강관리, 머리감기기, 몸 청결, 몸 단장, 옷 갈아입히기, 목욕도움, 식사도움, 체위변경, 이동도움, 신체기능의 유지증진, 배설도움, 화장실 이용하기 등 나. 가사활동지원서비스 : 취사, 청소 및 주변정돈, 세탁 등 다. 개인활동지원서비스 : 외출시 동행, 일상업무 대행 등 라. 정서지원서비스 : 말벗, 격려 및 위로, 생활상담, 의사소통도움 등
방문목욕 서비스	입 목욕준비, 입욕 시 이동보조, 몸 씻기, 머리말리기, 옷 갈아입히기, 목욕 후 주변정리 등
주·야간 보호 서비스	가. 생활지도 및 일상동작훈련 등 심신의 기능회복을 위한 서비스 나. 급식 및 목욕서비스 등 다. 노인가족에 대한 교육 및 상담 라. 주·야간보호시설 내 치매전담실의 경우에는 프로그램관리자의 지도하에 치매노인의 기능 유지, 악화 방지를 위한 맞춤형 프로그램 실시
단기보호 서비스	가. 신체활동지원, 기능회복 훈련 등 그 밖에 일상생활에 필요한 편의를 제공하는 서비스 나. 그 밖에 노인요양시설 또는 노인요양공동생활가정의 사업에 준하는 서비스

재가노인지원 서비스	일상생활 지원, 노인생활 및 신상에 관한 상담, 재가노인 및 보호자의 교육, 무의탁노인 후원을 위한 결연 및 연계지원, 여가활동 지원, 주거환경개선 지원, 긴급지원, 시군구의 위탁을 받은 사업, 그 밖에 지역의 재가노인 복지사업
방문간호 서비스	가. 의사, 한의사 또는 치과의사의 방문간호 지시서에 따른 간호, 진료의 보조, 또는 구강위생 나. 다음의 예방관리적 간호행위 1) 기본관리 : 건강상태 확인, 활력징후(혈압 · 체온 · 맥박 · 호흡) 및 혈당 측정, 지남력(시간 · 장소 · 사람 등에 관한 인지능력) 평가 등 2) 교육 및 상담 : 통증 · 식이 · 감염 · 구강 · 투약관리에 관한 교육 및 상담 등 3) 신체훈련 : 관절 구축(拘縮) 예방 및 근력 강화, 이동장애 개선, 낙상 예방, 운동기능 향상 훈련 등 4) 의료연계 및 검사 : 의료기관에의 진료 의뢰, 장기요양기관 연계, 사전 기초검사 등

(7) 운영위원회

「사회복지사업법」 제36조 및 같은 법 시행규칙 제24조에 따른 운영위원회를 설치 · 운영하여야 한다.

CHAPTER 15 장애인복지시설

1. 장애인복지시설의 종류

구분	시설	내용
장애인 생활시설	장애유형별 생활시설	장애유형이 같거나 또는 유사한 장애를 가진 사람들을 입소 또는 통원하게 하여 그들의 장애유형에 적합한 의료·교육·직업·심리·사회 등 재활서비스와 주거서비스를 제공하는 시설
	중증장애인 요양시설	장애의 정도가 심하여 항상 도움이 필요한 사람을 입소하게 하여 상담·치료 또는 요양서비스를 제공하는 시설
	장애영유아 생활시설	6세 미만의 장애영유아를 입소 또는 통원하게 하여 보호함과 동시에 그 재활에 필요한 의료·교육·심리·사회 등 재활서비스를 제공하는 시설
장애인 지역사회 재활시설	장애인복지관	장애인에 대한 각종 상담 및 사회심리 재활시설·교육·직업·의료재활 등 장애인의 지역사회생활에 필요한 종합적인 재활서비스를 제공하고 장애에 대한 사회적 인식 개선사업을 수행하는 시설
	장애인 의료재활시설	장애인을 입원 또는 통원하게 하여 상담, 진단·판정, 치료 등 의료재활서비스를 제공하는 시설
	장애인 주간보호시설	장애인을 주간에 일시 보호하여 장애인에게 필요한 재활서비스를 제공하는 시설
	장애인 단기보호시설	장애인을 일정 기간 보호하여 장애인에게 필요한 재활서비스를 제공하는 시설
	장애인 공동생활가정	스스로 사회적응이 곤란한 장애인들이 장애복지전문인력에 의한 지도와 보호를 받으며 공동으로 생활하는 지역사회 내 소규모 주거시설
	장애인체육시설, 장애인수련시설, 장애인심부름센터, 수화통역센터, 점자도서관, 점서 및 녹음서 출판시설	
장애인 직업재활시설	장애인작업활동시설, 장애인보호작업시설, 장애인근로작업시설, 장애인직업훈련시설, 장애인생산품판매시설	
장애인 유료복지시설	장애인생활시설로서 장애인에게 필요한 치료, 상담, 훈련시설 등 편의를 제공하고 이에 소요되는 일체의 비용을 입소한 자로부터 수납하여 운영하는 시설	

⇒ 생활시설 : 장애인생활시설(유료시설 포함)
이용시설 : 장애인지역사회재활시설, 장애인직업재활시설

2. 장애인복지시설의 설치 · 운영

국가, 지방자치단체, 사회복지법인, 개인 등 누구나 시·군·구청장에게 신고 후 설치 운영할 수 있다.

※ 시설의 명칭, 시설장, 시설 소재지, 입소정원 등 중요사항을 변경하고 하는 경우에는 시·군·구청장에 신고하여야 하며, 시설의 폐쇄·휴지하고자 할 경우에도 3개월 전까지 신고하여야 한다.

3. 입소대상자

○ 기초생활보장수급자로 법정 등록장애인

○ 기초생활보장수급자가 아닌 법정 등록장애인으로 부양의무자가 없거나, 부양의무자가 있어도 부양능력이 없거나 부양을 받을 수 없는 자

○ 입양기관 보호아동

※ 장애유형에 적합한 시설에 입소할 수 있도록 지도(시·도 복지사업지침 참조)

대상시설(예시)	대상 장애인(예시)
장애유형별 생활시설	지체, 시각, 청각 등 장애유형별 입소지도
중증장애인요양시설	1급 중증장애인
장애인영유아생활시설	6세 미만의 장애인유아

4. 장애인복지시설 시설 · 설치 기준

1) 공통기준

장애인지역사회재활시설 중 장애인주간 및 단기보호시설 · 장애인공동생활가정 · 장애인체육시설 · 장애인수련시설 · 장애인심부름센터 · 수화통역센터 · 점자도서관 및 점서및녹음출판시설과 장애인직업재활시설 중 장애인생산품판매시설을 제외한다.

1. 시설의 입지조건 : 접근이 용이하고 쾌적한 환경
2. 시설의 규모 : 상시 10인 이상이 생활할 수 있는 시설
3. 시설 구조 및 설비 : 이용하는 장애인의 장애유형별 · 성별 · 연령별 특성 고려

※ 「장애인 · 노인 · 임산부 등의 편의증진 보장에 관한 법률」 등 타법에 장애인 편의 시설이 추가로 규정되어 있을 경우 그에 따른다.

― 장애인 30인 이상 거주시설 면적(건물 총면적)

지체장애인 뇌병변장애인 청각 · 언어장애인생활시설	시각장애인생활시설	정신제체인 발달장애인생활시설	중증장애인요양시설 장애인유아생활시설
1인당 21.78㎡ 이상	1인당 19.8㎡ 이상	1인당 21.12㎡ 이상	1인당 18.48㎡

― 장애인 30인 이상 상시생활시설 설비

거실*	사무실	의무실 또는 의료 재활실	재활 상담실	집단 활동실	자원 봉사 자실	조리실	목욕실	세탁장	건조장	화장실	급·배수 시설	비상재해 대비시설
1	1	1	1	1	1	1	1	1	1	1	1	1

※ 거실의 경우 복도·다락 등을 제외한 바닥의 면적(생활자 1인당)

– 6세 미만의 경우에는 2.0㎡ 이상

– 6세 이상의 경우에는 3.3㎡ 이상

※ 1실의 정원

– 6세 미만의 경우에는 10인 이하

– 6세 이상의 경우에는 8인 이하

– 장애인 30인 미만 거주시설 면적 : 1인당 9.37㎡ 이상

<table>
<tr><th>거실*</th><th>사무실</th><th>의무실 또는 의료 재활실</th><th>조리실</th><th>목욕실</th><th>세탁장</th><th>건조장</th><th>화장실</th><th>급·배수 시설</th><th>비상재해 대비시설</th></tr>
<tr><td>1</td><td colspan="2">1</td><td>1</td><td colspan="2">1</td><td>1</td><td>1</td><td>1</td><td>1</td></tr>
</table>

※ 거실의 경우 복도·다락 등을 제외한 바닥의 면적(생활자 1인당)

– 6세 미만의 경우에는 2.0㎡이상으로 한다.

– 6세 이상의 경우에는 3.3㎡ 이상으로 한다.

※ 1실의 정원

– 6세 미만의 경우에는 10인 이하로 한다.

– 6세 이상의 경우에는 8인 이하로 한다.

⇒ "상시 10인 이상 생활할 수 있는 시설"이라는 의미는 시설·설비요건을 10인 이상 생활할 수 있게 갖추라는 의미이며 반드시 생활자가 10인 이상이 되어야 한다는 의미는 아니다.

5. 관리 및 운영요원의 자격기준

직종별	자 격 기 준
시설장	(1) 의사(한의사 · 치과의사 포함)로서 장애 관련 분야에 3년 이상 진료경력이 있는 자 (2) 특수학교 교장 또는 교감이었던 자 및 초 · 중등교육법에 의한 특수학교교사(교사자격증소지자)로서 당해 시설 입소대상 장애인의 교육에 3년 이상 종사한 경력이 있는 자 (3) 사회복지사업법에 의한 사회복지사 3급 이상의 자격증을 가진 자로서 사회복지사업에 3년 이상 종사한 경력이 있는 자 (4) 위 각 호에 준하는 학식과 경력이 있다고 인정되는 자
총 무	(1) 사회복지사업법에 의한 사회복지사 3급 이상의 자격증을 가진 자 (2) 제1호에 준하는 자격이 있다고 인정되는 자
사회재활교사	(1) 사회복지사업법에 의한 사회복지사 (2) 고등교육법에 의한 전문대학 이상의 학교에서 심리학 · 교육학 또는 장애인재활 관련학을 전공하고 졸업한 자
직업훈련교사	(1) 고등교육법에 의한 대학에서 직업재활 또는 특수교육을 전공하고 졸업한 자 (2) 사회복지사업법에 의한 사회복지사 (3) 장애인직업재활시설 운영직종과 관련된 자격증을 취득한 후 장애인복지사업에 2년 이상 종사한 경력이 있는 자
시설관리기사	전기, 소방설비, 건축설비, 산업안전, 배관설비, 열관리 등 시설관리와 관련된 분야의 면허 또는 자격증 소지자

6. 시설 유형별 설비기준(공통사항 외 추가설비)

○ 생활자 30인 이상 장애인생활시설 및 장애인유료복지시설

시설별	설비기준	
장애유형별 생활시설	지체장애인 뇌병변장애인 시설	• 시행하고자 하는 재활사업별로 물리치료실·작업치료실·직업훈련실 및 보장구제작실 등 필요한 설비와 지체장애인의 치료 및 훈련에 필요한 기계·기구류 구비
	시각장애인 시설	• 재활사업별로 사업 목적달성에 필요한 시설·설비 구비 • 2층 이상의 건물에는 1개소 이상의 피난설비 구비
	청각·언어 장애인시설	• 직업 훈련사업시 직업훈련실 및 작업훈련용 기계·기구류 비치 • 가능한 한 청능훈련실·언어치료실과 필요한 기계·기구 구비
	정신지체인 발달장애인 시설	• 작업치료실을 설치하되 작업치료의 종류, 기계기구의 종류 및 작업인원에 따라 필요한 면적 확보 • 중증 정신지체인 수용 거실은 1층에 설치 • 필요에 따라 1인용 거실 및 2인용 거실을 설치 가능
중증장애인 요양시설		• 시설의 구조와 설비는 중증장애인이 생활하기에 불편이 없도록 지도 • 유행성질환 감염에 대비하여 격리보호실을 1개 이상 설치 – 격리보호실에는 산소호흡기 및 흡입기(가래제거용)를 사용할 수 있는 시설물 설치 • 거실 중심으로 화장실·욕실 설치 • 잔존기능의 유지 및 향상을 위하여 훈련, 치료를 할 수 있는 물리치료실·작업치료실 및 언어치료실 등의 필요한 설비와 기자재 구비 • 중증장애인의 의료적 진단, 치료에 필요한 각종 기구와 진료실, 간호실 구비
장애영유아 생활시설		• 시설의 구조와 설비는 장애영유아들이 생활하기에 불편이 없도록 지도 • 휠체어·유모차 등 사용에 불편함이 없도록 이동 및 주거공간 등 생활공간 확보 및 각종 편의시설 구비 • 허약아·미숙아·전염가능 아동을 격리·보호할 수 있는 격리보호실 1개 이상 설치 • 신생아를 치료·보호할 수 있는 관계장비 설비 구비 • 거실 중심으로 화장실, 욕실 설치 • 잔존기능의 향상을 위하여 훈련·치료를 할 수 있고, 물리치료실, 작업치료실, 언어치료실 등의 필요한 설비와 기자재 구비

7. 장애인복지시설 종사자 배치 및 자격기준

1) 장애인 생활시설 관리 및 운영요원 배치기준

○ 시설규모별

<table>
<tr><th></th><th>시설장</th><th>총무</th><th>의사 또는 촉탁 의사</th><th>간호사①</th><th>생활지도원②</th><th>영양사</th><th>사무원</th><th>사회재활교사</th><th>직업훈련교사</th><th>시설관리인</th><th>조리원③</th><th>위생원④</th></tr>
<tr><td>30인 이상 시설</td><td>1</td><td>1</td><td>1</td><td>1</td><td rowspan="2">하단 설명</td><td>50인 이상에 1명</td><td>100인 이상에 1명</td><td>30인 이상에 1명</td><td rowspan="2">직업훈련 또는 작업과목에 따라</td><td>200인 이상에 1인</td><td>1</td><td>1</td></tr>
<tr><td>30인 미만 시설</td><td>1</td><td>–</td><td>1</td><td>1</td><td>–</td><td>–</td><td>–</td><td>–</td><td>1</td><td>–</td></tr>
</table>

① 중증장애인요양시설과 장애영유아생활시설 : 50인당 1인 이상으로 한다.

② 18세 이상 성인 : 10인당 1인 이상으로 한다.
아동 및 정신지체 또는 발달장애인 : 5인당 1인 이상으로 한다.
시각장애인 : 4인당 1인으로 한다.
중증장애인요양시설 및 장애영유아생활시설 : 3인당 1인으로 한다.
장애인유료복지시설은 장애인생활시설 인원의 1.5배 이상으로 한다.

③ 시설거주자가 50인 이상인 시설의 경우 매 50인을 초과하는 때마다 1인 추가로 한다.

④ 시설거주자가 30인 이상인 시설의 경우에 한하며 시설거주자가 100인 이상인 시설의 경우에는 매 100인을 초과하는 때마다 1인 추가로 한다.

○ 시설 특성별 관리 및 운영요원 배치기준

시 설 별		물리치료사	작업치료사	상담평가요원	청능치료사	언어치료사	보행훈련사	근로시설기사
장애인 유형별 생활시설	지체장애인 뇌병변장애인	1인 이상 (30인 초과 시 마다 1인 추가)	1인 이상 (다른 전문 요원이 겸직 가능)	1인 (다른 전문 요원이 겸직 가능)	–	–	–	–
	시각장애인	–	–	상동	–	–	1인	–
	청각·언어 장애인	–	–	상동	1인 이상	1인 이상	–	–
	정신지체인 발달장애인	1인 이상 (30인 초과 시 마다 1인 추가)	1인 이상 (다른 전문요원이 겸직 가능)	상동	–	1인 이상	–	–
중증장애인요양시설		상동	상동	상동		1인 이상		
장애영유아생활시설		상동	상동	상동		1인 이상		

※ 장애인공동생활가정의 경우 입주장애인 4인당 사회재활교사 1인으로 한다.

8. 장애인복지시설 이용 및 운영

〈경기도 장애인복지시설 운영 조례〉

제1조(목적) 장애인복지시설을 설치·운영하는 데 필요한 사항을 규정함으로써 장애인복지를 필요로 하는 경기도민이 인간다운 생활을 할 수 있도록 함을 목적으로 한다.

제2조(정의) "장애인복지시설"이란 「장애인복지법」 제58조 제1항에 따른 시설을 말한다.

제3조(적용범위) 장애인복지시설의 설치·운영은 다른 법령이나 조례에서 특별히 정하는 경우를 제외하고는 이 조례가 정하는 바에 따른다.

제4조(관리·운영의 위탁) ① 경기도지사(이하 "도지사"라 한다)는 장애인복지시설의 효율적인 운영을 위하여 사회복지법인이나 비영리법인 및 단체에게 장애인복지시설의 관리·운영을 위탁할 수 있다.

② 제1항에 따라 장애인복지시설의 관리·운영을 위탁할 경우에 그 절차 및 방법 등 필요한 사항은 「경기도 사무위탁 조례」를 준용한다.

제5조(경비지원) 도지사는 제5조 제1항에 따라 장애인복지시설을 위탁하여 운영할 경우 예산의 범위에서 그 관리·운영에 필요한 경비를 지원할 수 있다.

제6조(수탁자의 의무) ① 수탁자는 장애인복지시설의 운영에 지장이 없도록 시설 및 인원을 확보하여야 한다.

② 수탁자는 장애인복지시설의 사용재산을 운영목적 외에 사용할 수 없다.

③ 수탁자는 수탁운영기간 중 선량한 관리자로서 사용재산과 장애인복지시설의 보존책임을 다하여야 한다.

④ 수탁자는 장애인복지시설을 운영하면서 안전에 최선을 다하여야 하며, 안전사고에 대한 책임을 진다.

⑤ 수탁자는 이 조례 및 관계 규정에 따른 명령이나 처분에 위반하여서는 아니 된다.

제7조(이용자의 자격) 장애인복지시설을 이용하는 사람은 이용하는 날 현재 경기도에 주민등록이 되어 있는 사람으로 한다. 다만, 경기도장애인생산품판매시설은 그러하지 아니하다.

제8조(이용료) ① 장애인복지시설 중 경기도장애인종합복지관을 이용하고자 하는 사람은 이용료를 납부하여야 한다.

제9조(임대료 및 사용료의 면제) 다음 각 호의 어느 하나에 해당하는 경우에는 임대료 및 사용료를 면제 또는 감면할 수 있다.

1. 국가 또는 지방자치단체가 주관하는 행사
2. 그 밖에 도지사가 필요하다고 인정하는 경우

제10조(감독) ① 도지사는 장애인복지시설의 운영을 위탁한 경우 관계공무원에게 연 1회 이상 운영실태 등을 조사하게 하거나 장부, 그 밖의 서류를 검사하게 할 수 있으며, 수탁자는 조사 및 검사에 응하여야 한다.

② 도지사는 제1항에 따른 조사 또는 검사결과 시정하여야 할 사항이 있는 경우에는 수탁자에게 시정을 지시할 수 있으며, 수탁자는 이를 이행하여야 한다.

제11조(위탁의 취소) 도지사는 다음 각 호의 어느 하나에 해당하는 사유가 발생한 경우에는 그 위탁을 취소할 수 있다.

1. 수탁자가 제7조의 의무를 위반한 경우
2. 수탁자가 정당한 사유 없이 제11조에 따른 감독에 따르지 아니하거나 시정조치를 이행하지 아니한 경우
3. 수탁자가 장애인복지시설의 운영능력이 없다고 인정되는 경우
4. 수탁자가 위탁조건을 위반한 경우
5. 공익상 장애인복지시설을 위탁 운영할 수 없는 사유가 발생한 경우

제12조(시설관리 등) 수탁자는 장애인복지시설의 관리·운영 수탁기간이 종료되거나 수탁관계가 취소되는 경우에는 원상회복 등의 필요한 조치를 하여야 한다.

제13조(준용) 이 조례에서 정하지 아니하는 사항은 「경기도 보조금의 예산 및 관리에 관한 조례」, 「경기도 공유재산관리조례」, 「경기도 위원회실비변상 조례」 등 관계 법령을 준용한다.

제14조(시행규칙) 이 조례의 시행에 관하여 필요한 사항은 규칙으로 정한다.

9. 벌칙 및 행정처분

1) 벌 칙

(1) 1년 이하 징역 또는 300만 원 이하 벌금

- 업무상 알게 된 개인의 신상에 관한 비밀을 누설할 경우
- 설치신고 또는 변경신고 하지 않고 시설을 설치운영한 자
- 시설운영의 중단, 시설폐쇄 시 법 제50조 제3항 각호의 시설거주자 권익보호조치를 취하지 않은 경우
- 정당한 사유 없이 장애인복지실시기관이 명한 보고를 하지 않거나 허위로 보고한 자, 자료를 제출하지 않거나 허위자료를 제출한 자, 조사 · 검사 · 질문을 거부방해 또는 기피한 자

⇒ 법인의 대표자 또는 법인이나 개인의 대리인 · 사용인 그 밖의 종사자가 그 법인 또는 개인의 업무에 관해 상기의 위반행위를 한 경우에는 행위자 처벌 외 법인 또는 개인에 대해 벌금을 과한다.

(2) 200만 원 이하 과태료

- 설치신고를 하고 시설운영을 개시하지 않은 자로 한다.
- 시설운영 중단, 재 운영, 시설의 폐지 등의 신고의무를 위반한 자로 한다.

2) 행정처분

○ 시설의 개선, 사업의 정지, 폐쇄 등

- 시설기준 미달 시로 한다.
- 정당한 사유 없이 장애인복지실시기관이 명한 보고를 하지 않거나 허위로 보고한 자, 자료를 제출하지 않거나 허위자료를 제출한 자, 조사·검사·질문을 거부방해 또는 기피한 자로 한다.
- 사회복지법인 또는 비영리법인의 설치 운영 시설의 경우 사회복지법인 또는 비영리법인의 설립허가가 취소된 경우로 한다.
- 시설의 회계부정이나 불법행위 기타 부당행위 등이 발견되었을 때로 한다.
- 설치목적의 달성 기타사유로 계속 운영할 필요가 없다고 인정될 때로 한다.
- 이 법 또는 이 법에 의한 명령이나 처분에 위반할 때로 한다.

CHAPTER 16

정신보건시설

1. 정신보건시설의 종류

	법적정의	법적성격	적용법규
정신의료시설	의료법에 의한 의료기관 중 주로 정신질환자의 진료를 행할 목적으로 설치된 병원("정신병원")과 의원 및 병원급 이상의 의료기관에 설치된 정신과	의료법에 의한 의료기관	의료법(령, 규칙) 정신보건법(령, 규칙)
정신요양시설	정신의료기관에서 의뢰된 정신질환자와 만성정신질환자를 입소시켜 요양과 사회복귀 촉진을 위한 훈련을 행하는 시설	사회복지사업법에 의한 사회복지시설	사회복지사업법(령, 규칙) 정신보건법(령, 규칙) 정신요양시설의 설치기준 및 운영 등에 관한 규칙
정신질환자 사회복귀시설	정신질환자를 정신의료기관에 입원시키거나 정신요양시설에 입소시키지 아니하고 사회복귀촉진을 의한 훈련을 행하는 시설	사회복지사업법에 의한 사회복지시설	사회복지사업법(령, 규칙) 정신보건법(령, 규칙)

〈표 16-1〉 정신질환자 사회복귀시설의 종류

정신질환자 생활훈련시설	정신질환 때문에 가정에서 일상생활을 영위하는 데 지장이 있는 정신질환자를 위하여 일상생활에 적응할 수 있도록 저렴한 요금으로 거실 기타 시설을 이용하게 하고 필요한 훈련 및 지도를 함으로써 정신질환자의 사회복귀를 촉진할 것을 목적으로 하는 시설
정신질환자 작업훈련시설	고용되기 곤란한 정신질환자가 자활할 수 있도록 저렴한 요금으로 거실 기타 시설을 이용하게 하고 필요한 훈련을 하며 직업을 알선함으로써 사회복귀 촉진을 도모하는 것을 목적으로 하는 시설
정신질환자 주거시설	정신질환으로 가정에서 생활하기 어려운 자에 대하여 저렴한 비용으로 주거를 제공하는 것을 목적으로 하는 시설
정신질환자 종합훈련시설	정신질환자에 대하여 저렴한 비용으로 생활훈련과 작업훈련 등을 실시하는 것을 목적으로 하는 시설

⇒ 사회복지시설 : 정신요양시설, 정신질환자 사회복귀시설
생활시설 : 정신요양시설, 사회복귀시설 중 정신질환자가 실제로 거주하는 시설
이용시설 : 사회복귀시설 중 정신질환자가 실제로 거주하지 않고 이용하는 시설

2. 정신요양시설

1) 정신요양시설의 설치 · 운영

(1) 설치 · 운영할 수 있는 자

정신요양시설을 설치 · 운영하고자 하는 사회복지법인, 비영리법인은 허가신청서와 첨부서류를 시 · 군 · 구청장을 거쳐 시 · 도지사에게 제출한다.

※ 첨부서류

법인등기부등본 · 정관 · 사업계획서 · 수지예산서 · 법인재산의 평가조서 및 재산수익조서, 시설의 위치도 및 시설의 구조별 면적이 표시된 평면도, 기타 보건복지부령이 정하는 설치기준 등에 해당함을 입증하는 서류

☞ 사회복지법인 및 비영리법인이 아닌 단체 및 개인은 설치할 수 없음

(2) 허가 및 허가권자

○ 시 · 도지사(보건복지부장관 위임)

※ 허가받은 사항 중 다음의 사항을 변경하고자 하는 때에도 시 · 도지사의 허가를 받아야 한다.

- 법인대표 또는 시설장의 변경
- 시설소재지의 변경
- 입소정원의 변경

⇒시설장은 사유발생일로부터 14일 이내에 당해 변경통지서를 시 · 군 · 구청장을 거쳐 시 · 도지사에게 제출한다.

2) 입소대상자

① 정신과전문의에 의하여 정신질환자로 진단된 자로서 본인이 당해 시설에 입소하기를 원하는 자로 한다.

② 정신과전문의에 의하여 정신요양시설에 입소가 필요하다고 진단된 정신질환자로서 보호의무자가 당해시설에 입소시키고자 하는 자로 한다.

③ 정신과전문의에 의하여 정신요양시설에 입소가 필요하다고 진단된 정신질환자로서 시 · 군 · 구청장이 보호의무자가 되는 자로 한다.

※ 입소 시 첨부서류

- 정신요양시설에 입소가 필요하다는 진단결과가 기재된 정신과전문의의 진단서(최근 30일 이내에 발행된 것에 한한다)
- 정신질환자 및 보호의무자의 주민등록표등본(시 · 군 · 구청장이 보호의무자인 경우는 제외한다)
- 수급자증명서 1부(기초생활수급자에 한한다)

⇒ 정신요양시설에는 국민기초생활보장법에 의한 수급자를 우선 입소시켜야 한다.

참고 : 보호의무자의 범위 및 순위

ㅇ 정신질환자 보호의무자의 범위

▸ 민법상의 부양의무자

– 민법 제7장 부양(제974조 이하) 참조

▸ 민법상의 후견인

– 민법 제5장 후견(제928조 이하) 참조

▸ 주소지 또는 현재지(주소불명인 경우) 관할 시 · 군 · 구청장

– 보호의무자가 없는 경우

– 보호의무자가 부득이한 사유로 그 의무를 이행할 수 없는 경우

※ 다만, 다음에 해당하는 자는 보호의무자가 될 수 없음

△ 금치산자 및 한정치산자

△ 파산선고를 받고 복권되지 아니한 자

△ 당해 정신질환자를 상대로 한 소송이 계류중인 자 또는 소송한 사실이 있었던 자와 그 배우자

△ 미성년자

△ 행방불명자

ㅇ 보호의무자 사이의 보호의무의 순위

▸ 민법상의 부양의무자의 순위

– 민법 제7장 부양(제974조 이하) 참조

▸ 민법상의 후견인의 순위

– 민법 제5장 후견(제928조 이하) 참조

3) 입소 및 퇴소절차

(1) 정신질환자 입소절차

① 기본 원칙

누구든지 정신과전문의의 진단에 의하지 아니하고 정신질환자를 정요양시설에 입원시키거나 입원을 연장할 수 없다.

② 자원입소

정신질환자는 본인이 제출한 입원신청서에 의하여 정신요양시설에 자의로 입소 가능하다.

③ 보호의무자에 의한 입원

정신질환자의 보호의무자의 동의가 있는 때에는 정신과전문의가 입원이 필요하다고 진단한 경우에 한하여 입소 가능하다.

정신과전문의의 입원권고서에는 다음의 내용이 포함되어야 한다.

- 시설 입소치료를 받을 만한 정도 또는 성질의 정신질환에 걸려 있는 경우로 한다.
- 자신의 건강·안전이나 타인의 안전을 위하여 입소할 필요가 있는 경우로 한다.

보호의무자에 의한 입원기간은 6개월 이내로 한다.

〈6개월 경과 후에도 계속 입소치료를 하기 위해서는〉

▸ 전제조건

△ 계속입원치료가 필요하다는 "정신과전문의의 진단"

△ 계속입원치료에 대한 "보호의무자의 동의서"

▸ 심사과정(매 6월마다 해야 함)

1) 시설장의 계속입소치료에 대한 시·도지사 심사청구(입소만료일 30일 전까지)
2) 시·도지사의 지방정신보건심의위원회에 심사내용 회부
3) 동위원회는 상기내용을 정신보건심판위원회에서 심사하여 시·도지사에 결과보고
4) 심사결과에 따른 시설장에 대한 시·도지사 명령

(2) 정신질환자 퇴소절차

① 기본 원칙

정신질환자 본인 또는 보호의무자는 퇴소를 원할 경우 정신과전문의의 퇴소금지 진단에 의하지 아니하고는 시설에서 퇴소할 수 있다.

② 자원입소 시 퇴소

정신요양시설의 장은 자원입소한 환자로부터 퇴소신청이 있는 경우에는 지체 없이 퇴소시켜야 한다.

※ 정신과전문의의 별도 진단이 필요없이 지체 없이 퇴소조치한다.

③ 보호의무자에 의한 입소 시 퇴소

시설장은 입원동의서를 제출한 보호의무자로부터 퇴원신청이 있는 경우에

는 지체 없이 당해 환자를 퇴원시켜야 한다.

⇒ 단, 정신과전문의가 정신질환자의 위험성을 고지한 경우에는 시설장은 퇴원을 중지할 수 있으며, 이 경우 보호의무자는 즉시 지방정신보건심의위원회에 이의를 신청할 수 있다.

보호의무자에 의한 입소 시, 정신질환자가 직접 퇴소를 청구한 경우에도 정신과전문의가 퇴원이 가능하지 않다는 의견을 표시한 경우가 아니라면 즉시 퇴원시켜야 한다.

④ 정신요양시설 퇴소 시 다른 시설에 일시보호

퇴소하는 자가 희망하는 경우에 한하여 사회복지시설이나 사회복귀시설에 일시적으로 보호조치 가능하다.

⑤ 무단퇴소자에 대한 조치

시설장은 입소 중인 정신질환자로서 자신 또는 타인을 해할 위험이 있는 자가 무단으로 퇴소하여 그 행방을 알 수 없는 때에는 관할 경찰서장에게 탐색을 요청할 수 있다.

4) 퇴소심사 및 불복절차

(1) 퇴소심사가 필요한 경우

- 보호의무자에 의한 입소 시, 보호의무자가 입소환자의 퇴소를 요구한 경우에 정신과전문의의 진단결과 퇴소가 불가능하다고 판정되어 보호의무자가 이에 불복하여 심사를 청구한 때로 한다.
- 보호의무자에 의한 입소시, 입소환자 자신이 퇴소를 요구한 경우에 정신과전문의의 진단결과 퇴소가 불가능하다고 판정되어 입소환자가 이에 불복하여 심사를 청구한 때로 한다.
- 보호의무자에 의한 입소 시, 6개월이 경과한 후에도 계속입원조치가 필요하다는 "정신과전문의의 진단"이 있고 "보호의무자가 입원동의서"를 제출한 때로 한다.

☞ 자원입소의 경우, 환자 자신의 퇴소신청 시 "퇴소 심사 없이" 즉시 퇴소조치한다.

(2) 소심사 절차

① 심사청구(상기 "퇴소심사가 필요한 경우" 참조)
- 시설장의 계속입소치료에 대한 시·도지사 심사청구
- 보호의무자, 입소환자의 퇴소불가에 대한 시·도지사 불복심사 청구

② 시·도지사의 지방정신보건심의위원회에 심사회부

③ 지방정신보건심의위원회의 심사
- 지방정신보건심의위원회는 지체 없이 정신보건심판위원회에서 심사하여 그 결과를 시·도지사에게 보고한다.

※ 시설장 의견 청취
→ 심 사시 해당 정신질환자가 입원하고 있는 시설장의 의견을 청취해야 하나, 환자 및 보호의무자에게 유리한 경우에는 그 의견을 듣지 아니할 수 있다.

④ 심사결과에 따른 시·도지사의 처분
- 시·도지사는 심사결과에 따라 필요한 경우 시설장에게 퇴소를 명하거나 처우개선을 위하여 필요한 조치를 취하도록 명해야 한다.
- 시·도지사는 퇴원을 청구한 자에 대하여 심사결과 및 이에 따른 조치내용을 청구서 접수일로부터 30일 이내에 서면으로 통지하여야 한다.
  ※ 단, 부득이한 사유로 기간 내에 통지하지 못할 때에는 그 사유와 심사통지할 기한을 서면으로 통지하여야 한다.

⑤ 심사결과에 따른 시설장의 처분
- 시설장은 심사결과에 따라 퇴원명령을 받은 때에는 당해 환자를 즉시 퇴원시켜야 한다.
- 시설장은 정신질환자를 입원 또는 입원기간을 연장시킨 때에는 지체 없이 본인에게 입원 또는 입원기간을 연장시킨 사유와 퇴원심사 청구에 관한 사항을 서면으로 통지하여야 한다.

⑥ 지방정신보건심의위원회 심사결과에 대한 불복청구

- 심사결과 통지에 불복이 있거나 기간 내에 심사를 받지 못한 경우에는 보건복지부장관에게 재심사를 청구할 수 있다.
- 보건복지부장관은 재심사청구를 받은 때에는 즉시 당해 청구내용을 중앙정신보건심판위원회에 회부한다.

※ 중앙정신보건심판위원회의 심사에 관한 사항에 관하여는 지방정신보건심판위원회의 심사 규정을 준용한다.

5) 정신요양시설의 시설 · 설비기준 및 종사자 기준

(1) 정신요양 시설 설치기준

거실	의무실	사무실	상담실 및 면회실	휴게실	조리실	목욕탕	세탁장 및 건조장	화장실	급배수시설	비상재해시설
하단 설명	1	1		1	1	1	1	하단 설명	하단 설명	1

ㅇ 거실
- 적절한 난방 · 통풍시설, 비상시 대피 용이한 출입구
- 복도, 다락 등을 제외한 거실의 실제 면적은 1인당 3.3㎡ 이상
- 1실의 정원은 10인 이하로 하되, 남녀는 거실을 구분 설치
- 일반입소자와 격리할 필요가 있는 환자의 요양보호를 위한 별도의 격리 거실 설치

ㅇ **의무실** : 의약품, 위생재료, 의료기구 등 구비
ㅇ **사무실** : 책상, 전화기 등 필요한 설비 구비
ㅇ **상담실 및 면회실** : 상담, 면회에 필요한 설비 구비
ㅇ **휴게실** : 신문 · 잡지 등의 서적류 비치, 텔레비전 및 공중전화기 등 설비 구비
ㅇ **조리실** : 방충망, 식기소독기 등 위생설비 구비
ㅇ **목욕실** : 욕조, 샤워 및 세면설비 등 구비
ㅇ **세탁실 및 건조실** : 세탁기, 건조설비 등 구비
ㅇ **화장실**
- 수세식 설비, 남녀용 구분 설치
- 변기수는 여자용은 10인당 1개, 남자용은 15인당 대 · 소변기 각각 1개

ㅇ **급배수시설**
- 수돗물이나 먹는물 관리법 제5조 규정에 적합한 시설
- 지하수 등 사용 시 화장실, 폐기물시설, 동물사육장 등 오염원으로부터 20미터 이상 떨어진 곳에 설치

ㅇ **비상재해대비시설** : 소화기구, 경보설비, 비상구 설치

(2) 정신요양시설 수용인원

입소정원은 300인 이하를 원칙으로 한다.

※ 보건복지부장관의 고시에 적합한 경우로서 시·도지사를 허가를 받은 때에는 300명을 초과하는 시설 운영이 가능하다.

시설장은 부득이한 경우 시·도지사의 허가를 받아 입소정원 30%내 추가 입소 가능하다.

입소정원은 거실별 실제바닥면적을 합산한 면적을 3.3㎡로 나눈 값으로 한다.

※ 거실 1실의 실제바닥면적이 33㎡을 넘으면 당해 거실의 입소정원은 10인으로 한다.

㉠ 거실 5개 ⇒ 실제바닥면적 : 17㎡, 20㎡, 25㎡, 29㎡, 45㎡

거실별 실제바닥면적을 합산한 면적 = 136㎡

입소정원 : 37명(45㎡일 경우 10명이므로 17+20+25+29/3.3+10=37)

(3) 정신요양시설 인력기준

시설장	총무	정신과 전문의	간호사	보조원 (생활 지도원)	영양사	사무원	정신 보건 전문 요원	작업 지도원	취사원 (조리원)	세탁원 (위생원)	경비원
1	1	1인 이상	하단 참조	하단 참조	하단 참조	1인 이상	1인 이상	1인 이상	2인 이상	1인 이상	2인 이상

○ 시설장
- 시설장이 정신과전문의·간호사·영양사 또는 정신보건전문요원의 면허(자격)중 1 이상 면허(자격)를 가지고 있는 경우 해당면허(자격)증 소지자 업무 겸직 가능
- 시설장이 정신보건전문요원의 자격과 간호사의 면허를 함께 보유 시 그 업무 중 하나만 겸직 가능
  ☞ 시설장 외 종사자가 정신보건전문요원의 자격 또는 간호사의 면허를 가지고 있는 경우 그 업무 겸직 가능

○ 간호사 : 입소자 40인당 1인
(정원의 2분의 1의 범위 내에서 간호조무사를 간호사로 갈음 가능)

○ 보조원 : 입소자 25인당 1인

○ **영양사** : 입소자 50인 이상 시설에 한함
○ **작업지도원** : 작업치료사, 사회복지사, 간호사, 간호조무사 자격소지자
○ **정신보건전문요원** : 여자입소시설은 여자정신보건전문요원 1인 배치
※ **정신보건전문요원** : 정신보건임상심리사, 정신보건간호사, 정신보건사회복지사
⇒ 정신보건전문요원의 업무범위 및 한계, 자격기준 등에 대해서는 정신보건법 시행령 제2조 제1항 및 제2조 제2항과 이에 관련된 별표 1과 별표 2 참조

6) 정신요양시설의 이용 및 운영

(1) 정신질환자 생활 관련 사항

① 일상생활 관련 사항

생활자가 일정표에 따라 적절한 운동·오락·교양시간 등을 가질 수 있도록 하고, 주 1회 이상(5월에서 8월까지의 기간 중 3월간은 주 2회 이상) 목욕이 가능하도록 한다.

생활자 또는 그 보호자가 생활자의 외출·외박을 신청 시 정신과전문의의 동의를 얻도록 하며, 시설장은 이에 관한 사항을 외출·외박기록부에 기록한다.

시설장은 입소비용 및 생활자준수사항 등을 명시한 관리규정을 정하고, 이를 생활자에게 알려주어야 한다.

식단은 영양사가 작성하여야 하며(영양사가 없는 시설은 보건소의 지도를 받아 이를 작성) 전염성질환·화농성창상 등 조리에 부적합한 질환을 가진 자의 조리를 금지한다.

② 생활자의 건강관련

생활자에 매년 1회 이상 건강진단을 실시하며, 진단결과 전염병환자에 대하여는 보건소에 신고하고, 보건소장의 지시에 따라 필요한 조치를 취한 후 지체 없이 보호의무자에게 통보한다.

생활자에 대한 진료 및 처방은 정신과전문의에 의해, 투약은 정신과전문의 또는 간호사에 의해 실시하며 진료기록부 및 투약관리대장에 기록·관리한다.

생활자가 합병증 등 다른 질병에 걸리거나 건강상태가 악화된 경우에는 일시적으로 격리된 거실에서 정신과전문의 등에게 필요한 진료 등을 받도록 하거나 의료기관으로 이송하여 입원 또는 통원치료를 받도록 조치한다.

생활자가 의료기관의 입원치료가 필요한 경우에는 이를 보호의무자에게 통보한 후 퇴소조치한다.

※ 단, 생활자가 정신질환외의 질환으로 14일 이내에 퇴원이 가능하다는 의사의 진단이 있는 경우 보호의무자와 협의하여 퇴소조치를 하지 아니할 수 있다.

③ 생활자 사회복귀 관련

생활자 본인의 신청 또는 동의가 있는 경우, 정신과전문의의 지시에 따라 사회복귀훈련의 목적으로 단순작업을 통한 작업치료 실시한다.

작업치료사·사회복지사·간호사 또는 간호조무사의 자격소지자를 작업지도원으로 임명하여 작업지도 등을 수행하고 작업지도원이 작업치료일지를 기록하고 정신과전문의의 확인을 받도록 한다.

작업시간은 1일 6시간, 1주당 30시간을 초과할 수 없다.

※ 작업결과 필요경비를 제외한 수익금 전액은 작업자에게 각 개인별 예금계좌를 통하여 지급한다.

(2) 정신요양시설 운영 관련 사항

① 비용징수 관련

입소정원의 30퍼센트 범위 안에서 수급자가 아닌 자에 대하여 보건복지부장관이 정한 한도액 내에서 입소요금을 받고 입소 가능하다.

※ 단, 시설의 현원이 입소정원에 미달하는 경우에는 시·도지사의 승인을 얻어 정원의 50퍼센트까지 수급자가 아닌 자를 입소 가능하다.

입소요금은 월 단위로 정하며, 월별 입소요금은 당월에 이를 수납하되, 납부자가 원하는 경우에는 2개월, 3개월분의 요금의 일시수납 가능하다.

입소요금은 종사자의 인건비 등 시설운영비 외 사용을 금지한다.

② 장부 등의 비치 · 보존 관련

– 영구보존 장부

• 시설설치허가증 · 법인정관 및 시설의 연혁에 관한 기록부

• 재산목록과 그 권리에 관한 증명서

– 10년 보존 장부

• 입 · 퇴소자의 명단 및 신상기록, 요양보호경과 · 진료 · 투약 · 작업 · 면회 · 외출등 요양보호생활을 기록한 서류

– 5년 보존 장부

• 시설장 및 종사자의 인사기록부(이력서 및 해당자격증의 사본 포함)

• 예산서 및 결산서

• 총계정원장 및 수입 · 지출보조부

• 금전 및 물품의 출납부와 그 증빙서류

• 임금대장 · 자재(원료)출납부 · 제품출납부 · 제품매출대장(작업치료를 실시하는 경우에 한함)

– 3년 보존 장부

• 시설운영일지

• 보고서철 및 관계행정기관과의 수발문서철

• 종사자의 인사 · 복무 및 시설운영에 관한 규정

③ 기타 시설관리 관련

– 시설장은 전기시설 · 가스시설 · 보일러 등 화재유발시설에 대하여 정기 안전 점검 실시하는 등 안전관리에 유의해야 한다.

– 생활자 무단이탈을 예방하기 위해 필요한 곳에 탈주방지시설을 설치하고 경비원 · 보조원 및 간호사 등 근무자가 정위치에서 근무하도록 지도 · 감독한다.

– 시설동별 주간 및 야간의 상시근무자를 지정 · 근무케 하고 정기 및 수시 자체안전점검 및 안전교육을 실시하고, 자체비상연락망 및 대응체계를 수립 · 실시한다.

– 사망자 발생 시 보호의무자에게 인도하거나, 보호의무자가 시 · 군 · 구청장인 경우에는 관련법에 의거 매장 또는 화장하여야 한다.
– 시설장은 생활자 사망에 관한 사항을 시 · 도지사에게 매월 보고하고 시 · 도지사는 적법한 사망자 처리가 이루어지도록 지도 · 감독한다.

(3) 생활자에 대한 통제 관련

○ 정신질환자 치료에 필요한 경우에 한해 통신의 자유, 면회의 자유, 기타 대통령령이 정하는 행동의 자유 제한이 가능하다.

※ 제한할 수 있는 "행동의 자유"의 범위

– 종교행사의 자유, 종교적 집회결사의 자유 및 선교의 자유
– 학문예술의 자유
– 사생활의 자유

→ 진료행위에 지장이 없고 타인에게 해를 주지 아니하는 경우에는 제한 금지한다.

☞ 시설장이 행동을 제한하는 경우에는 정신과전문의의 지시에 따라야 하며 진료기록부에 기재한다.

○ 생활자 격리는 본인 또는 주변 사람이 위험에 이를 가능성이 현저히 높고 격리외의 방법으로 그 위험을 회피하는 것이 뚜렷하게 곤란하다고 판단되는 경우에 당해 시설 내에서 행하여져야 한다.

☞ 생활자 격리의 경우에는 정신과전문의의 지시에 따라야 하며 이를 진료기록부에 기재한다.

○ 보건복지부장관 또는 시 · 도지사는 시설장에게 정신질환자의 요양과 사회복귀촉진을 위한 훈련에 지장이 없는 범위 안에서 지역주민, 사회단체, 언론기관 등이 정신요양시설의 운영상황을 파악할 수 있도록 당해 시설의 개방을 요구 가능하다.

7) 벌칙 및 행정처분

(1) 벌칙

위반사유	벌 칙
시설장이 자의입원자의 퇴원을 거부하는 경우	5년 이하 징역 또는 2천만 원 이하 벌금
심사결과 퇴원판정이 나왔음에도 시설장이 퇴원시키지 않을 경우	
보호의무자의 퇴원신청이 있을 경우 시설장이 정신과전문의의 위험성 고지가 없었음에도 퇴원시키지 않을 경우	
시・도지사가 심사결과에 따라 퇴원을 명하였으나 이에 불응한 경우	
시・도지사 또는 보건복지부장관이 정신보건심의위원회 위원으로 하여금 시설에 출입하여 입소대상자를 직접 면담한 결과에 따라 시・도지사 또는 보건복지부장관이 퇴소를 명하였음에도 이에 불응한 경우	
정신과전문의의 진단 없이 정신질환자를 입소시키거나 입소를 연장한 경우	
직무상 알게 된 생활자의 비밀을 누설하거나 발표한 자에 대해	3년 이하 징역 또는 1천만 원 이하 벌금
입소자의 통신의 자유를 제한한 자에 대해	
입소 후 6개월이 경과한 후 계속입원치료가 필요하다는 정신과전문의의 진단이 있고 보호의무자가 입원동의서를 제출한 때, 매 6월마다 시도지사에게 계속입원치료에 대한 심사를 청구하지 않거나 지연한 자에 대해	1년 이하 징역 또는 5백만 원 이하 벌금
지방(중앙)정신보건심의회의 심사결과 또는 시설에 대한 방문 심사결과에 따른 시・도지사의 처우개선 명령에 응하지 않는 자에 대해	
생활자 또는 보호의무자의 동의를 얻지 않고 녹음, 녹화, 촬영을 한 자에 대해서	
정신과전문의의 지시에 따르지 않고 생활자를 격리한 자 또는 진료기록부에 기재하지 않은 자에 대해	

☞ 법인의 대리자 또는 법인이나 개인의 대리자, 사용인 기타 종업원이 그 법인 또는 개인의 업무에 관하여 상기 위반행위를 한 때에는 행위자를 벌하는 외에 그 법인 또는 개인에 대하여도 해당 위반행위에 해당하는 벌금을 과한다.

(2) 100만 원 이하 과태료

○ 정신요양시설의 폐지・휴지・재개시 미리 신고하지 않을 경우로 한다.
○ 입소기간 연장사유를 본인에게 서면으로 통지하지 않은 자로 한다.
○ 행정기관의 보고명령에 응하지 않거나 허위보고를 한 자, 관계서류를 제출하지 않거나 허위서류를 제출한 자, 관계공무원・정신보건심의위원회 위원의 검사・심사를 거부방해 또는 기피한 자로 한다.

(3) 행정처분

① 일반기준

− 위반행위의 차수에 따른 행정처분의 기준은 최근 2년간 같은 위반행위로 행정처분을 받을 경우에 적용하되 처분기준의 적용일은 동일한 위반사항에 대한 행정처분일과 재적발일을 기준한다.
− 4차 위반을 한 경우에 있어서 3차 위반의 처분기준이 사업정지인 경우에는 허가를 취소하거나, 폐쇄를 명한다.
− 동시에 2개 이상의 위반행위가 있는 경우 다음의 구분에 의해 처분한다.
  △ 가장 중한 위반행위에 대한 처분기준이 허가취소에 해당하는 때에는 허가를 취소한다.
  △ 각 위반행위에 정한 처분기준이 사업정지에 해당하는 때에는 그 중 가장 중한 처분기준에 나머지 처분기준의 2분의 1을 더하여 처분한다.
− 1차 처분기준인 개선명령 또는 시설의 장의 교체명령은 위반 행위의 동기・정도 등을 감안하여 행하되, 위반사항이 경미한 경우에는 개선 명령을 우선적으로 발한다.
− 행정처분권자는 위반사항의 내용으로 보아 그 위반 정도가 경미하거나 기타 특별한 사유가 있다고 인정되는 경우에는 처분기준에 불구하고 그 처분기준을 다음의 구분에 따라 경감할 수 있다.
  △ 사업정지의 경우에는 그 처분기준의 2분의 1의 범위 안에서 경감 가능하다.
  △ 허가취소, 시설폐쇄의 경우에는 20일 이상의 사업정지로 갈음 가능하다.

② 개별기준

위 반 행 위	근거법령	행정처분 기준		
		1차 위반	2차 위반	3차위반 이상
1. 시설이 허가기준 미달 또는 위반한 경우	법 제11조 제1항 1호			
가. 설치기준 위반 시		개선명령 또는 시설장교체	사업정지 8일	사업정지 16일
나. 입소인원 초과 시		개선명령 또는 시설장교체	사업정지 6일	사업정지 10일
다. 종사자기준 위반 시		개선명령 또는 시설장교체	사업정지 8일	사업정지 16일
라. 시설의 이용 및 운영 규정 위반 시		개선명령 또는 시설장교체	사업정지 6일	사업정지 10일
2. 법인 설립허가 취소 시	법 제11조 제1항 2호	허가취소		
3. 법 제조 제1항 또는 법 제39조 제4항의 규정에 의한 명령에 불응한 때	법 제12조 제3항 제2호			
가. 중앙(지방)정신보건심의위원회 심사결과에 따라 복지부장관(시도지사)이 명한 퇴소, 처우개선 명령에 불응시		개선명령 또는 시설장교체	사업정지 8일	사업정지 16일

(4) 관리 · 감독

- 시 · 도지사는 매반기 1회 이상 정신요양시설에 대하여 소관업무에 관한 지도감독을 실시한 후 지도감독 결과를 다음 반기가 시작되는 달의 말일까지 보건복지부장관에게 보고한다.
- 시설장은 정신질환자 및 시설종사자의 월별변동사항을 다음달 7일까지 시 · 도지사에게 보고하고 시 · 도지사는 매분기별로 이를 종합하여 매분기가 끝나는 달의 다음 달 20일까지 보건복지부장관에게 보고한다.

3. 정신질환자 사회복귀시설

1) 사회복귀시설의 설치 · 운영

국가 지방자치단체 외 사회복귀시설을 설치・운영하고자 하는 자는 시설 신고서와 첨부서류를 시・군・구청장에게 제출한다.

※ 첨부서류

△ 법인등기부등본・정관・사업계획서・수지예산서(법인인 경우에 한한다.)

△ 시설의 위치도, 설비구조내역서 및 시설의 구조별 면적이 표시된 평면도

△ 종사자의 수 및 자격을 입증하는 서류

☞ 사회복지법인 및 비영리법인이 아닌 단체 및 개인도 설치할 수 있다.

신고 및 신고접수권자는 시장・군수・구청장으로, 신고한 사항 중 다음의 사항을 변경하고자 하는 때에도 시・군・구청장에게 다시 신고해야 한다.

- 법인대표 또는 시설장의 변경
- 시설소재지의 변경
- 입소정원의 변경

⇒ 시설장은 사유발생일로부터 14일 이내에 당해 변경통지서를 시・군・구청에게 제출한다.

2) 입소대상자

사회복귀시설을 이용 또는 입소할 수 있다는 정신과전문의의 소견이 있는 정신질환자로 한다.

⇒ 시설장은 생활자 및 이용자의 입소・이용의 적정성 여부에 대하여 입소・이용일부터 1년마다 정신과 전문의의 진단을 받도록 한다.

※ 국가 또는 지방자치단체가 설치・운영에 필요한 비용을 보조하는 시설은 수급자 우선입소 의무가 있다.

3) 사회복귀시설의 시설 · 시설기준 및 종사자 기준

(1) 사회복귀시설 시설 설치기준

<table>
<tr><th colspan="2" rowspan="2">시설의 종류</th><th colspan="8">설 비 기 준</th></tr>
<tr><th>거실</th><th>훈련실</th><th>사무실</th><th>휴게실</th><th>식당 생활 훈련실</th><th>화장실 샤워실</th><th>조리실</th><th>비상 재해 시설</th></tr>
<tr><td rowspan="2">정신질환자 생활훈련시설, 작업훈련시설, 종합훈련시설 (입소시설로 운영할 경우)</td><td>50인 이하 31인 이상</td><td>1</td><td>1</td><td>1</td><td>1</td><td>1</td><td>1</td><td>1</td><td>1</td></tr>
<tr><td>30인 이하</td><td>1</td><td colspan="3">1</td><td>1</td><td>1</td><td>1</td><td>1</td></tr>
<tr><td colspan="2">정신질환자주거시설 (10인 이하의 시설로 운영하여야 한다)</td><td colspan="8">거실, 및 화장실 등 주거에 필요한 기본 시설을 갖추어야 한다.</td></tr>
</table>

- 거실의 바닥면적은 1인당 4.3㎡ 이상으로 하고, 1실의 정원은 6인 이하로 하며, 남 · 녀생활자를 구분하여야 한다.
- 생활시설이 이용시설을 겸하는 경우에는 전체 입소자 및 이용자가 사용하는 데 지장이 없는 규모의 시설을 갖추어야 한다.
- 사회복귀시설 중 정신질환자의 생활훈련시설 · 작업훈련시설 및 종합훈련시설을 생활시설로 운영하는 경우 그 입소정원은 50인을 초과할 수 없다.

(2) 정신질환자 사회복귀시설 종사자 기준

시설의 종류	시설장[①]	정신과 전문의[②]	정신보건 전문요원	보조원	영양사	관리인
정신질환자 생활훈련시설, 작업훈련시설, 종합훈련시설	1	1	입소자 정원 15인당 1명씩	입소자 정원 10인당 1인씩	1회 50명 이상 식사제공 시설에 한함.	–
정신질환자 주거시설	1					정신보건 전문요원[③] 1인 이상

① 시설장의 자격요건

- 정신과전문의, 정신보건전문요원, 사회복지법인 기타 비영리법인의 대표로 한다.

② 정신과전문의를 배치하지 않아도 되는 경우

- 시설장이 전문의인 경우로 한다.
- 시설장이 촉탁의를 둔 경우로 한다.
- 당해 시설의 소재지를 관할하는 시·군·구청장이 위촉한 자문의의 자문을 얻을 수 있는 경우로 한다.
- 정신의료기관과 협력하여 당해 정신의료기관에 근무하는 전문의의 자문을 얻을 수 있는 경우로 한다.

③ 정신보건전문요원을 배치하지 않아도 되는 경우

- 시설장이 정신보건전문요원인 경우 위 기준에 의한 전문요원 1인을 둔 것으로 간주한다.

  ※ 이용자와 생활자가 혼재해 있는 경우 연평균 1일 이용자 2인은 이를 입소자 1인으로 간주한다.

4) 사회복귀시설의 이용 및 운영

(1) 정신질환자 생활 및 이용 관련 사항

식단은 영양사가 작성하여야 하며(영양사가 없는 시설은 보건소의 지도를 받아 이를 작성) 전염성질환·화농성창상 등 조리에 부적합한 질환을 가진 자의 조리를 금지한다.

시설장은 입소·이용비용 및 생활자·이용자준수사항 등을 명시한 관리규정을 정하고, 이를 생활자 및 이용자에게 알려주어야 한다.

시설장은 생활자의 거실 또는 생활자의 거실이 있는 건물마다 전문요원·보조원·관리인 또는 그 밖의 필요한 직원 1인을 생활자와 함께 생활하게 한다.

⇒ 단, 정신질환자 주거시설로서 정신과전문의가 생활자의 건강상태가 관리인 등이 함께 생활하지 않아도 시설생활이 가능하다고 인정하는 경우

에는 그러하지 않는다.

시설생활자, 시설장, 종사자, 환자가족 및 자원봉사자 외에는 시설에 거주할 수 없다.

(2) 장부 등의 비치 · 보존 관련

정신요양시설과 동일하다.

(3) 생활자 · 이용자 훈련 및 사업

시설장은 생활자에게 일상생활 유지와 사회적응능력 향상을 위한 생활훈련과 작업능력이 있는 정신질환자의 작업능력향상과 직업재활을 위한 작업훈련을 실시할 수 있다.

- 작업훈련은 1일 8시간, 1주당 44시간을 초과하는 것을 금지한다.
- 작업훈련은 시설내 실시를 원칙으로 하되, 훈련효과 증진을 위해 필요한 경우 시설 외 훈련기관에 의뢰하여 실시 가능하다.
- 작업결과 필요경비를 제외한 수익금전액은 작업자에게 각 개인별 예금계좌를 통하여 지급한다.

5) 벌칙 및 행정처분

(1) 형사처벌

위반사유	벌 칙
이 법 또는 다른 법령에 의해 정신질환자를 의료보호할 수 있는 시설 외의 장소에 정신질환자를 수용할 경우	5년 이하 징역 또는 2천만 원 이하 벌금
법 제18조 제1항 규정에 의한 사업정지 또는 폐쇄명령을 위반한 자	3년 이하 징역 또는 1천만 원 이하 벌금
신고하지 않고 사회복지시설을 설치 · 운영한 자	
직무상 알게 된 타인의 비밀을 누설하거나 발표한 자	
지방(중앙)정신보건심의회의 심사결과 또는 시설에 대한 방문 심사결과에 따른 시 · 도지사의 처우개선 명령에 응하지 않는 자	1년 이하 징역 또는 5백만 원 이하 벌금
생활자 또는 보호의무자의 동의를 얻지 않고 녹음, 녹화, 촬영을 한 자	
정신과전문의의 지시에 따르지 않고 생활자를 격리한 자 또는 진료기록부에 기재하지 않은 자	

(2) 100만 원 이하 과태료

사회복귀시설의 폐지·휴지·재개 시 미리 신고하지 않을 경우로 한다.

행정기관의 보고명령에 응하지 않거나 허위보고를 한 자, 관계서류를 제출하지 않거나 허위서류를 제출한 자, 관계공무원·정신보건심의위원회 위원의 검사·심사를 거부방해 또는 기피한 자로 한다.

(3) 행정처분

① 일반기준

- 위반행위의 차수에 따른 행정처분의 기준은 최근 2년간 같은 위반행위로 행정처분을 받을 경우에 적용하되 처분기준의 적용일은 동일한 위반사항에 대한 행정처분일과 재적발일을 기준한다.
- 4차 위반을 한 경우에 있어서 3차 위반의 처분기준이 사업정지인 경우에는 허가를 취소하거나, 폐쇄를 명한다.
- 동시에 2개 이상의 위반행위가 있는 경우 다음의 구분에 의해 처분한다.
  - △ 가장 중한 위반행위에 대한 처분기준이 허가취소에 해당하는 때에는 허가를 취소한다.
  - △ 각 위반행위에 정한 처분기준이 사업정지에 해당하는 때에는 그중 가장 중한 처분기준에 나머지 처분기준의 2분의 1을 더하여 처분한다.
- 1차 처분기준인 개선명령 또는 시설의 장의 교체명령은 위반 행위의 동기·정도 등을 감안하여 행하되, 위반사항이 경미한 경우에는 개선명령을 우선적으로 발한다.
- 행정처분권자는 위반사항의 내용으로 보아 그 위반 정도가 경미하거나 기타 특별한 사유가 있다고 인정되는 경우에는 처분기준에 불구하고 그 처분기준을 다음의 구분에 따라 경감할 수 있다.
  - △ 사업정지의 경우에는 그 처분기준의 2분의 1의 범위 안에서 경감 가능하다.

△ 허가취소, 시설폐쇄의 경우에는 20일 이상의 사업정지로 갈음 가능하다.

– 시·군·구청장은 시설이 폐쇄명령에 응하지 아니한 때에는 관계공무원으로 하여금 당해 시설을 폐쇄하기 위하여 다음의 조치를 취한다.

△ 시설의 간판 등 시설표지물의 제거 삭제한다.

△ 시설이 적법한 사회복귀시설이 아님을 알리는 게시문 등을 부착한다.

△ 시설의 시설물 그 밖에 업무에 사용하는 기구 등을 사용할 수 없게 하는 봉인한다.

② 개별기준

위반행위	근거법령	행정처분 기준		
		1차 위반	2차 위반	3차 위반 이상
1. 사회복귀시설을 설치한 사회복지법인 또는 비영리법인의 설립허가가 취소되거나 동 법인이 해산된 때	법 제18조 제1항 제1호	시설폐쇄		
2. 생활자에 대하여 자유로운 생활을 보장하지 아니한 때	법 제18조 제1항 제2호	경고	사업정지 8일	사업정지 16일
3. 시설이 허가기준 미달 또는 위반한 경우	법 제18조 제1항 제3호			
가. 설치기준 위반 시		경고	사업정지 8일	사업정지 16일
나. 입소인원 초과 시		경고	사업정지 6일	사업정지 10일
다. 종사자기준 위반 시		경고	사업정지 8일	사업정지 16일
라. 시설의 이용 및 운영 규정 위반 시		경고	사업정지 6일	사업정지 10일

(4) 관리 · 감독

시 · 도지사는 매 반기 1회 이상 사회복귀시설에 대하여 소관업무에 관한 지도감독을 실시한 후 지도감독 결과를 다음 반기가 시작되는 달의 말일까지 보건복지부 장관에게 보고한다.

시설장은 정신질환자 및 시설종사자의 월별변동사항을 다음 달 7일까지 시 · 도지사에게 보고하고 시 · 도지사는 매분기별로 이를 종합하여 매 분기가 끝나는 달의 다음달 20일까지 보건복지부장관에게 보고한다.

또한 시설장은 정신질환자를 퇴원 또는 퇴소시키는 경우에는 관할 보건소장에게 즉시 통보해야 한다.

PART 04

사회복지시설의 평가와 과제

CHAPTER 17 _ 사회복지시설의 평가와 과제

CHAPTER 17

사회복지시설의 평가와 과제

1. 사회복지시설의 평가

사회복지사업법 시행규칙 제27조의2 제4항의 규정에 따라 평가의 방법 기타 평가에 관하여 필요한 사항을 정하기 위함이다. 어린이집, 노인요양시설, 지역아동센터 등은 개별법이나 지침에 따른다.

1) 추진경위

「사회복지사업법」 제43조의2 제1항 및 동법 시행규칙 제27조의2 제1항의 규정에 따라 3년마다 사회복지시설 평가를 의무화한다.

사회복지시설 평가를 전문기관에 위탁할 수 있는 법적 근거를 마련(2004년 사회복지사업법 시행령 개정)했다.

※ 장애인거주시설 등 11개 유형은 사회보장정보원, 지역아동센터는 중앙지원단평가센터 및 노인보호전문기관은 중앙노인보호전문기관 등 시설 유형에 따라 전문기관에 위탁 평가를 실시한다.

〈표 17-1〉 제7기(2017~2019) 사회복지시설 평가

평가년도	평가대상시설
2017	장애인복지관, 정신요양시설, 정신재활시설, 노숙인생활시설
2018	사회복지관, 노인복지관, 양로시설, 한부모가족복지시설
2019	아동생활시설, 장애인거주시설, 장애인직업재활시설

※ 연도별 평가대상 시설은 신규유형 추가 등으로 변경될 수 있음

2) 시설평가 실시

(1) 2018년도 평가대상시설

사회복지관, 노인복지관, 양로시설, 한부모가족복지시설 중 2015년 1월 1일 이전 설치·신고된 시설(보조금 지원 유무와 상관없음)이 해당된다.

(2) 평가대상시설 선정 기준

사회보장정보시스템에 평가대상시설 유형으로 등록되고 정상 운영 중이며, 시설 설치 이후 3년이 경과한 경우에 한한다.

※ 3년 이하 시설이라도 시·도 및 시설에서 평가요청이 있는 경우 평가대상이 될 수 있다.

(3) 평가대상시설 선정 방법

대상시설 확인 요청(보건복지부) → 대상시설 확인 통보(지방자치단체) → 대상시설 확정(보건복지부) → 대상시설 통보(지방자치단체)

(4) 평가제외 신청 방법

평가대상시설의 폐지, 휴지, 천재지변 등의 사유로 평가가 불가능한 경우 소관 시·도에서 복지부로 제외 요청 공문을 발송(증빙첨부)한다.

평가대상기간 : 2015년 1월 1일~2017년 12월 31일

(5) 평가항목

6개 영역(A. 시설 및 환경, B. 재정 및 조직운영, C. 인적자원관리, D. 프로그램 및 서비스, E. 이용자의 권리, F. 지역사회관계) 50개 내외 평가지표로 구성한다.

시설 소관 지방자치단체를 통해 행정처분 사항 확인 후 점수를 반영한다.

(6) 평가절차

평가지표 개발 → 시설 자체평가 → 현장평가(현장평가단) → 확인평가 → 평가결과 발표 → 사후관리

※ 자체평가에서 평가결과 통보까지 사회복지시설정보시스템을 통해 진행한다.

〈표 17-2〉 추진주체별 역할

주체	보건복지부(중앙)	시 · 도(지방)
역할	• 사회복지시설 평가 정책 총괄 및 제도 개선 • 사회복지시설 평가 계획 수립 • 사회복지시설 평가 및 사후관리 • 평가지표 확정 • 평가결과 분석 · 공개	• 평가대상시설 확인 및 시설통보 • 현장평가위원 추천(학계, 공무원, 현장전문가) • 현장평가 예산 확보 · 지급(평가위원 교육 및 평가수당, 출장비) • 행정처분사항 확인 등 평가업무 관련 시 · 도 해당사항 추진 ※ 복지부와 협의 · 연계

※ 시설평가의 실효성 제고를 위해 지방정부의 평가역할 확대 예정

3) 평가결과 사후관리

(1) 목적

평가결과에 따라 우수시설(개선시설 포함)에 인센티브를 지원하여 동기를 부여하고, 운영개선이 필요한 시설에 대하여 컨설팅 지원 등 사후관리를 통해 시설의 품질수준을 제고할 수 있도록 지원(2009년부터 실시 중)한다.

(2) 대상 시설

— 인센티브 : 전년도 시설 평가 결과 우수(개선)시설이 해당된다.

— 품질관리(컨설팅 지원) : 전년도 시설 평가 결과 미흡시설(지방자치단체 직영시설 포함) 및 품질관리를 희망하는 시설에 한한다.

(3) 인센티브 제외 사유

사회복지사업법 및 개별법령 위반으로 인한 행정처분이 확인된 시설이 해당된다.

〈지원 내용〉

- 추진 일정
  - 우수시설 인센티브를 지원(4~5월)한다.
  - 서비스품질관리위원 선정 및 교육(3~4월)을 실시한다.
  - 컨설팅 대상시설 방문 및 컨설팅을 지원(4~10월, 4회)한다.
- 시·도 및 시·군·구 협조 사항
  - 관할 지역의 서비스품질관리 대상시설에 대한 방문 컨설팅 시 참여한다.
  - 평가결과 미흡시설에 대한 사후관리를 철저히(기능보강 등 시설환경개선, 인력보강, 운영주체 변경 등)한다.
  - 연속 미흡시설의 경우 복지부와 함께 개선계획 수립 및 이행 여부를 확인한다.

<table>
<tr><td rowspan="6">평가우수시설
및
개선시설</td><td colspan="3">• 평가우수시설에 금전적 인센티브 제공</td></tr>
<tr><td></td><td>우수시설</td><td>개선시설</td></tr>
<tr><td>지원대상</td><td>총점기준 상위 10% 내외</td><td>이전 평가 대비 개선점수 기준 3% 내외</td></tr>
<tr><td>지원내용</td><td>시설당 7,000천 원</td><td>시설당 3,500천 원</td></tr>
<tr><td colspan="3">* 공동생활가정 등 소규모시설은 유형 규모를 고려하여 금액 차등적용</td></tr>
<tr><td colspan="3">• 평가우수시설에 비금전적 인센티브 제공 : '사회복지의 날' 포상 추천</td></tr>
</table>

평가미흡시설	• 품질관리 대상시설의 취약요인을 분석하여 맞춤형 컨설팅 제공 • 품질관리 대상시설 종사자를 대상으로 평가우수시설 방문 기회 제공 및 품질관리 지원 * 컨설팅 참여인력 : 우수평가시설 관계자, 관련학계 전문가 등

〈표 17-3〉 2018년 시설 평가 일정

구 분		2018년												'19년
		1월	2월	3월	4월	5월	6월	7월	8월	9월	10월	11월	12월	1월
시설평가 운영	시설평가위원회 구성 및 운영			■	■	■	■	■	■	■	■	■	■	
	시·도 평가계획 안내													
	평가위원 선발 및 교육					■	■							
	자체평가 실시				■	■								
	현장평가 실시						■	■						
	현장평가 이의신청 접수						■	■						
	확인평가 실시										■			
	평가자료 분석 및 행정처분 확인								■	■	■	■	■	
	평가결과 공개													■
인센티브	인센티브 대상 확인 및 지급				■	■								
	사회복지의 날 포상 추천 및 확정						■	■	■	■				
서비스 품질관리	컨설팅 대상시설 확정			■										
	품질관리위원 및 대상시설 교육 (워크숍)				■									
	방문 및 집합 컨설팅 실시				■	■	■	■	■	■	■			
'20년도 지표개발	평가지표 개발 자문 구성 및 운영					■	■	■	■	■	■	■		
	온라인 의견수렴					■					■			
	사전모의평가										■			
	의견수렴 공청회										■	■		
	평가지표 공개 및 지표설명회											■	■	

2. 사회복지시설의 과제

시설평가의 목적은 시설 운영을 평가함으로써, 문제점을 개선하고 이용자에게 양질의 서비스를 제공하는 것을 목적으로 한다. 그러나 기존의 평가들은 시설운영자 및 실무자의 참여가 제한되어 있는 상태에서 외부평가자 중심으로 수행되었다. 이에 본 평가에서는 시설 현장의 욕구와 현실을 최대한 반영하여 현장실무진들의 참여를 극대화하는 데 주력하였다. 이를 위해 현장전문가들이 초점집단의 형태를 통해 평가지표의 구성에 적극적으로 참여할 수 있도록 하였고, 현장의 지역 특성(locality)이 최대한 반영될 수 있도록 노력하였다.

그럼에도 불구하고, 본 평가과정에서 확인할 수 있었던 몇 가지 제한점을 중심으로 향후 평가수행에서 반영되어야 할 필요가 있는 사항들을 제시하면 다음과 같다.

① 참여적이고 역량강화적인 평가과정으로의 지향

외부평가자의 일방적인 평가는 평가결과의 신뢰성에 의문을 제기할 가능성이 높다. 또한 사회복지시설의 평가는 시설 운영상의 잘못을 찾아내고 시정을 요구하는 감사와는 달리 평가과정을 통해 현장실무자들이 자신들의 역량을 강화할 수 있는 기회를 갖고, 이를 통해 양질의 서비스가 제공될 수 있도록 해야 한다. 이에 평가의 계획과정에서부터 시설과 평가주체는 원활한 의사소통을 통해 평가의 의미와 지향점에 대해 충분한 협의가 이루어질 필요가 있다. 특히 현장전문가들이 평가과정 초기부터 적극적으로 참여해 현장의 특성을 최대한 반영할 수 있는 평가지표를 구성하고, 자체평가를 통해 시설의 문제점을 스스로 진단해 보는 평가체계가 구축될 필요가 있다. 이러한 참여적 평가과정의 정착은 평가가 실시되지 않는 시기에서도 시설들이 스스로 자신들이 제공하는 서비스에 대해 평가할 수 있는 체제를 만들 수 있다는 점에서 유용할 수 있다. 외부의 평가가 아닌 정기적이고, 주체적인 평가를 통해 시설운영을 전반적으로 점검하고, 개선할 수 있는 기반이 마련될 수 있기 때문이다.

이러한 참여적이고 역량강화적 평가과정의 정착을 위해 자체적인 평가체제를 정기적으로 가질 수 있도록 현장실무자들에게 교육하고, 자문할 수 있는 기회가 확대될 필요가 있다. 아울러 자체평가체제를 우수하게 운영하고 있는 모범사례를 발굴하여 보급하는 사업을 진행하는 한편, 차후 평가지표에서 이와 관련된 항목의 배점을 상향조정하는 것도 고려해 볼 필요가 있다.

② 평가지표의 시설·지역 특성 반영 강화 및 간소화

평가받는 시설을 객관적으로 평가하기 위해 모든 시설에 대해 통일된 지표를 적용하는 것은 당연하다고 할 수 있다. 하지만 지역별, 시설별로 규모 및 재정의 차이가 엄연히 존재하고 있다. 대규모의 안정적인 재정을 확보하고 있는 시설에 초점을 맞춰진 평가지표는 평가결과의 빈익빈 부익부 현상을 불러올 수 있다. 유사한 규모와 재정을 가지고 있는 시설별로 평가결과를 비교함으로써 동등한 출발점에서 서비스의 질 제고를 위한 경쟁체제를 가지게 할 수 있다. 이를 위해 현재의 지역별 가중치 부여 이외에 시설의 규모와 재정에 따라 시설을 분류하여 평가를 수행할 필요가 있다.

또한 다수의 비중을 차지하고 있는 아동양육시설에 초점을 맞추어 평가지표를 구성하다 보니, 10개 미만의 수를 가진 다른 아동시설유형들은 상대적으로 시설 특성을 반영한 평가지표를 구성하기 힘들었다. 물론 본 연구에서는 이들 시설의 현장전문가들이 평가지표의 구성에 참여하도록 하여 소수시설유형의 특성이 최대한 반영하도록 하였지만, 향후 평가에서는 이들 시설의 평가지표가 새로이 구성될 필요성이 있다.

마지막으로 많은 항목으로 구성된 평가지표가 갖는 장점도 있겠지만, 자칫 평가가 시설현장의 고유업무 수행을 저해하는 부담이 될 수도 있다. 평가를 위한 업무가 별도로 수행되기보다는 일상적인 업무과정의 결과가 평가로 이어질 수 있도록 하기 위해서는 평가지표가 시설업무의 특성을 최대한 반영하는 한편, 될 수 있는 한 핵심적인 지표로 간소화될 필요가 있다. 또한 간소화된 평가지표는 평가자 간의 평가기준을 일치시키는 데도 유용할 수 있다. 평가자간 평정일치도는 평가결과의 신뢰성을 확보하는 데 근간이 되는데, 현실적으로 많은 수의 평가자들에 대한 집합교육이 현실적으로 어려운 점을 감안할 때, 향후 평가지표의 구성은 핵심지표 위주로 간소화될 필요가 있다.

③ 평가결과의 활용

평가는 그 결과가 시설의 운영개선에 환류되는 것을 목적으로 수행되어야 한다. 이를 위해서 평가결과의 활용이 다양한 차원에서 이루어지도록 해야 한다. 아울러 평가결과가 자칫 시설의 순위매기기로 전락해서도 안 된다. 상위집단에 대한 포상과 인센티브와 함께 하위집단에 대한 행·재정적 지원, 전문적 교육과 지도감독 제공으로 이어져 시설의 상향평준화가 이루어질 수 있어야 한다.

이를 위해 상위로 분류된 시설에 대해서는 포상, 우수시설 인증부여, 감사면제, 예산 운영에서의 재량권 부여 등의 인센티브를 제공하고, 하위로 분류된 시설에 대해서는 서비스의 수준을 일정 수준 이상 향상시키기 위하여 현장근무자들에 대한 전문적 교육제공, 시설운영에 대한 컨설팅 제공, 중앙정부 및 지방자치체의 지속적인 행·재정적 지원 등이 요구된다. 아울러 하위시설과 상위시설 간의 교류를 통해 우수한 시설운영의 사례가 파급될 수 있도록 지원할 필요가 있다. 이를 위해 하위시설의 직원들이 견학 차원이 아닌 일정기간동안 우수시설에 머물면서 해당시설의 운영과정을 심층적으로 학습할 수 있도록 지원하는 연수제도를 도입할 필요가 있다. 또한 우수시설의 현장실무자와 학계의 전문가로 구성된 시설운영컨설팅 팀을 구성해 하위시설에 대한 운영컨설팅을 제공하는 방법도 고려해 볼 수 있다.

④ 전국 시설 평가관련 제도개선 정책건의

평가결과 우수한 시설의 경우, 규모와 재정에서 우수한 기반을 가지고 있었지만, 그보다는 서비스의 질과 인력의 전문성에서 높은 점수를 받았다. 즉, 서비스의 질은 결국 양질의 서비스를 기획하고 제공할 수 있는 우수한 인력의 확보에서 비롯된다고 볼 수 있다. 이에 우선적으로는 시설에 우수한 전문인력이 근무할 수 있도록 유인하는 제도적 개선이 필요하다. 현재 사회복지시설에 종사하는 직원은 처우는 매우 열악한 실정이다. 처우의 열악함은 우수한 인력의 지원을 가로막는 근본 원인이다. 따라서 직원에 대한 처우개선을 위해 정부의 지속적인 노력이 필요하다. 이에 법정배치기준만이라도 조속히 달성될 수 있도록 예산지원기준을 법정배치기준에 맞게 조정할 필요가 있다. 또한 서비스의 질을 개선하기 위해서는 직원의 전문성을 제고하여야 하며, 이를 위해서는 직원에 대한 교육·훈련이 필요하다. 단순히 우수시설의 프로그램 사례발표를 통해서는 전문적 서비스가 보급되지는 않을 것이다. 시설의 여건이 다른 상황에서 우수시설의 프로그램은 단순히 적용되기 힘들기 때문이다. 이에 전문적 서비스의 여건이 열악한 시설의 특성을 반영한 전문 프로그램을 개발하고 구체적인 실행방법까지 수록한 매뉴얼을 제작하여, 교육하는 것이 필요하다. 즉, 시설의 재정상황과 아동 특성, 서비스 제공자의 전문적 수준을 감안한 프로그램 매뉴얼을 제작, 보급하는 것이 현실적 적합성을 높일 수 있다.

아울러 전문적 서비스의 평가 시 시설마다 서식이 달라 서비스의 전달과정과 내용을 파악하기 힘들었다. 전문적 서비스 제공에서 작성해야 할 서식안을 표준화하여 시설의 기록관리 효율성을 높이고, 향후 평가에서도 수월하게 반영할 수 있도록 할 필요가 있다.

마지막으로 평가의 결과가 전산망 구축을 통해 공시되도록 하여 시설운영의 투명성을 제고하고, 시설 간 정보공유를 통한 벤치마킹 및 개선의 노력을 자극할 수 있도록 해야 한다. 또한 주요한 정량적 지표의 경우 전산망을 통해 매년 입력하도록 한다면 향후 평가에서는 정성적 지표를 중심으로 보다 전문적이고 초점화된 평가를 수행할 수 있을 것이다. 이는 평과과정을 간소화하고, 시설의 업무부담을 줄일 수 있으며, 평가의 초점이 보다 전문적인 서비스의 제공 및 인력관리에 두는 것이 가능할 수 있다.

참·고·문·헌

강영숙(2005). 사회복지기관 운영법인의 경영특성과 조직성공에 관한 연구 : 서울시 사회복지법인들을 중심으로. 연세대학교 대학원 박사학위논문.

강철희(1999). **한국 모금문화의 현재와 선진화 과제**. 사회복지공동모금회.

______(2001). 후원활동에 참여하는 사람들의 특성과 그들의 후원노력에 영향을 미치는 요인들에 관한 연구. 한국사회복지학회.

강태성(2013). **민법총칙**. 대명출판사.

고광신 · 김승훈 · 손연숙(2008). **사회복지행정론**. 나눔의집.

국가인권위원회(2006). 노인에 대한 사회 차별 실태조사 : 개인적 및 제도적 차별 경험을 중심으로.

____________(2010). 노인인권지킴이단 활동보고서.

권중돈(2010). **노인복지론**. 학지사.

______(2011). **노인인권보호를 위한 노인복지기관의 역할과 현실**. 중구노인복지관.

김형식 · 이영철 · 신준섭(2015). **사회복지행정론**(제3판). 양서원.

김영종(2008). **사회복지행정론**. 학지사.

김용득 · 김진우 · 유동철(2007). **한국장애인복지의 이해**. 인간과복지.

김종일(2005). **지역사회복지론**. 청목출판사.

남기민 · 전명희(2001). 사회복지관의 PR 현황과 활성화 방안. 한국사회복지행정학회.

남재우(1997). **문서관리의 이론과 실무**. 사회교육연구회.

문신용(1999). **공공정보자원관리의 활성화 방안**. 한국행정연구원.

박의근(2015). **법인본질론에 관한 소고**. 한국비교사법학회.

박성복(2010). **사회정책**. 대구대학교출판부.

박종팔(2016). **사회복지시설 운영론**. 양서원.

박태영(2000). 지역복지 추진을 위한 사회복지협의회와 사회복지관 역할. 사회복지개발연구원.

백태승(2014). **민법총칙**. 집현재.

보건복지부(2007). 사회복지관 및 재가복지센터 운영 관련 업무처리요령안내.

__________(2018). 2018년 사회복지법인 관리안내.

__________(2017). 노인복지관 업무처리요령안내.

__________(2001. 5. 31). 국민건강보험 재정안정 및 의약분업정착 종합대책.

__________(2005.1). 노인요양보장제도 기본요강(안) 토의자료.

__________(2005.5). 노인요양보장제도 추진방안.

__________(2005.9.15). 노인수발보장법 제정을 위한 공청회 자료집.

__________(2007.5). 노인장기요양보험제도 정책자료집(Ⅰ~Ⅲ).

__________(2008. 8, 2009. 6). 노인장기요양보험 이용자 만족도 조사보고서.
__________(2009. 6. 29). 노인장기요양보험 시행 1주년의 성과와 향후 과제.
__________(2011. 6. 29), 노인장기요양보험 시행 3주년 국제심포지엄 발표자료.
__________(2017). 자활사업안내 전문.
__________(2012.3). 2011년도 건강보험 통계연보.
보건복지부 · 공적노인요양보장제도 실행위원회(2005. 2).
보건복지부. 공적노인요양보장제도 실시모형 개발연구.
보건복지부 · 공적노인요양보장추진기획단(2004). 공적노인요양보장체계 개발연구(Ⅰ, Ⅱ).
보건복지부 · 관계부처합동(2002. 10). 노인보건복지종합대책 실행계획안.
서울복지재단(2006). 사회복지시설인증 시범사업 워크숍 자료집.
성규탁(1994). **사회복지행정론**(제2판). 법문사.
양용희 · 김범수 · 이창호(1997). **비영리조직의 모금 전략과 자원개발**. 아시아미디어리서치.
엄미선 · 양숙미 · 백은령 · 한주빈(2016). **사회복지시설 운영**. 학지사.
오두범(1991). **PR커뮤니케이션**. 나남출판사.
오혜경(1999). **장애인과 사회복지실천**. 아시아미디어리서치.
이광재(2003). **의료사회사업론**. 인간과복지.
이명묵(2006). **한국사회복지사의 인권의식 Ⅰ**. 인간과복지.
이봉수 · 김길평 · 김영국 · 이윤철(1998). **경영학원론**. 명경출판사.
이창희(2009). **사회복지시설의 설립과 운영**. 창지사.
여성가족부 여성폭력에 관한 지침.
여성가족부 운영지침.
장인협(1984). **사회복지조직론**. 집문당.
장인협 · 이정호(1993). **사회복지행정**. 서울대학교출판부.
____________(2006). **사회복지행정론 : 이론과 실무**. 서울대학교출판부.
장천식(2006). **사회복지행정의 이해**. 창지사.
정무성(2004). **현대장애인복지론**. 학현사.
조효제(2008). **인권의 풍경**. 교양인.
최성재 · 남기민(2006). **사회복지행정론**. 나남출판.
최옥채(2001). **지역사회실천론**. 아시아미디어리서치.
최창호(2002). **새행정학**. 삼영사.
한국노인복지시설협회(2009). 노인복지시설 인권매뉴얼.
한동일 · 전해황 · 김종명 · 박상도 · 송낙길 · 이승현 · 이장희 · 장정순(2009). **사회복지행정론**. 양서원.
황성철 · 정무성 · 강철희 · 최재성(2016). **사회복지행정론**(제3판). 정민사.

Baker, R. L.(1995). *The Social Work Dictionary*. Washington DC : NASW Press.

Blau, P. M., & Scott, W. R.(1962). *Formal Organizations : A Comparative Approach*. San Francisco : Chandler.

Bowers, G., & Bowers, M.(1976). *The Elusive Unit of Service*. Washington DC : U.S. Department of Health, Education and Welfare.

Etzioni, A.(1964). *The Comparative Analysis of Complex Organization*. New York : John Wiley & Sons.

French, W. L.(1987). *The Personnel Management Process*. Boston. MA : Houghton Mifflin Co.

Hasenfeld, Y.(1983). *Human Service Organization*. Englewood Cliffs. NJ : Prentice-Hall.

Kotler, P.(1982). *Marketing for Nonprofit Organization*(2nd ed.). Englewood Cliffs. NJ : Prentice-Hall.

Lauffer, A.(1978). *Social Planning at The Community Level*. Englewood Cliffs. NJ : Prentice-Hall.

Pincus, A., & Minahan, A.(1973). *Social Work Practice : Model and Method*. Itasca. IL : FE Peacock.

Scott, G. M.(1986). *Principles of Management Information System*. New York : McGraw-Hill.

Skidmore, R. A.(1990). *Social Work Administration : Dynamic Management and Human Relationship*(2nd ed.) Englewood Cliffs. NJ : Prentice-Hall.

________________(1994). *Social Work Administration : Dynamic Management and Human Relationship*. Boston : Allyn and Bacon.

저/자/약/력

■ **조승석**

중앙대학교 대학원 졸업(사회복지학 석사)
건국대학교 대학원 졸업(사회복지학 박사)
전 서울사회복지공동모금회 모금, 배분 팀장
신정종합사회복지관 관장
현 인천광역시 사회복지위원회 위원
한국사회복지협의회 교육과정위원회 위원
경인여자대학교 사회복지학과 조교수(학과장)

[주요 저서 및 논문]
사회복지프로그램 개발과 평가(공저), 지역사회복지론(공저), 사회복지공동모금회와 사회복지시설 간 조직권력이 관계만족에 미치는 영향 외 다수

E-mail : newsing@hanmail.net

■ **맹두열**

명지대학교 대학원 졸업(사회복지학 석사)
경기대학교 대학원 졸업(사회복지학 박사)
전 명지대학교 사회복지대학원 겸임교수
부천대학교 사회복지학과 겸임교수
고양시대화노인종합복지관 관장
고양시사회복지사협회 회장
현 양주지역자활센터 센터장

[주요 저서 및 논문]
사회복지프로그램 개발과 평가(공저), 사례관리 이해와 적용(공저), 인간행동과 사회환경(공저), 노인복지서비스 품질이 재이용의사에 미치는 영향 외 다수

E-mail : madcap38@hanmail.net

■ **김학재**

건국대학교 대학원 졸업(사회복지학 석사)
건국대학교 대학원 졸업(사회복지학 박사)
전 하이원빌리지(노인복지주택) 사무국장
현 사단법인 노년공감 사무국장
경인여자대학교 사회복지학과 겸임교수

[주요 저서 및 논문]
사회복지프로그램 개발과 평가(공저), 노인복지시설의 기관혁신활동 연구, 시니어타운 시설장의 리더십이 서비스 품질에 미치는 영향 외 다수

E-mail : hjkim9001@hanmail.net

사회복지시설운영론

|공저자| 조승석 · 맹두열 · 김학재

|1판 1쇄| 발행 2019년 2월 25일
|1판 2쇄| 발행 2022년 7월 25일
|1판 3쇄| 발행 2023년 9월 15일

|발행인| 김 동 훈
|발행처| 공 동 체

|주소| 경기도 고양시 일산동구 호수로 358-39
동문타워 I 905호(백석동)
|전화| 031) 814-3000(대표)
|팩스| 031) 814-3100
|홈페이지| http://www.compub.co.kr
|전자우편| compub@naver.com
|출판등록| 2005년 10월 6일
|등록번호| 제396-2005-36호

|ISBN| 979-11-6105-355-4
정가 20,000원

memo

memo

memo

memo